工商管理培训系列教程

丛书主编◎周景勤

公司理财

Corporate Finance

第三版

韩建勋◎编著

北京大学出版社
PEKING UNIVERSITY PRESS

图书在版编目(CIP)数据

公司理财/韩建勋编著. —3 版. —北京:北京大学出版社,2010.6
(工商管理培训系列教程)
ISBN 978-7-301-17220-9

Ⅰ. 公… Ⅱ. 韩… Ⅲ. 公司-财务管理-技术培训-教材 Ⅳ. F276.6

中国版本图书馆 CIP 数据核字(2010)第 094906 号

书　　名: 公司理财(第三版)
著作责任者: 韩建勋　编著
策 划 编 辑: 叶　楠
责 任 编 辑: 曾默之
标 准 书 号: ISBN 978-7-301-17220-9/F·2518
出 版 发 行: 北京大学出版社
地　　址: 北京市海淀区成府路 205 号　100871
网　　址: http://www.pup.cn
电　　话: 邮购部 62752015　发行部 62750672　编辑部 62752926　出版部 62754962
电 子 邮 箱: em@pup.pku.edu.cn
印　刷　者: 世界知识印刷厂
经　销　者: 新华书店
730 毫米×980 毫米　16 开本　22.5 印张　423 千字
2002 年 7 月第 1 版　2005 年 6 月第 2 版
2010 年 6 月第 3 版　2010 年 6 月第 1 次印刷
印　　数: 0001—4000 册
定　　价: 38.00 元

目录

第三版序 /1
第一版序 /3
修订前言 /5

第一讲　公司理财概论 /1
一、公司财务及其主要活动内容 /3
二、理财的依据、目标与方法 /11
案例　史玉柱与巨人集团 /30

第二讲　筹资决策 /37
一、筹资应考虑的因素 /39
二、权益资本筹资 /42
三、负债筹资 /56
四、资本成本 /75
五、财务风险与财务杠杆 /79
六、资本结构 /80
案例　首钢股份发行股票筹资 /84

第三讲　投资决策 /87
一、投资的目的、种类与应考虑的问题 /89
二、企业投资决策中存在的一些问题 /92
三、投资项目的可行性研究 /93
四、投资决策应考虑时间价值因素 /98

目录

五、投资决策应考虑风险因素 /106
六、投资方案评价指标 /113
七、投资项目评价指标的应用 /130
八、风险投资决策方法 /136
案例 环宇照相机厂投资决策 /141

第四讲 流动资产管理 /145
一、资产的含义 /147
二、流动资产的主要内容 /148
三、货币资金管理 /149
四、应收账款管理 /153
五、存货管理 /162
案例 从亏损到盈利 /177

第五讲 固定资产与无形资产管理 /179
一、固定资产管理 /181
二、无形资产管理 /191
案例 麦当劳特许经营的成功经验 /198

第六讲 证券投资与资本经营 /201
一、证券投资 /203
二、资本经营 /213
三、投资基金与金融衍生工具 /223
案例 宝安收购延中 /229

第七讲 成本费用管理 /239
一、成本费用的含义与分类 /241
二、现代成本费用管理的含义 /243
三、目标成本管理 /247
四、标准成本管理 /251
五、降低成本费用的作用和途径 /259
案例 邯钢模拟市场核算,实行成本否决 /265

目录

第八讲　利润及利润分配 /277
一、利润的种类与构成 /279
二、目标利润的确定 /281
三、提高获利水平的途径与对策 /284
四、经营杠杆与总杠杆 /290
五、利润分配 /292
六、股利政策 /297
案例　明星公司股利政策 /307

第九讲　全面预算管理 /309
一、全面预算概述 /311
二、总预算 /318
三、月度预算 /331
四、现金收支预算 /338
案例　现金收支预算管理制度 /342

后记 /345

第三版序

我国经济和社会发展进入了新的历史时期，经济发展方式和经济结构发生了转变，经济更加全球化，企业经营和发展面临着新的环境和前所未有的挑战。一个企业的竞争力和经营的成功，越来越取决于领导者、管理者和员工的素质与能力。培训，在塑造高素质的企业领导者和为企业培养人才方面肩负着重要的使命。

我国自“九五”开始在企业进行大规模的工商管理培训，历经“十五”和“十一五”，为企业培养了一批又一批企业领导和管理人才，为提高企业经营管理者的素质和能力及其经营管理水平、提高经济效益，作出了巨大贡献。在实施工商管理培训过程中，国家政府培训管理部门、各地经济管理干部学院及其他培训机构，积极推进工商管理培训课程和培训方式改革，编写了许多教案和教材，取得了良好的效果，受到企业领导者、管理者和社会的好评。“工商管理培训系列教程”的问世，是全国大规模工商管理培训的成果，它凝结着全国工商管理培训教师和工作者的心血。

本系列教程于2002年1月出版、2004年修订，始终以“从对象出发，从问题出发，从实用出发”为方针，以服务于工商管理培训、服务于企业领导者和管理者为目标，适应了全国工商管理培训的需要，受到培训者和学习者的欢迎。八年来，我国社会主义市场经济体制改革不断深化并日臻完善，企业发展日新月异，内部治理和外部环境都发生了重大变化，企业领导者对培训内容和方式提出了更高、更新的要求，因而对教程再次进行修订已势在必行。

本系列教程此次修订再版，根据新时期企业经营管理培训的需要，根据统筹兼顾的原则，吸收了国家最新的法律法规，吸收了企业经营管理的最新理论和实践成果，吸收了工商管理培训的经验，列举了许多新的案例，以适应大规模培训干部及企业经营管理者的新要求。

企业未来的发展靠今天的人才培养。人才是企业的第一资源，也是最为宝贵的资源,因而培训是企业最具有战略性的工作。而且,在当今这个创造学习型社会和学习型企业、倡导个体终身学习的时代,通过培训培养人才,也是最具远期效果和最具战略性的事业。希望此系列教程第三版的出版,为我国企业管理培训事业,为培养出千千万万的企业家和职业经理人作出新的贡献。

在此新版付印之际,谨向为全国工商管理培训事业作出贡献和付出心血的同仁表示衷心的感谢和敬意。

是为序。

周景勤

全国职业经理人考试测评标准化技术委员会委员

北京经济管理职业学院(原北京市经济管理干部学院)

常务副院长　研究员　博士

2010 年 6 月

第一版序

随着加入世界贸易组织，我国的经济将更加开放，企业间的竞争将更加激烈，竞争的领域和方式也日益呈现多元化。拥有一支高素质的员工队伍，尤其是拥有高水平的经营管理队伍，已经成为企业决胜市场的关键。所以从战略的高度认识我国企业经营管理人才队伍的建设，进一步注重人才培训，把企业变成一个学习型组织，已经成为我国经济管理部门和企业界亟待解决的问题。

“十五”是我国经济和社会发展的关键时期，也是我国进行国民经济结构战略性调整、完善社会主义市场经济体制和对外全面开放的关键时期。我们将以毛泽东思想和邓小平理论为指导，按照“三个代表”的重要思想，努力建设一支政治业务素质高、系统掌握现代管理知识和现代科技专业知识、经营管理能力强的企业经营管理队伍；建设具有创新精神，适应国际竞争需要的企业家队伍。为此，必须根据任务的需要和形势的变化，在企业各种层次和各类人员中深化培训，改革培训的方式、内容、方法和手段，探索与现代企业制度相适应的培训机制。

北京市经济管理干部学院是全国 1000 多家企业高级经营管理人员工商管理培训试点单位，多年来为中央企业和北京市及其他省市区培养和培训了一大批经济管理和企业经营管理人才。他们不断以创新的精神，积极探索培训和教学的有效方式、方法和途径，收到了良好的效果，积累了丰富的经验，受到了企业和社会各界的肯定和赞赏。此次，他们组织编写的工商管理培训系列教材，是多年培训教学经验的结晶。北京大学出版社出版这套教材，对推动工商管理培训具有积极作用。这套教程理论联系实际，注重吸收工商管理培训的成果，吸收了新的管理案例和知识点。在选编教材时他们结合培训的需要和培训纲要的要求，对课程进行了精选，从课程的选取、内容体系的设计到最后的定稿和出版，都凝结着广大教师、培训工作者和出版者的辛勤劳动和汗水。北京市经济管理干部学院编写这部工商管理培训教材,对工商管理培训工作将是一个有力的推动和贡献。

我衷心地祝贺此系列教材在新世纪的第二个春天出版。

是为序。

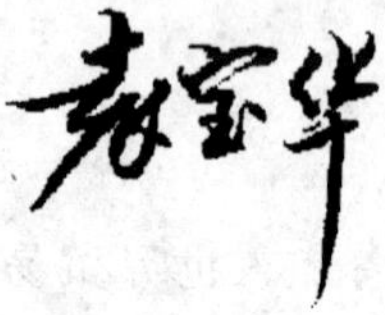

2002 年 1 月于北京

修 订 前 言

本书已连续出了两版,并印刷了多次。在第三版即将出版之际,作者对广大读者和参与本书出版工作的出版社同仁表示衷心感谢,并真诚欢迎读者对本书提出宝贵意见。

这次修订保持了上一版原有风格,即"从对象出发、从实际出发、从问题出发",使理论与企业实际相结合,将新的理论、观念和实际经验引入本书有关内容,适应我国税收和会计等有关法律、法规的新变化,对本书相关内容进行了修订。此外,对第二版增加的第九讲全面预算管理,根据作者的进一步研究和实践经验进行了较大程度的修改。

作　者

2010 年 6 月

第一讲 公司理财概论

- 什么是公司财务及理财?
- 理财是要实现最大化利润吗?

提起公司理财,人们常常产生一些误区。比如有人认为理财就是对财务会计工作的管理,财务管理就是用会计方法进行管理,财务即会计;还有人认为财务管理主要是财务部门的工作;等等。究竟何为公司财务?有什么主要活动内容?何为理财?如何理财?本讲试从公司理财的几个基本问题介绍起。

一、公司财务及其主要活动内容

(一) 公司财务的含义

在社会主义市场经济条件下,公司在法律规定的范围内独立地进行生产经营活动,各个公司均是自主经营、自负盈亏、独立核算的生产经营实体。这样,生产资料在公司之间的转移,必须按照商品生产和价值规律的要求进行交换,公司之间为了维护各自的经济利益,一方面必须精确计算生产经营活动中的各项耗费,并力求低于社会必要劳动耗费;另一方面,要在等价交换的基础上努力提高经济效益,最大限度地提高公司的价值。因此对公司的生产经营活动,不仅要对商品物资的实物数量的运动过程进行核算和管理,而且还必须对物资价值的运动过程进行核算、监督和控制,而物资价值的运动过程就是以资金为对象的实体活动,它以资金的筹集为起点,经过资金的投入与营运获得利润,再予以合理分配,这一系列的活动构成公司的财务活动。在财务活动过程中,公司必然与有关方面发生经济关系,即财务关系,因此,财务是财务活动和财务关系的统一。财务活动泛指公司再生产过程中涉及资金的活动,表明了财务的形式特征;财务关系体现了公司与各方面的经济关系,揭示了财务的内容本质。

所以,公司财务是企业筹集资金、运用资金、分配资金的活动及其体现的经济关系。资金是社会再生产过程中物资价值的货币表现。在企业生产经营过程中,要不断投入人力物力,同时不断产出商品或劳务,因而物资不断运动,物资的价值形态也不断地发生变化,由一种形态转化为另一种形态,周而复始、不断循环,形成了企业的资金运动。企业的资金运动是企业生产经营过程的价值体现,它以价值的形式综合地反映着企业的经营过程。企业的资金运动,构成企业生产经营活动的一个独立方面,是客观存在的并具有自身的规律性,财务的实质是以价值形态反映企业经营活动的全过程。

在实践中,一些人误认为财务就是企业财务部门的工作,这是在长期计划经济体制下形成的误解。在计划经济体制下,财务工作就是企业财务部门从事的会计工作,企业资金的筹集和运用主要靠国家计划安排。在市场经济条件下,企业是独立的法人主体,自主经营,自负盈亏,从资金筹集到资金分配主要由企业决定,所以财务变为对企业经营活动的综合反映。在财务活动中,以企业经营者为首的整个经营系统成为财务活动的主体,财务活动并不是某几个部门能够完成的工作。

(二) 财务活动的主要内容

1. 资金的筹集

企业从各种渠道筹集资金,是资金活动的起点。任何一个企业要从事生产经营活动,必须从资金筹集开始。企业只有拥有一定数量的资金,才能购买劳动资料和劳动对象,支付工资和其他费用。公司在正常生产经营之后,随着市场变化、技术进步和企业自身的发展,都需要经常性地筹集资金。公司要筹集资金,就需要选择资金的来源渠道。资金的来源渠道按性质和权利不同分为两大类:

(1) 投资者投入资金

投资者的投入资金分为两部分:一部分为初始投入;另一部分为企业实现的盈利中留在企业的部分,称作留存收益。

① 初始投入——资本金。投资者的初始投入形成企业的资本金。我国施行注册资本制度,根据《公司法》及有关财务法规的规定,投资者创办公司时必须有一定数量的投入资本。投资者认缴的出资额要在工商部门注册登记,称为“注册资本”。企业实际收到的投资者的投入资本称作实收资本。外商投资企业允许外商分期出资,故注册资本和实收资本在一段时间内有可能不一致,当投资者认缴的出资额全部投入企业后,实收资本与注册资本才会一致。内资企业不允许投资者分期出资,故注册资本一般与实收资本一致。

投资者的投入资本投入企业后,除企业清算和投资合同章程有特别规定的外,不得抽回或冲减。投资者的投入资本按投资者不同一般分为国家资本金、法人资本金、个人资本金和外商资本金。在股份制企业,资本金划分为等额股份,称为股本。我国上市公司的股份一般分为国家股、法人股和社会公众股。

② 留存收益。留存收益是企业实现的利润中留在企业的部分。企业实现的盈利属投资者的投资收益。按照惯例,初始投资是谁的,投资后企业实现的盈利也是谁的。企业实现的盈利企业要先留一部分,再给投资者分配一部分,企业留用的部分应属于投资者对企业的追加投入,增加所有者权益。

(2) 借入资金——负债

借入资金形成企业的债务,它必须在将来某一时间用资产或劳务来偿还。企业不能永远使用借入资金,到期后必须偿还,而投资者投入资金只有在企业清算时才偿还。负债按偿还期的长短分为短期负债和长期负债两大类。

短期债务也称流动负债,是指在一年内或超过一年的一个营业周期内偿还的债务，包括短期借款、应付票据、应付账款、其他应付款、应付福利费、应交税金和其他应交款等。

长期负债是指一年以上或超过一年的一个营业周期以上偿还的债务，包括长期借款、应付债券、长期应付款等。

企业负债筹资的主要渠道有：银行、保险公司、信托投资公司等金融机构提供的各种贷款，通过证券市场发行的债券，企业之间提供的商业信用，以及融资租赁等。

投资者投入资金与借入资金都是企业的资金来源，但二者有着本质差异。投资者投入资金代表投资者对企业资产的所有权，这种所有权不和实物资产相对应，而是和企业的资产在价值形态上相对应，即在以价值形态表现的企业总资产中，投资者享有相应的价值份额。这种价值形态上投资者享有的份额，代表投资者的股权。负债是债权人在资产价值中享有的份额，即债权。投资者享有的股权表现为对资产增值的收益分配权、对企业重大事项的决策权、对经营者的选择权以及对企业还债后剩余财产的索偿权。债权人享有对企业资产的索偿权和借出资金的收益权，对企业资产的索偿权仅限于借出资金的金额（本金）和借出资金增值中的一部分（利息），债权人并不享有对企业经营活动的参与权和决策权。

在市场经济条件下，企业主要面向金融市场筹集资金。金融市场可分为货币市场和资本市场。货币市场又称短期资金市场，指期限在一年以内的货币资金融通市场，包括银行等金融机构的短期存贷市场、企业间短期借贷市场、商业票据承兑贴现市场等。由于在这一市场上交易的信用工具如票据、存单等期限短、变现力强，近似于货币，所以称之为货币市场。货币市场的参与者主要是短期资金的供需者。一般而言，资金需求者进入货币市场的目的，不是为了获得资本，而是为了获得现实的支付手段；资金借给者向市场提供的资金也大多是短期闲置性的资金。货币市场的作用在于为各有关单位调节其资金流动性提供便利。资本市场又称长期资金市场，指期限在一年以上的中、长期资金借贷或证券交易市场，包括银行等金融机构的中、长期贷款市场和证券市场，其中证券市场又可进一步区分为股票市场和债券市场。资本市场不同于货币市场之处在于它主要是适应长期资金供需者的需要。

金融市场的发展会为企业提供更多的融资渠道和形式多样的金融工具，同时也会给企业带来各种风险。如果企业完全依靠自身筹集资本金，那么所遇到的仅仅是经营风险；如果有借入资金，则企业还会面对财务风险。同时，资金作为金融市场的主要商品，总是要求资金需求者付出代价，无论是资本金还是借入资金，都不能无偿使用，必须给资金提供者一定报酬，由此产生了资金成本问题。因此，企业在筹集资金时，不仅要考虑筹资渠道和筹资方式，还要考虑资金成本的高低和财务风险的大小,选择合理的资金结构比例。

2. 资金的投放与运用

企业筹资的目的是为了运用,资金只有在运用中才能增值,资金的投放与运用主要有两方面的内容:一是进行投资决策;二是对投资后形成资产的管理。

(1) 投资决策

投资决策是确定投资方向、选择投资项目的过程,属于资金运用的事前管理环节。投资决策的好坏直接决定投资后资产运用的好坏,重要的投资决策一旦失误,会导致企业满盘皆损,故确定投资决策前一定要进行认真的、扎实的、科学的可行性研究,这是防止投资失误的最根本的措施。但实际工作中一些企业不搞可行性研究,或搞可行性研究,但只是走形式,不扎实,不实事求是,往往是根据领导个人想法或上级的意图编写,搞"可批性"研究,结果造成很多投资失误。

(2) 资金运用

投资决策决定资金是投入企业内部还是投入企业外部,故投资决策做出后的投资过程形成对外投资和对内投资。对外投资按投资期限长短分为短期投资和长期投资,短期投资是指投资期在一年以内的投资,长期投资是指投资期在一年以上的投资;对外投资按投资性质不同可分为债权投资和股权投资。有关对外投资,将在以后章节介绍。对内投资将形成企业固定资产、无形资产、流动资产等,其中主要是固定资产和流动资产。

① 将资金用于购置厂房、设备、运输工具等劳动资料,形成企业的固定资产。固定资产的特点是:投资额大,回收期长,一旦投入将长期影响企业经济效益。

固定资产投资与企业技术改造和新上项目有关,这些投资金额都比较大,少则几百万,多则几千万,而且资金回笼时间都在几年,甚至十几年。投资项目选正确,则企业长期经济效益不错;一旦投资失误,则会对企业将来经济效益产生重大影响,甚至导致企业破产。如某大型内燃机厂,引进一条汽车发动机生产线,由于在关键技术上出了问题,导致生产线不能发挥效益,使整个企业经济效益滑坡,几乎破产。在实际工作中,由于粗放式的管理方式和有缺陷的投资管理体制,造成很多投资失误,致使大量社会财富流失,不少企业经营困难,所以固定资产管理的核心是要做好投资项目的可行性研究,做出正确的投资决策。固定资产形成后是否能发挥效益,关键取决于投资决策正确与否,但固定资产日常管理也不容忽视,日常管理出问题,同样影响固定资产生产的效益。固定资产日常管理主要包括固定资产的日常维护,保证固定资产的安全完整和充分利用以及决定价值补偿的方式和速度。

② 将资金用于购买原材料等劳动对象,支付工资等费用,形成企业流动资产。流动资产的特点是周转快、变现快,但很容易沉淀和流失。流动资产相当于

企业的血液,处于不断的循环周转过程中。在这个过程中,如果管理不善,流动资产就会发生沉淀和流失。

所谓流动资产沉淀,是指流动资产停滞在周转的某个阶段不再循环周转。如原材料积压、产成品等存货的积压以及长期不能收回的应收账款,都会使本应不断循环周转的流动资金停滞不动,处于沉淀状态。

流动资产也容易流失,造成流动资金流失的原因很多,如:由于管理不善造成资金被贪污,财产被盗窃;由于对客户缺乏了解,在经营活动中上当受骗;应收账款变成坏账损失;企业投资失误造成资金流失;企业划小核算单位,但缺乏科学的财务管理制度和严密的财务控制体系从而造成资金流失;由于宏观经济原因如通货膨胀造成资金流失。

在持续通货膨胀的情况下,一个生产周期的材料成本,在产品销售后由获得的收入得到补偿,在下个生产周期用上个生产周期获得补偿的材料成本,已不能采购到同样数量的材料,这相对来说造成了资金的流失。例如,某生产企业生产产品使用的一种主要原材料,在年初时采购价格为3000元/吨,一个生产周期后到6月份该材料价格已上涨到4000元/吨,用获得补偿的材料成本3000元/吨,在下一个生产周期已采购不了1吨原材料,要维持原来的生产规模每吨原材料必须增加1000元。这无形中就使流动资金减少了。我国从1983年到1997年一直有通货膨胀,其累积效应非常可观。随着一个国家经济的高速发展,通货膨胀是不可避免的,企业应充分重视通货膨胀造成的资金短缺。

流动资产处于不断的循环周转状态,在这个过程中,容易沉淀和流失,所以流动资产管理的重点应是加速流动资产周转,防止流动资产沉淀和流失。

资金运用环节是企业财务活动中十分重要的环节。这是因为:一方面,资金运用过程是资金的占用、消耗与价值转移的过程,也就是成本费用的形成过程。资产投放后形成了资产的占用状态,如厂房、设备、存货等占用形态,资金占用是为了使用,资产的使用过程也是资产的消耗过程,在生产经营中消耗掉的资产应得到补偿,补偿后剩余的部分形成企业盈利。资产在使用中消耗掉的部分就转化为成本费用,所以资产应用的好坏决定着成本费用的高低,成本费用的高低决定着企业经济效益的高低,同时也影响企业的生死存亡。另一方面,资金运用过程又是资金的增值过程,也就是利润的形成过程。资金只有运用才会增值,靠什么来增值?靠生产经营过程中产品或劳务的附加值,产品或劳务的附加值大利润才会大。成本费用高低是影响利润大小的重要因素,但利润的增加不可能一直靠降低成本费用,因为在一定经济环境下成本费用有极限,因此提高附加值、提高利润更多地要靠提高产品或劳务的技术含量。现代经济的发展趋势是高科技、高附加值。各国经济的发展,尤其是近代经济发展的实践充分证明,科学技术是推动经济不断繁荣发展的原动力,也是社会财富增长的主要来源。产品或劳务的技术含量越高,其价值就越大。高技术往往需要高投入,因此企业在理财过程中,应努力把提高企业技术水平,加大技术开发和更新改造投入,加大高技术含量、上档次的产品开发技术投入作为资金运用的重点。

从企业竞争角度讲,企业的技术水平、产品的技术含量,是决定企业长期竞争优势的关键。企业的核心竞争能力体现在其不可模仿性上。如果技术上没有核心,那么其他方面很难形成企业长期的核心竞争能力,所以应注意开发积累自身的核心技术,依据核心技术开发中间产品和最终产品,形成自身的核心技术体系,并依据法律和企业保密,以保持其竞争优势。

3. 资金的分配

企业筹集资金后,就存在资金分配的问题,但我们这里讲的资金分配是从企业经营活动中获得收入后的分配,涉及国家、投资者、企业和职工等多方之间的关系,也是财务活动的重要方面。

(1) 企业获得收入后首先要在企业和国家之间分配

企业获得收入后首先要以交纳流转税及其附加的方式在企业和国家之间进行分配。流转税是以流转额为对象征收的一种税。所谓流转额是指商品的销售额或劳务的营业额。流转税的特点是,无论企业盈利或亏损,只要有收入就得纳税。我国目前的流转税主要包括增值税、营业税和消费税。

增值税是对从事销售货物或者提供加工、修理、修配劳务以及进口货物的单位和个人以取得的增值额为计税依据征收的一种税。所谓增值额是企业的销售收入扣除其购入商品或劳务等而支付的金额后的余额,相当于企业新创造的价值。各国据以征税的增值额都是根据本国经济发展状况和财政政策确定的法定增值额。根据各国法定增值所包括的具体内容的不同,可将增值税划分为生产型、收入型和消费型三种。三种类型的增值税在确定扣除项目时都允许扣除外购流动资产的价款,但对固定资产的价值的规定则有所不同。

生产型增值税的特点是计算增值税时,不允许扣除任何外购固定资产的价款,即作为课税基数的法定增值额除包括企业新创造的价值外,还包括外购固定资产的价款。

收入型增值税的特点是计算增值税时,不允许将当期购入固定资产的价款一次全部扣除,只允许扣除纳税期内应计入产品价值的折旧费,即作为课税基数的法定增值额既不包括外购流动资产的价款,也不包括折旧费,相当于企业净产值。

消费型增值税的特点是计算增值税时,允许将纳税期内购入的全部固定资产的价款一次性全部扣除,即作为课税基数的法定增值额相当于企业当期的生产总值扣除当期外购的全部生产资料的价款后的余额。

我国实行的曾是增值额口径最大的生产型增值税。当初主要是出于两点考虑:一是不扣除固定资产所含税金,增值税税基较大,可以更好地保证财政收入的规模;二是有利于遏制固定投资规模。随着经济环境的发展变化,原来的增值税已有不适应经济发展的地方。

从2009年开始,我国开始实行消费型增值税,当期购进的固定资产(主要是机器设备等,但可用于个人消费的除外)可计算进项税额抵扣。

我国目前的增值额和增值税计算法如下:

$$增值额 = 销售额 - 外购货物及劳务支出 - 外购机器设备等支出 \quad (1)$$

$$\begin{aligned} 增值税 &= 税率 \times (销售额 - 外购货物及劳务支出) \\ &= 税率 \times 销售额 - 税率 \times 外购货物及劳务支出 \\ &= 销项税额 - 进项税额 \quad (2) \end{aligned}$$

上述(1)式的方法称为扣额法,(2)式的方法称为扣税法。我国目前采用的是扣税法,是凭增值税专用发票注明税款进行抵扣的增值税制度。

国家税收主要有两个职能:一是增加国家财政收入;二是调节经济,发挥经济杠杆作用。目前我国税收制度计划经济色彩较浓,增加国家财政收入的作用发挥得较好,但调节经济的作用有待进一步完善。

营业税是对提供应税劳务、转让无形资产和销售不动产取得的营业收入征收的一种税。应税劳务的营业收入是指从事交通运输业、建筑业、金融保险业、邮电通信业、文化体育业、娱乐业、服务业等的劳务收入。营业税的基本税率是3%或5%,娱乐业为5%—20%。

消费税是对在我国境内生产、委托加工和进口应税消费品的单位和个人,就其销售额或销售数量,在特定环节征收的一种税。所谓应税消费品,主要有烟、酒及酒精、化妆品、高尔夫球具、一次性筷子、金银珠宝首饰、鞭炮焰火、汽油、柴油、汽车轮胎、摩托车、小汽车等。消费税属于价内税,除金银首饰外都在生产或进口环节征收,交纳消费税的单位和个人还需交纳增值税。

除了交纳增值税、消费税和营业税外,企业还要交纳城市维护建设税和教育费附加,分别是应交流转税额的7%和3%。

企业获得销售收入后交纳的流转税及其附加占销售收入总额的比重看起来不大,但占企业纯收入即利税总额的比重是可观的。人们创造财富的动力不是来自于总收入,而是来自税后净收入。同样多的总收入,税收越高,留给财富创造者的就越少,人们创造财富的动力会越小。当税收高到一定程度后,人们创造财富的动力就会消失。政府以税收方式将人们创造的收入集中起来后进行项目投资,但政府的专业职能是进行社会管理,进行项目投资是企业的经理人员的专业职能,政府投资只能在业余时间进行,业余的当然不如专业的。所以,市场经济应施行低税收政策,把企业创造的财富留给企业进行投资。

(2) 弥补企业生产经营中发生的各项耗费

企业发生的各项耗费即为获得收入而发生的成本费用,成本费用是由资产消耗转化而来的。弥补成本费用是企业维持简单再生产的前提条件。企业的生产经营过程也是资产的消耗过程,用消耗掉的资产去换取更多的资产,使资金增值;费用是资产的消耗,造成资产减少,获得收入后,资产增加,增加的资产抵补了减少了的资产后,形成企业的盈利,消耗掉的资产得到足额补偿后,才能维持原有规模的生产经营,才能形成盈利,才能保证资产的质量。但在实际工作中,企业往往为了追求利润目标,而使发生的成本费用和损失不能得到足额补偿。特别是实行经营承包制、将利润大小作为考核经营者的主要指标、将工资增长与利润增长挂钩等,导致一些企业虚盈实亏,资产虚增,一些费用损失长年挂账不作处理。

(3) 盈利企业交纳所得税

收入抵补成本费用后的剩余部分,形成企业的盈利,有盈利的企业又要在企业和国家之间分配。1994 年税制改革后,我国有三种所得税,即外商投资企业所得税、企业所得税和个人所得税。目前已统一内外资企业所得税税法,均按 25% 的所得税税率征收所得税,并对符合规定条件的小型微利企业实行 20% 的照顾性税率。

(4) 税后利润分配

企业的税后利润为净利润,是投资者的真正所得。对税后利润还要进行一系列的分配。

对税后的利润,企业要先留利,企业按规定留完后再向投资者分配。对公司制企业,企业首先要提法定盈余公积金。《公司法》规定,应按税后利润的 10% 提取法定盈余公积。这部分留利主要用于弥补亏损和转增资本,即用于生产经营发展方面的积累。

其次是提取任意盈余公积,提或不提任意盈余公积,以及按什么比例提取任意盈余公积,一般由董事会提出方案,由股东会或股东大会批准后实施。任意盈余公积金的用途同法定盈余公积金。

最后要支付投资者利润,企业留利后,要支付投资者或股东利润或股利。向投资者分配利润后的剩余部分形成当年未分配利润,当年未分配利润形成以后年度可供投资者分配的利润。

综上所述,财务是企业筹集资金、运用资金、分配资金的活动,财务活动是由企业整个经营系统形成的,财务是用价值形式反映企业经营活动的全过程。财务活动的主体是以经营者为首的整个经营系统。

二、理财的依据、目标与方法

（一）公司理财的含义

公司理财或称财务管理是根据资金运动规律，遵照国家法律政策，对企业生产经营过程中资金的筹集、使用和分配，进行预测决策、计划控制、核算和分析，提高资金运用效率，实现资本保值增值的管理工作。

公司理财的实质是利用价值形式对企业经营活动进行综合性管理。它围绕资金运动开展，贯穿于企业生产经营的全过程，具有动态性特点。市场经济是经济关系货币化的经济，资金运动的概念是在市场经济条件下，对企业经营过程的一般的和本质的抽象，通过资金运动可以全面反映企业再生产运行的过程。资金运动是动态的，随着客观环境的变化，资金运动的形式和状况都会随之变化，这就决定了以资金管理为中心的企业理财活动是一个以科学理论与方法为指导的动态管理系统。对动态系统的管理体现了管理的二重性，即科学性和艺术性，所以公司理财既是科学也是艺术。

公司理财还具有综合性的特点，企业理财是围绕资金运动而展开的，而资金运动具有最大的综合性，它可以把企业生产经营的主要过程和主要方面全面系统地反映出来。这样，资金运动就自然而然地成为企业主要过程和主要方面的综合表现。随着市场经济的发展，企业面临的环境日趋复杂化，同时随着企业自身的发展，企业从事的业务和管理工作也日趋复杂化，而在市场经济条件下处理好企业管理问题，靠单一的某个方面的管理是不够的，必须有一套系统的综合性的管理方法进行通盘考虑，统筹管理，而财务管理恰好是一种综合性的管理，所以在现代企业管理中，财务管理的地位被提得较高。有这样一种说法，即企业管理以财务管理为中心，财务管理以资金管理为中心，资金管理的核心应该是资金运用的管理，而资金运用管理的关键是决策。所以，抓住财务管理，就抓住了管理的“牛鼻子”。

在一些企业中，人们对财务管理或理财的理解还不是很清楚，存在一些不正确的认识，从而影响了财务管理工作的顺利进行，这里有必要澄清一些认识。

1. 财务管理不是对财务会计工作的管理

有人认为财务管理是对企业财务会计工作的管理，这实际上是把财务管理的对象和内容搞错了，财务会计工作实际上是提供信息的工作。财务会计是按统一的规范，运用特定的技术方法，主要以货币作为计量单位，对企业生产经营过程进行确认、计量、记录和报告的工作，是为企业内部和外部提供企业经营成果、财务状况和现金流量等方面的信息的工作。财务管理则是从价值角度对企业进行综合性管理,包括预测决策、计划控制、核算和分析等管理过程。财务会计是事后反映过程即核算过程。财务管理过程也要利用会计核算信息分析企业的财务状况、经营成果和现金流量,分析企业经营过程中存在的问题,监督和控制生产经营过程,促使企业有效地使用资金,降低各种资源消耗;同时还要利用过去和现在的各种经济技术资料,进行财务分析和预测,为决策提供依据。

2. 财务管理不是用财务会计的方法对企业进行管理

还有不少人认为财务管理是利用会计的方法对企业进行的管理,从而认为财务就是会计。

财务管理与生产管理、营销管理等一样是企业经营管理的重要组成部分。一般讲财务是指财务管理,是对企业经营活动的管理,财务会计是对企业经营活动的反映。财务管理不只是单纯地反映过去,还要控制现在,预测和把握未来。财务管理的重心在于运用财务的概念、范畴,对企业的生产经营活动系统地进行规划和控制,是用管理的方法使企业经营决策更准确,使经营活动更有效。而会计方法是特定的,专门的,确认、计量、记录和报告的方法,只是反映和监督的方法。

3. 财务管理不只是财务部门的工作

财务管理是以价值形态对企业生产经营活动进行的综合性管理,实际上是对企业资金运动的管理,管理的主体应是以经营者为首的整个经营管理系统,并不是单一的某个职能部门。企业的一些重大决策如投资决策、筹资决策等的决策主体,不是财务部门而是企业的经营决策层,所以财务管理首先是企业经营决策层的职责,但这并不是说财务管理与财务部门无关。财务部门是财务决策的执行机构,同时也是企业财务信息的处理机构。没有财务部门的记账、算账和报账工作,财务管理就缺乏应有的信息资料;没有财务部门对财务预算的控制和执行以及对财务活动进行的财务分析,财务管理就缺少应有的环节。事实上,企业资金的形成、成本费用的发生、收入利润获得,是财务部门核算出来的,但并不是财务部门发生的。企业中只要有资金占用、成本费用发生的单位和部门都负有财务责任,都有财务管理的任务。

(二)公司理财的依据

公司理财的主要依据是资金运动规律和国家的法律、法规和政策两方面。

1. 资金运动规律

资金运动按其活动范围分为企业内部资金运动和企业外部资金运动(社会资金运动)。

(1) 企业资金运动规律

搞好财务管理,首先掌握好资金运动规律,企业财务活动实际上就是企业资

金运动。现金既是企业资金运动的起点,又是资金运动的终点。具体表现为:

① 投资者投入现金或其他资产。

② 通过支付现金购建厂房、设备等,形成生产经营能力。

③ 投产后,转入正常生产经营过程:

A. 支付现金或通过商业信用取得原材料等生产要素;

B. 将生产要素投入生产,依次形成在产品(半成品)、产成品;

C. 通过销售(现销或赊销)产成品形成收入或现金流入;

D. 收入增加企业资产,费用发生减少企业资产,收入补偿费用后形成资产的净增加或减少(盈利或亏损);

E. 进行利润分配。

由此可见,资金运动可综合反映企业生产经营的主要过程(供、产、销)和主要方面(筹资、投资、成本费用发生、收入和利润形成、利润分配等)的全貌。其基本轮廓可用图 1-1 表示:

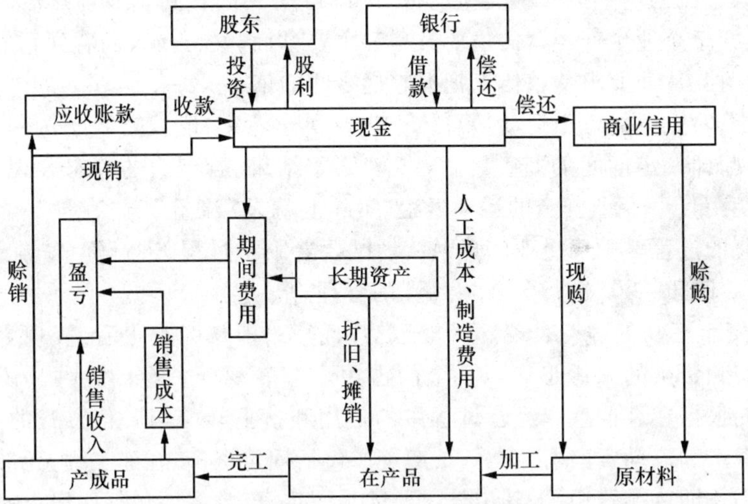

图 1-1　企业资金运动图

从上述企业资金运动图可以看出,企业的资金有不同的表现形态。首先,现金是企业的血液,处于不断的循环中,现金变为非现金资产,非现金资产又变为现金。现金的循环有多条途径。例如,有的现金用于购买原材料,原材料经过加工成为产成品,加工过程中还要发生人工成本和制造费用,计入产成品成本,产成品出售后又变为现金;有的现金用于购买固定资产等长期资产,如设备等,这些长期资产在使用中逐渐磨损,磨损的价值计入产品成本,陆续通过产品销售转化为现金。各种流转途径完成一次循环即从现金开始又回到现金所需时间不同。购买商品、生产商品形成商品成本的现金可能几天或几个月就可以流回,购买机器等的现金可能要许多年才能全部返回现金状态。现金变为非现金资产,然后又变回到现金,所需时间不超过一年的流转途径,称为现金的短期循环。短期循环中的资产是流动资产,包括现金本身和企业正常经营周转期内可以完全转变为现金的存货、应收账款、短期投资及某些待摊费用等。现金变为非现金资产,然后又变回到现金,所需时间在一年以上的流转途径,称为现金的长期循环。长期循环中的非现金资产是长期资产,包括固定资产、长期投资、长期待摊费用等。这种现金循环,可进一步区分为三种类型:

① 经营性现金流动,指同企业产品的生产与销售和服务的提供相联系的交易形成的现金流入流出。

② 投资性现金流动,指同企业固定资产等长期资产的购建与出售相联系的交易形成的现金流入流出。

③ 筹资性现金流动,指同企业股东权益、长期债务筹资与短期债务融资相联系的交易形成的现金流入流出。

对现金流动的上述三种类型的区分,既可使人们看到企业理财活动的广泛性,即贯穿于企业生产经营的主要过程和主要方面;又可使人们看到它们之间的相互依存性,从而要求从整体上把握它们之间的依存关系。

其次,对企业的资金运动从总体上进行科学考察,既要着眼于过程,看它的动态表现,即一定期间的"流量";又要着眼于结果,看到它的静态表现,即特定时点的"存量"。企业资金的运动过程,实际上就是"流量"与"存量"相互联系、相互转化的过程。因而企业的理财活动既要着眼于过程,进行资金"流量"的管理,也要着眼于结果,进行资金"存量"的管理。

① 资金运动的静态表现。资金运动从静态,即从时点上看,表现为资金的占用形态和资金的来源形态。资金的占用形态表现为资金的各种具体存在形态。它们根据在企业生产经营过程中的作用和价值转移与补偿方式的不同,分为长期资产和流动资产两大类。长期资产包括固定资产、在建工程、无形资产长期投资和长期待摊费用等,其中较重要的是固定资产,主要包括厂房、建筑物、机器设备、运输工具等。固定资产价值在不断重复的生产经营过程中逐渐地向产品价值及当期费用转移,它们在报废前仍保持其原有的实物形态,较长期地在生产经营中发挥作用。流动资产表现为现金、短期投资、应收账款等短期债权以及存货等。流动资产在短期内消耗或变现。

资金来源包括流动负债、长期负债和所有者权益。流动负债主要包括短期借款、应付账款等商业信用和其他一些短期债务;长期负债包括长期借款、应付债券和长期应付款等;所有者权益主要包括投资者的初始投入和以后形成的积累。

资产负债表全面地反映了资金运动的静态表现。

② 资金运动的动态表现。企业在生产经营过程中,资金形态都处于运动变化中,从一定时期的动态过程来看,资金运动主要表现为资金的循环与周转、资金的耗费与补偿以及资金的分配与退出。

A. 资金的循环与周转。资金的循环与周转可分为流动资产的循环与周转和长期资产的循环与周转。长期资产的循环与周转中具有代表性的是固定资产的循环与周转。

流动资产的循环周转主要表现在供、产、销三个阶段。在供应阶段,企业以货币资金购买原材料等存货,形成储备资金,资金由货币形态转化为实物形态。在生产过程中,工人利用劳动资料对劳动对象进行生产加工,领用原材料等存货,同时以货币支付工资和其他生产费用,资金由储备资金形态和货币资金形态转化为生产资金形态(在产品、半成品占用资金)。当产品完工后,资金由生产资金形态转化为成品资金形态。当实现销售后,资金又转化为货币资金形态,这个过程称为资金循环,周而复始的循环称作资金周转。

以固定资产为代表的长期资产的循环周转与流动资产的循环周转存在一定差异。生产用固定资产可以在生产中较长期地发挥作用,其价值按固定资产预计使用年限一部分一部分地分次转移于产品价值中,参与流动资产的部分周转过程,共同形成生产资金和产品资金的占用形态,随着产品销售转化为货币形态,直到固定资产使用寿命结束,再对其进行更新,资金又从货币形态转化为实物形态,完成一次循环而开始下一次的循环。固定资产与流动资产循环周转的差异是由价值转移方式不同引起的。

B. 资金的耗费与补偿。企业的生产经营活动同时也表现为资金的耗费与补偿。企业在生产经营过程中消耗掉的资产转化为成本费用,通过销售产品实现的收入得到补偿。获得收入会增加企业资产,发生费用会减少企业资产,二者相抵后形成企业的盈利或亏损。具体讲,企业生产经营过程中的资产消耗,主要表现为生产费用和期间费用的发生。在这个过程中,企业会发生厂房、机器设备等劳动资料的消耗,在价值上表现为固定资产的耗费;发生的原材料等劳动对象的消耗,在价值上表现为流动资产的耗费,生产中支付的工资和发生的各项生产费用,也表现为流动资产的消耗;为管理生产经营活动而发生的管理费用以及为销售商品而发生的销售费用等期间费用,表现为固定资产等长期资产和流动资产的消耗。企业生产经营过程中各个阶段各个时期耗费掉的资产,都要通过实现的营业收入得以补偿。增加的资产用于弥补生产经营过程中耗费掉的资产后,其余额形成了企业的盈利。由于生产过程同时也是再生产过程,一个生产周期所耗费的资产,通过产品销售而收回,就为进行下一个生产周期创造了条件。在企业再生产过程中,耗费转化为收回,收回又进一步转化为耗费,使再生产过程得以连续不断地进行下去。

资产的耗费与收回也依存于资产的循环与周转。在企业再生产过程中,各周转阶段耗费的资金要经过一定的周转过程后最终才能收回。在周转的任何一个环节,如果发生了停滞,所耗费的资产不能通过正常的周转历程顺利地转化为货币形态,也就是意味着所耗费的资产在某些环节沉淀下来了,无法按时收回,这就必然会导致企业在生产经营过程中发生资金困难。

上述资金运动各种形态之间的相互依存、相互转化和相互制约的关系,就是企业资金运动规律的具体表现。

C. 资金的分配与退出。企业获得的收入和形成的盈利还要进行分配。收入和盈利要在国家和企业之间分配。国家主要以征税方式将企业的收入和盈利的一部分征缴国库;企业的盈利还要在企业和投资者之间分配。分配完成后,一部分资金要流出企业,退出企业的资金运动过程。

(2) 宏观资金运动规律

企业资金运动不是孤立的,它是社会资金运动(或称宏观资金运动)的组成部分。企业资金运动受到宏观资金运动的影响和制约。因此,财务管理必须研究企业外部的资金运动规律,即宏观资金运动规律。

宏观资金运动具有波动性,即有时繁荣有时衰退,对企业理财会产生很大影响。这种波动最先影响的是企业销售额。销售下降会影响企业资金运动,理财时应对这种波动有所准备,筹措并分配足够的资金,用以调整生产经营。

宏观资金运动过程中还会出现通货膨胀,通货膨胀会造成企业资金困难。企业可以使用套期保值等办法减少损失,如提前购买设备和存货、买进现货卖出期货等。

宏观资金运动过程不会脱离金融市场,金融市场中利率的波动、有价证券价格的波动,既给企业创造了机会,同时也带来了挑战。在为过剩资金选择投资方案时,利用这种机会可以获得额外的收益。比如,在购入长期债券后,由于市场利率下降,按固定利率计算的债券价格上涨,企业即可获得额外收益。在预期利率将持续上升时,以当前较低的利率发行长期债券,可节省资金成本。在股票价格上涨时发行新股,可筹集更多的资金。

只有全面了解金融市场,把握金融市场的运动发展规律,才能做好企业的融资和投资工作。特别是加入 WTO 后,不仅要研究国内金融市场,对国际金融市场也应了解和把握,以为企业在国际金融市场投资和筹资做好准备。

2. 国家的法律、法规和政策

企业理财离不开法律、法规和政策。因此在企业的财务活动中,要和国家、其他企业、投资者、债权人以及企业职工等发生经济关系。在市场经济条件下,国家借以管理这些经济活动和经济关系的将主要是法律手段,把越来越多的经济活动关系的规则用法律、法规的形式固定下来,规则会变得透明化。目前涉及企业财务活动的法律、法规有《会计法》、《银行法》、《票据法》、《证券法》、《公司法》、《会计准则》、《企业会计制度》等。我国法制建设虽然速度较快，但还需要不断健全和完善。企业理财应从以下几个角度来研究国家的法律、法规。

(1) 抓机会

在理财中应学会抓法律、法规和政策带来的机会。我国社会主义市场经济建设是一项长期任务。在这个过程中，法律、法规会不断健全和完善。但在目前阶段，一些经济行为还找不到法律、法规依据，现有的法律、法规还有不完善的地方，这给企业理财造成了一些困惑，同时也提供了一些机会。例如，企业改制上市，在刚开始搞的时候，企业上市比较容易，但随着问题的出现，对上市的监管越来越严，现在企业再上市就不太容易了，企业应学会“抢先”。

(2) 找优惠

国家对某些地区、某些行业、某些经济行为的优惠、鼓励构成了政府政策的主要内容，而且我国目前的管理体制使得政策具有多层次性，中央有政策，地方政府也制定政策，地方的地方还有政策，企业在理财中应善于研究各层次的政策，利用各层次的优惠，学会如何“运作”。

(3) 不违规

企业理财工作必须遵循国家有关法律政策，不能踏入法律的“雷区”。如果违规就相当于给自己埋地雷，地雷埋多了，一旦某一个发生爆炸，就会严重损害企业利益。企业在理财中应掌握法律界限，学会如何“变通”。

(4) 保权益

企业学习和研究国家法律、法规和政策的目的还在于运用国家法律、法规保护企业自身的合法权益。企业不仅要依法纳税，而且还要学会依据税收法律法规合理纳税。企业在投资、融资中，不仅要了解债权人、投资者的权利和义务，还要了解企业法人和债务人的权利和义务，筹集到对企业有利的资金，在投资中保全自身的权益。在资产、收入、成本费用的核算和管理中，应依据《会计准则》和《企业会计制度》的有关规定，合理地核算和摊销各项费用、损失，合理计提资产减值准备，尤其要正确理解和运用“稳健性原则”和“划分收益性支出与资本性支出原则”，保证企业资产的质量，使企业有稳定的发展后劲和抵御风险的能力。

（三）公司理财目标

由于财务是以价值形式对企业生产经营活动做出的综合反映，所以理财目标同时也体现了企业的经营目标。它是企业生产经营活动最综合和最终的目标，也是评价企业经营绩效和经营者业绩的标准。

正确理解和把握理财目标非常重要，因为目标决定思路，思路决定方法，方法决定行动。因此，有什么样的理财目标，就会产生什么样的理财思路，也就会形成不同的理财方法和行为。

目前在国内对理财目标一般有两种认识:一种认识以利润最大化为理财目标;另一种认识则以企业价值最大化为理财目标。

1. 利润最大化目标

所谓利润最大化目标是指企业理财应以实现最大的利润为目标。其表现形式有两种,一种为利润的绝对额最大,另一种是利润的相对额即每股收益最大。

以利润最大化作为理财目标有其合理的一面。在市场经济条件下,企业是营利性的经济实体,利润高低在很大程度上体现企业经济效益高低。如果企业长期亏损,势必会导致企业资不抵债,陷入破产的境地。追求利润最大化,要求企业降低消耗,增加收入,对企业发展有较大促进作用。但片面追求财务报表上表现的短期利润最大化,特别是以利润指标作为评价企业效绩和经营者业绩的基本指标,有时反映的情况并不真实客观,好的企业可能被评价为坏的企业,经营不善的企业可能被评价为好的企业,并且会使经营者产生一些短期行为,以利润最大化作为目标产生的弊端主要表现在以下几个方面:

(1) 会产生"有利无钱"的现象

利润是企业在一定期间全部收入和全部费用的差额,是按权责发生制和收入与费用配比的原则计算确定的。收入是按收入是否实现而不是按是否收到现金确认。企业赊销时,也确认收入,同时确认应收账款。如果企业的商品大部分是以赊销方式销售了出去的,只收回很少的货款,形成了大量应收账款,同时也增加了收入,那么,尽管企业可以形成可观的利润,但可能会造成企业资金短缺,产生"有利无钱"的现象。在我国信用制度没有建立起来的时候,一些企业信誉较差,形成的应收账款发生坏账的可能性很大,易造成企业资金流失,在这种情况下,企业有了可观的利润,却没有可周转增值的资金而产生虚盈实亏。

以利润为基础评价企业的经营业绩,就会出现不真实、不客观的结论,造成我国以利润为基础的效绩评价指标体系失效。

(2) 会促使经营者少提或不提折旧,少摊或不摊费用损失

折旧和摊销计入费用,会影响企业利润,但不影响企业现金流量。应提的折旧少提或不提,应摊销的费用和损失不摊或少摊,企业的利润就会增加,但已损耗掉的资产价值得不到补偿,同样会形成虚盈实亏,造成企业资产虚增。以利润评价和考核企业的经营业绩,在这种情况下同样会出现不真实、不客观的结论,以利润为基础的效绩评价指标体系同样会失效。我国过去搞经营承包制,现在以利润为主要指标来考核评价国有企业及其经营者,尤其是实行"工资增长与利润增长挂钩"的工资制度,都会产生这种虚盈实亏的结果。目前在不少国有企业存在长期积压的固定资产和流动资产,有些资产由于积压时间长等原因已无法给企业带来经济利益,但还挂在企业账上,造成利润虚增和资产虚增,这与

以利润的多少考核企业和经营者的业绩的做法非常有关。这样使企业的资产成了“注水肉”,加速了掏空企业的步伐,使相当数量的企业成了大而空的“糠萝卜”。

(3) 会使经营者放弃有前途的投资项目,产生短期行为

追求利润最大化,还会使经营者为了眼前的盈利而放弃具有发展前途的长远投资。越是关系企业长期发展的投资项目,投资额往往越大,回报期也越长,短期内主要是投入,从而盈利水平会降低。片面追求利润,会使经营者不搞或放弃战略发展性投资,从而使企业失去长远持久的竞争能力。

另外,片面追求利润最大化,还可能导致企业产生其他侧重短期行为的种种消极因素,忽视在科技开发、产品开发、产品市场占有率、装备水平、人才开发等方面下功夫,对企业长期的健康发展造成不良影响。

(4) 利润最大化目标忽略了时间价值因素

利润最大化目标没有反映利润的实现时间和持续的时间,即没有考虑资金的时间价值因素。比如,今年实现 100 万元利润和明年实现 110 万元的利润,哪个更符合企业的目标？不考虑资金的时间价值,就难以作出判断。再比如,今后 5 年每年获得 200 万元利润的投资方案,是否优于 5 年后获得 1 000 万元的投资方案？对这个问题的判断也需要考虑资金的时间价值。

(5) 利润最大化目标没有充分反映出风险因素

在复杂多变的市场环境中,投资者投入企业的资金能否增值,受多种不确定因素影响,这就要求企业从长期的观点出发进行考察,并科学合理地对风险因素进行估量。而要做到这一点,就不能按各个期间孤立地进行利润计算。

不反映利润实现过程中的风险因素,很可能导致企业不顾风险大小去追求利润最大化,从而就不能真实客观地反映企业的经营业绩。比如,同样投入 500 万元,每年获利 100 万元,一家企业已全部转化为现金,另一家企业则全部是应收账款,并可能发生坏账,哪一家企业业绩更好？两家企业预期的资本收益率相同,一家企业未来各年的风险大于另一家企业,哪家企业的理财业绩会更好？如此等等,仅以利润最大化作为目标,很难反映和评价目标实现过程中的风险因素。

综上所述,将利润最大化作为企业理财目标或经营目标,只是对理财目标的浅层次的认识,也是对企业生存价值和企业经济效益浅层次和片面的认识。现代企业理财认为,利润最大化并不是理财的最优目标。

2. 企业价值最大化

企业价值最大化是指企业的市场价格最大化。投资者投资创办企业,根本目的是要使资本增值,尽可能多地为自身创造财富,这种财富在于企业未来带给投资的回报的大小。这种回报一方面取决于企业为投资者赚钱的多少,实现真实利润的多少;另一方面取决于投资者转让其股权换取现金的多少。通俗地讲,

企业价值是指企业本身值多少钱。企业虽不是一般意义上的商品,但也可以买卖。要买卖必然对企业进行市场评价,通过市场评价确定企业的市场价格或者价值。在对企业进行评价时,看重的不是企业已经获得利润水平,而是潜在的赚钱能力。因此,企业价值不是账面资产的总价值,而是企业资产作为一个整体的市场价值,即对企业有形资产和无形资产总体的市场评价,这种评价体现在潜在或预期的赚钱能力或净现金流量上。投资者在确定企业价值时,是以企业未来各期预期产生的净现金流量的折现值之和为基础的。未来各期的净现金流量按可能实现的概率来计算,折现率反映投资者对投资风险的报酬要求。这种计算方法既考虑了资金的时间价值问题,也考虑了未来的风险问题。企业所得的净现金流量越多,实现的时间越近,实现的金额越确定,则企业的价值越大。具体而言,决定企业价值大小的因素主要有以下几方面:

(1) 未来各期净现金流量多少

企业的本质职能是赚钱,赚钱的多少体现在净现金流量上,而与企业实现的利润多少有一定差异。净现金流量是指企业经营过程中现金流入与现金流出量的差额,可用下式表示:

$$\begin{aligned}\text{净现金流量} &= \text{现金流入量} - \text{现金流出量}\\ &= (\text{销售收入} - \text{赊销收入} + \text{收回前期应收账款})\\ &\quad - (\text{付现成本} + \text{所得税}) \qquad (1)\end{aligned}$$

销售收入与现金流入不一致,当期实现的收入应减去已确认为收入但没有收到货币的赊销收入。当期收回前期的应收账款不计收入,但有货币流入,应计入现金流入量。付现成本是指支付了货币而形成的成本费用,与所得税合计为现金流出量。企业净利润是用当期收入减去当期与收入配比的成本费用后的差额,可用下式表示:

$$\text{净利润} = \text{销售收入} - \text{付现成本} - \text{折旧、摊销} - \text{所得税} \qquad (2)$$

比较(1)式与(2)式可得出净现金流量与净利润的关系:

$$\text{净现金流量} = \text{净利润} - \text{赊销收入} + \text{收回当期应收账款} + \text{折旧、摊销}$$

从上式中可得出以下结论:

第一,真实的净利润是决定净现金流量的基础,净现金流量的大小主要取决于真实的净利润的大小。所谓真实的净利润是指不靠赊销和减少折旧和摊销而形成的净利润。

第二,增加赊销会增加净利润,但并不能增加净现金流量。

第三,减少折旧和摊销可以增加净利润,但不能增加净现金流量;增加折旧和摊销会减少净利润,但并不减少净现金流量。折旧是固定资产初始投资在使用期间的分摊和收回,摊销是指无形资产价值及其他一些资产价值或资产损失的分摊,如长期待摊费用摊销、流动资产损失的分摊、资产减值准备的计提等。

折旧和摊销虽然形成当期费用损失，但并没有现金流出。

第四，收回以前年度应收账款虽然增加净现金流量，但会发生价值损失，这种价值损失体现在应收账款的机会成本上。比如今年应收到的100万元现金，两年后才收回，两年后收回的100万元就不等于今年的100万元，它只相当于100万元减去两年的机会成本，在价值上小于今年的100万元。

第五，以净现金流量评价企业的业绩更真实客观，因为调节利润的一些手段并不能调节净现金流量。

（2）企业寿命长短

企业价值是未来各期获得的净现金流量的折现值之和。企业的寿命越长，产生净现金流量的期数就越多，其折现值之和就会越大，相应地，企业价值越大。如果企业能够长期生存发展，企业价值就会增长。

（3）风险大小

风险是指企业未来面临的不确定性。风险大小表现在未来净现金流量和企业寿命的不确定性上。比如，企业有两个投资机会：第一个方案可使每年净现金流量增加100万元，其风险极低，几乎可以忽略不计；第二个方案可使每年净现金量增加200万元，但具有一定风险，若方案失败则现金流量不仅不会增加，反而会遭受投资损失。应选择哪个方案才能使企业价值增加得更大呢？答案是要看第二个方案的风险有多大，如果成功的可能性大于50%，则它是可取的，反之则不可取。由此可见，增加价值不能不考虑风险，当风险和可望得到的报酬相称时，方案就是可取的。同样，风险会影响企业寿命，当风险大于企业的承受能力时，可能导致企业破产倒闭。

企业面临的风险主要分为两类：一类为经营风险，主要是市场的不确定性给企业带来的风险；第二类为财务风险，主要是负债给企业带来的风险。有关这两类风险的详细的内容将在后续内容中介绍。

（4）其他因素

其他因素是指对企业价值有影响而对近期利润有很少影响或会降低利润的一些潜在因素。主要包括以下几方面：

① 资产升值，特别是无形资产升值。资产升值会相应提升企业价值，却可能不会增加利润。这种升值在企业股权转让或出售企业时会体现出来，特别是企业的无形资产升值，会影响企业价值。如企业拥有的土地使用权升值，并不影响利润，却会在企业转让过程中提升企业价值。再比如企业专有技术的积累、专利技术的开发、商誉的形成、企业文化建设等，这些无形资产的形成和增值需要企业投入，可能会减少企业利润，但会增加未来净现金流量，提升企业价值。

② 市场开发。市场开发初期会有大量投入，这可能会减少企业利润，但一旦占据了市场，扩大了市场占有率，则会给企业带来可观的收益。一些外国公司

在开发市场时,可以亏损三年、五年或更长时间,其目标是占领未来市场,关心的是企业未来的发展,所以追求企业价值最大化是一个长远的观念。

③ 资本公积增加。资本公积是非盈利因素形成的积累,资本公积增加会增加企业价值,但并不增加利润。

以企业价值最大化作为理财目标更科学,追求企业价值最大化,实际是追求企业长期、稳定、健康的发展。以企业价值大小评价企业的经营绩效更客观真实。企业价值最大化是最优理财目标,体现在以下几方面:

第一,企业价值最大化更客观真实地反映了企业的本质属性。决定企业价值大小的最基本的因素是净现金流量,企业可以通过一些手段合法调节利润,但却调节不了现金流量,所以现金流量比利润更客观真实。企业的本质属性是赚钱,净现金流量反映了企业赚钱的能力。

第二,以企业价值最大化为目标,可克服企业在追求利润最大化时的短期行为。企业价值大小不仅取决于近期利润的多少,还取决于未来利润的多少。以企业价值最大化作为目标,要求经营者必须考虑企业的长远发展,不断创造未来的利润增长点。

第三,以价值最大化作为理财目标考虑了货币的时间价值和风险因素。不同时间点上的资金的价值不同,确定企业价值时是将不同时点的净现金流量折现到同一时点后加总,从而考虑了资金时间价值。在预期未来现金流量和折现率时,都会考虑不确定性因素的影响,即风险的大小。一般而言,报酬与风险共存,报酬的增加是以风险的增大为代价的。而风险的增大会影响企业的生存与发展。因此,必须在考虑报酬的同时考虑风险,企业价值只有在报酬与风险达到均衡时才能达到最大。

综上所述,企业价值最大化是理财目标深层次的认识,尽管不同的投资者对企业价值大小做出的评价会有所差异,但追求企业价值最大化起码为我们提供了理财的正确思路,要使企业价值得到提升,应做好以下几方面工作:

第一,要转变观念。要将利润观念转变为企业价值观念。目前政府和一些企业经营者还认为企业应追求实现尽可能多的利润,而没有深刻认识企业价值,要理好财,首先要在观念上做出转变。

第二,改进企业绩效评价指标。目前我国对企业评价的基础性指标还是利润,如每股收益、净资产收益率等,应改变为以净现金流量为基础的评价指标体系。净现金流量更能客观真实地反映企业的业绩。

第三,科学地做出财务决策。决策是管理的关键,企业价值的提升要通过正确的决策来实现。财务决策主要包括投资决策、筹资决策和股利决策。投资项目是决定企业报酬率和风险的首要因素,因而投资决策在理财中处于核心地位。正确的投资决策会增加企业净现金流量,并有助于企业规避风险,实现企业价值增值。要做出正确的投资决策,首先要求决策者对企业发展规律有深刻的认识。筹资决策的核心是解决企业资本结构的问题。资本结构是指所有者权益与长期负债的比例关系。资本结构会影响企业的报酬率和风险。一般而言,企业借债的利息率低于其投资报酬率时,可以通过负债来增加净现金流量,使资本收益提高,增加企业价值。但增加负债同时也会增加企业的财务风险,因为一旦市场发展变化,使报酬率低于利率时,负债会减少净现金流量,使资本收益降低,甚至可能因不能按期还本付息而导致企业破产。股利政策是指企业赚取的当期盈余中,有多少作为股利分给股东,有多少留在企业用于企业发展。股东既希望分红,又希望每股盈余在未来不断增长,两者有矛盾,前者是当前利益,后者是长远利益。增加保留盈余,会提高企业的未来报酬率,但再投资的风险比立即分红要大。因此,股利政策影响着企业的报酬率和风险。

(四) 公司理财的方法

为了有效地管理企业财务活动,达到财务管理的目标,需要有一套科学完整的方法。方法是达到目标的具体途径和手段。管理财务活动的方法很多,这里主要从管理职能的角度阐述一下财务管理的方法。

1. 财务预测与决策

(1) 财务预测

财务预测是在认识和掌握资产运动规律的基础上,分析研究企业内外部各种经济、技术条件,并依据各种经济信息,运用科学的方法,对企业未来财务活动的资金、成本、收入、盈利水平进行预计和测算,对企业未来的财务状况和发展趋势进行估计。

财务预测的内容一般包括:资金需要量及其来源的预测、金融市场发展趋势预测、销售和盈利预测、成本费用预测、投资前景预测等。

财务预测是决策的基础,也是编制财务计划的前提。通过财务预测,可分析企业未来财务活动的环境变化,分析可能出现的情况、可预见的投资机会和可能的筹资方式,测算未来的收入、成本费用、利润等指标,为满意的财务决策奠定基础,并为财务计划的制订提供依据。只有对企业财务活动的未来发展趋势有较准确的了解,才能做出正确的财务决策,增加企业价值。

常用的财务预测方法一般分为两类,即定性预测法和定量预测法。

① 定性预测法。定性预测法主要是利用直观材料,依据个人经验、知识和主观判断力,通过综合分析,对事物未来的状况和趋势做出预测的一种方法。这种方法一般在企业缺乏完备、准确的历史资料的情况下采用。根据具体情况,又可以分为以下两种具体方法。

A. 集合意见法。这种方法一般是由预测人员召集对预测对象比较熟悉、有经验的有关人员开会,按照预先拟定的调查提纲进行讨论,然后把各方面的意见进行整理、归纳、分析,并判断未来的情况,最后得出预测结论。这种方法方便易行,而且可以随着情况的变化及时修改。其主要缺点是预测结果受个人主观判断的影响较大,可能会出现一些误差。

B. 专家意见法。这种方法又称德尔菲法,它是由美国兰德公司在 20 世纪 40 年代末开始使用的一种预测方法。其特点是对一组专家进行背靠背的多次征询调查。其基本做法包括以下四个步骤:第一步,提出问题。预测组织者将调查提纲、预测目标、必要的资料提交给专家小组的每一位专家,征询专家的意见。第二步,初步预测。要求每一位专家提出自己的初步预测意见并说明意见的主要依据。第三步,修改预测。将第一轮预测中各专家的不同意见加以整理,再发给各位专家进行第二轮征询,请他们对其他专家的第一轮意见进行评论,并对自己的意见进行修改,提出第二轮预测的意见。第四,最后预测。经过反复修改后,要求每一位专家根据相关资料,提出自己最后的修正意见和依据。对各位专家的意见进行汇总,形成预测结果。

② 定量预测法。定量预测法是根据变量之间存在的数量关系(如时间关系、因果关系)建立数学模型,来进行预测的方法。定量预测法又可分为趋势预测法和因果预测法。

A. 趋势预测法。趋势预测法是按时间顺序排列历史资料,根据事物发展的连续性来进行预测的一种方法。因为是按时间顺序排列历史资料,所以又称时间序列预测法。这类方法又可细分为算术平均法、加权平均法、指数平滑法、直线回归趋势法、曲线回归趋势法等。

B. 因果预测法。因果预测法是根据历史资料,通过仔细分析,明确地找出要预测的因素与其他因素之间的因果关系,建立数学模型来进行预测的一种方法。因果预测法中的因果关系可能是简单因果关系,也可能是复杂因果关系。例如,企业销售收入只和销售价格、销售数量呈简单因果关系,而销售利润则与销售数量、销售价格、销售税金、销售成本等呈复杂因果关系。只有合理地找出变量之间的因果关系,才能科学地进行预测。

定量预测和定性预测各有优缺点。定量预测法有比较准确的数量计算,容易给人们以确定的数据指标,便于人们判断把握。定性预测法则着重于对未来发展趋势的估计,能从总体上确定未来发展方向趋势和状况。定量预测法看起来比较科学准确,但实际工作中却不一定是这样。这是因为企业生产经营所处的环境实际上是经常变化的,企业内部的情况也是不断发展的,虽然这种变化发展也存在一定的规律性,但用数学模型表示出来是很困难的。定量预测法使用的数学模型,常常是在一定假设条件下和范围内才是正确的,而在实际工作中,这些条件很难满足,并且有些因素很难定量化,因此定量预测结果与实际往往有一定偏差,需要预测者根据实践经验和定性预测结果进行修正。定性预测法一般是有关财务活动发展趋势的总体预测,它不仅对定量预测结果有修正作用,而且对财务预测和决策的总体方向有很大的限定作用。

定量预测法和定性预测法各有侧重,在实际工作中应把二者结合起来应用,既进行定性分析,又进行定量分析。

(2) 财务决策

财务决策是企业经营决策的重要组成部分,它是针对企业未来的财务活动确定目标,制订方案,并从两个以上方案中选择一个满意方案的工作过程。

财务决策是理财的中心环节,企业财务管理的各项工作都围绕着财务决策确定的目标和方案展开。理财的最终目标是要实现企业价值最大化,即企业能够长期稳定健康地发展,这个目标是总目标,是企业永远追求的目标。因此,企业价值最大化实质上是财务决策的价值标准,在具体确定财务目标时,都要考虑是否有利于增加企业价值。具体每个经营期间,财务目标是具体的和可实现的,如利润增长、成本降低幅度、货款回收率等。具体目标的实现要受企业内外部各种因素的制约,财务目标只能达到令人满意的程度,有时无法达到最优的程度,因此实现目标的手段或方案也只能是令人满意的方案而非最优方案。

财务决策的内容一般包括筹资决策、投资决策、目标成本决策、目标利润决策、股利决策等,其中最重要的是投资决策和筹资决策,投资决策尤为重要。

财务决策一般分为程序化决策和非程序化决策。关于那些日常经营活动中不断重复出现的资金使用问题的决策,属于程序化决策,如材料的采购、日常成本费用的支出等。这些决策有较固定的程序和规律,企业可以事先规定好各类标准、处理程序、解决问题的方法,由各级管理部门的负责人依据财务管理制度规定的责任和程序做出决定。对于这些问题,可以加以程序化、制度化。有些财务活动具有独特性,不会重复出现,它们具有创新的性质,针对这类财务活动的决策称为非程序化决策。这些决策主要是企业的重大融资和投资活动方面的决策,如产品开发、企业扩张等。这类决策无现成的制度和方法据以解决,必须由企业高层管理人员做出决定。

财务预测和财务决策是紧密相关的,预测是决策的基础,决策是预测的结果,两者都属于财务管理的事前管理阶段,这个阶段的任务是为企业未来财务活动指明正确的方向,提供总体思路和方案。一个企业的管理是否成熟,管理方法是否完善,主要体现在事前管理阶段。

2. 财务计划与控制

(1) 财务计划

财务计划是在一定的计划期内以货币形式反映生产经营活动所需要的资金及其来源、财务收入和支出、财务成果及其分配等方面情况的计划。

财务计划主要包括筹资计划、投资计划、成本费用计划、销售收入计划、利润计划、采购计划、现金收支计划等。

财务计划是以财务决策确立的方案和财务预测提供的信息为基础来编制的,是财务预测和财务决策的具体化,是控制财务活动的依据。财务计划应遵循的一般程序如下:首先根据财务决策的要求,分析主客观条件,全面安排计划指标;其次对需要与可能进行协调,实现综合平衡;最后调整各种指标,编制出计划表格。财务计划的编制方法很多,现说明几种最常见的方法。

① 固定计划法。固定计划法又称固定预算法,是按照计划期内固定单一的经济活动水平来编制计划的一种方法。这种方法的主要特点是计划编就后,在计划期内除特殊情况外,一般不作变动,具有相对固定性。固定财务计划由一定的财务指标体系组成,确定指标的方法通常有平衡法、因素法、比例法、定额法等。

A. 平衡法。在编制财务计划时,利用有关指标间客观存在的内在平衡关系计算确定计划指标的方法,叫平衡法。例如,在确定一定时期现金期末余额时,便可利用如下公式:

现金期末余额 = 期初余额 + 计划期增加额 - 计划期减少额

平衡法的优点是便于分析计算,且工作量不大,结果比较准确明了,适用于那些具有平衡关系的计划指标的确定。但在运用平衡法时要注意,具有平衡关系的每一个指标因素不能发生重复或遗漏,并且计算口径要一致。

B. 因素法。在编制财务计划时,根据影响某项指标的各种因素来推算该指标计划数的方法,叫因素法。因素法也称因素推算法。因素法计算出的结果一般比较准确,但计算过程较复杂。

C. 比例法。在编制财务计划时,根据企业历史已经形成而又比较稳定的各项指标之间的比例关系来计算计划指标的方法,叫比例法。比例法又称比例计算法。例如,在推算一定时期的资金占用量时,便可根据历史上的资金占用额占销售收入的比例和计划期销售收入来计算确定。比例法的优点是计算简便,但所使用的比例必须恰当,否则会出现较大偏差。

D. 定额法。定额法又称预算包干法,是指在编制财务计划时,以定额作为计划指标的一种方法。在定额管理基础比较好的企业,采用定额法确定的计划指标不仅切合实际,而且有利于定额管理和计划管理相结合。但要经常注意根据实际变化情况不断修改定额,使定额切实可行。

固定计划法在编制计划时比较简单,但有相当多的企业生产经营活动水平受主客观因素的影响,都会经常发生变动,这时固定计划法就很难正确评价企业的工作成绩。这种方法适用于经营活动水平比较固定的企业或非营利单位。

② 弹性计划法。弹性计划法是指企业在不能准确预测业务量的情况下,根

据财务指标与业务量之间有规律的联系，按照一系列不同的业务量编制计划的一种方法。弹性计划法的编制程序一般为：首先，选择和确定经济活动水平的计量单位（如产品产量、销售量等）；其次，确定不同情况下经营活动水平的范围；再次，确定财务指标同业务量之间的依存关系，用公式法、列表法等确定不同业务量水平下的计划指标；最后，通过一定的表格进行汇总，编制出弹性计划。弹性计划的主要优点是能够适应不同的业务活动水平的需要，其缺点是编制工作比较麻烦。

③ 滚动计划法。滚动计划法是指计划期随着时间的推移而自行延伸的一种编制计划的方法。在这种计划方法下，计划期始终保持在某一特定的期限（通常为 1 年）。这就是说，当年度计划中某一季度或月份计划执行完毕时，其相邻的下一季度或月份计划立即递补上去，以使年度计划一直含有 4 个季度的计划或 12 个月份的计划。

滚动计划的优点是始终能使计划的执行者既有近期目标，也有远期目标，能有效克服那种只顾眼前利益、不顾长远利益的错误倾向。但滚动计划的编制工作比较复杂，特别是那些时间比较长的滚动计划，工作量更大。

（2）财务控制

财务控制是指在财务管理过程中，利用有关信息和特定手段，对企业的财务活动施加影响或进行调节，以便实现计划所规定的各种目标的一种管理方法。在管理活动中，如果不是力求达到一定目标，就根本不需要管理；如果不能有效地施以影响或进行调节，也就无法管理。财务控制的方法有很多，现说明最常见的几种。

① 防护性控制法。防护性控制法又称排除干扰控制法，是指在财务活动产生前，就制定一系列制度和规定，把可能产生的差异予以排除的一种控制方法。例如，为了保证库存现金的安全，就要规定库存现金的使用范围，制定合理的内部牵制制度；为了节约各种费用开支，则可事先规定开支标准等。排除干扰是最彻底的控制方法，但排除干扰要求对被控制对象有绝对的控制能力。在财务管理中，各种事先制定的标准、制度、规定等，都可以看做排除干扰的手段。

② 前馈性控制法。前馈性控制法又称补偿干扰控制法，是指通过对实际财务系统运行进行监视，运用科学方法预测可能出现的偏差，进而采取一定措施，使差异得以消除的一种控制方法。例如，在控制企业短期偿债能力时，要密切注意流动资产或流动负债的对比关系，预测这一比率的发展趋势，当预测到这一比率将变得不合理时，就要采用一定办法，对流动资产或流动负债进行调整，使它们的对比关系保持在合理的水平上。补偿干扰控制法也是一种比较好的控制方法，但它要求掌握大量的信息，并要进行准确的预测，只有这样，补偿干扰才能达到目的。

③ 反馈控制法。反馈控制法又称平衡偏差控制法,是在认真分析的基础上,发现实际与计划之间的差异,进而确定差异产生的原因,采取切实有效的措施,调整实际财务活动或调整财务计划,使差异得以消除或避免今后出现类似差异的一种控制方法。平衡偏差控制法所平衡的总是实际产生的偏差,在平衡偏差的过程中,由于“时滞”的存在,还可能会造成新的偏差。但平衡偏差控制法运用起来比较方便,一般不需要太多的信息,因为它是根据实际偏差随时调节的。当干扰不能预计或发生得很频繁时,平衡偏差控制法是用以进行控制的典型方法。财务活动受外部环境的干扰较重,因此,在财务控制中,最常用的控制方法便是反馈控制法。

财务计划与控制都是对财务活动的实施过程的管理,因此属事中管理。

3. 财务核算与分析

财务核算与分析属于财务管理的事后管理。

(1) 财务核算

财务核算是指运用会计核算、统计核算和业务核算等方法对经济活动中实际形成的资金、成本、收入和盈利等数据进行记录、汇总、分配、计算,最终反映出企业财务状况和经营成果。

财务管理是利用价值形式对企业生产经营活动进行的综合性管理,因此,除了会计核算,还包括其他核算方法。会计核算包括财务会计和管理会计。财务会计以货币为主要计量单位,采用专门的方法,按特定的规范,连续、全面、系统地反映企业的经营活动,提供资产、负债、所有者权益、收入、费用和利润以及现金流量等方面的信息。管理会计是对内会计,主要是通过对财务等信息的深加工和再利用,实现对经营过程的预测决策、规划、控制、责任考核评价等职能的一个会计分支。财务会计核算是财务核算的主要方法。统计核算是运用实物、货币、劳动工时等尺度,反映产品、产量、质量、品种、物资消耗、劳动生产率和设备利用情况等技术经济指标。业务核算则是生产经营的各职能部门针对具体业务,在现场当地当时进行的核算。财务核算是财务管理的基础,核算为管理提供必要的信息。

(2) 财务分析

财务分析是根据有关信息资料,运用特定方法,对企业财务活动过程及其结果进行分析和评价的一项工作。通过财务分析,可以掌握各项财务计划指标的完成情况,评价财务状况,研究和掌握企业财务活动的规律性,改善财务预测、决策、计划和控制,提高企业经济效益,改进企业管理水平。财务分析的一般程序是:第一,确立项目,明确目标;第二,收集资料,掌握情况;第三,运用方法,揭示问题;第四,提出措施,改进工作。财务分析的方法有许多,现说明最常用的分析方法。

① 对比分析法。对比分析法是通过把有关指标进行对比来分析企业财务状况的一种方法。对比分析法要对同一指标的不同方面进行比较,从数量上确定差异,为进一步查找差异的原因提供依据。例如,通过与计划数的对比,可以查明该项指标完成计划的程度;通过与历史时期有关数字的对比,可以发现有关财务指标的变动趋势;通过与同类企业之间的有关指标的对比,可以发现先进和落后之间的差距;通过对同一项目不同方案的对比,可以判断各种方案的优劣。对比分析法是一种比较好的分析方法,它具有适应面广、分析过程简单、揭示问题清楚等特点。但任何事物之间,只有满足一定条件,才能呈现可比性,因此,在运用对比分析法时,必须注意各种指标之间是否可比。

② 比率分析法。比率分析法是把有关指标进行对比,用比率来反映它们之间的财务关系,以揭示企业财务状况的一种分析方法。根据分析内容和要求的不同,可以计算各种不同的比率进行对比。其中,最主要的比率有:

A. 相关指标比率。即根据财务活动存在的相互依存、相互联系的关系,将两个性质不同但又相关的指标数值相比,求出比率,以便从财务活动的客观联系中进行研究,更深地认识企业的财务状况。例如,将资金指标同销售指标、利润指标进行对比,便可求出资金周转率、资金利润率,以便更深入地揭示企业财务状况和经营成果。

B. 构成比率。即计算某项指标的各个组成部分占总体的比重,分析其构成内容的变化,从而掌握该项经济活动的特点与变化趋势。例如,将负债资金同全部资金进行对比,求出负债比率,便可揭示财务风险的大小,观察不同时期负债比率的变化情况,便可发现企业财务风险的变动趋势。

C. 动态比率。即将某项指标的不同时期的数值相比,求出比率,观察财务活动的动态变化程度,分析有关指标的发展方向和增减速度。

③ 因素分析法。因素分析法又称因素替换法或连环替代法,是通过逐个替换因素,计算几个相互联系的因素对经济指标的影响程度的一种分析方法。

因素分析法的特点是,在测定各因素对经济指标的影响程度时,必须对有关因素按一定顺序进行分析,当分析某一因素时,把其他因素的影响暂时当做不变。

④ 综合分析法。综合分析法是把有关财务指标和影响企业财务状况的各种因素都有序地排列在一起,综合地评价企业财务状况和经营成果的一种方法。对任何单一指标、单一因素进行分析,都不能对评价企业的财务状况做出全面、系统的评价。在进行综合分析时,可采用比率综合分析法、因素综合分析法和杜邦体系分析法等。

综合分析法是一种重要的分析方法,它对全面、系统、综合地分析企业财务状况具有十分重要意义。但综合分析法一般都比较复杂,需要的资料很多,工作量比较大。

案 例

史玉柱与巨人集团

如果史玉柱置身于浩瀚的人流中,人们从他那瘦弱的身材和文静的外表上,也许会毫不怀疑地断定他是一介书生,但是人们怎么也不会想到,他竟是"中国改革十大风云人物"之一的巨人集团统帅、腰缠5亿元财富的新生代富翁。但是,好景不长,短短几年巨人集团不再辉煌,陷入破产境地。

史玉柱出生于安徽省怀远县,先后毕业于浙江大学数学系和深圳大学软科学系。1989年7月,史玉柱完成硕士论文答辩,毕业后分配到安徽省统计局工作,但他无法安于机关里平静的生活,不久便毅然辞去工作,带上东挪西凑的4000元钱及他耗费9个月心血研制出的M6401桌面排版印刷系统来到了深圳。一个月后,他用仅有的4000元钱,承包下天津大学科工贸公司电脑部。

史玉柱明白自己的创业之路刚开始起步,自己有的只是技术,而没有市场的认可。于是,他决定利用《计算机世界》先打广告后收钱的时间差,用全部的4000元做了一则8400元的广告:"M6401历史性的突破"。到1989年9月下旬,史玉柱就以4000元的广告投入换来了10万元的回报。面对第一笔利润,史玉柱索性又一次将其全部做成广告,4个月后,M6401为他赚回了100万元的利润。

1990年1月,初尝成功的史玉柱又一头扎进深圳大学的两间学生公寓,在计算机前呆了整整150个日日夜夜,这次他拿出的是M6401文字处理软件系列产品。

有了资金和技术,史玉柱决心要办一个属于自己的公司,经过几番努力,终于在1991年春创办了珠海巨人新技术公司。他向朋友宣布:"'巨人'要成为中国的IBM,东方的巨人。"

1991年10月,史玉柱突发奇想,顶住公司内部的一致反对,以只要定购10块巨人汉卡就提供往返路费的优惠条件,邀来全国各地200多名电脑销售商,参加全国电脑汉卡连锁销售会。这次,史玉柱不仅要他们买巨人汉卡,更要让他们成为巨人连锁销售会的成员,使双方由单一的买卖关系转化为合作开发市场的利益共同体。他为这次会议把能动用的几十万元全赔了进去,最后得到的是一个全国性电脑连锁销售网。

史玉柱初露锋芒,其发迹可谓是一帆风顺。他以广告开路,一次次押宝于促销,走出了一条1年成为百万富翁,2年成为千万富翁,3年成为亿万富翁的捷径。

雄心勃勃

1993年是中国电脑业的灾年,随着西方16国组成的巴黎统筹委员会的解散,西方国家向中国出口计算机的禁令失效,国际著名电脑公司纷纷大举进入中国,中国的电脑业面临着严峻的挑战,史玉柱赖以发家的本行也受到重创。巨人集团迫切需要寻找新的产业支柱。由于当时全国正值房地产热,史玉柱决定抓住这一时机。史玉柱原计划盖一幢18层的自用办公楼,此时却一改初衷,设计一变再变,楼层节节拔高,一直长到70层,投资从2亿元追加到12亿元,气魄越来越大。尽管房地产是他完全陌生的一个领域,尽管巨人大厦已超过他的资金实力十几倍,但他想以小搏大,盖一幢珠海市的标志性建筑,盖一幢当时全国最高的楼。

对于巨人大厦的筹资,史玉柱想“三分天下”,1/3靠卖楼花,1/3靠贷款,1/3靠自有资金。巨人大厦的楼花在初期卖得很火。从香港融资8 000万港币,从内地融资4 000万元,短短数月获得现款1.2亿元。

如果按“巨人”当时的电脑单一产业结构,根本无法支持大厦所需资金的1/3。史玉柱苦思冥想,憋出一个绝妙的资金运作方式:用卖楼花所筹的1亿多元资金,发展一个新兴产业,所赚利润反哺巨人大厦。因此史玉柱瞄准了生物工程。

“巨人”在迈向产业多元化的起步之时,史玉柱已预感到大集团的管理隐患。由于巨人集团资产规模急剧膨胀,管理上也随之进入“青春期”,出现了浮躁和混乱。1994年,史玉柱对此的形象比喻是“一个运动员超极限的训练,必然伤痕累累”,在元旦献辞中,史玉柱拉响警报:“我们创业的管理方式,如果只维持几十人的状态,不会有问题。现在的管理系统,不可能运作更大的公司。但集团正向大企业迈进,管理必须首先上台阶。为此,我们要牺牲公司的一些业务,甚至牺牲一些员工。”

随着巨人集团的快速发展,渐渐地,史玉柱感到驾驭这个超常规规律发展的集团,已不再那么得心应手,甚至有些气喘吁吁。1994年春节刚过,史玉柱突然宣布一条惊人的消息:他从管理第一线上退下来,请北大集团总裁楼滨龙出任巨人集团总裁,公司实行总裁负责制。在宣布决定的员工大会上,史玉柱坦诚剖白:“我本人有很多缺点,加上技术出身,没做过管理,因此错误不少。为了公司的进一步发展,所以请高人执掌‘巨人’。”

二次创业

楼滨龙接任总裁后,史玉柱一段时间一直没有召开员工大会,他一直在构想一个伟大的计划。1994年8月,史玉柱突然召开全体员工大会,抛出“巨人集团第二次创业的总体构想”。他直截了当地剖析了巨人集团存的巨大隐患:① 创业激情基本消失;② 出现大锅饭机制;③ 管理水平低下;④ 产品和产业单一;⑤ 开发市场能力停滞。在此基础上,史玉柱明确提出二次创业的总体目标:跳出电脑产业,走产业多元化的扩张之路。为实现第二次创业,史玉柱同时解除了原集团所有干部的任命,全部重新加以委任。

很显然,巨人集体第二次创业的直接动机是电脑行业走入低谷,但第二次创业的真正动力之源是史玉柱已感到危机四伏,他想通过扩张调动员工的士气,以人气兴旺弥补管理机制的缺陷,同时以新兴产业取代发家产业的衰落。但是,史玉柱的第二次创业却回避了最关键的问题——企业内部的产权改造和机制重塑。史玉柱受到一种思维定式的局限,因为巨人集团从 1989 年到 1992 年,一直是靠创业精神支撑而发展起来的,那时候公司尽管没有完善的制度和科学的管理,也神速腾飞了。

人们今天很难想象,史玉柱的第二次创业规模有多么宏大:在房地产方面,投资 12 亿元兴建巨人大厦,投资 4.8 亿元在黄山兴建绿谷旅游工程,投资 5 400 万元购买并装修巨人总部大楼,在上海浦东买下了 3 万平方米土地,准备兴建上海巨人集团总部;在保健品方面,准备筹资 5 个亿,在一年内推出上百种产品。史玉柱提出的产值总目标是,1995 年达到 10 个亿,1996 年达到 50 个亿,1997 年达到 100 个亿。然而,此时此刻,史玉柱的资产规模也就 3 个亿。

1995 年 2 月 10 日,在春节后巨人集团员工上班的第一天,史玉柱突然下达一道总动员令——发动促销电脑、保健品、药品的“三大战役”,他把这场促销战模拟成在战争环境中进行:他亲自挂帅,成立‘三大战役’总指挥部,下辖华东、华北、华南、东北、西南、西北和海南 7 个方面军。其中 30 多个独立分公司改编为“师”、“军”;各级经理都改为“方面军司令员”或“军长”、“师长”。史玉柱在动员令中称:“‘三大战役’将投资数亿元,直接和间接参加的人数有几十万人,战役将采取集团军作战方式,战役的直接目的要达到每月利润以亿为单位计算,组建 1 万人的营销队伍,长远的目的则是用战役锻炼出一批干部队伍,使年轻人在两三个月内成长为‘军长’、‘师长’,能领导几万人打仗”。

总动员令发布之后,整个巨人集团迅速进入紧急战备状态。5 月 18 日,史玉柱下达“总攻令”。这一天,巨人产品广告同时均以整版篇幅跃然于全国各大报纸,由此“三大战役”全面打响。霎时间,巨人集团以集中轰炸的方式,一次性推出电脑、保健品、药品 3 大系列的 30 种产品,其中保健品一下推出 12 种新品。继而,广告宣传覆盖 50 多家省级以上的新闻媒介,营销网络铺向全国 50 多万家商场,联营的 17 个正规工厂和 100 多个配套厂开始 24 小时运转,各地子公司集中了共 200 名财务人员加班加点为客户办理提货手续,由百辆货车组成的储运大军日夜兼程,营销队伍平均每周加盟 100 多名新员工。不到半年,巨人集团的子公司从38个发展到228个，人员从200人发展到2 000人。

如此大规模的闪电战术，确实创造了奇迹：30种产品上市后的15天内，订货量就突破3亿元，更显赫的战果是，新闻媒介对巨人集团形成一次大聚焦，上百家新闻单位在1个月内将笔锋集中在“巨人”身上。

但是，大发展带来大振奋的同时也带来大漏洞。巨人集团的自身弊端在“三大战役”中突出地暴露出来，首当其冲的是集团整体协调能力乏力，由于产品供应短腿难以追上营销长腿，使公司错过了销售的黄金时节，损失巨大。渐渐地，更深层次的矛盾也凸现出来：原有干部队伍因动力不足而惰性尽显，新的骨干队伍难以补充，管理失控。这样一来，急剧的外延式扩张既没有激发原有系统的活力，又无法形成新的机制，从而使管理上破绽百出。

在提出第二次创业的一年后，1995年7月11日，史玉柱在全体干部会议上不得不宣布“巨人”必须进行二次创业整顿，其中包括3个方面——思想整顿、干部整顿和管理整顿。核心是干部整顿，要进行一次干部大换血，凡是过去3个月中没有完成任务的干部原则上一律调整下来。

史玉柱使用的第一招是，通过竞争上岗进行大换血。他宣布整顿的第三天即7月14日至22日，人事部门庭若市，前来竞聘的员工达46人，其中自荐者43人，许多分公司的员工也打来长途电话。半个月后，7月31日，他宣布了此次干部调整的结果：总部任命87人，其中晋升49人，直接由普通员工提升的32人，有的加盟“巨人”不到两个月便登上领导岗位，被免职、降职者11人。

8月，史玉柱使出第二招，集团向各大销售区派驻财务和审计总监，财务总监和审计总监直接对总部负责。同时，审计总监与财务总监又各自独立，双轨并行，互相监控。

8月26日，史玉柱的第三招出台，他将180名干部集中到南京海军学院进行为期一周的军训，以增强团队意识和纪律性。

但整顿没有从根本上扭转局面。1995年9月，“巨人”的发展形势急转直下，步入低潮。面对大起后的大落，史玉柱将其描绘成“开始进入发展史的‘长征时期’”。10月2日，史玉柱发动“秋季战役”，其规模和声势大大减弱。他在动员会上下了一道死命令：秋季战役对分公司经理来说是一场生死之战，成则英雄，败则落马，集团只问结果，不问过程。

“秋季战役”使巨人集团的营销额有所回升，但再也没有了昔日高潮迭起的辉煌。“巨人”出现衰落征兆，史玉柱已感到严峻形势的压力，他决定出巡大西南，沿着红军长征的路线一路考察，似乎要汲取一种力量。一路上，他去了太平天国起义旧址金田，仔细研究了洪秀全的成败得失；在遵义会议旧址，他思考的是战略与战术的转变；来到大渡河的那天，恰逢阴云密布，秋风怒号，史玉柱陡生一种悲壮之气，面对滔滔河水而仰天长叹：“我们面前就横着一条大渡河呀！”当辗转成都时,史玉柱召开集团最高决策层会议,提出开展"批评与自我批评"。他承认,巨人集团由于机构迅速扩张,已出现人浮于事、大锅饭、低效率等问题,二次创业尚未完成……在这次会议上,营销总公司总裁杨军大胆指出:"迅速扩张的子公司只有少数情况良好,大多数公司没有带来效率,反成危害。目前营销必须收缩战线,不能再盲目扩大,盲目上项目。集团当务之急要进行战略上的抉择。"

四面楚歌

1995年底,"巨人"营销出现严峻形势,集团财务吃紧,史玉柱立刻宣布进入"紧急状态",各省总公司一批总经理被撤职,"巨人"迎来有史以来最寒冷的冬天。

1996年的元旦,巨人集团过得有些沉重。因为"巨人"在1995年经历了前所未有的阵痛,一些员工相继离去,一批干部的忧患意识渐浓。史玉柱元旦没有休息,而是召开营销会议。他在会上承认:1995年的"三大战役"和"秋季攻势"都未达到预期目标,这是因为干部队伍暴露出的缺陷,及集团综合协调系统发生的问题。最后,史玉柱以红军长征作喻:"'巨人'正处于长征后期,肯定会淘汰一批沙子,能走完长征路的人将是'巨人'的核心和骨干。吹尽狂沙始到金。"

1996年初,史玉柱为挽救局势,将营销战略从全面进攻转向重点进攻,在开发出减肥食品"巨不肥"后,他打算发动"巨不肥会战"。春节一过,史玉柱便成立了会战总指挥部,并自任总指挥,下辖3大野战军,每支野战军率领7个兵团(各省总公司),各兵团又有几路纵队(子公司),各部门还挑选精干人员组成冲锋队,《巨人报》的记者成为前线战地记者。2月10日,3大野战军司令员举行阵前盟誓。2月25日,总指挥史玉柱高举酒杯,为奔赴前线的将士壮行。2月26日,他宣布进入全线战备状态。3月份,会战打响。此次会战没有以大规模的广告覆盖为先导,而是举行"巨不肥大赠送",宣传口号为:"请人们作证"。据《巨人报》报道,参加会战的"正规军"为2 000人,"民兵"为5 000人。

"巨不肥会战"在4月份取得不俗战绩,销售额大幅回升,1995年底的严峻形势得以缓解。"巨人"喘了一口气。但营销形势好转并非意味着整体状况好转,更不意味良好机制业已形成。相反,集团内部一些人把"巨不肥会战"当成最后一顿晚餐,侵吞瓜分"巨人"利益的现象集中爆发。1996年7月,监事会主席周良正在一份报告中认为,巨人集团出现各类违规、违纪、违法案件,截留、坐支、挪用公款、搞虚假广告、冲货的人屡见不鲜。《巨人报》在这一时期专门发表社论:我们有许多人都想象不到,在我们巨人集团竟有这么多触目惊心的违规违法案件,几万、几十万甚至上百万的资产在阳光照不到的地方流失了。鉴于这种现象日趋明显,7月8日,史玉柱组织全国各总公司经理和总部中层以上干部参观了广东省高明市重刑犯监狱。

到1996年下半年,一个更大的压力向史玉柱袭来,巨人大厦急需资金,逼迫他必须迅速做出抉择:是停掉巨人大厦,还是拆东墙补西墙?实际上,史玉柱此时已意识到,仅靠"巨人"的生物工程和电脑两个产业支柱,已不足以支撑巨人大厦,但史玉柱还是做出了一个违背企业行为的决定,抽调生物工程的流动资金,去支撑大厦的建设资金,结果使活钱再次变成死钱。

从资金运作角度讲,史玉柱当时应该让巨人大厦停工,将资金投入已染上"贫血症"的生物工程,使其恢复元气。史玉柱事后说,他是明知故犯,因为巨人大厦是珠海的标志性工程,国家领导人都非常关注,所以他决策时非经济因素占了上风,没有过多地考虑经济规律。

巨人大厦是史玉柱有史以来第一个重大投资失误,他根本没有实力建一座全国最高的大厦,这是个人狂热的一个典型之作。更让人瞠目结舌的是,大厦从1994年2月动工到1996年7月,他竟未申请过一分钱的银行贷款,全凭自有资金和卖楼花的钱支持。稍微懂点儿经济的人都知道,房地产必须有金融资本做后盾,可史玉柱竟将银行搁置一边。他对此的解释是:1996年6月之前,我没感到资金紧张,生物工程方面的销售回款源源不断,账上的钱花都花不完。

就在1996年5月,史玉柱依然据此做法建设大厦,甚至达到顶点。这个月,各子公司交来毛利2570万元,史玉柱竟把留下的850万元资金全部投入了巨人大厦。这是投放资金最多的一个月。

史玉柱就这么点儿资金,又要在两条战线上作战,当然会顾此失彼。到1996年下半年,他感到需要外援时,因宏观调控影响至深,各处都资金吃紧,只好竭泽而渔。

进入7月份后,保健品销售额急剧下滑,维持生物工程正常运作的基本费用和广告费用投入不能到位,许多公司一筹莫展,只好等待总部政策。进入8月份,史玉柱发动了一场秋季攻势,试图挽回颓势,但并未奏效。所有公司任务完成率都有程度不同的下降。

望断天涯路

1996年9月11日,巨人大厦终于完成地下工程,浮出地面。11月,相当于3层楼高的首层大堂完工。此后,巨人大厦将以每5天一层的速度进入建设的快速增长期,可史玉柱这时已经没有资金了。

老天好像成心和史玉柱作对,巨人大厦非常不巧地建在3条断裂带上。为解决断裂带积水问题,大厦支柱必须穿越40至50米的砂土而到达岩石层,史玉柱因此不得不多投资了3000万元,大厦桩基为此竟达65米深。其间,珠海还发生了两次大水灾,大厦地基两次被泡,整个建设工期延误了10个月。

在1996年下半年,巨人集团财务运作日益窘迫,营销状况衰势尽显,员工士气不振。在整体状态疲软下,公司管理陷于混乱。9月21日,“巨人”财务会议举行,监审委员会总监李敏在会上指出,总公司对子公司存在着不同程度的失控,子公司私自坐支货款,财产丢失严重,财务账不能及时反映公司经营状况,特别是低价抛售货物,应收账款已结账,但仍挂在账上反映,有些人胆子更大,严重侵占公司财产。监事会主席周良正在会上尖锐地指出,如何维护集团财产的安全,已是当前刻不容缓的事情。

1997年1月12日,史玉柱从外归来,遇到10余名债主登门讨债,危机总爆发。据悉,直接导火索源于正在兴建的巨人大厦。按合同,巨人大厦应在1996年底交付使用,否则要给买楼花者退款并赔偿。但巨人大厦未能如期完工,这几位债主就是为此而来。史玉柱对债主们承诺:“老百姓的钱我一定还,只是晚些。”但此话说得没有底气,因为“巨人”的产业已全面萎缩,资金供应断线,集团财务周转不灵,已无钱可还,跟随债主而来的若干记者,立刻将此事广为传播。霎时间,更多的债主蜂拥而至。当闻风而来的香港记者来到巨人集团时,恰逢此时巨人员工补休假期,集团总部大楼只有几名保安值班,大门紧闭。于是第二轮新闻冲击波又起。香港媒体大呼:“巨人”破产了!面对新闻媒体40多天的集中轰炸,史玉柱出奇平静地说:“我们没有主动去找任何一个记者,原因是我们的名声已经这样糟了,几乎是坏到了不能再坏的地步,还能怎样?”

尽管史玉柱表面平静,但危机感充斥着他的内心。欠债还钱是天经地义的事,可史玉柱已无钱可还。银行将他拒之门外,谁会救他?如何收拾残局?昔日的辉煌已经黯然失色,显赫的名声也无济于事。尽管史玉柱坚信“巨人”不会因此趴下,终有东山再起之日,但谁又能断言呢?

作者点评

从以上案例我们了解了巨人集团由盛到衰的过程。其成功的主要原因是把握住了市场机遇,并且营销搞得比较成功。衰退的原因一是管理体制跟不上企业的发展;二是多角化经营,核心应该是理财的问题,即投资决策失误、资金运用不当、资金结构不合理。从本案例中我们也可体会到,财务管理在企业管理中的核心地位。企业经营实质上就是以钱生钱,就是理财问题,资金使用不当,不但不会生钱,反而会赔钱。

第二讲 筹资决策

- 企业从哪里筹资？
- 企业筹资应考虑哪些关键因素？

在企业转建机制过程中,有一部分企业因资不抵债而面临破产。对此人们经常要讲两句话:“钱从哪里来,人往何处去”。钱从哪里来,也就是企业应从何处筹资?本讲主要介绍企业筹资的途径和相关决策,怎样通过筹资决策实现理财目标。

一、筹资应考虑的因素

(一) 社会资金的供应状况

企业筹集资金主要是在企业外部吸收社会资金。社会资金的供应状况影响着企业的筹资决策。影响社会资金供应的因素比较多,但主要是以下两个方面:

1. 国家的货币政策

货币政策是指中央银行代表政府为了调控社会经济活动、保证国家宏观经济目标实现而制定,并通过中央银行付诸实施的有关控制货币发行和信贷规模的措施。货币政策由中央银行通过对利率、信贷规模、汇率、货币发行量等金融变量的控制,对外汇的管理及金融法规条例等来实施,以经济增长和稳定币值为目标来调节宏观经济活动。

我国的中央银行是中国人民银行,它代表国家制定各种货币政策,管理和调控其他专业银行、政策性银行和商业银行及其他金融机构,并通过这些银行和金融机构密切注意货币制度是否按预定的目标运行,控制货币供给和信贷规模,实施对国民经济的宏观调控。

货币政策的运作主要有三大手段,即法定准备金率、公开市场业务和再贴现率。

(1) 法定准备金率

法定准备金又称存款准备金。中央银行规定,商业银行和金融机构应按一定比例将所吸收存款的一部分缴存中央银行。商业银行所缴存的准备金与存款额的比例就是法定准备金率。这一比率的变动直接影响着商业银行的放款规模。在市场经济条件下,商业银行在吸收存款后,除保留一定比例的准备金以满足日常经营需要之外,大部分被作为贷款放出。这些贷款又会被借款人存入银行,或由借款人支付给其他人而被其他人存入银行,这种存款称作派生存款。同样地,这种派生存款又会形成新的派生存款,如此循环往复,最终形成数倍于初始存款的存款总量。显然,派生存款总量与初始存款数量成正比,与存款准备金率成反比。因此,如果中央银行调低法定存款准备金率,商业银行则减少了上缴中央银行的存款准备金数量,相应增加了本身的贷款规模,再通过存款倍数派生机制,以数倍规模扩大货币供应量;反之,如果中央银行调高法定准备金率,则会导致货币供应量的收缩。改变准备金率被认为是一项强有力的手段,因而不常使用。

(2) 公开市场业务

公开市场业务是指中央银行在市场上公开买卖各种政府债券,如国库券、公债以及银行机构发行的证券等,从而调节货币供应量的活动。当总需求不足,失业增加,经济走向衰退时,中央银行买进政府债券,放出货币,势必会增加存款及派生存款,扩大货币供应量,迫使利率下降,进而引起投资增加和需求扩张,推动经济增长和就业增加;反之,当总需求膨胀,价格水平上升时,中央银行则卖出政府债券,收回货币,从而紧缩银根,减少货币供应量,以抑制需求扩张和通货膨胀。公开市场业务作为中央银行的重要政策手段,涉及面较广,对货币供应量的调节及时灵活。

(3) 再贴现率

再贴现率是商业银行以有价证券作为抵押向中央银行贷款的利率。商业银行在资金不足时,可以向中央银行筹资,它可以把企业向它贴现的票据再贴现给中央银行而取得资金,也可以开出期票,并用政府债券作担保获得中央银行的贷款。这样,中央银行就可以通过调节再贴现率来影响商业银行的借款成本,从而达到调节商业银行放款规模进而调节货币供应量的目的。中央银行认为总需求不足,经济发展减缓时,就降低贴现率,扩大贴现的数量以鼓励商业银行发放贷款,刺激投资;反之当经济过热时,中央银行就提高贴现率,减少贴现数量,以限制商业银行发放贷款,抑制投资。

此外,我国中央银行当前使用的调节手段还有:信贷计划,即中央银行对各商业银行规定贷款限额;利率管理,即中央银行对商业银行的存贷款利率进行限制;金融检查,即中央银行对金融机构的业务活动进行监督与检查。

货币政策的运作基本上可以归纳为两种类型:一是扩张性货币政策;二是紧缩性货币政策。当经济衰退时,中央银行采取扩张性货币政策,即放松银根,扩大货币供应量。可供选择的手段主要有增发货币、降低法定准备金率、降低再贴现率、购进政府债券等。当经济高涨,形成通货膨胀压力时,中央银行采取紧缩性货币政策,即紧缩银根,减少货币供应量。主要手段是提高法定准备金率、提高再贴现率、抛售政府债券、提高贷款利率、控制贷款条件等。

货币政策影响社会资金供应状况,因而影响企业筹资的难易。

2. 金融市场的完善程度

我国金融市场总体上是处于起步和发展阶段,这大大地限制了企业筹集资金的活动。

我国证券市场从无到有，从小到大，近几年来发展很快，为企业筹资发挥了很大的作用。但是目前我国的证券市场与其说是市场行为在起作用，不如说是政府行为在起作用。由于金融市场不完善，其作用对不同类型、不同所有制企业不尽相同，而且金融工具也不丰富。

因此，当务之急是加速建立健全金融市场，使企业在金融市场机会均等的环境中筹集资金，并获得多种多样的融资渠道和金融工具，从而使企业筹资活动真正由市场调控，而不是由政府或其他非经济因素影响。只有这样，企业才会真正拥有融资的自主权。

完善的金融市场并不是对企业筹资不加限制。实际上金融市场越完善，对企业融资活动的要求就越高。银行等金融机构为了规避金融风险，往往要对企业融资提出更为严格的条件，证券市场的投资者会对投资更为谨慎。金融市场越完善，对融资企业的素质要求越高。

（二）企业财务状况和经营状况

企业能否从金融市场筹集到所需资金，归根到底取决于企业本身的条件。企业自身良好的财务状况和盈利水平是保证企业能筹集到所需资金的首要条件。在市场经济条件下，没有白使的资金，无论投资者还是债权人，都要求自己的资金获得应有的回报。如果企业财务状况不佳，负债比例过大，偿还能力差，盈利水平不理想，就不会有人提供资金。良好的财务状况和盈利水平取决于企业经营管理水平，正确的经营决策、不间断的技术开发、严格的质量管理、有效的成本费用控制，都是提高企业自身素质的重要措施。

（三）投资项目的前景

企业的筹资过程不应是盲目的。如果没有相应的投资项目，那么事先的筹资行为则是徒劳无益的。除此以外，投资项目还从以下几方面影响企业筹资活动：第一，投资项目所需资金量决定筹资量；第二，投资进度直接影响筹资计划和资金到位的时间安排；第三，投资项目的未来收益能力决定企业筹资渠道与筹资方式的选择。这是因为，资金的未来收益能力越高，则可选择的筹资渠道及筹资方式的面就越宽；反之，资金的未来收益能力越低，则可供选择的筹资渠道及筹资方式的面也就越窄。

随着经济的发展，产品或投资项目的寿命周期在缩短，新产品新项目的风险也在增加，资金提供者对投资项目的审核控制也越来越严格，只有投资项目的前景看好、回报较高时，资金提供者才愿意将资金投入企业。

(四)企业的信誉水平

市场经济实质上是信誉经济,市场经济越发展,对企业的信誉水平的要求越高。资金提供者为了获得回报和收回本金,除了关心企业经营水平和财务状况外,还非常重视企业的信誉水平。良好的信誉实际上也是企业的一笔重要的无形资产。

(五)资本成本和资本结构

资本成本是指使用资金付出的代价和费用。企业在选择筹资方式时,必须考虑资本成本,选择资本成本较低的资金来源。资本结构是指不同资金来源筹资额的比例关系。确定资本结构既要考虑资本成本,又要考虑财务风险。财务风险是负债筹资给企业带来的风险,在资本结构中要合理确定负债的比例,将财务风控制在企业能够承受的范围之内。

二、权益资本筹资

权益资本是指投资者投入企业的资金。企业主要通过以下方式筹集权益资金。

(一)吸收直接投资

吸收直接投资(以下简称吸收投资)是指企业按照"共同投资、共同经营、共担风险、共享利润"的原则来吸收国家、法人、个人、外商投入资金的一种筹资方式。吸收投资与发行股票、留存收益都属于企业筹集自有资金的重要方式。发行股票要有股票作中介,而吸收直接投资则无须发行任何证券。吸收投资中的出资者都是企业的所有者,他们对企业拥有所有权,企业经营状况好、盈利多,各方可按出资额的比例分享利润,但如果企业经营状况差,连年亏损,甚至被迫破产清算,则各方要在其出资的限额内按出资比例承担损失。

1. 吸收直接投资的种类

企业采用吸收投资方式筹集资金一般可分为以下四类:

(1) 吸收国家投资

国家投资是指有权代表国家投资的政府部门或者机构将国有资产投入企业,这种情况下形成的资本金叫国家资本金。当前,除了原来国家以拨款形式投入企业所形成的各种资金外,用税前利润归还贷款后所形成的国家资金、财政和主管部门拨给企业的专用拨款以及减免税后形成的资金,也应视为国家投资。吸收国家投资对国家扶持的重点国有企业是一种可行的筹资方式,但对于一般企业,获得国家投资的可能性很小。

(2) 吸收法人投资

法人投资是指法人单位将其依法可以支配的资产投入企业,这种情况下形成的资本金叫法人资本金。目前,吸收法人投资主要是指法人单位在参股控股时所进行的投资。随着企业的发展,吸收法人投资这种方式将越来越重要。特别是对一般企业,吸收法人投资和投资公司的投资是筹资的有效途径。

(3) 吸收个人投资

个人投资是指社会个人或本企业内部职工将个人合法财产投入企业,这种情况下形成的资本金称为个人资本金。企业通过改制,吸收经营骨干和技术骨干投资以及职工的投资,既可解决资金问题,又可将企业利益与职工个人利益结合起来,不失为一种很好的吸收个人投资的方式。

(4) 吸收外商投资

外商投资是指外国投资者以及我国香港、澳门和台湾地区投资者把资金投入企业,这种情况下形成的资本金叫外商资本金。随着经济全球化和我国加入WTO,吸收外商投资也将会有大的发展。

2. 吸收直接投资的方式

企业在采用吸收投资这一方式筹集资金时,投资者可以用厂房、机器设备、材料物资、现金、无形资产等作价出资。具体而言,出资方式主要有:

(1) 现金投资

现金投资是吸收投资中一种最重要的投资方式。有了现金,便可获取其他物质资源。因此,企业应尽量动员投资者采用现金方式出资。吸收投资中所需投入现金的数额,取决于除投入的实物、知识产权之外尚需多少资金来满足建厂的开支和日常周转的需要。外国公司法或投资法对现金投资占资本总额的比例一般都有规定,我国目前尚无这方面的法规,所以,需要在投资过程中由双方协商加以确定。

(2) 实物投资

以厂房、建筑物、设备等固定资产和材料、燃料、商品等流动资产所进行的投资,均属实物投资。一般来说,企业的实物投资应符合如下条件:① 确为企业科研、生产、经营所需;② 技术性能比较好;③ 作价公平合理。投资实物的具体作价,可由双方按公平合理的原则协商确定,也可聘请各方同意的专业资产评估机构评定。

(3) 知识产权投资

知识产权是指以专有技术、商标权、专利权等无形资产所进行的投资。一般来说,企业吸收的知识产权应符合以下条件:① 能帮助研究和开发出新的高科技产品;② 能帮助生产出适销对路的高科技产品;③ 能帮助改进产品质量,提高生产效率;④ 能帮助大幅度降低各种消耗;⑤ 作价比较合理。企业在吸收知识产权投资时应特别谨慎,要进行认真的可行性研究,因为以知识产权投资实际上是把有关技术资本化了,把技术的价值固定化了,而技术实际上都在不断老化,其价值在不断减少甚至会完全丧失。

我国现行法规规定企业吸收知识产权投资的比例一般不超过注册资金的20%,如果情况特殊,含有高新技术,确需超过20%的,应经审批部门批准,但最高不得超过30%。

(4) 场地使用权投资

投资者也可以用场地使用权来进行投资。场地使用权是按有关法规和合同的规定享有的使用场地的权利。企业吸收场地使用权投资应符合以下条件:① 是企业科研、生产、销售活动所需要的;② 交通、地理条件比较适宜;③ 作价公平合理。

3. 吸收非现金投资的估价

企业吸收的非现金投资,主要指流动资产、固定资产和无形资产,应按照评估确定或合同、协议约定的金额计价。

(1) 吸收流动资产的估价

企业吸收的流动资产,包括材料、燃料、产成品、在制品、自制半成品、应收款项和有价证券等。

① 对于材料、燃料、产成品等,可采用现行市价法或重置成本法进行估价。

② 对于在制品、自制半成品,可先按完工程度折算为相当于产成品的约当量,再按产成品的估价方法进行估价。

③ 对于应收款项和有价证券,应针对个体情况,采用合理的估价方法:

A. 凡是能够立即收回的应收账款,可以其账面价值作为评估价值;

B. 凡是能够立即贴现的应收票据,可以其贴现值作为评估价值;

C. 凡是能够立即变现的有价证券,例如债券和股票,则以其现行市价作为评估价值;

D. 凡是不能立即收回的应收账款,应合理估价其坏账损失,并以其账面价值扣除坏账损失后的金额作为评估价值;

E. 凡是能够立即变现的带息票据和有息债券,可以其面额加上持有期间的利息作为评估价值。

(2) 吸收固定资产的估价

吸收固定资产投资,主要是机器设备、房屋建筑物等。

① 对于合资或联营中吸收的机器设备,一般采用重置成本法和现行市价法进行估价;对有独立生产能力的机器设备,亦可采用收益现值法估价。评估价值应包括机器设备的直接成本和间接成本。

② 房屋建筑物价值的高低是由多方面因素决定的,主要受原投资额、地理位置、质量、新旧程度等因素的影响,可采用现行市价法或重置成本法进行估价。

(3) 吸收无形资产的估价

企业吸收的无形资产投资,主要有专利权、专有技术、商标权、商誉、土地使用权、特许经营权、版权等。

① 对于能够单独计算自创成本或外购成本的无形资产,如专利权、专有技术等,可以采用重置成本法估价。

② 对于在现时市场上有交易参照物的无形资产,如专利权、租赁权、土地使用权等,可采用现行市价法进行估价。

③ 对于无法确定研制成本或购买成本,又不能在市场上找到交易参照物,但能为企业持续带来收益的无形资产,如特许经营权、商标权、商誉等,可采用收益现值法估价。

4. 吸收直接投资的优缺点

(1) 吸收投资的优点

① 利用吸收投资所筹集的资金属于自有资金,能增强企业的信誉和借款能力,对扩大企业经营规模、壮大企业实力具有重要作用。

② 如果投资者投入企业的是优质资产,如先进适用的技术等,则可较快地形成企业竞争优势。

③ 吸收投资根据企业的盈利水平向投资者支付报酬,比较灵活。

(2) 吸收投资的缺点

① 吸收投资支付的资金成本较高。因为向投资者支付的报酬是根据其出资的数额和企业实现利润的多寡来计算的,且分配的是税后利润。

② 吸收投资分散企业的控制权。如果外部投资者的投资额较大,则其会有相当大的参股控股权,甚至会对企业实行完全控制,这是吸收投资的不利因素。但股权分散后,有利于股东之间相互制衡。

(二) 普通股筹资

股票是股份公司为筹集权益资本而发行的、表示其股东按其持有的股份享有权益和承担义务的可转让的书面凭证。股票持有人即为公司股东,作为出资人,按投入公司的资本额享有分享资产收益、参与公司重大决策和选择管理者等权利,并以其所持股份为限对公司承担责任。股票筹资是股份公司筹集资本的主要方法。

1. 股票的类型

股份有限公司根据筹资与投资的需要,可发行各种不同种类的股票。

(1) 按股东权益不同分为普通股票与优先股票

普通股票是公司发行的,代表股东享有平等的权利、义务,不加特别限制且股利不固定的股票,它是公司最基本的股票。普通股股东具有以下权利:① 参加股东会并按出资比例行使表决权;② 选举和被选举为公司董事或监事;③ 监督公司的经营;④ 参与制定和修改公司章程;⑤ 剩余财产的请求权;⑥ 新股发行的优先认股权;⑦ 红利分配权。优先股则是公司发行的优先于普通股股东分得股息和公司剩余财产的股票。

(2) 按票面是否记名分为记名股票和无记名股票

记名股票是在股票票面记载股东的姓名或者名称的股票,股东的姓名或名称要记入公司的股东名册。按照我国《公司法》的规定,公司向发起人、国家授权投资机构、法人发行的股票,应为记名股票;向社会公众发行的股票,可以为记名股票,也可以为无记名股票。记名股票一律用股东本名,其转让、继承要办理过户手续。无记名股票则是在股票票面不记载股东的姓名或名称的股票,公司只记载股票数量编号及发行日期。无记名股票的转让、继承无须办理过户手续。

(3) 按票面是否标明金额分为面额股票和无面额股票

面额股票的票面标有金额,它有两个基本特点:① 能通过计算间接反映股东所持公司股份的多少;② 有利于会计核算。票面总金额直接代表公司注册资本的多少,按票面总金额即可直接记入股本中,而超过面额部分体现为资本公积。但它的最大缺陷是容易使人们误认为票面金额即为该股票所代表的价值。无面额股票的票面不标金额,只在股票上载明所占公司股本总额的比例或股份数,它的最大特点是股票能直接代表股份,从而直接体现其实际价值,但它存在不能直接反映股票溢价从而不利于会计核算的缺点。为规范股票发行,我国《公司法》规定,股票必须标明其面额。

(4) 按投资主体不同分为国家股、法人股、个人股和外资股

国家股是有权代表国家投资的部门或机构将国家资产投入公司而形成的股份,它由国务院授权的部门或机构持有,并向公司委派股权代表;法人股是指企业法人依法将其可支配的资产投入公司而形成的股份,或具有法人资格的事业单位和社会团体将国家允许用于经营的资产投入公司而形成的股份;个人股则是社会人士或本公司职工以个人合法财产投入公司而形成的股份;外资股是指外国及我国港、澳、台地区投资者购买的人民币特种股票。

(5) 按发行时间的先后分为始发股和新股

始发股是公司设立时发行的股票,它是公司成立的基础;新股则是公司在增资时发行的股票。这两种类型的股票,其发行的具体条件、目的与发行价格不同,但体现的股东权利和义务则是一致。

(6) 按发行对象和上市地区不同分为A股、B股和H股等

A股是指供我国个人或法人买卖的、以人民币标明票面价值并以人民币认购和交易的股票;B股和H股则是专供外国和我国港、澳、台地区投资者买卖的,以人民币标明其面值但以外币认购和交易的股票,也称人民币特种股票。B种股票在上海、深圳上市,H股在香港上市,N股在纽约上市,S股在新加坡上市。

2. 股票发行的条件

根据有关规定,股票发行人必须是具有股票发行资格的股份有限公司或经批准筹备设立中的股份有限公司。股份有限公司发行股票时的情况的不同,应具备的条件也有所不同。

(1) 设立股份有限公司申请公开发行股票的,应当符合的条件

① 其生产经营符合国家产业政策,国家的产业政策因经济环境的不同会有所变化。

② 其发行的普通股限于一种,同股同权。同股同权即同种类股票的持有者拥有同样的权利,强调"限于一种"和"同股同权"都是为了保护社会公众投资者的利益。

③ 发起人认购的股本数不少于公司拟发行的股本总额的35%。

④ 在公司拟发行的股本总额中,发起人认购的部分不少于人民币3 000万元(国家另有规定的除外)。

⑤ 向社会公众发行的部分不少于公司拟发行的股本总额的25%;公司拟发行的股本总额超过人民币4亿元的,证监会按照规定可以酌情降低向社会公众发行部分所占的比例,但是最低不少于公司拟发行的股本总额的10%。

⑥ 发起人在近三年没有重大违法行为。

⑦ 国务院证券监督管理机构规定的其他条件。

(2) 原有企业改组设立股份有限公司申请发行股票的,除应符合设立股份有限公司申请公开发行股票所应符合的条件外,还应符合以下条件

① 发行股票前一年末的净资产在总资产中所占比例不低于30%,无形资产在净资产中所占比例不高于20%(国务院证券监督管理机构另有规定的除外)。

② 公司近三年连续盈利。

国有企业改组设立股份有限公司公开发行股票的,国家拥有的股份在公司拟发行的股本总额中所占的比例由国务院或国务院授权的部门规定。

(3) 增资发行条件

股份有限公司为了扩大生产经营规模,可以增资发行股票筹集资金。我国《证券法》规定,上市公司发行新股,可以向社会公开募集,也可以向原股东配售,但应当符合《公司法》有关发行新股的条件。根据我国《公司法》的规定,公司发行新股,必须具备以下条件:

① 前一次发行的股份已经募足,并间隔一年以上。

② 公司在最近三年内连续盈利,并可以向股东支付股利(公司以当年利润分派新股,不受此限)。

③ 公司在最近三年内财务会计文件无虚假记载。

④ 公司预期利润率可达到同期银行存款利率。

以向社会公开募集方式发行新股的,还应符合国务院证券监督管理部门规定的其他条件。

(4) 公司配股发行的条件

配股是指上市公司为筹集资金而依法向现有股东增发新股。现有股东可按其所持股份的比例认购配售股份。根据国务院证券监督管理机构有关上市公司配股的规定,上市公司向股东配股必须符合以基本条件:

① 上市公司必须与控股股东在人员、资产、财务上分开,保证上市公司人员独立、资产完整和财务独立。

② 公司章程符合《公司法》的规定,并根据《上市公司章程指引》进行了修订。

③ 配股募集资金的用途必须符合国家产业政策的规定。

④ 前一次发行的股份已经募足,募集资金使用效果良好,本次配股距前次发行间隔一个完整的会计年度(1 月 1 日—12 月 31 日)。

⑤ 公司上市超过三个完整会计年度的,最近三个完整会计年度的净资产收益率平均在 10% 以上,上市不满三个完整会计年度的,按上市后所经历的完整会计年度平均计算;属于农业、能源、原材料、基础设施、高科技等国家重点支持行业的公司,净资产收益率可以略低,但不得低于 9%;上述指标计算期间内任何一年的净资产收益率不得低于 6%。

⑥ 公司在最近三年内财务会计文件无虚假记载或重大遗漏。

⑦ 本次配股募集资金后,公司预测的净资产收益率应达到或超过同期银行存款利率水平。

⑧ 配售的股票限于普通股,配售对象为股权登记日登记在册的本公司全体股东。

⑨ 公司一次配股发行股份总数,不得超过该公司前一次发行并募足股份总数后其普通股股份的 30%。公司将本次配股募集资金用于国家重点项目、技改项目的,可不受 30% 的比例的限制。

上市公司有下列情形之一的,其配股申请不予核准:

① 不按有关法律、法规的规定履行信息披露义务。

② 近三年有重大违法、违规行为。

③ 擅自改变《招股说明书》或《配股说明书》所列资金用途而未作纠正,或

未经股东大会认可。

④ 股东大会的通知、召开方式、表决方式和决议内容不符合《公司法》及有关规定。

⑤ 申报材料存在虚假陈述。

⑥ 公司拟订的配股价格低于该公司配股前每股净资产。

⑦ 以公司资产为本公司的股东或个人债务提供担保。

⑧ 公司资金、资产被控股股东占用,或有重大关联交易,明显损害公司利益。

申请配股的上市公司因存在上述②、③、⑤项规定的情形而未获中国证券监督管理委员会核准的,不得在一年内再次提出配股申请。

上市公司必须按招股说明书所列的资金用途使用发行股票所募资金,如要改变用途须经股东大会批准;擅自改变用途而未作纠正的,或未经股东大会认可的,不得发行新股。

(5) 定向募集公司发行股票的条件

定向募集公司是指由发起人、法人和内部职工认购股份而设立的股份有限公司。定向募集公司申请公开发行股票除了要符合设立或改组设立股份有限公司发行股票所应符合的条件外,还应符合以下条件:

① 定向募集所得资金的使用与其招股说明书所述的用途相符,并且资金使用效益良好。

② 距最近一次定向募集股份的时间不少于12个月。

③ 从最近一次定向募集到本次公开发行期间没有重大违法行为。

④ 内部职工股权证按照规定范围发放,并且已交国家指定的证券机构集中托管。公司没有超范围、超数量发行内部职工股权证的行为,没有对内部职工股权证非法转让、炒买炒卖等违法现象。

⑤ 国务院证券管理机构规定的其他条件。

(6) 发行境内上市外资股的条件

① 符合国家利用外资和国家有关固定资产投资立项的规定,所筹资金用途符合国家产业政策。

② 公司前一次发行的股份已经募足,所得资金的用途与募股时确定的用途相符,资金使用效益良好。

③ 公司净资产总值不低于1.5亿元人民币。

④ 公司最近三年连续盈利。

⑤ 公司从前一次发行股票到本次申请期间没有重大违法行为。

⑥ 国务院证券管理机构规定的其他条件。

(7) 发行境外上市外资股的条件

发行境外上市外资股除了应符合境外上市地的有关规定外,还需由有关部门推荐,报经中国国家证券监督管理机构批准。根据国务院证券监督管理机构《关于推荐境外上市预选企业的条件、程序及所需文件的通知》的规定,推荐境外上市预选企业应符合以下条件:

① 符合国家产业政策。重点支持符合国家产业政策的大中型企业,向能源、交通、原材料等基础设施、基础产业和高新技术产业及国家支持的重点技改项目倾斜,适当考虑其他行业。发行境外上市外资股的企业应属于国家允许外商投资的行业。

② 对所筹资金的使用应有明确的安排,主要应用于企业生产发展,应符合向集约化经营转变的要求,部分资金也可用于调整资产负债结构、补充流动资金等。

③ 要有一定的规模和良好的经济效益,企业改组后投入上市公司部分的净资产规模一般不少于4亿元人民币,经评估或估算后的净资产税后利润率达到10%以上,税后净利润须达到6 000万元以上。企业应连续三年盈利(对国家支持发展的基础设施建设项目,境外证券交易所对业绩有豁免的除外)。募股后国有股一般应占控股地位。

④ 企业发行境外上市外资股筹资额预计可达4亿元人民币以上。

⑤ 创汇水平一般须达到税后净利润的10%,确保上市后分红派息有可靠的外汇来源。

⑥ 应有一定的知名度和经营管理水平,企业产品市场占有率在国内同行业中连续三年名列前茅。

3. 股票发行方式和价格

(1) 股票发行方式

根据国家证券监督管理机构《关于股票发行与认购方式的暂行规定》等的有关规定,境内上市内资股的发行方式主要有两种:一是上网定价方式,一是全额预缴款方式。

① 上网定价发行方式是指主承销商利用证券交易所的交易系统,由主承销商作为股票的唯一"卖方",投资者在指定的时间内,按现行委托买入股票的方式进行股票申购。主承销商在"上网定价"发行前应在证券交易所设立股票发行专户和申购资金专户。申购结束后,根据实际到位资金,由证券交易所主机确认有效申购。投资者应在申购委托前把申购款全额存入与办理该次发行的证券交易所联网的证券营业部指定的账户。上网申购期内,投资者按委托买入股票的方式,以发行价格填写委托单。每一账户申购委托不少于1 000股。超过1 000股的,必须是1 000股的整数倍。每一股票账户申购股票数量上限为当次

社会公众股发行数量的1‰。

在“上网定价”发行中,当有效申购总量等于该次股票发行量时,投资者按其有效申购量认购;当有效申购总量小于该次股票发行量时,投资者按其有效申购量认购股票后,余额部分按承销协议办理;当有效申购总量大于该次股票发行量时,由证券交易主机自动按每1 000股确定一个申报号,连续排号,然后通过摇号抽签,每一中签号认购1 000股。

上网申购的具体操作程序为:投资者申购后,由证券交易所的证券登记结算公司将申购资金冻结在申购专户中;会计师事务所验资并出具验资报告,以实际到位资金作为有效申购进行连续配号,证券交易所将配号传送到各证券营业部,并公布中签率;由主承销商负责组织摇号抽签,并公布中签结果;证券交易所根据抽签结果进行清算交割和股东登记,证券交易所将认购款项划入主承销商指定账户,主承销商于次日将此款划入发行公司指定的账户。

② 全额预缴款方式,主要指“全额预缴款、比例配售、余款即退”方式。“全额预缴款、比例配售、余额即退”方式,是指投资者在规定的申购时间内,将全部申购款存入主承销商在收款银行设立的专户中,申购结束后转存冻结银行专户进行冻结,在对到账资金进行验资和确定有效申购后,根据发行量和申购总量计算配售比例,进行股票配售,余款返还给投资者的股票发行方式。该方式分为申购、冻结及验资配售、余款即退三个阶段。全额预缴款方式的发行时间不得超过8天,在申购阶段,由主承销商选择一家银行作为收款银行,同其签订收款协议,并将协议及收款网点报国务院证券监督管理机构。在申购时,每一股票账户的申购量对机构和个人都有上限规定,机构申购量的上限为发行公司发行后总股本的5%,个人申购量的上限为发行公司发行后总股本的5‰。投资者也可用现金或票据申购,但每一股票账户现金申购款的上限为3万元。在进行申购后,主承销商应选定股票发行地的人民银行作为冻结银行,在冻结银行开设资金冻结专户,同其签订协议,并将协议报送国务院证券监督管理机构。在各申购缴款日末,申购款应从各收款银行划到冻结银行的冻结专户中,由具有证券从业资格的会计师事务所验资,并出具验资报告。验资结束后,主承销商按到账资金进行核查验证,确定有效申购总量,进行认购。若有效申购总量小于或等于股票发行量时,投资者按其有效申购量认购,余股按承销协议办理。若有效申购总量大于股票发行量,则投资者根据股票发行量和有效申购总量计算配售比例I。配售比例I=股票发行量/有效申购总量。按配售比例I试算每个账户可认购量。可认购量=有效申购量×配售比例I。若配售比例I能使可认购量满足“千人千股”的规定,则投资者按其可认购量认购。若不能满足“千人千股”的规定,则随机抽出1 000名申购者,每户配售1 000股,然后计算配售比例II。配售比例II=(股票发行量-100万股)/(有效申购总量-100万股),前已获1 000股配售的投资

者每人的实际认购量为:认购量 =(有效申购量 - 1 000)× 配售比例 II + 1 000;其他投资者各自的认购量为:认购量 = 有效申购量 × 配售比例 II。配售结束后,主承销商随即解冻申购资金余款,并在指定报刊上公布申购结果及配售比例和退款公告。

③ 对一般投资者上网发行和对法人配售相结合的方式。根据中国证监会分别于 1999 年 7 月 28 日和 1999 年 9 月 8 日发布的《关于进一步完善股票发行方式的通知》和《关于法人配售股票有关问题的通知》,公司股本总额在 4 亿元以上的公司,可采用对一般投资者上网发行和对法人配售相结合的方式发行股票。在实际执行过程中,中国证监会放宽了对公司股本总额的要求,即公司股本总额少于 4 亿元的公司,经过中国证监会的批准,亦可采用上述方式发行股票。根据中国证监会上述通知的要求,向法人配售的部分,不得少于公开发行量的 25%,不得多于公开发行量的 75%。对每一个配售对象配售的股份不得超过发行公司发行在外的普通股总额的 5%,一般不应少于 50 万股。对法人配售包括对战略投资者配售和对一般法人配售。所谓战略投资者,是指与发行公司业务联系紧密且欲长期持有发行公司股票的法人;所谓一般法人是指与发行公司无紧密联系的法人。对战略投资者配售的股票应在配售协议中约定的持股期满后方可上市流通,该期限不能少于 6 个月;对一般法人配售的股票,自该公司股票上市之日超 3 个月后方可上市流通。

境内上市外资股和境外上市外资股的发行一般采用私募或者公募的方式。

(2) 股票发行价格

确定股票发行价格是股票发行工作中最重要的内容,既要考虑发行人的利益,又要考虑投资者的利益,还要顾及股票上市后的表现。确定股票发行价的方式主要有两种:一是累积订单式,一是固定价格方式。累积订单式是由承销商与发行人先确定一个价格区间,通过市场促销了解在各个价位上的需求量,然后再根据需求量确定发行价格。固定价格方式是由承销商与发行人商定一个固定价格,据此发售。

对法人的配售和对一般投资者的上网发行为同一次发行,须按同一价格进行。其股票发行价格可采取以下方法确定:① 发行公司和主承销商可以制定一个发行价格区间,报中国证监会核准;② 通过召开配售对象问答会等推介方式,了解配售对象的认购意愿,确定最终发行价格;③ 最终发行价格须确定在经中国证监会核准的价格区间内(含区间最低价格和最高价格)。最终发行价格确定在价格区间外的,须报中国证监会重新核准。

采用对一般投资者上网发行和对法人配售相结合的方式发行股票有两种运作方式可供选择:① 承销期开始前不确定上网发行量,先配售后上网。具体方式为,发行公司及主承销商至少在一种由中国证监会指定的全国性报刊上刊登招股意向书;向一般法人预约配售股票,并确定发行价格,在原刊登招股意向书的报刊上刊登招股说明书概要。接受预约配售的一般法人于主承销商指定的日期内将配售款足额划拨至证券交易所指定的清算银行;发行公司及主承销商在原刊登招股意向书的报刊上刊登发行公告,公布配售情况,明确上网发行时间及发行数量;按照上网定价发行方式的有关规定,利用证券交易所交易系统,对一般投资者进行上网发行,同时完成对法人的配售。② 承销期开始前确定上网发行量,配售和上网分别进行。具体方式为,先至少在一种由中国证监会指定的全国性报刊上刊登招股意向书;发行价格确定后,发行公司及主承销商在原刊登招股意向书的报刊上刊登招股说明书概要和发行公告,明确配售的数量和时间及上网发行的数量和时间;按确定的时间和股票数量分别对法人配售和对一般投资者上网发行。

参加配售的法人,其用于认购配售股票的资金来源必须符合国家有关规定,不得使用银行信贷资金或募股资金认购配售的股票,在参加配售时必须使用以该法人名义开设的股票账户。

根据中国证监会发布的《法人配售发行方式指引》的规定,在法人配售发行中,发行人和主承销商事先确定发行量和发行底价,通过向法人投资者询价,并根据法人投资者的预约申购情况确定最终发行价格,以同一价格向法人投资者配售和对一般投资者上网发行。发行量在8 000 万股以上的,对法人的配售比例原则上不应超过发行量的50%,发行量在2 000 万股以上的,可根据市场情况适当提高对法人配售的比例。发行人可参与对战略投资者的选择,但不得参与对一般法人投资者的选择,一般法人投资者由主承销商根据公开募集文件中规定的分配原则和方法确定。发行人在招募意向书中必须细化和明确战略投资者的定义,战略投资者一般不超过两家,特大型公司发行股票时,可适当增加。

中国证券业协会内部设立"法人配售审核小组",负责对法人配售对象的资格进行审查。发行前,发行人应将可能成为战略投资者的法人单位的具体情况报"法人配售审核小组"审查并报中国证监会备案。发行人的全体董事和主承销商配售负责人分别签署承诺书,发行人的全体董事保证战略投资者的选择不存在违法行为和暗箱操作,主承销商保证对配售对象的选择和整个配售过程不存在违法行为和暗箱操作。

发行人和主承销商应在法人配售结果公布前将法人投资者的申请数量、申购家数、申购价格的个体分布情况报"法人配售审核小组"审查,并报中国证监会备案。在法人配售结果公告中,发行人和主承销商应详细披露法人投资者的申购情况及战略投资者与发行人之间的关系,具体解释价格确定的过程和依据。

4. 股票上市

股票上市指股份有限公司公开发行的股票经批准在证券交易所挂牌交易。

经批准在交易所上市交易的股票称为上市股票。我国《公司法》规定,股东转让其股份,即股票进入流通,必须在依法设立的证券交易所进行。

(1) 股票上市条件

由于我国目前的股票市场还处在初级发展阶段,在市场容量和管理水平上都还有待于进一步扩大和完善。我国《证券法》规定:"国家鼓励符合产业政策同时又符合上市条件的公司股票上市交易。"

股票上市除了要符合国家的产业政策外,还必须符合国家规定的股票上市条件。由于我国国内上市的股票有 A 股和 B 股之分,两者的发行对象不同,其上市交易的条件也不一样。股份有限公司申请其股票上市交易必须符合下列条件:

① 股票经国务院证券监督管理机构核准已向社会公开发行。

② 公司股本总额不少于人民币 5 000 万元。

③ 开业时间在三年以上,最近三年连续盈利;原国有企业依法改制而设立的,或者《公司法》实施后新组建成立,其主要发起人为国有大中型企业的,可连续计算。

④ 持有股票面值达人民币 1 000 元以上的股东人数不少于 1 000 人,向社会公开发行的股份达公司股份总数的 25% 以上;公司股本总额超过人民币 4 亿元的,其向社会公开发行股份的比例为 15% 以上。

⑤ 公司在最近三年内无重大违法行为,财务会计报告无虚假记载。

⑥ 国务院规定的其他条件。

(2) 股票上市的程序

① 报请国务院证券监督管理部门核准。股份有限公司申请其股票上市交易,必须报经国务院证券监督管理机构核准。股份有限公司向国务院证券监督管理机构提出股票上市交易申请时,应当提交如下文件:

A. 上市公告书,包括公司基本情况、公司股东持股情况、公司经营业绩、公司财务状况及财务指标分析、公司内部审计监督制度、重要事项揭示、公司上市后三年内的发展规划及资金投向、公司上市后三年内的盈利预测等;

B. 申请上市的股东大会决议;

C. 公司章程;

D. 公司营业执照;

E. 经法定验证机构验证的公司最近三年或者公司成立以来的财务会计报告,包括公司的资产负债表、损益表、现金流量表和会计报表附注等;

F. 法律意见书和证券公司的推荐书;

G. 最近一次的招股说明书。

根据《证券法》的规定,国务院证券监督管理机构可以授权证券交易所依照法定条件和法定程序核准股票上市申请。

② 提请证券交易所安排上市。股票上市交易申请经国务院证券监督管理机构核准后,其发行人应当向证券交易所提交核准文件和向国务院证券监督管理机构提出股票上市交易申请时所提交的文件。由于目前我国股票的发行和上市是连动的,公司股票获准公开发行,同时也就获得了上市的资格,因此证券交易所对公司的上市申请只是做形式上的审查或部分实质性审查。根据规定,公司提交给证券交易所的股票上市申请,由证券交易所的上市委员会进行审查。证券交易所上市委员会应自收到申请之日起 20 个作日内做出审核,6 个月内安排该股票上市交易。

证券交易所同意申请人提出的股票上市申请并做出上市安排后,一方面要将有关安排文件报到国务院证券监督管理机构备案,另一方面要通知申请人。

申请人在接到上市通知后,应与证券交易所签订上市协议书。上市协议书应当包括如下内容:A. 上市费用的项目和数额;B. 证券交易所为公司证券发行、上市所提供的技术服务;C. 要求公司指定专人负责证券事务;D. 上市公司定期报告、临时报告的报告程序及回复交易所质询的具体规定;E. 股票停牌事宜;F. 协议双方违反上市协议时的处理;G. 仲裁条款;H. 证券交易所认为需要在上市协议中明确的其他内容。

③ 上市公告。股票上市交易申请经证券交易所同意后,上市公司应当在其股票上市交易前 5 个工作日内,在国务院证券监督管理机构指定的全国性报刊上公告经核准的股票上市有关文件和下列有关事项:A. 股票获准在证券交易所交易的日期;B. 持有公司股份最多的前 10 名股东的名单和持股数额;C. 董事、监事、经理和有关高级管理人员的姓名及其持有本公司股票和债券的情况。同时,上市公司还应将所公告的文件置备于指定场所(如公司所在地、拟挂牌交易的证券交易所、有关证券经营机构及网点),供公众查阅。

5. 普通股筹资的优缺点

(1) 普通股筹资的优点

发行普通股是公司筹集资金的一种基本方式,其优点可概括为:

① 普通股筹资没有固定的利息负担。公司若有盈余,并认为适合分配股利,就可以分给股东;公司若盈余较少,或虽有盈余但资金短缺或有更有利的投资机会,就可少支付或不支付股利。

② 普通股没有固定的到期日,不用偿还。利用普通股筹集的是永久性的资金,除非公司清算才需偿还。它对保证企业最低的资金需求有重要意义。

③ 利用普通股筹资的风险小。由于普通股没有固定到期日,不用支付固定的利息,因此此种筹资实际上不存在不能偿付的风险,因此,风险最小。

④ 能提高公司的信誉。普通股本与保留盈余构成公司借入一切债务的基

础。有了较多的主权资本,就可为债权人提供较大的损失保障,因而,普通股筹资可以提高公司的信用价值,同时也为使用更多的债务资金提供了强有力的支持。

⑤ 普通股筹资的限制较少。利用优先股或债券筹资,通常有许多限制,这些限制往往会影响公司经营的灵活性,而利用普通股筹资则没有限制。

(2) 普通股筹资的缺点

普通股筹资的缺点主要是:

① 普通股筹资的资金成本较高。一般来说,普通股筹资的成本要大于债务资金的成本,这主要是股利要从税后盈余中支付,而债务资金的利息可在税前扣除,另外,普通股的发行费用也比较高。

② 利用普通股筹资,出售了新的股票,引进了新的股东,容易分散公司的控制权。

三、负债筹资

负债筹资是企业重要的筹资方式。权益资本筹资可为企业提供经营所需的资金,但企业不可能全部靠权益资本筹资。这是因为:第一,权益资本是有限的,而且在筹资中受到不同条件的制约;第二,全部使用权益资本,会显得经营者过分保守,没有利用负债带来的杠杆利益。

(一) 负债的作用

企业通过负债可以增大权益资本收益率。负债是为了赚钱,如果负债后不赚钱,缺钱也不能借钱。下面举例说明。

例 2-1 某企业资本金为 1 000 万元,负债为 5 000 万元,投资报酬率为 30%,借款利率为 12%。

① 若企业不负债,则

$$税息前利润 = 1\,000 \times 30\% = 300(万元)$$

$$资本金收益率 = \frac{300}{1\,000} \times 100\% = 30\%$$

② 负债后资金总额为 6 000 万元,则

$$税息前利润 = 6\,000 \times 30\% = 1\,800(万元)$$

$$利息 = 5\,000 \times 12\% = 600(万元)$$

$$息后利润 = 1\,800 - 600 = 1\,200(万元)$$

$$资本金收益率 = \frac{1\,200}{1\,000} \times 100\% = 120\%$$

从上述计算可以看出，投 100 元资本金可赚 120 元，而不是 30 元，负债放大了资本金的收益水平。

③ 当投资报酬率降为 15% 时

$$\text{税息前利润} = 6\,000 \times 15\% = 900(\text{万元})$$

$$\text{息后利润} = 900 - 600 = 300(\text{万元})$$

$$\text{资本金收益率} = \frac{300}{1\,000} \times 100\% = 30\%$$

$$\text{资本金收益的变动率} = \frac{120\% - 30\%}{120\%} \times 100\% = 75\%$$

$$\text{税息前利润变动率} = \frac{1\,200 - 900}{1\,200} \times 100\% = 25\%$$

从以上计算可以看出，当税息前利润有较小幅度变动时，资本金收益率（或每股收益）会发生较大幅度的变动，这种现象称为财务杠杆现象，由这种现象带来的风险称作财务风险。有关财务杠杆和财务风险的问题将在后续内容中详细介绍。

（二）银行借款筹资

银行借款是指企业根据借款协议或合同向银行或其他金融机构借入的款项，按期限长短可分为短期借款和长期借款两类。由于短期借款相对简单，此处主要介绍长期借款。

长期借款是企业向银行等金融机构借入的、期限在一年以上的各种借款，它以企业的生产经营及获利能力为依托，用于企业长期资产投资和永久性流动资产需要。

1. 银行借款的种类

银行借款的种类很多，按不同标准可进行不同的分类。现简要介绍几种最主要的分类方式。

（1）按借款是否需要担保，银行借款可以分为信用借款和担保借款

① 信用借款。信用借款又称无担保借款，是指不用保证人做保证或财产作抵押，仅凭借款人的信用而取得的借款。信用借款一般都由贷款人给予借款人一定的信用额度或双方签订循环贷款协议。因此，这种借款又分为两类：

A. 信用额度借款。信用额度是商业银行与企业之间商定的在未来一段时间内银行能向企业提供无担保贷款的最高限额。信用额度一般是在银行对企业信用状况详细调查后确后的。关于信用额度一般要做出如下规定：第一，信用额度的期限。一般一年建立一次，当然，更短期的也有。第二，信用额度的数量，即银行能给企业的最高贷款限额。如果信用额度的数量是 1 600 万元，企业已从该

银行借入的尚未归还的金额已达 1 000 万元,那么,企业最多还能借 600 万元。第三,应支付的利率和其他一些条款。

B. 循环协议借款。循环协议借款是一种特殊的信用额度借款,在此借款协议下,企业和银行之间也要协商确定贷款的最高限额,在最高限额内,企业可以借款、还款、再借款、再还款不停地周转使用。

循环协议借款与信用额度借款的区别主要在于:第一,持续时间不同。信用额度借款的有效期一般为一年,而循环协议借款可超过一年,在实际应用中,很多是无限期,因为只要银行和企业之间遵照协议进行,贷款时间可一再延长。第二,法律约束力不同。信用额度制一般不具有法律约束力,不够成银行必须给企业提供贷款的法律责任,而循环贷款协议具有法律约束力,银行要承担限额内的贷款义务。第三,费用支付不同。企业采用循环协议贷款,除支付利息外,还要支付协议费。协议费是对循环贷款限额中未使用的部分收取的费用,正是因为银行收取协议费,才构成了它为企业提供资金的法定义务。在信用额度借款的情况下,一般无须支付协议费。

② 担保借款。担保借款是指有一定的保证人做保证或利用一定的财产作抵押或质押而取得的借款。担保借款又分为以下三类:第一,保证借款。保证借款是指按《中华人民共和国担保法》规定的保证方式以第三人承诺在借款人不能偿还借款时,按约定承担一般保证责任或连带带任而取得的借款。第二,抵押借款。抵押借款是指按《中华人民共和国担保法》规定的抵押方式以借款人或第三人的财产作为抵押物而取得的借款。第三,质押借款。质押借款是指按《中华人民共和国担保法》规定的质押方式以借款人或第三人的动产或权利作为质押物而取得的借款。

(2) 按借款的用途,银行借款可分为基本建设借款和专项借款

① 基本建设借款。基建借款是指企业因从事新建、改建、扩建等基本建设项目而向银行申请借入的款项。企业申请基本建设借款,必须具备如下条件:

A. 建设用地、机器设备、材料、施工力量等建设条件必须具备。

B. 工艺设计、动力、运输、燃料、原材料和污染治理等生产条件已经落实。

C. 工艺成熟,技术过关,能顺利投产。

D. 项目投产后,产品有销路,在市场上有竞争能力。

E. 建成投产后能按期归还本息。

② 专项借款。专项借款是指企业因专门用途而向银行申请借入的款项。专项借款又可分为下几种:

A. 更新改造借款。更新改造借款是指企业因更新设备和进行技术改造而向银行申请借入的款项。更新改造借款主要用于以下几个方面:第一,企业引进、采用新技术、新设备、新工艺、新材料;第二,开发新产品,推广、应用科研产

品;第三,提高产品质量,发展优质名牌产品;第四,降低能源和原材料消耗;第五,开展综合利用以及增产市场急需的短线产品。

B. 大修理借款。大修理借款是指企业进行固定资产大修理时,向银行申请借入的款项。企业在年度内集中时间进行大修理,常常会发生资金不足的现象,银行可以给予贷款支持。

C. 科研开发借款。科研开发借款是指企业在采用新技术,研究、开发新产品时因资金不足而向银行借入的款项。

D. 小型技术措施借款。小型技术措施借款是指企业为进行投资少、收效快、积累多的小型技术措施项目而向银行申请的借款。小型技术措施借款的数额较少,一般控制在5万元以内。

(3) 银行借款按提供贷款的机构,可分为政策性银行贷款、商业银行贷款和其他金融机构贷款

① 政策性银行贷款。政策性银行贷款是指执行国家政策性贷款业务的银行(通常称为政策性银行)提供的贷款,通常利率较低,期限较长。

② 商业银行贷款。商业银行贷款是指各家商业银行为企业提供的贷款,利率根据市场情况而定,期限由企业和银行协商而定。

③ 其他金融机构贷款。其他金融机构贷款是指由信托投资公司、财务公司、保险公司等金融机构提供的贷款。一般期限较长,贷款利率略高。

2. 银行借款的程序

现以长期银行借款为主,分析企业办理长期借款的基本程序。

(1) 企业提出申请

企业申请借款必须符合贷款原则和条件。

我国金融部门对贷款规定的原则是:按计划发放,择优扶植,有物资保证,按期归还。

企业申请贷款一般应具备的条件是:① 借款企业实行独立核算,自负盈亏,具有法人资格;② 借款企业的经营方向和业务范围符合国家政策,借款用途属于银行贷款办法规定的范围;③ 借款企业具有一定的物资和财产保证,担保单位具有相应的经济实力;④ 借款企业具有偿还贷款本金的能力;⑤ 借款企业财务管理和经济核算制度健全,资金使用效益及企业经济效益良好;⑥ 借款企业在银行开立有账户,办理结算。

企业需要借款时,应当向主办银行或者其他银行的经办机构提出申请。企业要填写包括借款金额、借款用途、偿还能力以及还款方式等主要内容的《借款申请书》,并提供以下资料:

① 借款人及保证人的基本情况;

② 财政部门或会计师事务所核准的上年度财务报告;

③ 原有的不合理借款的纠正情况;

④ 抵押物清单及同意抵押的证明,保证人拟同意保证的有关证明文件;

⑤ 项目建设书和可行性报告;

⑥ 贷款银行认为需要提交的其他资料。

(2) 对借款人的信用等级进行评估

银行根据借款企业的领导素质、经济实力、资金结构、履约情况、经济效益和发展前景等因素,评定借款企业的信用等级。评级可由贷款银行独立进行,内部掌握,也可委托独立的信用评估机构进行评估。

(3) 对贷款项目进行调查

贷款人受理借款人的申请后,应当对借款人的信用及借款的合法性、安全性和盈利性等情况进行调查,核实抵押物、保证人情况,测定贷款的风险。例如,在对基本建设贷款进行审查时,可能主要审查如下几个方面:① 市场状况。主要审查投资项目建成后所生产的产品是否有销路。② 资源状况。审查投资项目所需原材料、燃料、流动资金的供应是否充足。③ 技术状况。主要审查分析投资项目选择地址以及工艺设备和设计方案是否得当,从而确定技术上的可行性。④ 财务状况。对投资项目的总投资和分年投资进行审查和测定,并预测投产后的成本、利润水平和贷款还本付息等有关数据。⑤ 综合经济效益。这主要是通过对收入、成本、利润进行测定之后,以投资利润率为指标来进行评价。也可利用投资回收期、投资报酬率、净现值、内部报酬率、现值指数等指标进行评价。

(4) 贷款审批

贷款银行一般都建立了审贷分离、分级审批的贷款管理制度。审查人员要对调查人员提供的资料进行核实、评定,预测贷款风险,提出意见,按规定权限报批,决定是否提供贷款。

(5) 签订借款合同

为了维护借贷双方的合法权益,保证资金的合理使用,企业向银行借入资金时,双方应签订借款合同。借款合同主要包括如下四方面的内容:

① 基本条款。这是借款合同的基本内容,主要强调双方的权利和义务。具体包括借款数额、借款方式、款项发放的时间、还款期限、还款方式、利息支付方式、利息率等。

② 保证条款。这是保证款项能顺利归还的一系列条款,包括借款按规定的用途使用、有关的物资保证、抵押财产、担保人及其责任等内容。担保贷款应当由担保人与贷款银行签订担保合同,或担保人在借款合同上载明与贷款人协商一致的保证条款,加盖保证人的法人公章,并由担保人的法定代表人或其授权的代理人签署姓名。抵押贷款、质押贷款应由抵押人、出质人与贷款人签订抵押合同、质押合同,需要办理登记的,应依法办理登记。

③ 违约条款。这是关于双方有违约现象时应如何处理的条款，主要载明对企业逾期不还或挪用贷款等的处理和银行不按期发放贷款的处理等内容。

3．长期借款筹资的优缺点

长期借款与股票、债券等长期筹资方式相比，既有优点，也有不足之处。

（1）长期借款的优点

① 借款筹资速度快。企业利用长期借款筹资，一般所需时间较短，程序较为简单，可以快速获得现金。而通过发行股票、债券筹集长期资金，需做好发行前的各种工作，如印制证券等，发行也需一定时间，故耗时较长，程序复杂。

② 借款成本较低。利用长期借款筹资，其利息可在所得税前列支，故可减少企业实际负担的成本，因此比股票筹资的成本要低得多；与债券筹资相比，借款利率一般低于债券利率；此外，由于借款属于间接筹资，故筹资费用也很少。

③ 借款弹性较大。在借款时，企业与银行直接商定贷款的时间、数额和利率等；在用款期间，企业如因财务状况发生某些变化，亦可与银行再行协商，变更借款数量及还款期限等。因此，长期借款筹资对企业而言具有较大的灵活性。

④ 企业利用借款筹资，与利用债券筹资一样可以发挥财务杠杆的作用。

（2）长期借款的缺点

① 财务风险较高。借款通常有固定的利息负担和固定的偿付期限，故借款企业的财务风险较高。

② 限制条件较多。这可能会影响到企业以后的筹资和投资活动。

③ 筹资数量有限。一般不如股票、债券那样可以一次筹集到大笔资金。

（三）发行企业债券筹资

债券是社会各类经济主体为筹集负债性资金而向投资人出具的、承诺按一定利率定期支付利息，并到期偿还本金的债权债务凭证，发行债券是企业筹集资金的一种重要方式。

1．债券的类型

债券可以从各种不同的角度进行分类，现说明其最主要的分类方式。

（1）按发行主体分类

根据发行主体的不同，债券分为政府债券、金融债券和公司债券等三大类。

① 政府债券，是由各国中央政府或地方政府发行的债券。中央政府债券又称公债或国库券，是中央政府为了弥补国家财政赤字和为大型工程项目筹集资金而发行的债券。地方政府债券是指各地方政府如省、市政府为筹集地方建设资金而发行的债券。政府债券的风险小，流动性强，是最受投资者欢迎的债券之一。

② 金融债券，是银行或其他金融机构发行的债券。金融机构一般都有雄厚实

力,信用度较高。因此,金融债券的风险不大,流动性较好,报酬率也比较高。

③ 公司债券,又称企业债券,是指由股份公司等各类企业所发行的债券。与政府债券相比,公司债券的风险较大,因而利率一般也比较高。

(2) 按有无抵押担保分类

按有无抵押担保,可将债券分为信用债券、抵押债券和担保债券。

① 信用债券。信用债券又称无抵押担保债券,是仅凭债券发行者的信用发行的、没有抵押品作抵押或担保人作担保的债券。政府债券一般均属于信用债券,信誉良好的企业也可发行信用债券。企业发行信用债券往往有许多限制条件,这些限制条件中最重要的称为反抵押条款,即禁止企业将其财产抵押给其他债权人。由于这种债券没有具体财产做抵押,因此,只有历史悠久、信誉良好的企业才能发行这种债券。

② 抵押债券。抵押债券是以一定抵押品作抵押而发行的债券。这种债券在西方比较常见,当企业没有足够的资金偿还债券时,债权人可将抵押品拍卖以获取资金。抵押债券按抵押物品的不同,又可分为不动产抵押债券、设备抵押债券和证券抵押债券。

③ 担保债券。担保债券是指由一定保证人作担保而发行的债券。当企业没有足够的资金偿还债券时,债权人可要求保证人偿还。我国 1998 年 4 月 8 日颁布的《企业债券发行与转让管理办法》规定,保证人应是符合《担保法》的企业法人且应同时具备以下条件:A. 净资产不能低于被保证人拟发行的债券本息;B. 近三年连续盈利,且有良好的业绩前景;C. 不涉及改组、解散等事宜或重大诉讼案件;D. 中国人民银行规定的其他条件。

(3) 按债券是否记名分类

根据债券的票面上是否记名,可以将债券分成记名债券和无记名债券。

① 记名债券。这是指在券面上注明债权人姓名,同时在发行公司的债权人名册上进行登记的债券。转让记名债券时,除要交付债券外,还要在债券上背书和在公司债权人名册上更换债权人姓名。投资者须凭印鉴领取本息。这种债券的优点是比较安全,缺点是转让时手续复杂。

② 无记名债券。这是指债券票面未注明债权人姓名,也不用在债权人名册上登记债权人姓名的债券。无记名债券的转让可立即生效,无须背书,因而比较方便。

(4) 债券的其他分类

除按上述几种标准分类外,还有其他一些形式的债券,这些债券主要有:

① 可转换债券。可转换债券是指在一定时期内,可以按规定的价格或一定比例,由持有人自由地选择转换为普通股的债券。

② 无息债券。无息债券是指票面上不标明利息,按面值折价出售,到期按

面值归还本金的债券。债券的面值与买价的差异就是投资人的收益。

③ 浮动利率债券。浮动利率债券是指利息率随基本利率(一般是国库券利率或银行同业拆借利率)变动而变动的债券。发行浮动利率债券的主要目的是为了对付通货膨胀。

④ 收益债券。收益债券是指在企业不盈利时,可暂时不支付利息,而到获利时支付累积利息的债券。

此外,债券还可按用途分为直接用途债券和一般用途债券,按偿还方式分为提前收回债券和不提前收回债券、分期偿还债券和一次偿还债券等。

2. 企业债券发行条件

由于公司债券是向社会公众发行的,社会公众是否购买公司债券,完全要视该公司的资信情况而定,公司凭自已所拥有的财产对购券人担保。《公司法》对企业发行债券的条件做了较严格的规定:

(1) 股份有限公司的净资产额不低于人民币3000万元,有限责任公司的净资产额不低于人民币6000万元。

(2) 累计债券总额不超过公司净资产额的40%。累计债券总额是指公司成立以来发行的所有债券的尚未偿还部分。

(3) 最近三年平均可分配利润足以支付公司债券一年的利息。可分配利润是指公司依法缴纳了各种税款、弥补了亏损、提足了法定公积金、法定公益金后所余的利润。

(4) 筹集的资金的投向符合国家产业政策。

(5) 债券的利率不得超过国务院限定的利率水平。

(6) 国务院规定的其他条件。

此外,我国《公司法》还就公司再次发行债券的条件做了限制性的规定,即前一次发行的公司债券尚未募足,或已发行的公司债券或者其债务有违约或者延迟支付本息的事实,且仍处于继续状态的,不得再次发行公司债券。

《企业债券管理条例》规定,企业发行企业债券必须符合下列条件:

(1) 企业规模达到国家规定的要求;

(2) 企业财务会计制度符合国家规定;

(3) 具有偿债能力;

(4) 企业经济效益良好,发行企业债券前连续三年盈利;

(5) 所筹资金符合国家产业政策。

此外,该条例还规定,企业债券的利率不得高于银行相同期限居民储蓄定期存款利率的40%。

3. 企业债券发行价格

债券的发行价格是指发行公司(或其承销机构,下同)发行债券时所使用的价格,也即投资者向发行公司认购债券时实际支付的价格。公司在发行债券之前,必须进行发行价格决策。

影响发行价格的因素有债券面额、票面利率、市场利率、债券期限等。其中,债券期限决定投资风险,期限越长,投资风险越大,从而要求的投资报酬率也就越高,债券发行价格就可能越低;反之,债券发行价格就可能越高。

债券的投资价值由债券到期还本面额按市场利率折现的现值与债券各期债息的现值两部分组成。发行价格的具体计算公式为:

$$\text{债券发行价格} = \frac{\text{债券面额}}{(1+\text{市场利率})^n} + \sum \frac{\text{债券面额} \times \text{票面利率}}{(1+\text{市场利率})^t}$$

式中:n 代表债券的期限;t 代表付息期数,市场利率通常指债券发行时的市场利率。

从公式看出,由于票面利率与市场利率的差异从而债券的发行价格可能出现三种情况,即等价、溢价与折价。具体为:当票面利率高于市场利率时,债券的发行价格高于面额,即溢价发行;当票面利率等于市场利率时,债券的发行价格等于面额,即等价发行;当票面利率低于市场利率时,债券的发行价格低于面额,即折价发行。

在上述计算公式中,假定不同时期的收益所用的折现率(即市场利率)等同于发行时的市场利率,其实这是一种简化的做法。从理论上看,由于风险因素、流动性偏好以及通货膨胀等的影响,越迟发生的收益,所用的折现率应当越高。市场利率的这种期限关系,称为利率的期限结构。

4. 企业债券发行程序

(1) 由公司和企业的权力机关做决议

公司和企业发行公司债券和企业债券,对公司和企业的生产经营活动会产生重大影响,一方面发行债券能筹集到大笔资金,能扩大生产经营活动,但另一方面也使公司背上了债务,将来不仅要还本,还要付息。这样重大的事项应由公司和企业的权力机关决定。股份有限公司、有限责任公司发行公司债券时,由董事会制订方案,股东大会或股东会做出决议。国有独资公司发行公司债券时,由国家授权投资的机构或者国家授权的部门做出决定。非公司性国有企业发行企业债券由政府有关部门批准。

(2) 报请有关部门批准

公司发行公司债券,在本公司的权力机关做出决议之后,还须报经国务院证券管理部门批准。公司在向国务院证券管理部门报批时,应提交下列文件:① 公司登记证明。② 公司章程。③ 公司债券募集办法。募集办法中应载明公司名称、债券总额和债券的票面金额、债券的利率、还本付息的期限和方式、债券发行的起止日期、公司净资产额、已发行的尚未到期的公司债券总额、公司债券的承销机构。④ 资产评估报告和验资报告。

国务院证券管理部门对公司上报的发债申请,应依照《公司法》的规定审查并决定批准或是不批准。对已做出的批准,如果发现不符合《公司法》规定,应予撤销;尚未发行公司债券的,应停止发行;已经发行公司债券的,发行的公司应向认购人退还所缴款项并加计银行同期存款利息。

非公司性国有企业发行企业债券依该企业是中央企业,还是地方企业,其审批机关不同。中央企业发行企业债券,须报经中国人民银行会同国资委审批;地方企业发行债券,由中国人民银行直属分行会同有关省级计划部门审批。企业在向人民银行报批时,应提交下列文件:① 发行企业债券的申请书;② 营业执照;③ 发行章程;④ 经会计师事务所审计的企业近三年的财务报告;⑤ 审批机关要求提供的其他材料。

企业发行企业债券用于固定资产投资,按照国家有关规定需要经有关部门审批的,还应报送有关部门的审批文件。

(3) 委托证券机构发售

公司债券的发行方式一般有私募发行和公募发行两种。

私募发行是指由发行公司将债券直接发售给投资者。这种发行方式因受限制,故极少采用。

公募发行是指发行公司通过承销团向社会发售债券。在这种发行方式下,发行公司要与承销团签订承销协议。承销团由数家证券公司或投资银行组成。承销团的承销方式有代销和包销。代销是指由承销机构代为推销债券,在约定期内未售出的余额将退还发行公司,承销机构不承担发行风险。包销是由承销团先购入发行公司拟发行的全部债券,然后再售给社会上的投资者,如果在约定期限内未能全部售出,余额要由承销团负责认购。

公募发行是世界各国通常采用的公司债券发行方式。美国甚至强制要求某些债券(如电力、制造业公司债券)必须公募发行。我国有关法律、法规亦要求公开发行债券。

(4) 交付债券,收缴债券款,登记债券存根簿

发行公司公开发行公司债券,由证券承销机构发售时,投资者直接向承销机构付款购买,承销机构代理收取债券款,交付债券;然后,发行公司向承销机构收缴债券款并结算预付的债券款。

根据我国《公司法》的规定,公司发行的公司债券,必须在债券上载明公司名称、债券面额、利率、偿还期限等事项,并由董事长签名,公司盖章。

公司发行的债券,还应在置备的公司债券存根簿中登记。对于记名公司债券,应载明的事项包括:① 债券持有人的姓名或者名称及住所;② 债券持有人取得债券的日期及债券的编号;③ 债券总额、债券票面金额、债券利率、债券还本

付息的期限与方式;④ 债券的发行日期。对于无记名债券,应在债券存根簿上载明债券总额、利率、偿还期限与方式、发行日期及债券的编号等事项。

5. 债券信用评级

债券的等级对投资人和发行债券的企业都有重要影响。对投资人来说,通过债券的等级可以获悉债券风险的大小,以便更有目的地进行投资。对于债券的发行企业来说,主要有以下两个方面的意义:

第一,债券的等级会影响利息率的高低。债券的等级越高,风险越小,投资人要求的报酬率可能较低,那么,企业可以按较低的利率来发行债券,反之,则要以较高的利率发行债券。

第二,债券的等级对企业筹资能力有重要影响。只有 BBB 级以上的债券,才是大多数投资人可投资的债券。因此,若一企业的债券的等级低于 BBB 级时,销售债券会比较困难。而如果债券等级是 AAA 级,则可大量出售其债券,外界筹资能力较强。

我国的债券评级工作也在发展。根据中国人民银行的有关规定,凡是向社会公开发行的企业债券,须由中国人民银行及其授权的分行指定的资信评级机构或者公证机构进行评信。国务院 1993 年发布的《企业债券管理条例》规定,企业发行企业债券,可以向经认可的债券评信机构申请信用评级。目前,全国尚无统一的债券等级标准,尚未建成系统的债券评级制度。但可预见,我国债券评级制度的建立为期将不会太远。

下面概要介绍国外流行的债券信用等级。

债券资信等级标准采用九级评定法,由高到低分别为:AAA 级、AA 级、A 级、BBB 级、BB 级、B 级、CCC 级、CC 级、C 级。

① 高质量等级。AAA 级债券是最高等级的债券,对本金和利息有完全保障,安全程度最高。AA 级债券也是最高等级债券,在大多数情况下与 AAA 级相同。

② 投资等级。A 级债券属于中上等级债券,但在经济情况不利时,无法完全避免不利影响,然而利息和本金仍比较安全。BBB 级债券为中等级债券,这种债券在正常情况下,也比较安全,但在经济情况不景气时应特别注意。

③ 次标准等级。BB 级债券为中下等级债券。这种债券只有较少的投资特性,在正常情况下可取得本金和利息,但在不利的情况下,会产生不能偿付的风险。B 级债券具有一定的投机性,本金和利息不能得到偿付的风险较大。

④ 投机等级。CCC 等级的债券属于下等债券,是一种投机性债券,本金和利息不能得到偿付的风险很大。CC 级债券是绝对的投机债券,而利息极少。C 级债券是最低等级的债券,一般指正在违约的债券。

6. 债券筹资的优缺点

(1) 债券筹资的优点

① 资金成本较低。利用债券筹资的成本要比股票筹资的成本低。这主要是因为债券的发行费用较低,债券利息在税前支付,有一部分利息由政府负担了。

② 保证控制权。债券持有人无权干涉公司的管理事务,如果现有股东担心控制权旁落,则可采用债券筹资。

③ 财务杠杆作用。不论公司赚钱多少,债券持有人只收取固定的有限的利息,而更多的收益可用于分配给股东,增加其财富,或留归企业以扩大营业。

(2) 债券筹资的缺点

① 风险高。债券有固定的到期日,并定期支付利息。利用债券筹资,要承担还本付息的义务。在公司营业不景气时,向债券持有人还本付息无异于釜底抽薪,会给公司带来更大的困难,甚至导致公司破产。

② 限制。发行债券的契约书中往往有一些限制条款。这种限制比优先股及短期债务严格得多,可能会影响公司的正常发展和以后的筹资能力。

③ 筹资的有限性。利用债券筹资有一定的限度,当公司的负债比率超过了一定的程度后,债券筹资的成本会迅速上升,有时甚至会发行不出去。

(四) 发行可转换债券筹资

可转换公司债券是指上市公司和重点国有企业依照法定程序发行,在一定期间内依据约定的条件可以转换成股份的公司债券。可转换公司债券的发行、上市、转换股份及其相关活动,应当遵循公开、公平、公正和诚实信用的原则。可转换公司债券在转换股份前,其持有人不具有股东的权利和义务。可转换公司债券可以依法转让、质押和继承。

1. 可转换公司债券的发行条件

上市公司发行可转换公司债券,应当符合下列条件:

① 最近三年连续盈利,且最近三年净资产利润率平均在10%以上,属于能源、原材料、基础设施类的公司可以略低,但是不得低于7%;

② 可转换公司债券发行后,资产负债率不高于70%;

③ 累计债券余额不超过公司净资产额的40%;

④ 募集资金的投向符合国家产业政策;

⑤ 可转换公司债券的利率不超过银行同期存款的利率水平;

⑥ 可转换公司债券的发行额不少于人民币1亿元;

⑦ 国务院证券委员会规定的其他条件。

重点国有企业发行可转换公司债券,除应当符合上述第③④⑤⑥⑦项条件

外,还应当符合下列条件:

① 最近三年连续盈利,且最近三年的财务报告已经具有从事证券业务资格的会计师事务所审计;

② 有明确可行的企业改制和上市计划;

③ 有可靠的偿债能力;

④ 有具有代为清偿债务能力的保证人的担保。

此外,中国证监会2001年4月发布的《上市公司发行可转换公司债券实施办法》规定,除满足上述条件外,担任主承销商的证券公司还应重点核查发行人的以下事项,并在推荐函和核查意见中予以说明:

① 在最近三年特别在最近一年是否以现金分红,现金分红占公司可分配利润的比例,以及公司董事会对红利分配情况的解释。

② 发行人最近三年平均可分配利润是否足以支付可转换公司债券一年的利息。

③ 是否有足够的现金偿还到期债务的计划安排。

④ 主营业务是否突出。是否在所处行业中具有竞争优势,表现出较强的成长性,并在可预见的将来有明确的业务发展目标。

⑤ 募集资金投向是否具有较好的预期投资回报。前次筹集资金的使用是否与原募集计划一致。如果改变前次募集资金用途的,其变更是否符合有关法律、法规的规定。是否投资于商业银行、证券公司等金融机构(金融类上市公司除外)。

⑥ 发行人法人治理结构是否健全。近三年运作是否规范,公司章程及其修改是否符合《公司法》和中国证监会的有关规定;近三年股东大会、董事会、监事会会议及重大决策是否存在重大不规范行为;发行人管理层最近三年是否稳定。

⑦ 发行人是否独立运营。在业务、资产、人员、财务及机构等方面是否独立,是否具有面向市场的自主经营能力;属于生产经营类企业的,是否拥有独立的生产、供应、销售系统。

⑧ 是否存在发行人资产被有实际控制权的个人、法人或其他关联方占用的情况,是否存在其他损害公司利益的重大关联交易。

⑨ 发行人最近一年内是否有重大资产重组、重大增减资本的行为,是否符合中国证监会的有关规定。

⑩ 发行人近三年信息披露是否符合有关规定,是否存在因虚假记载、误导性陈述或者重大遗漏而受到处罚的情形。

⑪ 中国证监会规定的其他内容。

发行人有下列情形之一的,中国证监会不予核准其发行申请:

① 最近三年内存在重大违法违规行为的;

② 最近一次募集资金被擅自改变用途而未按规定加以纠正的；

③ 信息披露存在虚假记载、误导性陈述或重大遗漏的；

④ 公司运作不规范并产生严重后果的；

⑤ 成长性差，存在重大风险隐患的；

⑥ 中国证监会认定的其他严重损害投资者利益的情形。

2. 发行可转换公司债券的方式和要求

可转换公司债券采取记名式无纸化发行方式。发行可转换公司债券时，发行人必须公布可转换公司债券募集说明书。公司债券募集说明书的内容应按规定的要求编写。

可转换公司债券的最短期限为三年，最长期限为五年；按面值发行，每张面值为100元，最小交易单位面值为1000元，每半年或一年付息一次，到期后偿还未转股债券的本金及最后一期的利息。

上市公司发行可转换公司债券的，以发行可转换公司债券前一个月的股票的平均收盘价格为基准，上浮一定幅度作为转股价格。具体上浮幅度由发行人与主承销商定。重点国有企业发行可转换公司债券的，以拟发行股票的价格为基准，折扣一定比例作为转股价格。

前一次发行的债券尚未募足的，或是对已发行的债券有延迟支付本息的事实，且仍处于继续延期支付状态的，不得发行可转换公司债券。

承销期满后，尚未售出的可转换公司债券按照承销协议约定的包销或代销方式分别处理。采用代销方式时，超过募集说明书规定的截止日期尚未募足一亿元人民币的，发行人应在发行截止日后的三个工作日内将认购金额及按银行同期存款利率计算的利息返还给可转换公司债券认购人。

3. 可转换公司债券的转股和偿还

可转换公司债券自发行之日起6个月后方可转换为公司股票，具体转换期限应由发行人根据可转换债券的存续期及公司财务情况确定。发行人应明确约定可转换公司债券转股的具体程序和方式。持有人可以依据约定的条件随时转换为股份。

发行人设有赎回、回售条款的，发行人每年可按约定条件行使一次赎回权，持有人每年可依照约定条件行使一次回售权。每年首次满足赎回、回售条件时，发行人、持有人可赎回、回售部分或全部未转股的可转换公司债券，但若首次不实施赎回、回售的，当年不应再行使赎回、回售权。

可转换公司债券持有人可按约定的条件在规定的转股期内随时转股，并于转股完成后的次日成为发行人的股东。

可转换公司债券到期末转换的，发行人应当按照可转换公司债券募集说明书的约定，于期满后5个工作日内偿还本息。可转换公司债券发行人未按期偿还本息的,除支付本息外,应当按每日1‰的比例向债权人支付赔偿金。

4. 公司债券上市

根据我国《证券法》和《公司法》的规定,公司债券可以上市交易。公司申请其发行的公司债券上市交易,必须报经国务院证券监督管理机构核准。

公司申请其公司债券上市交易必须符合如下条件:

① 公司债券的期限为1年以上;

② 公司债券实际发行额不少于人民币5 000万元;

③ 公司申请其债券上市时仍符合法定的公司债券发行条件。

5. 公司债券的暂停上市交易或终止上市交易

(1) 公司债券上市交易的暂时停止

公司有下列情形之一的,由国务院证券监督管理机构决定暂停其公司债券上交易:

① 公司有重大违法行为;

② 公司情况发生重大变化不符合公司债券上市条件;

③ 公司债券所募集资金不按照审批机关批准的用途使用;

④ 未按照公司债券募集办法履行义务;

⑤ 公司最近两年连续亏损。

(2) 公司债券上市交易的终止

公司债券上市交易的终止情形与暂停情形基本一样,只是程度和要求上有差异,其中有暂停情形第①项、第④项所列形式之一,经查实后果严重的,终止其上市交易;有暂停情形第②项、第③项、第⑤项所列情形之一,在限期内未能改正的,终止其债券上市交易。公司解散、依法被责令关闭或者被宣告破产的,由证券交易所终止其公司债券上市。

公司债券的具体交易程序与股票交易程序基本一致。

我国《证券法》未对企业债券的上市交易直接做出规定。但根据《企业债券管理条例》的规定,企业债券的转让,应当在经批准的可以进行债券交易的场所进行。非证券经营机构和个人不得经营企业债券的承销和转让业务。

6. 可转换债券筹资的优缺点

(1) 发行可转债券筹资的优点

① 有利于降低资金成本。可转换债券的利率通常较一般债券利率低,可降低利息费用;转换为股票时,又可降低发行成本。

② 有利于筹集更多的资金。可转换债券在向投资人提供固定的利息收入的同时,又向投资人提供了一项选择权,因而有利于扩大债券的发行数量,筹集更多的资金。

③ 有利于提高股票发行价格。可转换债券设定的股票转换价格,一般比发

行债券时的股票价格高，因此，如果转换成功，公司可以溢价发行股票。所以，当公司发行股票或配股时机不好时，可以先发行可转换债券，然后通过转换实现股票筹资的目的。

(2) 发行可转换债券的缺点

① 虽然可转换债券可以使公司以较高的股价出售股票，但如果转换时普通股价格大幅度上涨，则会造成股票价格偏低。

② 若公司业绩不佳，可转换债券可能不能转换为普通股，公司必须及时偿还本金，从而可能带来较大的财务风险。

③ 可转换债券转换后，会失去低利率筹资的好处。

(五) 融资租赁筹资

租赁是指出租人在承租人给予一定报酬的条件下，授予承租人在约定的期限内占有和使用财产的权利的一种契约性行为。自第二次世界大战以来，租赁得到了迅速发展。以美国为例，租赁行业已由第二次世界大战后的一个新兴行业，发展成为一个拥有几十亿美元资产的综合性行业，它实际上包括几千家租赁公司和几百万承租人。租赁从 20 世纪 50 年代初在美国开始兴起，60 年代传到西欧、日本，之后在各国得到了迅速发展，但在我国发展比较慢，一般企业很少采用这种融资方式，主要是民航企业用得较多。

1. 租赁的种类

租赁的种类很多，目前我国主要有经营租赁和融资租赁两类。

(1) 经营租赁

经营租赁是典型的租赁形式，通常为短期租赁。其特点是：① 承租企业可随时向出租人提出租赁资产的要求；② 租赁期短，不涉及长期而固定的义务；③ 租赁合同比较灵活，在合理限制条件下，可以解除租赁契约；④ 租赁期满，租赁的资产一般归还给出租者；⑤ 出租人提供专门服务，如设备的保养、维修、保险等。

(2) 融资租赁

融资租赁又称财务租赁，通常是一种长期租赁，可解决企业对资产的长期需要，故有时也称为资本租赁。融资租赁是现代租赁的主要形式。融资租赁的特点主要是：① 一般由承租人向出租人提出正式申请，由出租人融通资金引进用户所需设备，然后再租给用户使用。② 租期较长。融资租赁的租期一般为租赁财产寿命的一半以上。③ 租赁合同比较稳定。在融资租赁期内，承租人必须连续支付租金，非经双方同意，中途不得退租。这样既能保证承租人长期使用资产，又能保证出租人在基本租期内收回投资并获得一定利润。④ 租约期满后，可选择以下办法处理租赁财产：将设备作价转让给承租人；由出租人收回；延长租期续租。⑤ 在租赁期间,出租人一般不提供维修和保养设备方面的服务。⑥ 租金较高。西方经验表明,融资租赁的租金总额一般要高出其设备价款的30%—40%。

融资租赁可以分为三种形式:① 直接租赁。直接租赁是指承租人直接向出租人租入所需要的资产,并付出租金。② 杠杆租赁。杠杆租赁要涉及承租人、出租人和资金出借者三方当事人。从承租人的角度来看,这种租赁与其他租赁形式并无区别,同样是按合同的规定,在基本租赁期内定期支付定额租金,取得资产的使用权。但对出租人却不同,出租人只出购买资产所需的部分资金,作为自己的投资,另外以该资产作为担保向资金出借者借入其余资金。因此,它既是出租人又是借款人,同时拥有对资产的所有权,既收取租金又要偿还债务。如果出租人不能按期偿还借款,那么资产的所有权就要转归资金出借者。③ 售后回租。根据协议,企业将某资产卖给出租人,再将其租回使用。资产的售价大致为市价。采用这种租赁形式,出售资产的企业可得到相当于售价的一笔资金,同时仍然可以使用资产。当然,在此期间,该企业要支付租金,并失去了财产所有权。

2. 融资租赁的程序

不同的租赁业务,具有不同的具体程序。下面介绍融资租赁的基本程序。

(1) 选择租赁公司

企业决定采用租赁方式取得某项设备时,首先需要了解各个租赁公司的经营范围、业务能力以及其与金融机构的关系和资信情况,获取关于租赁公司的融资条件和租赁费等的资料,并加以比较,从而择优选定。

(2) 办理租赁委托

企业选定租赁公司后,便可向其提出申请,办理委托。这时,筹资企业须填写"租赁申请书",说明所需设备的具体要求,同时还要提供企业的财务状况文件,包括资产负债表、损益表和现金流量表等。

(3) 签订购货协议

由承租企业与租赁公司的一方或双方合作选定设备制造厂商,并与其进行技术与商务谈判,签署购货协议。

(4) 签订租赁合同

租赁合同由承租企业与租赁公司签订,它是租赁业务的重要法律文件。融资租赁合同的内容可分为一般条款和特殊条款两部分。

① 一般条款。一般条款主要包括:合同说明,主要明确合同的性质、当事人身份、合同签订的日期等;名词解释,释义合同中重要名词以避免歧义;租赁设备条款,详细列明租赁设备的名称、规格型号、数量、技术性能、交货地点及使用地点等;租赁设备交货、验收和费用条款;租期和起租日期条款;租金支付条款,

规定租金的构成、支付方式和货币名称。这些内容通常以附表形式列作合同附件。

② 特殊条款。特殊条款主要规定:购货合同与租赁合同的关系;租赁设备的所有权;租期中不得退租;对出租人的免责情形和对承租人的保障;对承租人违约的处理和对出租人的补救措施;对设备的使用和保管、维修和保养的说明;保险事宜;关于租赁保证金和担保的说明;租赁期满对设备的处理等。

(5) 办理验货与投保

承租企业收到租赁设备,要进行验收。验收合格签发交货及验收证书提交给租赁公司,租赁公司据此向厂商支付设备价款。同时,承租公司向保险公司办理投保事宜。

(6) 支付租金

承租企业按合同规定的租金数额、支付方式等,向租赁公司支付租金。

(7) 租赁期满时设备的处理

融资租赁合同期满时,承租企业应按租赁合同的规定,实行退租、续租或留购。但在融资租赁中,租赁期满的设备一般低价卖给承租企业或无偿转给承租企业。

3. 租金的确定

从出租人角度,为购置设备需要支付一定的代价,并以此来取得收益。这些代价或收益都需要通过租金收入来补偿或取得。因此,租金的构成主要包括:① 租赁设备的购置成本,包括设备的买价、运杂费和途中保险费;② 预计设备的残值,即设备租赁期满时预计的可变现净值(它作为租金构成的减项);③ 利息,即出租人为承租人购置设备融资而应计的利息;④ 租赁手续费,即出租人办理租赁设备的营业费用;⑤ 利润,即出租人通过租赁业务应取得的正常利润等。

其中,④⑤两项均以手续费方式支付,因此在实务中统称手续费。

影响租金大小的因素,除了租金的构成外,还涉及租期长短、租金的支付方式。一般认为,租期越长,在租金总额一定的情况下,每期支付的租金相对较少,反之则较多。同样,租金支付次数越多,则每次支付的租金越少,反之则越多。

支付租金的方式的种类很多。按支付间隔期,可分为年付、半年付、季付或月付。按支付时点,可分为期初支付(先付)与期末支付(后付)。按每次是否等额,可分为等额支付与不等额支付。按租金是否延期,可分为延期支付和非延期支付。

在我国的租赁实务中,租金一般采用平均分摊法与等额年金法来确定。

① 平均分摊法。它是指按事先确定的利息和手续费率计算出租赁期间的利息和手续费总额,然后连同设备成本按支付次数进行平均。这种方法不考虑

时间价值因素,计算较为简单。用公式表示如下:

$$每次支付的租金=\frac{(设备成本-预计残值)+租期内利息+租赁手续费}{租期}$$

例 2-2 某企业 2009 年 6 月向租赁公司租入设备一套,价值为 100 万元。租期为 6 年,预计残值为 10 万元(归出租方所有),租期年利率为 10%,租赁手续费率为设备价值的 3%。租金为每年末支付一次,则该企业每年应支付的租金为:

$$租期内利息=100\times(1+10\%)^6-100=77.2(万元)$$

$$租期内手续费=100\times3\%=3(万元)$$

$$每年支付的租金=(100-10+77.2+3)/6=28.4(万元)$$

② 等额年金法。它是将利息率与手续费率综合成贴现率,运用年金现值方法计算确定每年应付的租金。其计算公式为:

$$每年支付的租金=\frac{租金现值总额}{年金现值系数}$$

等额年金分为两种情况:一种是在年初支付租金,即采用先付年金(即付年金)的方式,另一种是每年末支付租金,即采用后付年金(或普通年金)的方式。

例如,上例中,假设租赁费率综合率为 13%,且不考虑残值。采用每年末付租金的方式,则租金为:每年末支付的租金 $=100/3.998=25$(万元)

(注:3.998 为 $n=6, r=13\%$ 时的年金现值系数)

从上述两种计算方法看,平均分摊法没考虑资金时间价值因素,因此在该方法下每年支付的租金比等额年金法要多。企业在选择租金计算方法时,应采用等额年金法,这样对承租人有利。

4. 融资租赁筹资的优缺点

(1) 融资租赁的优点

融资租赁的优点主要表现在以下几方面:

① 形成所需资产速度较快。融资租赁一般比借款后再购置设备来得更快,它集“融资”与“融物”于一身,可使企业尽快形成生产能力,获得所需资产。

② 限制较少。利用股票、债券、长期借款等筹资方式都会受到相当多条件的限制,租赁也有一定限制条件,但相比之下,是比较少的。

③ 风险较小。租赁能避免设备陈旧过时的风险。随着科技进步,设备陈旧过时较快,风险较大,而多数租赁协议规定由出租人承担这种风险。另外,租金在整个租期内分摊,可适当降低不能偿付的风险。

④ 获得税收利益。租金在所得税前扣除,能享受税收上的优惠。

另外,由于双方不得中止合同,因此在通货膨胀的情况下,承租人等于用贬值了的货币去支付其设备价款,从而对承租人有利。

(2) 融资租赁的缺点

租赁筹资的主要缺点是成本高。租金总额大大超过设备的买价,另外,承租企业不能享有设备残值,也是一种损失。

四、资本成本

(一) 资本成本的概念与构成

在市场经济条件下,企业不能无偿使用资金,必须从其经营收益中拿出一定数量的资金支付给资金提供者。因此,人们常说,在市场经济条件下,企业使用资金都是要付出代价的,所以,企业必须节约使用资金。

1. 资本成本的概念

企业筹集和使用资金往往要付出代价,企业的这种为筹措和使用资金而付出的代价即资本成本。在这里,资本特指由债权人和股东提供的长期资金来源,包括长期负债与权益资本。

2. 资本成本的构成

资本成本由用资费用和筹资费用两部分构成。

(1) 用资费用

用资费用是指企业在生产经营、投资过程中因使用资金而付出的费用,例如向股东支付的股利、向债权人支付的利息等,这是资本成本的主要内容。

(2) 筹资费用

筹资费用是指企业在筹措资金过程中为获取资金而付出的费用,例如向银行支付的借款手续费,因发行股票、债券而支付的发行费等,均属于筹资费用。筹资费用与用资费用不同,它通常是在筹措资金时一次支付的,在用资过程不再发生,因此可视为对筹资数量的一项扣除。

资本成本可以用绝对数来表示,也可用相对数来表示,但在财务管理中,一般用相对数表示,即表示为用资费用与实际筹得资金的比率。其通用计算公式为:

$$资本成本=\frac{每年的用资费用}{筹资额-筹资费用}\times 100\%$$

(二) 资本成本的作用

资本成本是企业财务管理的一个重要概念,国际上将其列为一项“财务标准”。资本成本对于企业筹资管理、投资管理,乃至整个经营管理都有重要意义。

1. 资本成本是比较筹资方式、选择追加筹资方案的依据

(1) 个别资本成本是比较各种筹资方式优劣的一个尺度

企业筹集长期资金一般有多种方式可供选择,如长期借款、发行债券、发行股票等。这些长期筹资方式的个别资本成本是不一样的。资本成本的高低可作为比较各种筹资方式优劣的一个依据。当然,资本成本并不是选择筹资方式的唯一依据。

(2) 综合资本成本是企业进行资本结构决策的基本依据

企业的全部长期资金通常是采用多种筹资方式筹得的,这种长期筹资组合有多种方案可供选择。综合资本成本的高低就是比较各种筹资组合方案从而做出资本结构决策的基本依据。

2. 资本成本是评价投资项目、比较投资方案和进行投资决策的主要经济标准

一般而言,一个投资项目,只有其投资收益高于其资本成本,经济上才是合理的;否则,该投资项目将无利可图,甚至会发生亏损。通常将资本成本视为投资项目的最低极限报酬率,视为判断是否进行该投资项目的"取舍率",作为比较选择投资方案的标准。

3. 资本成本还可作为衡量企业整个经营业绩的基准

在这方面,可将企业实际的资本成本与相应的总资产报酬率相比较。如果报酬率高于资本成本,则可以认为经营有利;反之,如果总资产报酬率低于资本成本率,则可认为企业经营业绩不佳,需要改善经营管理,提高总资产报酬率或降低资本成本。

(三) 资本成本的计算

资本成本按计算对象分为个别资本成本和综合资本成本。个别资本成本是指按各种长期资本的具体筹资方式来确定的成本,它进一步细划为借款成本、债券筹资成本、股票筹资成本(优先股与普通股)、留存收益成本等。而综合成本则是对上述各项成本按比重加权计算的企业资本成本,它是从总体上计算的成本。

1. 个别资本成本

(1) 长期借款资本成本

由于债务的利息要在所得税前扣除,因此企业实际负担的利息为利息×(1-所得税税率),故长期借款的资本成本为:

$$\text{长期借款资本成本} = \frac{\text{利息} \times (1 - \text{所得税税率})}{\text{借款本金}} \times 100\%$$

长期借款的筹资费用很少,故一般忽略不计。

(2) 债券资本成本

债券成本与借款成本的主要差别在于:一是其筹资费用较高,因此不能忽略不计;二是债券发行价格与其面值可能存在差异,从而在计算时要按发行价格确定其筹资总额。其计算公式为:

$$债券资本成本 = \frac{利息 \times (1 - 所得税税率)}{债券筹资总额 \times (1 - 筹资费率)} \times 100\%$$

例 2-3 某公司在筹资前根据市场预测,拟发行一种面值为 10 000 元、票面利率为 14%、10 年期、每年付息一次的债券。预计其发行价格为 10 200 元,发行费用占发行价格的 4%,所得税税率为 25%。预计该债券的资本成本为:

$$\frac{10\,000 \times 14\% \times (1 - 25\%)}{10\,200 \times (1 - 4\%)} \times 100\% = 10.72\%$$

与借款相比,由于债券利息率一般高于借款利率,债券发行成本高于借款筹资费用,因此债券成本相对要高于借款成本。

(3) 优先股资本成本

优先股股利是在税后支付的,无抵税作用,故其计算公式为:

$$优先股资本成本 = \frac{优先股股利}{优先股筹资额 \times (1 - 筹资费率)} \times 100\%$$

例 2-4 某公司发行优先股,筹资总额为 100 万无,固定股利率为 10%,筹资费率为 2%,筹资额为 150 万元,则其成本为:

$$\frac{100 \times 10\%}{150 \times (1 - 2\%)} \times 100\% = 6.8\%$$

企业破产时,优先股的求偿权位于债券持有人之后,优先股股东的风险大于债券持有人的风险,这就使得优先股的股利率一般要高于债券的利息率。另外,优先股股利要从税后盈余中支付,不减少公司的所得税,所以,优先股的成本明显高于债券成本。

(4) 普通股资本成本

普通股资本成本是每年支付的股利占筹资额的比例。每年支付的股利根据企业盈利水平和利润分配方案而定,所以只有根据利润分配方案进行计算,才能较准确地确定其成本。下面只介绍两种特殊情况下普通股资本成本的计算:

① 每年股利固定。

$$普通股资本成本 = \frac{每年固定股利}{普通股筹资额 \times (1 - 筹资费率)} \times 100\%$$

② 固定增长股利。若普通股股利每年以固定的增长率增长,则其成本为:

$$普通股资本成本 = \frac{下一年的股利}{普通股筹资额 \times (1 - 筹资费率)} \times 100\% + 固定年增长率$$

例 2-5 某公司发行面值为 1 元的普通股 500 万股,筹资总额为 15 000 万

元,筹资费率为3%,已知第一年每股股利为0.30元,以后各年按4%的比率增长,则其成本应为:

$$\frac{500\times 0.30\times(1+4\%)}{1\,500\times(1-3\%)}\times 100\%+4\%=14.72\%$$

(5) 留存收益成本

一般认为,留存收益不存在外显性成本,但却存在内含性成本。留存收益可被要求作为股利分给投资者,投资者进行再投资并取得收益。投资者同意将这部分利润再投资于企业内部,是期望从中获得更高的收益,这一收益期望构成公司留存收益的资本成本。

2. 综合资本成本

综合资本成本是指考虑企业全部长期资本成本后的成本,通常以各种资本占全部资本的比重为权数,对个别资本成本进行加权平均而确定,它又称加权平均资本成本。用公式表示如下:

综合资本成本 $=\sum$(个别筹资额占总筹资额的比重 × 个别资本成本)

例2-6 某公司共有长期资本(账面值)1 000万元,有关资料如表2-1所示。

表2-1 各种资本的权数和成本

资本来源	账面金额	权数(%)	税后资本成本(%)
公司债券	400	40	10
银行借款	200	20	6.7
普通股东	300	30	14.5
留存收益	100	10	15
合计	1 000	100	

则其综合资本成本为:

$$\begin{aligned}\text{综合资本成本}&=10\%\times 40\%+6.7\%\times 20\%+14.5\%\times 30\%+15\%\times 10\%\\&=11.19\%\end{aligned}$$

在计算各种资本的权数时,可采用账面值计算确定;当债券和股票的市场价值偏离账面值很大时,则应采用市场价值权数法或者目标价值权数法来确定其权数。

(四) 降低资本成本的主要措施

资本成本取决于企业自身筹资决策和市场环境。降低资本成本的具体途径如下:

1. 合理安排筹资期限

筹集的资本主要用于长期投资,筹资期限要服从于投资年限,服从于资本预算。这样既能减少资少成本,又能减少资金不必要的闲置。

2. 合理预期利率

资本市场利率多变,因此,合理预期利率对负债筹资意义重大。如果预期未来利率上升,则可发行长期债券;反之,则应发行短期债券,等到利率下降时再按下降了的利率发行债券,以新债还旧债从而节约资本成本。

3. 提高企业信誉,积极参与信用等级评估

只有这样,才能为以后的资本市场筹资提供便利,才能增强投资者的投资信心,才能积极有效地取得资金,降低资本成本。

五、财务风险与财务杠杆

(一) 财务风险的概念

风险是指某一事件结果的不确定性,不确定程度越大,风险越大。企业的风险主要来自两方面,即经营风险和财务风险。经营风险是指经营方面的原因导致利润变动的不确定性,它与市场变化及企业自身的经营效率直接相关。有关经营风险的问题放在后续内容中介绍。财务风险是由于负债而带来的风险。这种风险会产生两种结果。一是可能导致企业不能偿还到期债务而破产;二是导致股东收益发生较大幅度的波动,即当利润有较小幅度的变动时,每股收益会产生较大幅度的波动。具体变化可见例 2-7,这种变化现象称作财务杠杆现象。

(二) 财务杠杆系数

财务杠杆系数是度量财务风险大小的指标,财务杠杆系数大,说明财务风险大。财务杠杆的产生是由于以下原因:当利息固定不变时,随着税息前利润的增加或减少,每一元税息前利润负担的利息减少或增加,从而较大幅度地增加或减少普通股收益。由于固定利息费用的存在,使普通股每股收益的变动幅度大于税息前利润的变动幅度。这两种变动幅度的比例就是财务杠杆系数。

$$财务杠杆系数=\frac{每股收益变动率}{税息前利润变动率}$$

当利息固定不变,资本总额也固定不变时,上式可推导出另一个结果:

$$财务杠杆系数=\frac{税息前利润}{税息前利润-利息}$$

例 2-7 某公司资金总额为 1 000 万元,其中负债为 500 万元,负债比率为

50%,债务的利率为10%,税息前利润为200万元。

① 计算财务杠杆系数:

$$财务杠杆系数 = \frac{200}{200 - 500 \times 10\%} = 1.33$$

财务杠杆系数表示,当税息前利润增加或降低1%时,每股收益会增加或降低1.33%,是税息前利润变动幅度的1.33倍。

② 当负债比率增加为80%时,计算财务杠杆系数:

$$财务杠杆系数 = \frac{200}{200 - 1\,000 \times 80\% \times 10\%} = 1.67$$

上述计算结果说明,增大负债的比例,财务杠杆系数会更大,即财务风险增大,在其他条件不变的情况下,企业适度举债及运用财务杠杆,可以使每股收益超过未运用财务杠杆的企业,这主要是由于企业总资产的税息前收益超过债务成本,如企业的总资产收益率(税息前)为15%,债务的利率为10%,则负债带来的5%(15% -10%)的收益属于股东,增加了每股收益。相反,企业举债也会对企业产生不利影响,如企业总资产收益率为8%,债务利率为10%,运用财务杠杆会使股东资本收益的2%(10% -8%)用于支付利息,使股东收益下降,当债务规模较大时,会导致企业亏损。

影响财务风险大小的主要是两个因素:一是债务规模的大小,二是债务成本的大小。当企业不采用负债筹资时,财务杠杆系数为1,无财务风险。当企业负责比率增大时,企业要想获得杠杆利益就要承担由此而引起的财务风险。企业负债多少比较合适,没有统一标准,由理财者根据对市场的预测以及企业承受风险的能力确定,要体现理财的艺术。西方一些大公司的经验数据是负债比率为50%以下,根据我国实际情况,负债比率可以大于50%,但前提条件是借钱必须能赚钱,并有一定的支付能力。

六、资本结构

资本结构是企业筹资决策的核心。在筹资管理过程中,采用适当的方法确定最佳资本结构,是筹资管理的主要任务之一。

(一) 资本结构的含义

资本结构是指企业各种资本的构成及其比例关系。广义的资本结构是指全部资金来源的构成,不但包括长期资本,还包括短期负债。狭义的资本结构是长期资本(长期债务资本与权益资本)的构成及其比例关系,而将短期债务资本列入营运资本进行管理。本书采用狭义的概念。

（二）最优资本结构决策

1. 最优资本结构的含义

所谓最优资本结构是指企业在一定时期内，使加权平均资本成本最低、企业价值最大的资本结构。其判断标准有三个：① 有利于最大限度地增加所有者财富，能使企业价值最大化；② 企业加权平均资本成本最低；③ 财务风险适度。其中，加权资本成本最低是主要标准。

从资本成本及筹资风险的分析可看出，负债筹资具有节税、降低资本成本、使每股收益不断提高等杠杆作用和能力，因此，对外负债是企业采用的主要筹资方式。但是，随着负债筹资比例的不断扩大，负债利率趋于上升，破产风险加大。因此，如何找出最佳的负债点（即最优资本结构），使得负债筹资的优点得以充分发挥，同时又避免其不足，是筹资管理的关键。财务管理上将最优负债点的选择称为资本结构决策。

从理论上讲，最优资本结构是存在的，但由于企业内部条件和外部环境经常发生变化，寻找最优资本结构十分困难，下面我们探讨的有关确定资本结构的方法，可以有效地帮助财务管理人员确定合理的资本结构。但这些方法并不能当做绝对的判别标准，在应用这些方法时，还应结合其他因素，以便使资本结构趋于最优。

2. 资本结构决策方法

资本结构的决策方法基本上包括两种：一是比较资本成本法；另一种是每股收益无差别点分析法。

（1）比较资本成本法

这种方法是通过计算不同资本结构的加权平均资本成本，并以此为标准，选择其中加权平均资本成本最低的资本结构。

例 2-8　某企业拟筹资规模确定为 6 000 万元，有三个备选方案，其资本结构分别是：方案 A 为长期借款 1 000 万元、债券 2 000 万元、股本 3 000 万元；方案 B 为长期借款 2 000 万元、债券 2 000 万元、股本 2 000 万元；方案 C 为长期借款 3 000 万元、债券 2 000 万元、股本 1 000 万元。相对应的个别资本成本如表 2-2 所示。

表 2-2　各方案的有关数据　　单位：万元

筹资方式	方案 A		方案 B		方案 C	
	筹资额	资本成本	筹资额	资本成本	筹资额	资本成本
长期借款	1 000	6%	2 000	6.5%	3 000	7%
债券	2 000	9%	2 000	7.5%	2 000	8%
普通股	3 000	15%	2 000	15%	1 000	15%
合计	6 000	—	6 000	—	6 000	—

计算各方案的综合资本成本(WACC):

$$WACC(A) = 1\,000 \div 6\,000 \times 6\% + 2\,000 \div 6\,000 \times 9\% + 3\,000 \div 6\,000 \times 15\% = 11.5\%$$

$$WACC(B) = 2\,000 \div 6\,000 \times 6.5\% + 2\,000 \div 6\,000 \times 7.5\% + 2\,000 \div 6\,000 \times 15\% = 9.67\%$$

$$WACC(C) = 3\,000 \div 6\,000 \times 7\% + 2\,000 \div 6\,000 \times 8\% + 1\,000 \div 6\,000 \times 15\% = 8.67\%$$

进行计算比较,方案C的综合资本成本最低,因此,选择长期借款3000万元、债券2000万元、普通股票1000万元的资本结构最为可行。

(2) 每股收益无差别点分析法

该方法利用对税后资本收益率无差别点(股份公司则为每股收益)的分析来选择和确定负债与权益间的比例或数量关系。所谓税后资本收益率无差别点是指两种筹资方式(即负债与权益)下税后资本收益率相等时的税息前利润点,也称税息前利润平衡点或无差别点。根据税后资本收益率无差别点,可分析判断在追加筹资量的条件下,应选择何种方式来进行资本筹资,并合理安排和调整资本结构。

例2-9 某企业目前的资本总额为1000万元,其结构为:债务资本300万元,权益资本为700万元。现准备追加筹资200万元,有两种追加筹资方案:方案A为增加权益资本,方案B为增加负债。已知:增资前的负债利率为10%,若采用负债增资方案,则全部负债利率提高到12%;公司所得税率40%;增资后税息前利润率可达20%。试比较并选择方案。

根据题意,可列表分析见表2-3。

表2-3 预计增资后的税后权益资本收益率 单位:万元

项目	增加权益资本(A)	增加负债(B)
资产总额	1 200	1 200
其中:权益资本	(700 + 200)	700
负债	300	(300 + 200)
税息前利润(利润率20%)	240	240
减:利息	30	60
税前利润	210	180
减:所得税(40%)	84	72
税后净利润	126	108
税后权益资本收益率	14%	15.43%

由表2-3计算可得,当税息前利润率为20%时,追加负债筹资的税后权益资本收益率较高(为15.43%),即税息前利润额达240万元时,采用负债筹资比追

加资本筹资可行。

表 2-3 所计算的结果是在税息前利润率预计为 20%，即税息前利润等于 240 万元时的情况。那么，税息前利润达到哪一点时，采用哪种方法是无差异的？这可通过计算来确定。其计算公式为：

$$\frac{(\mathrm{EBIT}-I_1)\times(1-T)}{C_1}=\frac{(\mathrm{EBIT}-I_2)\times(1-T)}{C_2}$$

式中：EBIT——税息前利润平衡点，即无差别点；

I_1、I_2——两种增资方案下的年利息；

C_1、C_2——两种筹资方式下的权益资本总额。

将有关数据代入公式：

$$\frac{(\mathrm{EBIT}-300\times10\%)\times(1-40\%)}{(700+200)}=\frac{(\mathrm{EBIT}-500\times12\%)\times(1-40\%)}{700}$$

求得 EBIT＝165（万元），计算权益资本利润率得 9%。它表明：(1) 当税息前利润等于 165 万元时，选择权益资本筹资与选择负债筹资都是一样的；(2) 当税前利润预计大于 165 万元，则追加负债筹资更为有利；(3) 当税息前利润预计小于 165 万元时，则增加权益资本筹资更有利。

对于股份公司，在计算每股收益的无差别点时，只需考虑将上述公式中分母的"权益资本总额"替换为"发行在外普通股股数"，并在分子中扣除"优先股利"项即可，用公式表示即

$$\frac{(\mathrm{EBIT}-I_1)\times(1-T)-D_1}{N_1}=\frac{(\mathrm{EBIT}-I_2)\times(1-T)D_2}{N_2}$$

式中：N_1、N_2——两种方案发行在外普通股股数；

D_1、D_2——两种方案优先股利额。

其计算原理类同，不再举例。

无差别点分析确定最优资本结构，以税后资本收益（或每股收益）最大为分析起点，它直接地将资本结构与企业财务目标、企业市场价值等相关因素结合了起来，从而是企业在追加筹资时经常采用的一种决策方法。

上面所介绍的两种方法都是直接以加权平均成本高低为取舍依据的，虽然集中地考虑了资本成本与财务杠杆效益，但没有考虑财务风险大小及其相关因素。

案 例

首钢股份发行股票筹资

首钢股份由首钢总公司独家发起,以"主体分离"模式进行资产重组,以社会募集方式设立,其主体部分由首钢总公司的优良资产组成,包括2座现代化高炉、1座现代化钢厂和3座线材产品生产厂,净资产30.1亿元,按65%的折股率折合股份19.6亿股,另向外公开发行流通A股35 000万股,总股本231 000万股。

根据中国证监会1999年7月28日《关于进一步完善股票发行方式的通知》的要求,首钢股份采取对一般投资者上网发行和对法人配售相结合的方式发行股票,这是我国首次采取这一方式进行股票发行。首钢股份的流通A股35 000万股,向法人配售17 500万股,向一般投资者发行17 500万股,配售和上网分别进行,为同一次发行。此次发行的价格区间为4.65—5.15元/股,先由有意认购的法人竞价,形成合理的发行价格,然后再向一般投资者按此价格上网发行。

法人投资者分为战略投资者和一般法人。战略投资者是指与首钢股份业务联系紧密且愿意长期持有发行公司股票的法人;一般法人是指除证券经营机构以外的其他法人(含证券投资基金)。法人预约申购的股数最少不得少于200万股,最多不得超过11 500万股(总股本的5%);战略投资者有优先配售权。预约申购期间,发行人在北京和深圳分别举行"首钢股份"发行路演推介会,了解配售对象的认购意愿,方便法人机构投资者熟悉配售方式。结果,投资者表现踊跃,共有170家法人机构参加了预约配售,总预约申购股数66 000万股,其中以5.15元/股认购的达61 000万股,远远超出可配售的17 500万股,从而使首钢股份的发行价定在了区间最高价。这表明投资者对首钢股份内在投资价值的认同,也意味着投资者对首钢股份的期待和对新发行方式的肯定。与此同时,我国第一批战略投资者上海宝钢、上海金陵、昆明云内动力等共21家公司首次亮相,共获配售9 200万股。

在上网发行时,投资者也给予了很高的热情,共有33.9万户投资者进行了有效上网申购。这次发行获得了圆满成功,共吸引社会资金324亿元。

作者点评

随着市场经济的不断发展和完善，一些新的筹资方式会不断出现，金融工具也会不断增多，这就要求理财者熟悉资本市场，了解其动态，并掌握相关的法规和政策，适时选择筹资机会和方式。本实例给了我们一些启示：首钢发行股票的方式有什么变化？首钢为什么采用这种股票发行方式？是否还有更好的方式？

第三讲 投资决策

- 进行投资决策时应考虑哪些因素？
- 如何判断投资方案是否可行？

投资决策是理财的核心,但在现实中投资失误的现象较普遍,造成企业破产或遭受重大损失。如何做好投资决策?投资时应考虑哪些因素?如何判断投资方案的可行性?这是本讲要探讨的投资理论与实践。

一、投资的目的、种类与应考虑的问题

企业投资是指企业投入财力,期望在未来获得收益的一种行为。投资决策是理财中的关键和核心环节,企业能否将筹集到的资金投放到收益高、回收快、风险小的项目上去,直接影响企业的生存和发展。投资决策属于企业战略性决策,决定着企业的发展方向和发展速度,企业必须慎重地做好投资决策。

(一)投资的种类

投资可按不同的标准进行分类。

1. 按投资期限长短分

按投资收回时间长短,投资可分为短期性投资和长期性投资。短期性投资是指投资收回时间在一年以内的投资,主要是对流动资产的投资,如对应收账款、存货、短期有价证券等的投资。长期投资则是指一年以上才能收回的投资,主要是对长期资产如固定资产、无形资产等的投资。

2. 按投资的形式分

按投资形式,投资可分为直接投资和间接投资。直接投资是把资金投放于生产经营性资产,以期获得营业利润的投资。间接投资是把资金投放于证券等金融性资产,以期获得投资收益的投资。

3. 按投资范围分

按投资范围,投资可分为对内投资和对外投资。对内投资是将资金投放于企业内部的投资。对外投资是将资金投放于企业外部的投资,如参股控股、投资于有价证券等。

(二)投资的目的

总体上讲,投资的目的是为了增大企业价值。企业价值最大化在投资活动中的具体体现是:以较低的投资风险获得满意的投资回报。具体到投资的类别上,对内投资和对外投资的目的又有一些差异,有关对外投资的目的将在后续内容中介绍,下面主要介绍对内投资的目的。

1. 扩大生产经营规模

在产品市场有发展潜力的情况下,企业通过投资扩大生产经营规模,在满足需求的同时,获得规模效益,并提高企业竞争能力。

2. 进行产品开发和技术开发

在市场经济条件下,企业之间和产品之间的竞争日趋激烈,产品生命周期在缩短,新产品不断出现。为使企业能够生存发展,就需要不断开发新产品,提高产品的技术含量,从而需要大量的投资。在世界上的一些企业,产品和技术开发支出一般占到销售额的8%左右。另外,通过投资进行设备的更新改造,提高设备的技术水平和生产效率,可为企业长远发展提供物质基础。

3. 降低产品成本

通过投资一些技术水平更高、生产效率更的装备,可以在现有规模下降低产品成本。

(三) 投资应考虑问题

投资决策属于战略性决策,决定着企业长远发展方向和发展速度。所以做出投资决策以前,决策者必须进行战略性思考。影响企业长远发展方向的战略性问题主要是两个,即企业要做强还是做大,是要多角化还是专业化。

1. 做强还是做大

企业强是指获取经营现金流量的能力强,抗风险的能力强。这两方面强,企业竞争能力也强。要做强企业,要解决三个核心问题。

首先,要在产品有市场的前提下解决好技术问题。企业技术水平的高低,产品技术含量的多少,决定着企业的长期竞争优势。随着经济水平的提高,当前国际、国内的产品发展趋势是高技术含量、高价值含量。技术开发难度大,时间长,投入也大,企业靠法律和保密来保护自身的高新技术,使之不易被模仿和扩散,所以技术水平、产品的技术含量是企业的核心竞争能力之一。其次,要不断提高企业管理水平。管理水平的高低取决于企业的管理流程、方法和价值观念(即企业文化)。一套科学有效的管理流程与方法是企业长期管理经验的结晶,有其深刻的内涵,而企业文化是经过长期积累而固化在人脑中的价值观念,这些方面也不是能够轻易模仿的。所谓企业核心竞争能力,其核心就体现在不易模仿性上。技术和管理都有这个特性,如果技术和管理上形不成核心能力,其他方面也不会形成核心竞争力。管理水平高的企业应变能力强,竞争能力也强。最后是激励和约束机制问题。无论是提高技术水平,还是提高管理水平,都可归结为提高人的素质和积极性。如果企业的经营管理者没有积极性,那么管理水平和技术水平都不会得到提高。要调动积极性,必须解决激励和约束机制问题。要建立一套企业与经营者和职工利益密切相关的激励和约束机制。

所谓做大是指使企业获得外延式发展,扩大生产经营规模。目前有一种模糊的认识,就是要尽快使企业进入世界500强,甚至是崇信“家大业大,权力也大”,盲目扩大规模。在强的基础上扩大规模,企业竞争力会增强,企业价值会增大。放弃强的基础而扩大规模,抗风险能力并不一定强,收益能力不一定会提高,没有“内核”的规模只是一种外表形式,增强不了企业竞争力,增大不了企业价值。所以企业应先做强再做大,在强的基础上大,在投资时向增强企业竞争力的方向投,提高企业技术水平和管理水平,提高人的素质,调动人的积极性。

2. 多角化还是专业化

多角化是指企业跨行经营,专业化是指企业在本行业横向或纵向扩张。过去我国出现过多角化经营的趋势,依据是多角化经营可分散经营风险,东方不亮西方亮。但从目前的实际情况看,从事多角化经营的企业成功的很少。

从我国一些知名企业的发展过程可以得到一些启示。海尔是靠生产经营冰箱达到一定规模后,才开始实施产品多元化战略,生产一些其他家电产品的,但没有跨入其他行业,还留在家电行业发展,以充分利用其在本行业已建立起来的优势。长虹采用的也是“独生子”战略,将彩电业务做强做大,在家电行业发展。这两家企业发展都很快。在国内从事多角化经营较典型的是深圳万科。深圳万科是靠多角化经营发展起来的。它同时在多个行业从事生产经营活动,没有主业。但发展到一定程度后,企业增长遇到了困难,发展速度减缓。主要是两个因素制约了企业的发展:一是资金的问题。由于企业涉足的行业多,在哪个行业发展都需要一定的资金支持,而企业的资金来源是一定的,一定的资金投出去分散到各个行业中后,都起不了多大的作用。另一个问题是人才的问题。由于涉足的行业多,需要的专门人才也多,但企业又没有那么多人才。最后深圳万科决定放弃一些行业,主要突出房地产业,现在的发展又进入良性循环。企业进行多角化经营应具备三个条件:

(1) 本行业已无发展潜力

本行业是企业自身最熟悉和最擅长的,企业的资源一般也局限于本行业,企业在本行业发展可发挥其优势,有效利用已有资源。若本行发展受到政策或资源的制约,或本行业已到了“夕阳”阶段,在本行已发展到顶峰,持续发展受到制约,这时企业应跨行业发展。

(2) 跨入的行业属于“朝阳”行业

企业跨入的行业应属于新兴的产业,即将来将有发展潜力的行业,企业在该行业发展有很大的空间。企业跨行业时,一般应选择该行业发生技术换代时进入。

(3) 跨行业经营需要充足的财力和人力

如果本行业发展已无潜力,企业只有跨行业;如果本行业发展还有潜力,但企业仍计划跨行业发展,则需要有足够的人力和财力作为基础。因为在新进入行业中要获得优势,必须有大量人才和资金的投入。

从我国目前的状况看,各行业都还有很大的发展潜力。不少专家通过分析测算认为,我国的经济水平相当于西方国家100年前的水平。我们目前的经济发展不平衡,尽管有一些高新技术产业,但总体经济水平还是比较落后的,而我国真正搞经济建设的时间不长,每个行业都没有发展到顶峰,所以企业应做好自己擅长做的事,发挥自身优势,不可轻易跨入不熟悉的行业。

二、企业投资决策中存在的一些问题

随着改革开放的发展,外资大量涌入国内,不少企业看到自身的产品滞销,技术落后,设备老化,越来越深切地认识到开发新产品、提高产品技术含量是决定企业生存发展的重要问题。质量是生命,科技是根本,企业开始自觉地加快技术改造、设备更新和产品开发的速度,不少企业上了许多投资项目,但是一些企业花费了巨额投资并没有达到预想的效果,反而由于投资失误背上了更加沉重的包袱,甚至濒临破产。为什么美好的愿望得不到好的结果?哪些因素造成了投资失误?这是我们投资时不得不考虑的问题。

造成投资失误的原因有企业外部的,也有企业内部管理方面的。外部原因较复杂,但其中最关键的一条就是投资管理体制问题。国家对投资的行政干预和企业对投资失误不承担责任,致使巨额投资血本无归却又很难找到一个具体的责任者,这些方面的问题我们不准备过多阐述。下面主要从企业内部管理方面探讨总结投资决策失败的一些原因。

(一)缺乏深入细致的市场调查

不少企业投资失误,最重要的一条是,对市场调查研究不深入、不细致,对社会环境了解不全面,对政治、经济、文化等环境的变化缺乏准确的预测。一些企业自身缺乏进行广泛市场调查的能力,又不会借用科学手段(如计算机网络)和社会调查机构的力量,往往凭借少数的信息资料,加上主观的经验判断,就盲目地上项目。一些投资成功的企业,除了少数是由于偶然抓住了机会,大多数都是在投资前做了大量的调查研究,掌握了相当数量的第一手资料。因此,只有对投资前景有较准确的调查、分析和预测,才能保证投资项目取得预期效果。

(二)对技术缺乏了解

部分企业在技术改造、产品开发过程中,对新技术、新产品的发展趋势缺乏深入广泛的了解。某些被“外商”说成是最新技术的,实际上是过时技术;有些技术虽然是新的,但却属于不成熟的技术,或者是在我国尚缺乏配套的物质条件或软件条件。由于我国一些企业缺乏科学决策的运行机制,再加上一些决策者好大喜功,把引进外资当做一种业绩,往往造成盲目引进,仓促上马,最终导致投资失败。

在技术方面造成企业投资失误的原因,还有企业自身技术力量不足,缺乏技术开发的人才和必备条件,自身对自己技术力量的估计不足,导致新技术引进后,企业不能掌握或缺乏必要条件,使引进的设备和技术不能及时发挥应有的作用。

(三)对资金来源估计不足

一些企业投资项目选择比较准确,技术也比较成熟,但由于资金问题导致了失败。

由于投资体制存在一些问题,一些投资项目要经过政府有关部门审批。重大的投资项目往往需要巨额的投资,为了使投资项目尽快得以批准,企业往往把投资金额压低,资金来源预计得比较乐观,待投资项目批准后再追加投资。由于先天资金不足,致使投资项目干干停停,项目建设期非常长,待项目建成后,原本好的项目也失去了竞争能力和盈利能力。而且大部分企业自有资金不足,靠借入资金进行投资,贷款金额大,利率高,再加上投资项目不如预期的效果好,结果造成巨大的债务负担,一些企业就是因为债务负担而破产的。

(四)缺乏科学的投资决策程序

重大的投资项目一般风险都比较大,要防范投资风险,需要企业在投资时,从决策到具体实施的整个过程必须遵循客观规律。这些规律具体表现在投资项目决策和实施过程的科学程序中。

大量事实说明,投资失败的企业往往在决策前对投资方案缺乏科学细致的技术经济论证。一般在投资前都要进行慎重的可行性分析研究,有些投资项目虽然也做了一些论证分析,但搞的不是可行性研究而是“可批性”研究,目的是为了使投资项目获得政府有关部门的批准,分析论证是走过场。这种论证对影响投资项目的不可行因素缺乏深入细致的分析。实践中,一旦出现了不可行的因素,投资方案的问题就暴露出来,而且由于事先没考虑应对措施,投资方案的问题越积越多,最终导致投资失败。

三、投资项目的可行性研究

投资项目的可行性研究是指在项目投资前,在调查研究和科学预测的基础上,分析判断投资项目在技术上是否先进适用,在经济上是否合理的事前管理方法。其目的是避免投资决策的失误。

(一)投资项目建设的几个时期

投资项目的建设,一般可分为三个时期,即投资前期、建设时期和生产时期。每个时期的工作内容如表 3-1 所示。

表 3-1 工程项目进展周期

投资前期				建设时期				生产时期
机会研究(鉴定投资方向)	初步可行性研究	详细可行性研究(项目拟定阶段)	评价报告(评价和决策阶段)	谈判和订立合同阶段	项目设计阶段	施工安装阶段	试运转阶段	正式生产阶段

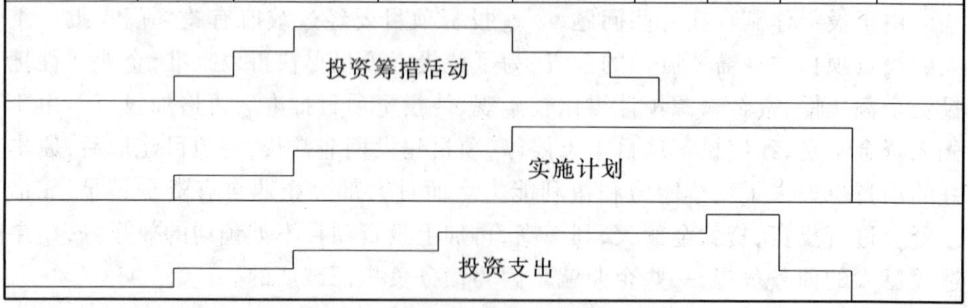

1. 投资前期

在这个时期,要进行项目的规划设想,初步选择产品及技术方案,编制投资规划。这一时期的工作主要是进行项目的可行性研究和筹措资金。要完成一个项目的可行性研究,需要组织一个包括经济学家、工程技术人员、工业管理和财会专家在内的专家队伍,还要取得有关各方面的协助,历时数月或数年才能完成,耗资约占工程总投资的 0.5%—3%。在投资前耗费一些时间和金钱来做可行性研究是值得的。因为做好可行性研究可以为项目创造一个良好的先天条件。即使研究的结论是“否”掉这个项目,也可减少盲目上马带来的更大的损失。

2. 建设时期

这个时期的主要任务是谈判和订立合同、项目设计、施工安装、试运转。这个时期的关键是控制建设周期和投资费用。缩短建设周期可及早发挥投资效果,提高项目的经济效益。对大中型工程项目,往往分期建设、分阶段形成生产能力,以期更好地发挥投资效果。

防止突破投资预算额是这一阶段的重要课题,现在建设中突破投资预算额已司空见惯,这是投资前期工作做得不当及建设时期管理不善而造成的。

3. 生产时期

投资项目的经济效益是通过生产时期的活动来反映的。经济效益高低虽受这一时期管理水平的影响,但投资前期的可行性研究工作的质量和建设时期的工作质量也必然会反映到项目的经济效益上来。这一阶段的初期,主要任务是掌握生产技术和进行科学的管理,以求尽快达到设计所要求的生产能力和各项技术经济指标。这个阶段的后期的主要任务则是根据市场变化、技术进步情况考虑企业的技术改造。

上述三个阶段的各项工作并不是截然分开的,而是互相联系、交错进行的。有些工作如设计、评价和决策,往往不是一次完成的,而是由粗到精多次反复后完成的。

上述三个阶段是按“投资决策”和“交工验收”两条分界线划分的。“投资决策”界于投资前期和建设时期之间。“交工验收”界于建设时期和生产时期之间。

(二) 可行性研究的主要内容

可行性研究调查分析的内容主要有以下几个方面:

1. 市场需求预测和拟建规模

主要调查分析国内外需求情况、国内现有工厂的生产能力,预测今后市场对本项目产品及有关商品的需求量、价格、产品的竞争能力及进入国际市场的前景,确定拟建项目的规模。

2. 资源、原材料、燃料及公用设施情况

主要调查分析原料、燃料、辅助材料的种类、数量、来源和供应可能,以及所需公用设施的数量、供应方式和供应条件。

3. 建厂条件和选址方案

主要调查分析拟建项目对厂址的要求及现选定的厂址的地理位置、气象、水文、地质、地形条件和社会经济现状。此外,还应调查分析工厂所在地交通,运输及水、电、气的现状和发展趋势。

4. 项目设计方案

主要调查分析项目的构成范围、技术来源、主要技术、工艺设备选型方案、全厂的布置。若是引进技术则应说明技术、设备的来源、国别。若是改、扩建项目则应说明对原有固定资产的利用情况。

5. 环境保护

主要调查分析项目对环境的影响及拟采取的措施。

6. 其他内容

包括工厂组织、定员以及这些人员的来源和培训计划;建设时间的安排;投资估算和资金筹措;经济效果计算及评价;拟建设项目的主要优缺点和项目执行的可行性。

可行性研究涉及的面虽然很广,内容很多,但归根到底无非是市场需求预测、技术研究和经济研究三个方面。其中需求是前提,技术是手段,核心是经济问题。任何投资项目,都有它的经济目的,一切手段的采用、方案的选择,都是围绕这个目的进行的。

(三) 可行性研究的步骤

可行性研究一般分三步,即机会研究、初步可行性研究和详细可行性研究。也有分四步的,即将评价和决策从详细可行性研究中独立出来。

1. 机会研究

机会研究又称投资机会鉴定。这一阶段的主要任务,是提出投资项目投资方向的建议,即在一个确定的地区或行业,根据对自然资源和市场需求的调查及预测、对国内工业政策及国际贸易联系等情况的分析和研究,选择投资项目,寻找最有利的投资机会。

进行项目的机会研究是比较困难的。机会研究要求准确和有效地确定投资方向,科学估计投资的需要量。建设投资与成本的数据应靠与现有工厂对比得到,而不能靠设备制造厂商或其他供应商的报价。投资估算往往采用简单的方法,如套用相近规模工厂的单位能力建设费等,精确度允许误差在 ±30% 以内。一旦认为该项目在经济上有吸引力,就可转入下一步的研究。

对于大中型投资项目,机会研究所用的时间一般为 1 至 2 个月。我国目前因信息不灵,所需时间远远长于这个周期。机会研究所需费用约占总投资的 0.1%—1% 。

2. 初步可行性研究

初步可行性研究是对投资机会、投资项目的筛选。如果马上进行详细可行性研究,可能会造成人力、财力的浪费。经过机会研究初步认为投资项目可行,值得继续研究,但又不能肯定是否值得进行详细可行性研究时,就要先做初步可行性研究,以进一步判断这个项目是否有较高的经济效益。在这个阶段,要对那些关键性问题做辅助研究,如市场调查、实验室试验、中间工厂试验等。研究的结果,要求明确两方面的问题:一是投资项目的概貌,包括产品方案、生产规模、原料可能的来源、可供选择的技术、比较满意的厂址、建设进度等;二是比较精确地估算出经济指标,从而做出经济效益评价,这一阶段对建设投资和成本计算的精确度,一般要求误差在 ±20% 左右,所需时间约为 4 至 6 个月,所需费用约占总投资额的0.25%—1.5%。初步可行性研究要把一些看来效益不高的方案筛选掉，剩下少数有希望的方案留待深入的研究。

这一步的主要目的是确定：

① 投资机会是否有希望，根据初步可行性研究所详尽阐述的资料是否就可做出投资决定；

② 项目范围是否值得通过可行性研究进行详尽分析；

③ 项目中是否有一些方面对它的可行性是关键性的，并且有必要通过职能研究或辅助研究（如市场考察、实验室试验、中间试验等）进行深入调查；

④ 资料是否足以确定这个项目意向不是一个可行的计划，或者对某个投资者或投资集团不具有充分的吸引力。

初步可行性研究应被看做项目的机会研究与详细可行性研究之间的中间阶段，其区别主要在于所得资料的细节。

3．详细可行性研究

在投资前进行的详细可行性研究，也称为最终可行性研究或技术经济可行性研究。它是一个关键的环节，要求对投资项目进行深入的技术经济论证，论证它的生产纲领、厂区和厂址、工艺、设备、电气、土木工程、车间划分、生产系统、投资总额、建设时间、经济效果、利润、还本付息年限、组织机构的建立等问题，并进行多方案比较。这一阶段的工作量很大，需时长、花钱多。如果在前两阶段研究就认为不可行的话，自然就不必再进行这一阶段的工作。然而，通过这一阶段工作再确定不建某一项目，在国外是较少见的。本阶段对投资、成本的估算精度，一般要求误差在±10%以内，有时可达±5%。

详细可行性研究的主要任务和目的是：

① 提出可行性研究报告，对项目进行全面的评价。

② 为投资决策提供两个或两个以上可供选择的方案。

③ 为下一步的工程设计和施工提供基础性资料和依据。

4．评价和决策

这一步的任务是对详细可行性研究提供的方案进行综合分析评价，确定可行性研究是否确实，在此基础上写出项目评价报告。做好这一步工作要重视两种意见：一是专家意见，二是反对意见。

（四）可行性研究应注意的问题

1．调查研究是可行性研究的关键

可行性研究的可信度不取决于人们的主观愿望，而取决于研究人员所掌握的反映客观实情况的信息资料的多少以及其质量的高低。只有广泛地调查研究，充分掌握相关的经济、技术信息资料，才能做出正确的判断，得出科学的结论。一些企业在投资时对市场需求、技术的先进性和适用性、原材料供应情况、资金的来源情况、竞争对手的现状以及行业发展趋势等信息资料掌握得不够,就仓促拍板决策上项目,结果往往造成不可挽回的损失。可行性研究的四个步骤中,前三个步骤都是以调查研究为其主要工作内容,是可行性研究中人力和财力投入较大的部分,但与投资失误导致的损失相比,要小得多。

2. 可行性研究力求做到客观

不能将可行性研究仅仅当做一种形式或手段,应视之为使投资项目被列入国家或地区的投资计划的通行证。要保证投资项目的可行性研究的结论是科学的,就必须强调客观性,力戒主观片面性。研究人员要克服自己的主观偏好,要让事实说话,领导者要自我约束,不要事先定调子,不要对研究人员进行干涉,以使整个可行性研究工作建立在尊重客观事实的基础上。

为保证投资项目可行性研究的客观性,企业要从体制上实行根本的变革,建立符合现代企业制度要求的决策制衡机制。重大投资项目必须经过董事会讨论,不能由某个人说了算,董事会的董事对自己的决策意见要承担法律责任。投资计划还要提交股东大会讨论。民主决策和权力制衡的管理体制可以从根本上防止投资决策的主观随意性。

企业一些投资数巨大,并对企业未来发展会产生较大影响的投资项目,可以委托具有专业知识的社会中介机构来进行,这样可以从组织上保证可行性研究的客观性。

3. 可行性研究的重点是不可行性研究

任何一个投资项目总是会有不少有利因素,也会有很多不利的限制因素。因此可行性研究的重点不是研究那些的有利因素,而是要研究那些不利的限制因素。只有将那些限制性因素弄清楚了,并找到了解决限制性因素的方法和对策,项目才能真正成为可行的。一些企业在进行可行性分析时,经常是对项目的不利因素轻描淡写,而对项目的有利因素大书特书,结果,往往是轻描淡写的一两个因素,使整个项目归于失败。

要把限制性因素作为可行性研究的重点,首先就应要求领导者转变观念,自觉地听取反面意见,把反对意见看做最好的第二方案。一个项目的反对意见越多,反对意见越尖锐,越有利于我们认真深入地思考问题。认真地对待反对意见,不仅反映了高明的领导者宽广的胸怀,而且是使领导者保持清醒的头脑,避免决策失误的最可靠的方法。

四、投资决策应考虑时间价值因素

企业的筹资、投资等一系列财务活动,都是在特定的时间进行的,因而资金时间价值是影响财务活动的一个基本因素。如果财务管理人员不了解时间价值,就无法正确衡量、计算不同时期的财务收入与支出,也无法准确地评价企业是处于盈利状态还是处于亏损状态。资金时间价值原理正确地揭示了不同时点上一定数量的资金之间的换算关系,它是进行投资、筹资决策的基本依据。

(一)资金时间价值的概念

资金时间价值,又称货币时间价值,是指在不考虑通货膨胀和风险性因素的情况下,资金在其周转使用过程中,随着时间因素的变化而变化的价值。其实质是资金周转使用后,带来的利润,实现的增值。所以,资金在不同的时点上,其价值是不同的,如 2001 年的 100 元钱比 2002 年的 100 元钱有着更高的价值。

资金在投入生产经营活动后,经营者通过对资金的有效运作,经过一定的时间,会创造社会财富,从而产生新的价值。资金周转使用的时间越长,周转速度越快,所获得的利润就越多,实现的增值也就越大。

衡量资金时间价值的大小通常用利息,其实质内容是社会资金的平均利润。但是,我们日常生活中所接触的利息,比如银行存、贷款利息,除了包含时间价值因素之外,还包括通货膨胀等因素。所以,我们分析时间价值时,一般以社会平均的资金利润为基础,不考虑通货膨胀和风险因素。

资金时间价值有两种表现形式,即相对数和绝对数。相对数即时间价值率,是指没有风险和通货膨胀的平均资金利润率或平均报酬率;绝对数即时间价值额,是资金在运用过程中所增加的价值数额,即一定数额的资金与时间价值率的乘积。

国库券利率,银行存、贷款利率,各种债券利率,都可以看做投资报酬率,然而它们并非时间价值率,只有在没有风险和通货膨胀的情况下,这些报酬才与时间价值率相同。由于国债的信誉度最高,风险最小,因此,如果通货膨胀率很低,则可以将国债利率视同时间价值率。

为了便于说明问题,在研究、分析时间价值时,一般以没有风险和通货膨胀的利息率作为资金的时间价值。至于风险报酬的概念和计算,将在下一个问题中讨论。

(二)资金时间价值的计算

由于资金具有时间价值,因此同一笔资金,在不同的时间,其价值是不同的。资金时间价值的计算,实质就是不同时点上资金价值的换算。具体包括两方面的内容:一方面,是计算现在拥有一定数额的资金,在未来某个时点将是多少数额,这是计算终值问题;另一方面,是计算未来某时点上一定数额的资金,相当于现在多少数额的资金,这是计算现值问题。

资金时间价值的计算有两种方法:一是只就本金计算利息的单利法;二是不仅本金要计算利息,而且利息也要计算利息,即俗称“利上加利”的复利法。相比较而言,复利法更能确切地反映本金及其增值部分的时间价值。

1. 单利的计算

单利是指利息由本金单独和利率计算,而各期所得的利息不再计息。

(1) 单利终值

单利终值是指一定数量的本金,以单利计算时,在未来时点上的本利和,其计算公式为:

$$F = P(1 + i \cdot n)$$

式中,F 表示单利终值;P 表示本金;i 表示利息率;n 表示计息期数。计算公式也可用文字表示为:

$$单利终值 = 本金 \times (1 + 利率 \times 计息期)$$

例 3-1 现在的1000元,按单利计算,年利率为8%时,5年后的单利终值是多少?

根据公式 $F = P(1 + i \cdot n)$,有:

$$\begin{aligned} F &= 1\,000 \times (1 + 8\% \times 5) \\ &= 1\,000 \times 1.40 = 1\,400(元) \end{aligned}$$

(2) 单利现值

单利现值是指在以单利计息的方式下,未来某时点上一定数量的资金,相当于现在的多少资金。其计算公式为:

$$P = \frac{F}{1 + i \cdot n}$$

可用文字表示为:

$$单利现值 = \frac{单利终值}{1 + 利率 \times 计息期}$$

例 3-2 10年后收到的10000元,年利率为10%,按单利计算,相当于现在的多少钱?

根据公式 $P = \frac{F}{1 + i \cdot n}$代入数据则有:

$$P = \frac{10\,000}{1 + 10\% \times 10} = 5\,000(元)$$

以上是关于单利的终值和现值的计算方法,实际上,资金的时间价值一般都是按复利方式进行计算的。

2. 复利的计算

复利是指不仅本金正常计算利息，而且前面各期所获得的利息也要在后面各期中计息。

(1) 复利终值

复利终值是指若干期以后，包括本金和时间价值在内的以复利计算的未来价值，即复利本利和。其计算公式为：

$$F = P \cdot (1 + i)^n$$

式中，F 表示复利终值；P 表示本金（现值）；i 表示利息率；n 表示计息期数；$(1 + i)^n$表示复利终值系数，记作$(F/P, i, n)$。复利终值也可用文字表示为：

$$\text{复利终值} = \text{本金} \times (1 + \text{利率})^n$$

或

$$\text{复利终值} = \text{本金} \times \text{复利终值系数}$$

例 3-3　将 1 000 元存入银行，年利息率为 10%，按复利计算，3 年后的终值应为：

$$F = P(1 + i)^n = 1\,000 \times (1 + 10\%)^3$$
$$= 1\,000 \times 1.331 = 1\,331(\text{元})$$

为了简化程序，提高计算速度，可编制复利终值系数表。表 3-2 是其局部简表，用以说明复利终值系数的查找方法。

表 3-2　1 元的复利终值系数表

时间 n \ 利息率 i	6%	7%	8%	9%	10%
1	1.060	1.070	1.080	1.090	1.100
2	1.124	1.145	1.166	1.188	1.260
3	1.191	1.225	1.260	1.295	1.331
4	1.262	1.311	1.360	1.412	1.464
5	1.338	1.403	1.469	1.539	1.611
6	1.419	1.501	1.587	1.667	1.772

$(P/F, 10\%, 3)$

查表计算如下：

$$F = P(1 + i)^n = 1\,000 \times (F/P, 10\%, 3)$$
$$= 1\,000 \times 1.331 = 1\,331(\text{元})$$

(2) 复利现值

复利现值是指在复利计算方式下，未来某时点上一定数量的资金的现在的价值，可用倒求本金的方法计算。

由复利终值的计算公式 $F = P(1 + i)^n$，则有：

$$P = \frac{F}{(1 + i)^n} = F\frac{1}{(1 + i)^n}$$

式中,$\frac{1}{(1+i)^n}$为复利现值系数,记作$(P/F, i, n)$复利现值也可用文字表示为:

$$\text{复利现值} = \text{终值} \times \frac{1}{(1+\text{利息率})^n}$$
$$= \text{终值} \times \text{复利现值系数}$$

例 3-4 若打算在 4 年以后得到 20 000 年,年利率为 7%,按复利计算,现在应存入银行多少钱?

根据公式 $P = F \cdot \frac{1}{(1+i)^n}$,代入数据可得:

$$P = 20\,000 \times \frac{1}{(1+7\%)^4} = 20\,000 \times 0.763 = 15\,260(\text{元})$$

为了方便计算,也可以编制复利现值系数表,表 3-3 是其简表,示意复利现值系数的查找方法。

表 3-3 1 元的复利现值系数表

利息率 i / 时间 n	6%	7%	8%	9%	10%
1	0.943	0.935	0.962	0.917	0.909
2	0.890	0.873	0.857	0.842	0.826
3	0.840	0.816	0.794	0.772	0.751
4	0.792	0.763	0.735	0.708	0.683
5	0.747	0.713	0.681	0.650	0.621
6	0.705	0.666	0.630	0.596	0.564

$(P/F, 7\%, 4)$

上例可通过查复利现值系数表计算,即:

$$P = F \times (P/F, 7\%, 4) = 20\,000 \times 0.763 = 15\,260(\text{元})$$

3. 年金的计算

年金是指在一定时期内每期都有相等金额的收付款项。如固定资产每期按平均年限法计提的折旧,以及利息、租金、保险费等通常都表现为年金的形式。普通年金又称后付年金,即在每期期末都有等额收付款项的年金。这种年金在现实生活中最为常见,若无特殊说明,年金即指普通年金。

(1) 普通年金终值

普通年金终值是一定时期内每期期末等额的若干收付款项的复利终值之和。计算普通年金终值好比求等额零存,最后整取的本利之和。

如果设 A 为年金数额,i 为利息率,n 为计息期数,FA 为年金终值,则可用图 3-1 来说明普通年金终值的计算思路。

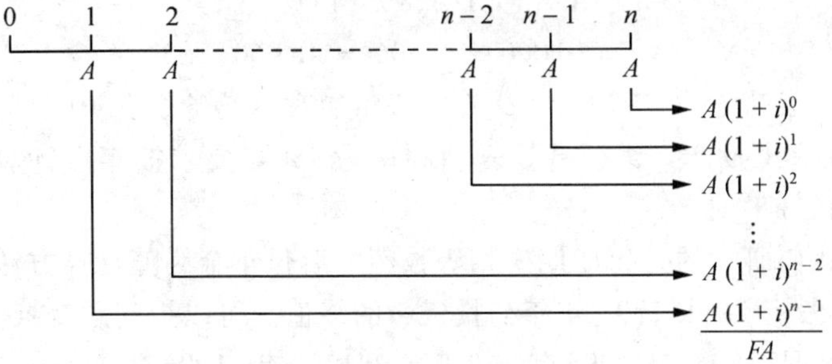

图 3-1　普通年金终值计算示意图

由图 3-1 可知,普通年金终值为:

$$FA = A(1+i)^0 + A(1+i)^1 + A(1+i)^2 + \cdots + A(1+i)^{n-2} + A(1+i)^{n-1}$$

$$= A\sum_{t=1}^{n}(1+i)^{t-1}$$

$$= A \cdot \frac{(1+i)^n - 1}{i}$$

式中,$\frac{(1+i)^n-1}{i}$叫年金终值系数,它表示普通年金 1 元,在利率为 i 经过 n 期的终值和,可记作($FA/A,i,n$)。

为方便计算年金终值,提高速度,也可以事先编制年金终值系数表。利用公式:

$$(FA/A,I,n) = \frac{(1+i)^n - 1}{i}$$

可将某利息率下不同时期的年金终值系数分别计算出来,列成表。表 3-4 是简化的年金终值系数表。

表 3-4　1 元年金终值系数表

时间 n \ 利息率 i	6%	7%	8%	9%	10%
1	1.000	1.000	1.000	1.000	1.000
2	2.060	2.070	2.080	2.090	2.100
3	3.184	3.215	3.246	3.278	3.310
4	4.375	4.440	4.506	4.573	4.641
5	5.637	5.751	5.867	5.985	6.105
6	6.975	7.153	7.336	7.523	7.746

(P/F,8%,4)

例 3-5　4 年中每年年底存入银行 10 000 元,按年复利,若年存款利息率为 8%,求第 4 年末年金终值为多少? 根据公式并查年金终值系数表,有:

$$
\begin{aligned}
FA &= A \times (FA/A,8\%,4) \\
&= 10\,000 \times 4.506 = 45\,060(\text{元})
\end{aligned}
$$

例 3-6 巨龙公司 1995 年、1996 年每年初对甲设备投资 10 万元，该项目于 1997 年年初完工投产。银行借款复利利率为 9%。要求按年金计算 1997 年年初投资额的终值。

分析：我们研究的是每期期末相等数额的后付年金终值计算方法，而此题属于年初分别投资，并求 1997 年年初投资额的终值。可以把问题变换为后付年金的形式，也就是，1994 年、1995 年末(相当于 1995 年、1996 年初)分别投资，按普通年金求出 1995 年年末时的年金终值，然后再按复利终值计算方法，把 1995 年年末的年金终值乘以复利终值系数 $(1+9\%)^1$，得出了 1996 年年末，也就是 1997 年年初的投资额的终值。

1995 年年末时的普通年金终值为：

$$
\begin{aligned}
FA_{1995\text{年末}} &= A \times (FA/A,9\%,2) \\
&= 10\,000 \times 2.090 = 209\,000(\text{元})
\end{aligned}
$$

1996 年年末时，即 1997 年年初时的投资额终值为：

$$
\begin{aligned}
F_{1996\text{年末}} &= FA_{1995\text{年末}} \times (1+9\%)^1 \\
&= 209\,000 \times 1.09 = 227\,810(\text{元})
\end{aligned}
$$

(2) 普通年金现值

一定期间内每期相等数额的收付款项的现值之和，称普通年金现值，也叫后付年金现值。其计算过程与年金终值相反。由图 3-2 可知，普通年金现值为：

$$
\begin{aligned}
PA &= A \cdot \frac{1}{(1+i)} + A \cdot \frac{1}{(1+i)^2} + A \cdot \frac{1}{(1+i)^3} + \cdots \\
&\quad + A \cdot \frac{1}{(1+i)^{n-1}} + A \cdot \frac{1}{(1+i)^n} \\
&= A \cdot \sum_{t=1}^{n} \frac{1}{(1+i)^t} \\
&= A \cdot \frac{1-(1+i)^{-n}}{i} \\
&= A \cdot (PA/A,i,n)
\end{aligned}
$$

式中，$\frac{1-(1+i)^{-n}}{i}$为年金现值系数，它表示 1 元普通年金在利率为 i 时，n 期的现值和，可记作$(PA/A,i,n)$，其中 PA 表示年金现值。

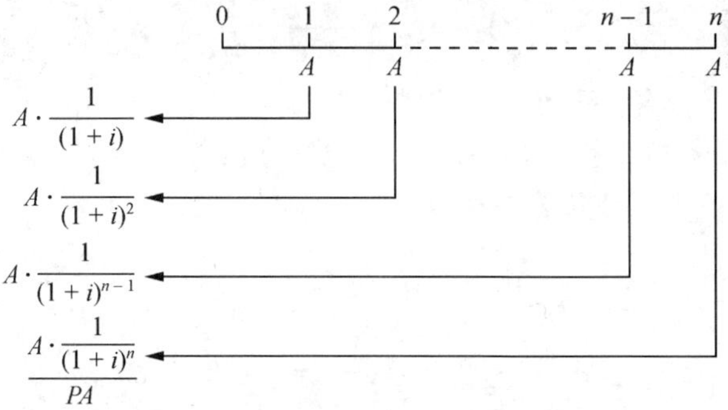

图 3-2　普通年金现值计算示意图

为了方便年金现值的计算,可以事先编制年金现值系数表。表 3-5 是其简表,扼要地说明了年金现值系数的查找方法。

表 3-5　1 元年金现值系数表

时间 n \ 利息率 i	6%	7%	8%	9%	10%
1	0.943	0.935	0.926	0.917	0.909
2	1.833	1.808	1.783	1.759	1.736
3	2.673	2.624	2.577	2.513	2.487
4	3.465	3.387	3.312	3.240	3.170
5	4.212	4.100	3.993	3.890	3.791
6	4.917	4.766	4.623	4.486	4.355

$(PA/A, 10\%, 4)$

例 3-7　现在存入一笔钱,打算在以后 4 年中,每年年末得到 1 000 元,现在应存入多少钱?年利息率为 10%。

根据公式并查年金现值系数表,有:

$$PA = A \cdot (PA/A, 10\%, 4)$$
$$= 1\,000 \times 3.170 = 3\,170(\text{元})$$

(3) 永续年金

永续年金即无限期地收付的年金。例如,优先股股票有固定的股利而又可永续持有,因此优先股股利有时可以看做永续年金。

显然,如果等额地存入年金 A,并永续地存下去,年金终值为无穷大,也就是说,永续年金的终值为无穷大。

永续年金现值的计算可由普通年金现值的计算公式导出。由于

$$PA = A \cdot \frac{1 - (1+i)^{-n}}{i}$$

当 $n \to \infty$ 时,$(1+i)^{-n}$ 的极限是 0。因此

$$PA_{\infty} = A \cdot \frac{1-0}{i} = \frac{A}{i}$$

式中,PA_{∞}表示永续年金现值。

例 3-8 某优先股东共持有 10 000 股优先股,每年年底可分得股利 1 000,利息率为 8%,求该项永续年金的现值。

根据公式 $PA_{\infty} = A \cdot \frac{1}{i}$,代入数据可得:

$$PA_{\infty} = 1\,000 \times \frac{1}{8\%} = 12\,500(\text{元})$$

五、投资决策应考虑风险因素

企业的财务管理工作离不开财务预测和财务决策,也就是要对未来的情况进行估计和测算。但未来的情况总会发生变动,有不能准确确定的一面,因此财务决策就会面临风险。为了搞好财务管理工作,必须了解风险和报酬的概念及其计算方法。

(一) 投资风险的概念

风险是指由于将来情况的不确定性而导致决策无法实现预期目标的可能性。

在进行一项投资决策时,如果只有一种结果,就不存在不确定性,也就可以认为此项决策不存在风险;但如果这项决策有多种可能的结果,实际的结果就有可能偏离预期的目标,则应认为此项决策存在着风险。而且,这种偏离程度越大,该项决策的风险也就越大。按风险的程度,可以把企业财务决策分为三种类型。其一为确定性决策。决策者对未来的情况是完全确定的或已知的决策,称为确定性决策。例如将 100 万元投资于年利率为 3% 的国债,由于国家实力雄厚,到期得到 3% 的报酬几乎是肯定的,因此,一般认为这种投资为确定性决策。其二为风险性决策。决策者对未来的情况不能完全确定,但它们出现的可能性——概率的具体分布是已知的或可以估计的,这种情况下的决策称为风险性决策。其三为不确定性决策。决策者对未来的情况不仅不能完全确定,而且对其可能出现的概率也不清楚,这种情况下的决策为不确定性决策。从理论上讲,不确定性是无法计量的,但在财务管理中,通常为不确定性规定一些主观概率,以便进行定量分析。为不确定性规定了主观概率以后,与风险就十分近似了。因此,在企业财务管理中,对风险与不确定性并不做严格区分。

一般而言,投资者都讨厌风险,并力求回避风险。那么,为什么还有人进行风险性投资呢？这是因为风险投资可以得到额外报酬——风险报酬。所谓风险报酬，是指投资者因冒风险进行投资而获得的超过时间价值的那部分报酬。风险报酬有两种表示方法：风险报酬额和风险报酬率。但在财务管理中，风险报酬通常用相对数——风险报酬率来加以计量。

（二）风险与报酬的关系

由于投资风险的存在，要使投资者愿意承担风险，必须给予一定报酬作为补偿。风险越大，补偿越高，即风险和报酬间的基本关系是风险越大，要求的报酬率越高。在投资报酬率相同的情况下，人们都会选择风险小的投资，结果是竞争使其风险增加，报酬率下降。风险和报酬的这种联系，是市场竞争的结果。

从理论上讲投资报酬是由无风险报酬、通货膨胀贴补和风险报酬三部分组成的。投资报酬可表示为：

$$投资报酬(R) = 无风险报酬 + 风险报酬 + 通货膨胀贴补$$

1. 无风险报酬

无风险报酬是指将资金投放某一投资项目上，肯定能够得到的报酬。西方国家通常以固定利息公债券所提供的报酬作为无风险报酬。公债券以政府作为债务主体，一般认为这种债券的信用极高，其到期还本付息不存在问题，因而投资的预期报酬几乎是确定的。无风险报酬有以下特征：① 预期报酬的确定性，或者说无风险报酬是必要投资报酬中肯定和必然得到的部分。无风险报酬是投资者所期望的必要投资报酬的基础，也是投资者决定是否进行投资的必要前提。② 衡量报酬的时间性。无风险报酬也称资金时间价值，也就是说，无风险报酬只与投资的时间长短有关。它有两方面的含义：一是同一投资随着投资时间的延长，投资报酬会按指数增长。这与资金的周转价值有关，每一次周转后的利润也要加入周转，即考虑复利的影响，则每一次周转所获得的利润一定会比上一次周转所获得的利润多，投资报酬呈指数增长。二是同一投资会因投资期间不同而使同一时期所获的无风险投资报酬不相同。例如，长期债券和短期债券的年利率是不相同的，长期债券的流动性更弱，必须以更高的利率作为补偿。

2. 风险报酬

风险报酬是指投资者由于冒着风险进行投资而获得的超过资金时间价值的额外报酬，也就是一种投资风险补偿。这里超过资金时间价值的额外收益，是剔除了通货膨胀因素的。风险报酬具有以下特征：① 预期报酬的不确定性。风险表现为投资报酬的不确定性，自然，与风险相关的预期报酬就是不确定的。由于投资风险的存在，不仅风险报酬是不确定的，而且会整体上影响投资的成败，从而导致整个投资报酬都是不肯定的。这样,在投资风险与投资风险报酬之间产生了一种差别,就是投资风险是对整个投资的成败而言的,而投资风险报酬只是就投资风险自身而言的。它不是整个投资的总报酬,只是投资报酬的风险部分,这种划分实际是出于一种理论分析的必要。② 衡量报酬的风险性,也就是说风险报酬只与风险有关。

3. 通货膨胀贴补

通货膨胀贴补也称为通货膨胀溢价,它是对由于通货贬值而给投资带来损失的一种补偿。通货膨胀贴补率有以下特点:① 预期贴补率的不确定性,通货膨胀率是变动的。当通货膨胀率上升时,投资报酬中的通货膨胀贴补率比例上升,反之,则下降。正因为通货膨胀是不确定的,因此必须通过通货膨胀预期来确定通货膨胀贴补率。② 通货膨胀贴补的补偿性。由于通货膨胀的存在,投资的必要报酬率可以分为真实报酬率和名义报酬率。真实报酬率就是指不含通货膨胀贴补率的报酬率,它是无风险报酬率和风险报酬率之和。名义报酬率则是指包含通货膨胀贴补率的报酬率。通货膨胀贴补率并不是一种真正意义上的投资报酬,它只是一种因通货膨胀导致投资受损而给予投资者的补偿,投资者得到的正是他失掉的。考虑通货膨胀贴补率至少有两点必要:一是对已实现的投资报酬,如果考虑到通货膨胀的影响,就可以确定投资者的真实报酬;二是投资决策中,考虑通货膨胀的影响,有助于投资者确定最低的必要的投资报酬率。③ 通货膨胀贴补的货币性。在投资报酬中,只考虑通货膨胀贴补中货币贬值而导致的原始投资贬值和投资收益贬值,是对投资收益实际购买力下降的一种补偿。它与各投资者或各投资项目所实际感受的通货膨胀影响无关。当通货膨胀发生时,有时投资者会从投资项目所形成的产品售价上升中得到涨价的好处,有时投资者则会因投资项目所形成的产品成本上升而遭受损失。尽管存在这种差别,但就投资者的投资收益来说,只要存在通货膨胀,其实际购买力必然下降。同样多的货币投资和投资收益不可能代表同样多的实际价值。要使其实际价值不变,只有增加货币量,这个增加的货币量就是通货膨胀贴补。

(三) 风险报酬的计量

风险报酬的计量,是为了搞清在不同风险条件下,各种备选的投资方案的预期报酬率,为正确地进行财务决策提供依据,一般按如下基本步骤进行。

1. 确定概率分布

概率指一个事件可能发生的机会。概率分布则是指某一事件各种结果发生可能性的概率分配。如明天是否有雨,共有两种结果:有雨和无雨。如果有雨的概率,即明天下雨的可能性为60%的话,明天没雨的概率则为40%。再如某企业欲投资100万元开发新产品,现有两种新产品备选,即有两种投资方案,它们的预计报酬与经营状况及各种状况发生的概率密切相关:如果经营状况良好,A方案可获得报酬40%,而B方案可获报酬70%,经预测经营状况良好这种情况发生的概率为20%。各种经营状况下的概率分布如表3-6所示。

表3-6　A、B方案概率分布表

经济状况	该状况概率	A方案报酬	B方案报酬
经营良好	0.2	40%	70%
经营一般	0.6	20%	20%
经营较差	0.2		-30%

通过以上两个例子可以看出,概率分步具有如下特点:其一,各种事件发生的可能性即概率只能在0与1之间,既不可能小于0,也不可能大于1;其二,所有事件发生的概率之和必须等于1。若用 p_i 来表示第 i 种可能性发生的概率,则有:

$$0 < p_i < 1$$

$$\sum_{i=1}^{n} P_i = 1$$

2. 期望值

各方案的期望值是该方案以其各不同状况的概率为权数的报酬率的加权平均值,也叫期望报酬率。如果用 E_i 表示第 i 个可能结果的报酬率,P_i 表示第 i 个可能结果发生的概率,n 表示各种可能结果的总数,则期望值 $\bar{E}$ 的计算公式为:

$$\bar{E} = \sum_{i=1}^{n} p_i E_i$$

根据上述A、B两方案概率分布的有关资料,可以分别计算出A、B两投资方案的期望值,即

对于A方案,$\bar{E} = P_1 \cdot E_1 + P_2 \cdot E_2 + P_3 \cdot E_3$

$= 0.2 \times 40\% + 0.6 \times 20\% + 0.2 \times 0$

$= 20\%$

对于B方案,$\bar{E} = P_1 \cdot E_1 + P_2 \cdot E_2 + P_3 \cdot E_3$

$= 0.2 \times 70\% + 0.6 \times 20\% + 0.2 \times (-30\%)$

$= 20\%$

经计算,企业A、B两方案的期望报酬率相等,均为20%,但是否两个方案没有区别呢?根据两方案的概率分布可知,A方案的报酬率在0—40%之间,而B方案的报酬在-30%—70%之间,即A方案的报酬率分布比B方案更集中,而B方案的报酬率分布非常分散。一般可以认为,A方案的投资风险要比B方案小。在风险报酬的计算过程中,如果预期报酬率的概率分布越集中,那么其投资风险

越小;预期报酬率的概率分布越分散,则投资风险越大,可用图 3-3 表示 A、B 两方案报酬率的概率分布情况。

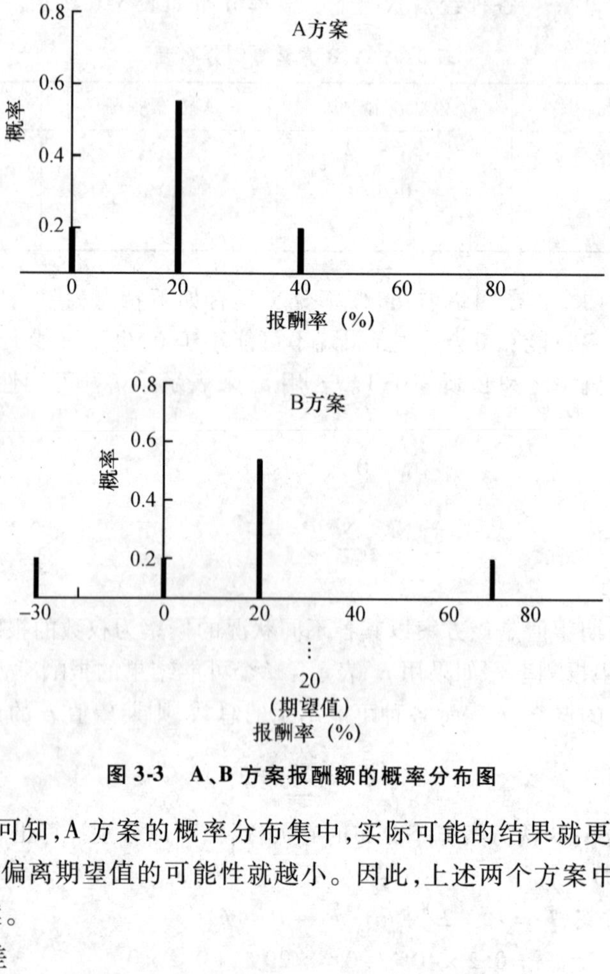

图 3-3　A、B 方案报酬额的概率分布图

由图 3-3 可知,A 方案的概率分布集中,实际可能的结果就更接近期望值,而实际报酬率偏离期望值的可能性就越小。因此,上述两个方案中,A 方案的风险小于 B 方案。

3. 标准差

标准差是各种可能的报酬率偏离期望值的综合差异,实践中一般都运用标准差指标来衡量各方案概率分布的集中与分散程度,以此来对方案各种可能结果的离散程度进行衡量。

标准差用 σ 表示,其计算公式为:

$$\sigma = \sqrt{\sum_{i=1}^{n} (E_i - \bar{E})^2 \cdot Pi}$$

式中,符号的含义与前述相同。

将上述 A、B 两个投资方案的有关数据代入该公式,便能求出各自的标准差。

A 方案的标准差为：

$$\sigma = \sqrt{(40\% - 20\%)^2 \times 0.2 + (20\% - 20\%)^2 \times 0.6 + (0 - 20\%)^2 \times 0.2}$$
$$= 12.56\%$$

B 方案的标准差为：

$$\sigma = \sqrt{(70\% - 20\%)^2 \times 0.2 + (20\% - 20\%)^2 \times 0.6 + (-30\% - 20\%)^2 \times 0.2}$$
$$= 31.62\%$$

标准差是以期望值为基准的概率加权平均离差，它表示实际结果与期望值的差异。计算结果表明，B 方案的标准差较大，说明预期收入偏离期望值的可能性较大，风险也就越大；相反，A 方案的标准差相对较小，说明其预期收入偏离期望值的可能性较小，其风险也就较 B 方案小。

A、B 两方案的期望值相等，都是 20%，因此应选风险小的 A 方案。为了对不同期望值的各投资方案的风险进行衡量，有必要计算标准离差率。

4. 标准离差率

标准离差率是标准差与期望值的比率，它的作用是用相对数来表示离散程度即风险的大小。之所以要用标准离差率，是因为标准差是一个绝对数，有着局限性，它只能对期望值相同的各种投资方案进行比较，分析其风险的大小，而不能用来分析比较期望值不同的各种投资方案的风险大小，但标准离差率则能对其起到补充作用。

标准离差率的计算公式为：

$$V = \frac{\sigma}{\bar{E}} \times 100\%$$

式中，V 表示标准离差率；σ 表标准差；$\bar{E}$ 表示期望值。

将上例有关数据代入公式，A、B 两方案的标准离差率分别为：

A 方案，

$$V = \frac{12.65\%}{20\%} \times 100\% = 63.25\%$$

B 方案，

$$V = \frac{31.62\%}{20\%} \times 100\% = 158.10\%$$

由计算可知，B 方案的标准离差率为 158.10%，明显大于 A 方案的 63.25%，故 B 方案的风险大。在这里，由于 A、B 两方案的期望值相同，均为 20%，即使只根据标准差，也能判断这两个方案风险的大小。但是，如果两个方案的期望值不同时，便不能直接根据标准差来判别其风险的大小了，而只能运用标准离差率来分析比较。

假设上述 A、B 两方案的标准差仍分别为 12.65% 和 31.62%，而其期望值不

相同,分别为10%和40%,那么A、B两方案的标准离差率分别为:

A方案,

$$V = \frac{12.65\%}{10\%} \times 100\% = 126.50\%$$

B方案,

$$V = \frac{31.62\%}{40\%} \times 100\% = 79.05\%$$

从计算结果可知,A方案的风险大,而B方案的风险小。

5. 风险报酬率

决策者在判明投资风险大小的基础之上,还要确切知道风险报酬率的高低。很明显,如果冒风险进行投资,所获得的报酬应超过资金的时间价值,而且所冒的风险越大,得到的或者投资者所要求的风险报酬也就越多,即风险报酬的大小应与所冒风险的大小成正比。但是上面步骤所计算出的标准离差率还不是风险报酬率,还要借助风险报酬系数 b,才能计算出各投资方案的风险报酬率,即

风险报酬率 = 风险报酬系数 × 标准离差率

可用符号表示为:

$$R_R = b \cdot V$$

风险报酬系数 b 实质是将衡量风险程度大小的标准离差率 V 转化为风险报酬率 R_R 的一个倍数。b 越大,表明风险越大,则所要求的风险报酬率也就越高。风险报酬系数的确定一般依据下面两种情况:

一是,国家有关部门可以根据某些行业的特征定期提供有关数据,用来作为测算 b 值的依据;或者由国家专业部门分行业直接计算该系数,使投资者计算风险报酬率时有据可依。

二是,当企业所拥有的资料不全时,还可以聘请专家测算风险报酬系数。当然,b 的确定与决策者对风险的态度有关。一般来说,风险意识较强、偏好稳健经营的决策者往往把 b 值定得较高,以便留下较大的回避风险的余地;而敢于冒险、敢于承担风险的决策者,则往往把本企业的风险报酬系数估计得较低。

现仍以上述A、B两投资方案为例。假定对A、B两方案的风险报酬系数分别定为0.06及0.08,则A、B两方案的风险报酬率分别为:

A方案,

$$R_R = b \cdot V = 6\% \times 63.25\% = 3.80\%$$

B方案,

$$R_R = b \cdot V = 8\% \times 158.10\% = 12.65\%$$

可见,A方案的风险小,所要求的风险报酬率3.80%也较B方案的12.65%

小;而 B 方案的风险较大,则风险报酬率较高。

投资报酬率是由无风险报酬、通货膨胀贴补和风险报酬三部分组成,现实中由于无法将无风险报酬率和预期通货膨胀贴补率区分开来,所以有时将二者合并统称为无风险报酬率,无风险报酬是指加上了通货膨胀补贴的资金时间价值,因此投资报酬率可表示为:

$$投资报酬率(R) = 无风险报酬率(R_F) + 风险报酬率(R_R)$$

若假设此例中 $R_F = 10\%$,则 A、B 两方案的总投资报酬率分别为:

A 方案,

$$R = 10\% + 3.80\% = 13.80\%$$

B 方案,

$$R = 10\% + 12.65\% = 22.65\%$$

6. 风险报酬率和投资报酬额

求出风险报酬率 R_R 后,再用投资额 C 去乘以风险报酬率,即得出风险报酬额 P_R。例如,A、B 方案的风险报酬额分别为:

A 方案,

$$P_R = C \cdot R_R = 100 \times 3.80\% = 3.8(万元)$$

B 方案,

$$P_R = C \cdot R_R = 100 \times 12.56\% = 12.56(万元)$$

若要计算各方案的投资报酬额,用投资额 C 乘以各方案的投资报酬率 R 即可。

A 方案投资报酬额为:

$$P = C \cdot R = 100 \times 13.80\% = 13.8(万元)$$

B 方案投资报酬额为:

$$P = C \cdot R = 100 \times 22.65\% = 22.65(万元)$$

综上所述,高收益伴随着高风险,而且风险越大,收益也可能越多。比较而言,A 方案风险较小,所以为回避风险,比较稳健的决策者会选 A 方案,但同时风险报酬额及总投资报酬额也较低。而那些愿意冒险的决策者,则会选择 B 方案,其风险报酬额及总投资报酬额较高,当然所承担的风险也较大。方案的选择在于决策者如何判断。

六、投资方案评价指标

投资方案评价指标是判断投资方案是否可行的标准,可概括为贴现的评价指标和非贴现的评价指标两类。

(一) 现金流量的估算

企业投资决策中的现金流量是指与投资决策有关的现金流入、流出的数量。

企业无论是把资金投在企业内部形成各种资产,还是投向企业外部形成对外投资,都需要用特定指标对投资的可行性进行分析。而这些指标的计算都是以投资项目的现金流量为基础的。因此,现金流量是评价投资方案是否可行时必须事先计算的一个基础性数据。

1. 现金流量的构成

投资决策中的现金流量,一般由以下三个部分构成。

(1) 初始现金流量

初始现金流量是指开始投资时发生的现金流量,一般包括如下几个部分:

① 固定资产上的投资,包括固定资产的购入或建造成本、运输成本和安装成本等。

② 流动资产上的投资,包括对材料、在产品、产成品和现金等流动资产上的投资。

③ 其他投资费用,指与长期投资有关的职工培训费、谈判费、注册费用等。

④ 原有固定资产的变价收入,这主要是指固定资产更新时变卖原有固定资产时所得的现金收入,一般作为投资额的减项。

(2) 营业现金流量

营业现金流量是指投资项目投入使用后,在其寿命周期内由生产经营所带来的现金流入和流出的数量。这种现金流量一般以年为单位进行计算。这里现金流入一般是指营业额或销售收入,在进行投资分析时,不考虑赊销问题。现金流出是指付现成本,即支付货币形成的成本费用,不包括折旧与摊销,现金流出中还包括按现行税率计算的所得税。净现金流量是指现金流入量减现金流出量,即

$$每年净现金流量(NCF) = 每年营业收入 - 付现成本 - 所得税$$

或

$$每年净现金流量(NCF) = 净利润 + 折旧$$

(3) 终结现金流量

终结现金流量是指投资项目完结时所发生的现金流量,主要包括:

① 固定资产的残值收入或变价收入;

② 原有垫支在各种流动资产上的资金的收回;

③ 停止使用的土地的变价收入等。

2. 现金流量的估算

为了正确地评价投资项目的优劣,必须正确地计算现金流量,下面举例说明。

例 3-9 巨龙公司准备购入一套设备以扩充生产能力。现有甲、乙两个方

案可供选择。甲方案需投资1 000万元,使用寿命为5年,采用直线法计提折旧,5年后设备无残值。5年中每年销售收入为600万元,每年的付现成本为200万元。乙方案需投资1 200万元,另外在第1年垫支营运资金300万元,采用直线折旧法计提折旧,使用寿命也为5年,5年后有残值收入200万元。5年中每年的销售收入为800万元,付现成本第1年为300万元,以后随着设备日益陈旧,逐年将增加修理费40万元,假设所得税税率为40%,试计算两个方案的现金流量。

为计算现金流量,先计算两个方案每年的折旧额:

$$甲方案每年折旧额 = 1\,000/5 = 200(万元)$$

$$乙方案每年折旧额 = \frac{1\,200 - 200}{5} = 200(万元)$$

下面先用表3-7计算两个方案的营业现金流量,然后再结合初始现金流量和终结现金流量编制两个方案的全部现金流量表,如表3-8所示。

表3-7　投资项目的营业现金流量计算表　　单位:万元

T	1	2	3	4	5
甲方案					
销售收入(1)	600	600	600	600	600
付现成本(2)	200	200	200	200	200
折旧(3)	200	200	200	200	200
税前净利(4) (4)=(1)-(2)-(3)	200	200	200	200	200
所得税(5)=(4)×40%	80	80	80	80	80
税后净利(6)=(4)-(5)	120	120	120	120	120
营业现金流量(7) (7)=(1)-(2)-(5)=(3)+(6)	320	320	320	320	320
乙方案					
销售收入(1)	800	800	800	800	800
付现成本(2)	300	340	380	420	460
折旧(3)	200	200	200	200	200
税前净利(4)=(1)-(2)	300	260	220	180	140
所得税(5)=(4)×40%	120	104	88	72	56
税后净利(6)=(4)-(5)	180	156	132	108	84
营业现金流量(7) (7)=(1)-(2)-(5)=(3)+(6)	380	356	332	308	284

表 3-8　投资项目现金流量计算表　　　单位:万元

t	0	1	2	3	4	5
甲方案:						
固定资产投资	-1 000					
营业现金流量		320	320	320	320	320
现金流量合计	-1 000	320	320	320	320	320
乙方案:						
固定资产投资	-1 200					
营运资金垫支	-300					
营运现金流量		380	356	332	308	284
固定资产残值						200
营运资金回收						300
现金流量合计	-1 500	380	356	332	308	784

表 3-7 和表 3-8 中,$t=0$ 代表第 1 年年初,$t=1$ 代表第 1 年年末,为了简化计算,一般都假定各年投资在该年年初一次进行,各年营业现金流量看做各年年末一次发生,把终结现金流量看做最后一年末发生的。

3. 估算现金流量应注意的问题

(1) 现金流量是增量现金流量

净现金流量是指投资项目完成后所引起的其寿命周期内的各年现金流入量超过其各年现金流出量的净额。如果投资项目对公司本身现金流量有影响,在计算投资项目现金流量的同时,就要考虑公司本身现金流量的增减变化。这时,投资项目投产后的现金流量是公司投资该项目与不投资该项目之间的现金流量的差异,即某投资项目的现金流量等于该企业投资该项目时现金流量减去该公司不投资该项目的现金流量。所以,投资项目的现金流量是增量现金流量。

在计算投资项目增量现金流量应注意以下几个问题:

① 区分平均收益与增量收益。一般来讲,公司更愿意向盈利部门投资,不愿向亏损部门投资,因为前者有利可图,后者是浪费资金。但这种判断并不可靠。有时,亏损部门正面临转折关头,遇到了好的发展机会,只要少量投资就可以得到较大的收益,而一个盈利颇丰的部门,可能已处于饱和阶段,耗尽了它的全部投资机会,不论它过去的业绩多么辉煌,它的前途并不一定充满光明。在进行投资分析时必须充分考虑到这一点,不能把一个公司过去的收益状况与目前的投资收益相混淆。

② 考虑所有的附加效应。有时,孤立地考察一项投资,与将它与其他投资项目联系起来考虑,结果是完全不同的。在投资分析中,要以投资对公司所有经营活动产生的整体效果为基础。比如,某航空公司准备开辟一条新航空支线,就支线本身的收支状况来看,公司将亏损 5 000 元。如果考虑到它对干线客流量的

贡献——可以使干线的盈利增加10 000元,则开辟支线的实际结果是公司盈利净增5 000元。相反,某公司引入一种新产品可以产生一定的盈利,但同时也会使公司老产品的销售受到影响。如果老产品销售额下降造成的损失较大,超过了新产品带来的盈利,则投资的整体效果是公司的盈利减少。

③ 考虑垫支流动资金的影响。一个投资项目正式投入使用,除需进行固定资产投资外,还需要一定量的流动资金投入。与固定资产不同,流动资金不会在运动过程中消耗掉。当投资寿命终结时,流动资金还可以重新收回。因此,流动资金在现金流量中考虑了两次:一次是在投入使用中作为现金流出;一次是投资寿命终结时作为现金流入。

④ 沉淀成本。沉淀成本是指已经使用掉、无法收回的资金。这一成本对公司当前的投资决策不产生任何影响。公司在投资决策中要考虑的是当前的投资是否有利可图,而不是过去已花了多少钱。比如,某公司为一项工程已花费了50万元,要使工程全部完工还需要追加50万元投资,而工程完工后收益仅为45万元,这时就应果断地放弃这一项目。因为马上放弃这一项目,损失的只是已投入的50万元,而坚持完成这项投资,企业还要多亏损5万元。相反,如果工程完工后的收益为70万元,则应坚持完成这一项目,而不能考虑总投资为100万元,收益为70万元而放弃这项投资。因为目前公司面临的问题不是投入100万、收回70万的投资决策,而是投入50万元、收回70万元的投资决策。对追加50万元投资的方案而言,已投入的50万元就是沉淀成本。如何正确对待沉淀成本,是投资决策中经常被人们忽略的问题。

(2) 考虑机会成本

在计算投资现金流量时,不仅要考虑直接的现金流入流出,还要考虑并没有直接现金交易的"机会成本"。比如,某公司进行一项投资需要占用1万立方米的仓库,该公司正好有1万立方米的库容空闲。如果公司将这部分库容出租,每年可得净收入200万元;如果公司将这部分库容用于投资需要,公司将损失200万元的租金收入。这部分损失,就是投资的机会成本,必须作为一种实际的现金流量予以考虑,从每年的投资收入中减去。

有时,机会成本的表现方式是很复杂的。比如,公司的某些生产能力空闲,暂时别无他用,似乎机会成本为零。但这种空闲的生产能力可能在一段时间后成为公司发展所必需的资源,如果将它占用,会影响公司未来的发展,所以其机会成本并不为零。尽管进行这种分析有时非常困难,但在可能的情况下,还是应尽量考察清楚,以便做出正确的投资决策。

(3) 分摊费用的计算

每一投资项目都会有相应的分摊费用发生(如公司管理费等)。这些分摊费用是要计入投资成本的。但在计算现金流量时,必须做进一步的分析。那些确因本投资项目发生的费用(如增雇管理人员、服务人员等),应计入投资项目的现金流量;那些公司原来就有、与本投资项目无关的费用(如总经理工资等),在计算成本时,可按一定的比例计入,在计算现金流量时则不予考虑。

(4) 税收与折旧对现金流量的影响

折旧不是真正的现金流量,在计算现金流量时不予考虑。在没有政府税收的情况下,这一结论是正确的。但引进所得税后,由于折旧计入公司成本,冲减公司利润,从而减少公司所得税支出,增加了投资项目现金的流入量。折旧带来的税收减少称为税收屏蔽。它的大小与折旧额和税率的关系是:

$$税收屏蔽 = 折旧额 \times 所得税率$$

由于投资项目在寿命周期内计提的折旧总额是不变的,我们可以采用加速折旧的办法在投资项目起初年份多提折旧,从而增加投资项目起初几年的现金流量,利用资金的时间价值,提高投资项目的经济效益。

(二) 投资决策的种类

公司长期投资决策的种类有很多,但总的说来,可以分为三种类型,即采纳与否决策、互斥选择决策和资本限量决策三种。

1. 采纳与否决策

决定是否投资于某一特定项目的决策,叫做采纳与否决策。这是公司最常遇到的,因而也是最重要的一类决策问题,例如公司是否要添置一台设备,是否要增加一条新的生产线等。

2. 互斥选择决策

在两个以上互相排斥的待选项目中选择其中之一的决策,叫互斥选择决策。例如,是在车间内腾出一块空地增设一台机器,还是利用这块空地存放材料;需要添置一台设备而有三种不同型号的设备可供选择等,都属于这种决策。

互斥选择决策并不要求在待选的项目中必须选中其一。如果在所有各个待选项目中没有一个能满足公司预定的最低要求而全被否决,那么就会出现所有方案都不能选入的结论。

3. 资本限量决策

当可供投资的资本有一定限额,但足以同时投资于两个以上的项目,而待选项目很多,其投资总额又超过资本限额时,究竟应该选择哪几个项目的决策,称为资本限量决策。此类决策比较困难,因此决策分析程序也较复杂。

(三) 非贴现指标

非贴现指标是指不考虑资金时间价值的指标。

1. 投资回收期

投资回收期是指回收初始投资的时间。一般而言，投资者总希望尽快地收回投资，即回收期越短越好。

运用此法进行投资决策时，首先要将投资方案的回收期同投资者主观上要求的期望回收期相比较：若投资方案的回收期 < 要求的回收期，则接受投资方案；若投资方案的回收期 > 要求的回收期，则拒绝投资方案。如果同时存在几个投资方案可供选择，则应该比较各个方案的回收期，择其短者。投资方案回收期(简称投资回收期)的计算公式如下：

$$投资回收期(T) = \frac{投资总额}{每年净现金流量}$$

例 3-10　某公司买进一台 20 000 元的新机器，以代替原有旧机器，则每年可节省除折旧费以外的其他费用 7 600 元，同时，出售旧机器可得 2 000 元，假定所得税率为 50%；新旧机器均可使用 5 年，折旧费按直线法计算。其决策分析程序如下：

首先，我们需分析该方案对现金净收入和税后净利润的影响，其估算结果如表 3-9 所示。

表 3-9　现金流量计算表　　单位：元

项目	损益	现金流量
每年节省其他费用	7 600	
新机器折旧费	4 000	
减：旧机器折旧费	400	
增加折旧费	3 600	3 600
增加毛利润	4 000	
减：增缴所得税	−2 000	
增加税后净利润	2 000	2 000
增加净现金流量		5 600

其次，我们可以计算出投资方案的回收期。

$$\begin{aligned} 本方案增加投资额 &= 新机器买价 - 旧机器卖价 \\ &= 20\,000 - 2\,000 = 18\,000(元) \end{aligned}$$

$$投资回收期(T) = 18\,000 \div 5\,600 = 3.2(年)$$

最后，还需要根据投资者要求的回收期进行判断：如果投资者要求的回收期为 5 年，则这个方案就可接受；如果其要求的回收期为 3 年，则应该拒绝这个方案。

以上均假定投资方案每年净现金流量都一样，但事实上，投资方案每年的净现金流量往往不相等，这时就需要运用累计净现金流量的办法来计算其回收期。

例 3-11　甲投资方案的净现金流量如表 3-10 所示。

表 3-10　甲投资方案净现金流量计算　　单位:万元

年份	0	1	2	3	4
净现金流量	-1 000	500	400	300	100
累计现金流量	-1 000	-500	-100	200	300

从表 3-9 中可以看出,累计净现金流量在第三年底时成为正值,这就意味着该投资方案的原始投资额在该年已全部收回。假定第三年的净现金流量在该年中均衡发生,则原始投资额是在第三年已过去 1/3 时收回的(因为在第二年结束时还有 100 万元的原始投资额尚未收回,而第三年全年的净现金流量为 300 万元),故该投资方案的投资回收期为:

$$T = 2 + \frac{100}{300} = 2.33(\text{年})$$

回收期法的优点表现在:首先,回收期法是被一般公司广为采用的评估方法,其特点是简单易算。因此很多公司常以回收期作为评价工具,尤其在制定小额投资项目决策时。其次,因为回收期法可以衡量出投资方案的变现力(亦即投入资本的回收速度),故对一些资金并不宽裕的公司来说,它是一种非常有用的工具。投资方案的回收期越短,该方案在资金短缺的公司心中的价值当然就越高。最后,投资方案的回收期常被视为一个能显示出各方案的相对风险的指标。因为一般而言,公司预测短期事件的能力较强,而预测长期事件的能力较弱。如果其他情况不变,资本回收速度快的投资方案,其风险相对就小。一般而言,回收期短的方案风险小而回收期长的方案风险大。高科技企业,在开发高科技产品时常常偏好这种方法。

回收期法的缺点表现在:它将投资方案在回收期后所产生的现金流量忽略不计。例如,若再有一个方案与上例所述的投资在前三年的现金流量相同,而第四年度开始现金流量有异,则通过该决策方法本身不能加以评判。更有甚者,如一个方案的投资回收期稍长于另一方案,而前一方案在回收期以后的净现金流量又远高于后一方案在回收期以后的净现金流量,运用此方法决策就会产生错误。此外,该方法并未将资金的时间价值这一因素对现金流量的影响考虑进去。

2. 平均报酬率法

平均报酬率是指平均每年的现金净流量与原始投资额的比率。这个比率越高,说明获利能力越强。平均报酬率法,就是根据投资方案平均报酬率的高低进行投资决策的一种方法。平均报酬率的计算公式如下:

$$\text{平均报酬率(ARR)} = \frac{\text{平均每年现金净流量}}{\text{投资总额}}$$

进行投资决策时,应该将投资方案的平均报酬率同投资者主观上要求的平均报酬率相比较：

投资方案平均报酬率 > 要求的平均报酬率，则接受投资方案；

投资方案平均报酬率 < 要求的平均报酬率，则拒绝投资方案；

如果有若干投资方案可供选择，则应该选择平均报酬率最高的投资方案。

例 3-12　某项目的预计现金流量如表 3-11 所示，试计算平均报酬率。

表 3-11　现金流量表　　单位：元

项目 \ 年份	0	1	2	3	4
厂房设备投资	-20 000				
追加流动资本垫支	-5 000				
经营现金流量		5 000	6 000	7 000	5 000
厂房设备残值					4 000
流动资本回收					5 000
净现金流量	-25 000	5 000	6 000	7 000	14 000

$$平均报酬率 = \frac{(5\,000 + 6\,000 + 70\,000 + 14\,000) \div 4}{25\,000} = 32\%$$

如果投资者要求的平均报酬率为 20%，则接受该投资项目。

投资决策的平均报酬率法虽然克服了回收期法的第一个缺点，即考虑到了整个方案在其寿命周期内的全部现金流量，但它同时也失去了回收期法的一些优点，如它不能显示多个投资方案的相对风险，不如回收期法通俗、直观。再者，它与回收期法一样，也没有考虑资金的时间价值因素。由于平均报酬率计算涉及的期限远远长于回收期，因此在这一点上，平均报酬率法忽视资金的时间价值所产生的后果也远比回收期法严重。因此，实际工作中应用平均报酬率法进行投资决策的情况非常少。

（四）贴现指标

贴现指标是指考虑资金时间价值的指标，主要有净现值、内部报酬率、获利指数三种。

1. 净现值

净现值是指各期净现金流量的现值之和减去投资的现值之和的差额，可用公式表示为：

$$\begin{aligned} NPV &= \left[\frac{NCF_1}{(1+K)^1} + \frac{NCF_2}{(1+K)^2} + \cdots + \frac{NCF_n}{(1+K)^n}\right] - C \\ &= \sum_{t=1}^{n} \frac{NCF_t}{(1+K)^t} - C \end{aligned}$$

式中:NPV——净现值;

NCF_t——第 t 年的净现金流量;

K——贴现率(资本成本或企业要求的报酬率);

n——项目预计使用年限;

C——初始投资额的现值。

用文字表述为:

$$净现值=未来报酬的总现值-初始投资的现值$$

净现值法的决策规则是,在只有一个备选方案的采纳与否决策中,净现值为正值则采纳,净现值为负则不采纳。在有多个备选方案的互斥选择决策中,应选用净现值是正值中的最大者。

例 3-13 现仍以前面所举巨龙公司的资料为例(详见表 3-7 和表 3-8)来说明净现值的计算。假设资本成本为 10%。甲方案的净现金流量相等。故计算如下:

$$\begin{aligned} NPF_{甲} &= 未来报酬的总现值-初始投资额 \\ &= NCF \times (PA/A, i, n) - 1\,000 \\ &= 320 \times (PA/A, 10, 5) - 1\,000 \\ &= 320 \times 3.791 - 1\,000 \\ &= 213.12(万元) \end{aligned}$$

乙方案各年的净现金流量不相等,故应列表 3-12 计算如下。

表 3-12 乙方案净现值计算表 单位:万元

t	各年的净现金流量 (1)	现值系数 (2)	现值 (3)=(1)×(2)
1	380	0.909	345.4
2	356	0.826	294.1
3	332	0.751	249.3
4	308	0.683	210.4
5	784	0.621	486.9
未来报酬的总现值			1 586.1
减:初始投资			1 500
净现值			NPV=86.1

从上面计算中我们可以看出,两个方案的净现值均大于零,都是可取的。但甲方案的净现值大于乙方案,故巨龙公司应选用甲方案。

净现值法的优点是考虑了货币的时间价值,能够反映各种投资方案的净收益,是一种较好的方法。净现值法的缺点是不能揭示各个投资方案本身可能达到的实际报酬率是多少。

2. 内部报酬率

内部报酬率又称内含报酬率(用 IRR 表示),是使投资项目的净现值等于零的贴现率。

内部报酬率实际上反映了投资项目的真实报酬,目前越来越多的企业使用该项指标对投资项目进行评价。内部报酬率的计算公式为:

$$\frac{NCF_1}{(1+r)^1}+\frac{NCF_2}{(1+r)^2}+\cdots+\frac{NCF_n}{(1+r)^n}-C=0$$

即

$$\sum_{t=1}^{n}\frac{NCF_t}{(1+r)^t}-C=0$$

式中:NCF_t——第 t 年的现金净流量;

r——内部报酬率;

n——项目使用年限;

C——初始投资额。

内部报酬率具体的计算过程为:

① 如果每年的净现金流量相等,则按下列步骤计算:

第一步:计算年金现值系数。

$$年金现值系数=\frac{初始投资额}{每年\ NCF}$$

第二步:查年金现值系数表,在相同的期数内,找出与上述年金现值系数相邻近的较大和较小的两个贴现率。

第三步:根据上述两个邻近的贴现率和已求得的年金现值系数,采用插值法计算出该投资方案的内部报酬率。

② 如果每年的净现金流量不相等,则需要按下列步骤计算。

第一步:先预估一个贴现率,并按此贴现率计算净现值。如果计算出的净现值为正数,则表示预估的贴现率小于该项目的实际内部报酬率,应提高贴现率,再进行测算;如果计算出的净现值为负数,则表明预估的贴现率大于该方案的实际内含报酬率,应降低贴现率,再进行测算。经过如此反复测算,找到净现值由正到负并且比较接近于零的两个贴现率。

第二步:根据上述两个邻近的贴现率再来用插值法,计算出方案的实际内部报酬率。

采用内部报酬率法的决策规则是,在只有一个备选方案的采纳与否的决策中,如果计算出的内部报酬率大于或等于企业的资本成本或必要报酬率就采纳;反之,则拒绝。在有多个备选方案的互斥选择决策中,选用内部报酬率超过资本成本或要求的报酬率最多的投资项目。

例 3-14 现仍以前面所举的巨龙公司的资料为例(见表 3-7、表 3-8)来说明内部报酬率的计算方法。由于甲方案的每年 NCF 相等,因而,可采用如下方法计算内部报酬率。

$$\text{年金现值系数} = \frac{\text{初始投资额}}{\text{每年 NCF}} = \frac{1\,000}{320} = 3.125$$

查年金现值系数表,第五期与 3.125 相邻近的年金现值系数在 18% 和 20% 之间,现用插值法计算如下:

贴现率			年金现值系数		
18%	x%	2%	3.127	0.002	0.136
?%			3.125		
20%			2.991		

$$\frac{x}{2} = \frac{0.002}{0.136}$$

$$x = 0.03$$

甲方案的内部报酬率 = 18% + 0.03% = 18.03%

乙方案的每年净现金流量不相等,因而,必须逐次进行测算,测算过程见表 3-13。

表 3-13　　单位:万元

时间(t)	NCF_t	测试 10%		测试 12%	
		复利现值系数	现值	复利现值系数	现值
0	-1 500	1.00	-1 500	1.00	-1 500
1	380	0.909	345.4	0.893	339.3
2	356	0.826	294.0	0.797	283.7
3	332	0.751	249.3	0.712	236.4
4	308	0.683	210.4	0.636	195.8
5	784	0.621	486.9	0.567	444.5
NPV	/	/	86.0	/	-0.3

在表 3-13 中,先按 10% 的贴现率进行测算,净现值为正数,便把贴现率调高到 12%,进行第二次测算,净现值为负数,说明该项目的内部报酬率一定在 10% 和 12% 之间。

现用插值法计算如下:

贴现率			净现值		
10%	x%	2%	80.6	80.6	80.9
?%			0		
12%			-0.3		

$$\frac{x}{2}=\frac{80.6}{80.9}$$

$$x=1.99$$

乙方案的内部报酬率 = 10% + 1.99% = 11.99%

从以上两个方案的内部报酬率的计算中可以看出,甲方案的内部报酬率较高,故甲方案效益比乙方案好。

内部报酬率法的优缺点表现为:内部报酬率法考虑了资金的时间价值,反映了投资项目的真实报酬率,概念也易于理解。但这种方法的计算过程比较复杂。特别是每年净现金流量不相等的投资项目,一般要经过多次计算才能算出。

3. 获利指数

获利指数又称现值指数(用 PI 表示),是投资项目未来报酬的总现值与初始投资额的现值之比。

$$PI=\left[\frac{NCF_1}{(1+K)^1}+\frac{NCF_2}{(1+K)^2}+\cdots+\frac{NCF_n}{(1+K)^n}\right]\Big/C$$

即 $$PI=\frac{\text{未来报酬的总现值}}{\text{初始投资额}}$$

获利指数法的决策规则是,在只有一个备选方案的采纳与否决策中,获利指数大于或等于 1,则采纳,否则就拒绝。在有多个方案的互斥选择决策中,应采用获利指数超过 1 最多的投资项目。

例 3-15 现仍以前面所举巨龙公司资料(见表 3-7 和表 3-8)为例,来说明获利指数的计算。

$$\text{甲方案获利指数}=\frac{\text{未来报酬的总现值}}{\text{初始投资}}=\frac{1\,213.12}{1\,000}=1.21$$

$$\text{乙方案获利指数}=\frac{\text{未来报酬的总现值}}{\text{初始投资}}=\frac{1\,586.1}{1\,500}=1.06$$

甲、乙两个方案的获利指数都大于 1,故两个方案都可以进行投资,但因甲方案的获利指数更大,故应采用甲方案。

获利指数法的优点是,考虑了资金的时间价值,能够真实地反映投资项目的盈亏程度,由于获利指数是用相对数来表示的,所以,有利于在初始投资额不同的投资方案之间进行对比。获利指数法的缺点是,获利指数这一概念不便于理解。

(五)投资方案评价指标的比较

1. 贴现指标与非贴现指标的比较

① 非贴现指标把不同时间点上的现金收入和支出当做毫无差别的资金进行对比,忽略了资金的时间价值因素。这是不科学的。而贴现指标则把不同时间点收入或支出的现金按照统一的贴现率折算到同一时间点上,使不同时期的现金具有可比性,从而为做出正确的投资决策奠定了基础。

② 非贴现指标中的投资回收期法只能反映投资的回收速度,不能反映投资的主要目标——净现值的多少。同时,回收期法由于没有考虑时间价值因素,因而夸大了投资的回收速度。

③ 投资回收期、平均报酬率等非贴现指标对寿命不同、资金投入的时间和提供收益的时间不同的投资方案缺乏鉴别能力。而贴现指标则可以通过净现值、内部报酬率和获利指数等指标(有时还可以通过净现值的年均化方法)进行综合分析,从而做出正确合理的决策。

④ 非贴现指标中的平均报酬率指标,由于没有考虑资金的时间价值,因而实际夸大了项目的盈利水平。而贴现指标中的内部报酬率是以预计的现金流量为基础,考虑了货币的时间价值以后计算出的真实报酬率。

⑤ 在运用投资回收期这一指标时,标准回收期是方案取舍的依据。但标准回收期一般都是以经验或主观判断为基础来确定的,缺乏客观依据。而贴现指标中的净现值和内部报酬率等指标实际上都是以企业的资本成本为取舍依据的,任何企业的资本成本都可以通过计算得到,因此,这一取舍标准符合客观实际。

2. 贴现指标之间的比较

(1) 净现值与内部报酬率的比较

① 在特殊情况下,内部报酬率法存在同时有 n 个内部报酬率的缺点。

在一般情况下,一个投资机会或一个投资决策,只可能有一个内部报酬率。但是,某些特殊的情况下,也可能出现一个投资项目同时具有几个内部报酬率的现象。

我们知道求解内部报酬率的方程公式:

$$\sum_{i=0}^{n} \frac{\mathrm{NCF}_t}{(1+r)^t} = 0$$

稍加变换就可得到关于 r 的 n 次方程,从理论上讲有 n 个根(可能是重根)。可以证明,方程正实数根的个数不大于净现金流 NCF_t 变化的次数。在一般情况下,投资集中在初期,尔后的净收益均为正,即所谓“常规投资项目”情形,其解只有一个;当资金分阶段投入或后期成本过高时,可能使净现金流多次变化(即非常规项目),就可能出现多解,此时内部报酬率法将失效。下面举例说明这个问题。

例 3-16　某公司考虑花费 160 万元开发露天煤场(项目 M),第一年年末,项目将产生 1 000 万元净现金流量,第二年年末,公司必须支付 1 000 万元修整土地,使其恢复到原来的状态。综上所述,项目的现金流量如表 3-14 所示。

表 3-14　净现金流量表　　单位:百万元

t	0	1	2
净现金流量	−1.6	10	−10

将这些值代入公式可解出 IRR:

$$NPV = \frac{-1.6}{(1+r)^0} + \frac{10}{1+r} + \frac{-10}{(1+r)^2} = 0$$

$$r_1 = 25\%, \quad r_2 = 400\%$$

因此,该项目有两个内部报酬率即 25% 和 400%,图 3-4 显示了这一点。

从图上可以看出当贴现率在 25% 到 400% 之间时,项目 M 的净现值大于零;当贴现率 $r<25\%$ 或 $r>400\%$ 时项目 M 的净现值小于零。到底哪个贴现率是项目 M 的内部贴现率呢? 会出现让我们不知所措的困境。如果用净现值法就不会出现这种困境。如果公司资本成本 10%,由项目 M 的净现值为负 77 万元,故公司应拒绝该项目。

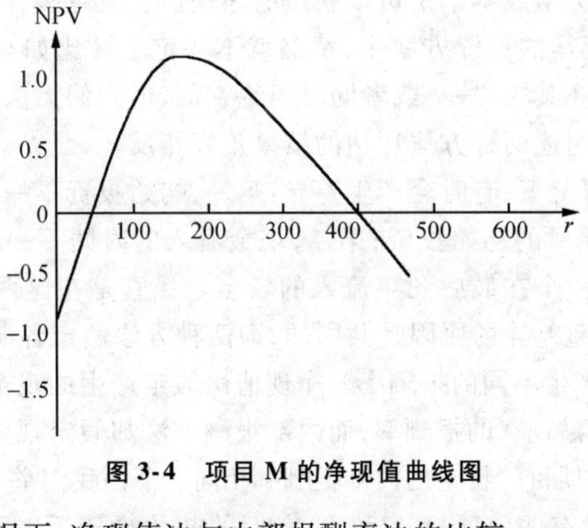

图 3-4　项目 M 的净现值曲线图

② 在一般情况下,净现值法与内部报酬率法的比较。

A. 对同一投资方案评价的比较。应该指出,在一般情况下,投资方案的净现值和贴现率之间,存在着此消彼长的关系。

贴现率越低,投资方案的净现值就越大;反之,贴现率越高,投资方案的净现值就越小;贴现率等于内部报酬率时,投资方案的净现值为零;贴现率超过内部报酬率时,投资方案的净现值将出现负数。

由此可见,对于某一投资方案,若用净现值法评价,选取一个公司要求的报酬率或资本成本率作为贴现率 r,我们可得出:

若 NPV $\geqslant 0$,则接受该项目(方案);

若 NPV <0,则拒绝该项目(方案)。

如果用内部报酬法评价,我们亦可得出:

若 IRR $>r$,则接受该项目(方案)此时 NPV >0;

若 IRR $<r$,则拒绝该项目(方案),此时 NPV <0,

可见用净值法和内部报酬率法对同一投资项目的评价结果是一致的,都可能得出相同的接受或拒绝的结论。

在一般情况下,我们可以推论出:只要各投资方案相互独立,使用净现值或内部报酬率做出的评价结果完全一致——若决策者根据内部报酬率法的结果决定接受或拒绝某投资方案,则他根据净现值法亦会做出相同的决定。因为根据内部报酬率法则,只要投资方案的内部报酬率大于其资本成本率,决策者就可以接受它;在一般情况下,若投资方案的内部报酬率大于其资本成本率,则其净现值也一定为正。

B. 对互斥投资方案评价的比较。

在一般情况下,对同一投资方案或彼此相互独立的投资方案而言,内部报酬率越高,在一定的资本成本率下可以获得的净现值也就越多,因而做出的判断会是一致的。但在互斥的投资方案中,情况就不一定了。比如有两个互斥的投资方案,我们可以选择其中之一,或者同时拒绝它们,但我们无法同时接受它们,而正是在此时,也许用述两种方法评估的结果正好相反。

在如下两种情况下,有时会产生差异:第一,初始投资不一致,一个项目的初始投资大于另一项目的初始投资;第二,现金流入的时间不一致,一个在最初几年流入的较多,另一个在最后几年流入的较多。尽管是在这两种情况下使二者产生了差异,但引起差异的原因是共同的,即两种方法假定各期产生的现金流量进行再投资时,会产生不同的报酬率。净现值法假定产生的现金流入量重新投资会产生相当于企业贴现率的报酬率,而内部报酬率法却假定现金流入量重新投资产生的报酬率与此项目的特定的内部报酬率相同。下面我们举一例加以说明。

例 3-17 假设有两个项目 A 和 B,它们的初始投资不一致,详细情况如表 3-15 所示。

表 3-15 各方案资料 单位:元

指标	年	项目 A	项目 B
初始投资	0	110 000	10 000
营业现金流量	1	50 000	5 050
	2	50 000	5 050
	3	50 000	5 050
NPV		6 100	1 726
IRR		17.28%	24.03%
PI		1.06	1.17
资本成本		14%	14%

下面计算在不同的贴现率情况下的两个项目的净现值,见表 3-16。

表 3-16 不同贴现率的净现值 单位:元

贴现率(%)	NPV(A)	NPV(B)
0	40 000	5 150
5	26 150	3 751
10	14 350	2 559
15	4 150	1 529
20	-4 700	635
25	-12 400	-142

下面,把表 3-15 中不同贴现率情况下算出的现的净现值绘入图 3-5 中。

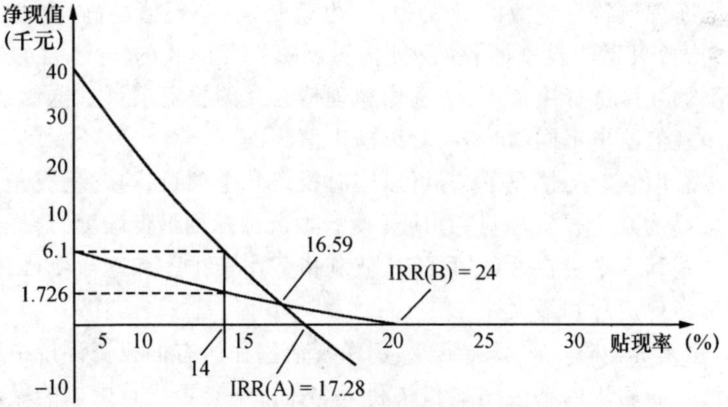

图 3-5 不同贴现率的净现值对比图

从表 3-15 中可以看出,如果按内部报酬率法应拒绝项目 A 而采纳项目 B;如果应用净现值法则应采纳项目 A 而拒绝项目 B。产生上述差异的根本原因是,内部报酬率法假定项目 A 前两期产生的现金流量(第 1 年和第 2 年的 50 000 元)若进行再投资,则会产生与 17.28% 相等的报酬率,而项目 B 前两期的现金流量(第 1 年和第 2 年的 5 050 元)若进行再投资则得到 24% 的报酬率。与此相反,净现值法假定前两期产生的现金流量若进行再投资的话,报酬率等于贴现率,在本例中是 14%。如图 3-5 所示,本例中两个项目的净现值曲线相交于 16.59% 处,可把这一点称为净现值分界点。如果贴现率小于 16.59%,则项目 A 的净现值要大于项目 B,即项目 A 优于项目 B,如果贴现率大于 16.59%,从图中可以看出,项目 B 的净现值大于项目 A,即项目 B 优于项目 A。因此,在贴现率为 14% 且没有资金限量的情况下,项目 A 虽然投资较多,但净现值也较高,可为企业带来较多的财富,是较优的项目。而当资本成本大于 16.59% 时不论用净现值还是用内部报酬率法,都会得出项目 B 优于项目 A 的结论。也就是说,净现值法总是正确的,而内部报酬率法有时却会做出错误的结论。因而,在无资金限量的情况下,净现值法是一个比较好的方法。

(2) 净现值和获利指数的比较

由于净现值和获利指数使用的是相同的信息,在评价投资项目的优劣时,它们常常是一致的,但有时也会产生分歧。下面再来看表 3-15 中的项目 A 和项目 B(这两个项目的初始投资不一致),在贴现率为 14% 时,项目 A 有净现值 6 100 元,获利指数为 1.06。项目 B 有净现值 1 726 元,获利指数为 1.17。如果用净现值法,则应选用项目 A;如果利用获利指数,则应选项目 B。

只有当初始投资不同时,净现值和获利指数才会产生差异。由于净现值是用各期现金流量现值减初始投资,而获利指数是用现金流量现值除以初始投资,因而,评价的结果可能会产生不一致。

最高的净现值符合企业的最大利益,也就是说,净现值越高,企业的收益越大,而获利指数只反映投资回收的程度,不反映投资回收的多少,在没有资金限量的情况下的互斥选择决策中,应选用净现值较大的投资项目。也就是说,当获利指数与净现值给出不同结论时,就以净现值为准。

在资本总额限定的情况下,若可以同时投资几个项目,这时就应先挑选获利指数(PI)较高的几个投资项目,并使资本的剩余量降到最低限度,这样就可获得较高的整体获利水平。在这种情况下,获利指数用于排序和选择项目,评价的最后标准仍是净现值总和最大。

总之,在无资金限量的情况下,利用净现值法在所有的投资评价中都能做出正确的决策。而利用内部报酬率和获利指数在采纳与否决策中也能做出正确的决策,但在互斥选择决策中有时会做出错误的决策。因而,在这三种评价方法中,净现值是最好的评价方法。

七、投资项目评价指标的应用

投资决策问题多种多样,但其决策的基本方法都是一样的,即用投资决策评价指标进行决策。下面我们分析几种常见的决策问题。

(一)是否更新决策

旧设备往往消耗大,效率差,精度低,维修多。当生产效率更高,原材料、动力的消耗更低,能生产出质量更好的产品的新设备出现时,企业就会面临是否要用这种新设备置换旧设备的问题,尽管旧设备还能继续使用。

例 3-18 某新设备的买价为 84 000 元,运费为 2 000 元,安装费为 5 000 元,经济寿命为 10 年;10 年后的残值为 1 500 元,清理费用为 500 元;使用时每年可比旧设备节约原料 2 000 元,人工 2 500 元。每年因产品质优价高而增加销售收入 3 500 元。旧设备的账面净值为 32 000 元,剩余寿命为 4 年,4 年后残值与清理费用相等;目前出售可得 40 000 元。如果以新设备替换旧设备,从现在算起的第 4 年末本来可收回的原垫支流动资本 10 000 元,将推迟到第 10 年末才能收回;后 6 年的每年经营现金流量为 18 000 元。资本成本为 10%,所得税率为 40%。问:是否应该用新设备来替换旧设备?

为了进行此项互斥选择决策,可以先计算采用新设备的增量现金流量(增量用 Δ 表示,下同),再据以计算增量净现值。

$$\Delta 设备投资 = (84\,000 + 2\,000 + 5\,000) - 40\,000 = 51\,000(元)$$

$$前 4 年的 \Delta 年折旧费 = [(84\,000 + 2\,000 + 5\,000) - (1\,500 + 500)] \div 10 - 32\,000 \div 4 = 1\,000(元)$$

前 4 年采用新设备年经营现金流量增量可通过表 3-17 计算如下。

表 3-17 经营现金流量计算表 单位:元

项目	采用新设备的年现金流量增量 Δ
Δ 销售收入	+3 500
Δ 原材料成本	+2 000
Δ 人工成本	+2 500
Δ 折旧	-1 000
Δ 税前净利	7 000
Δ 所得税(40%)	-2 800
Δ 税后净利	+4 200
Δ 折旧	+1 000
Δ 经营现金流量	+5 200

$$第 10 年末 \Delta 设备残值回收 = 1\,500 - 500 = 1\,000(元)$$

根据以上计算,采用新设备的各年 Δ 现金流量见表 3-18。

表 3-18 现金流量计算表 单位:元

t	0	1—3	4	5—9	10
Δ设备投资	-51 000				
Δ经营现金流量		5 200	5 200	18 000	18 000
Δ流动资本回收			-10 000		10 000
Δ设备残值回收					1 000
Δ现金流量	-51 000	5 200	-4 800	18 000	29 000

根据上表最末一行的Δ现金流量,可以计算Δ净现值如下:

$$\Delta NPV = -51\,000 + 5\,200 \times \frac{(1+10\%)^3 - 1}{(1+10\%) \times 10\%} - 4\,800 \times \frac{1}{(1+10\%)^4}$$

$$+ 18\,000 \times \frac{(1+10\%)^5 - 1}{(1+10\%)^5 \times 100\%} \times \frac{1}{(1+10\%)^4}$$

$$+ 29\,000 \times \frac{1}{(1+10\%)^{10}}$$

$$= -16\,455(\text{元})$$

计算所得出的Δ净现值为正,可见以新设备置换旧设备是可取的。

(二)自制还是外购决策

在分析这类决策问题时,我们可先计算自制与外购相比的现金流量的增量,然后再据以计算净现值增量。

例 3-19 某公司为了生产产品 A,每年需要零件 h4 000 件,其外购价格(包括运费)每件 10 元。产品 A 的寿命估计超过 6 年。如果自制零件 h,则需要投资 19 000 元添置一台专用设备。设备的寿命为 4 年,残值为 1 000 元。另外需垫支流动资本 5 000 元。自制时的单位变动成本为 6 元,每年需要增加的固定成本(不包括设备折旧)为 7 500 元。所得税税率为 40%,资本成本为 12%。

我们可以站在自制方案的立场上,通过下面几个步骤,用增量法进行分析,以便判定自制是否比外购有利。

① 计算自制与外购相比的年经营现金流量的增量。

$$\text{自制的年折旧} = (19\,000 - 1\,000) \div 4 = 4\,500(\text{元})$$

$$\text{自制的年成本} = 4\,000 \times 6 + 7\,500 + 4\,500 = 36\,000(\text{元})$$

$$\text{外购的年成本} = 4\,000 \times 10 = 40\,000(\text{元})$$

$$\Delta\text{年经营现金流量} = [(-36\,000) - (-40\,000)] \times (1 - 40\%) + 4\,500 = 6\,900(\text{元})$$

② 计算各年自制与外购相比的现金流量的增量见表 3-19。

表 3-19 各年现金流量表 单位:元

t	0	1—3	4
Δ设备投资	-19 000		
Δ流动资本垫支	-5 000		
Δ经营现金流量		6 900	6 900
Δ残值回收			1 000
Δ流动资本回收			5 000
自制的Δ现金流量	-24 000	6 900	12 900

③ 计算自制与外购相比的净现值的增量。

$$\Delta NPV = -24\,000 + 6\,900 \times \frac{(1+12\%)^3-1}{(1+12\%)^3 \times 12\%} + 12\,900 \times \frac{1}{(1+12\%)^4} = 778(\text{元})$$

可见自制与外购相比,有正的Δ净现值,这说明自制优于外购。

(三) 投资时机决策

有时,虽然投资的净现值大于零,但从长远考虑,立刻投资并不一定能使投资的价值达到最大。而有一些投资项目,虽然目前尚无利可图,但过一段时间后,可能会利润丰厚。因此,对每一个投资项目,公司都面临着选择最佳投资时机的问题。

例 3-20 有一片可供采伐的森林,虽然为采伐开发林区所需的资金随着时间的推移而增加,但同时因经济的发展,可以预料木材的价格也将有较大幅度的上升,而且树木本身也可以长得更好。若预计采伐活动收入的净收益如下表 3-20 所示,问何时采伐最好?

表 3-20 不同年度采伐的净现金流量

采伐年度	0	1	2	3	4	5
净收益(百万)	70.00	90.16	108.5	125.16	140.00	153.16
增长率(%)		28.8	20.3	15.4	11.9	9.4

显然,采伐越迟,净现金流量值越大,但投资者更关心净现值,因此,要将上述净将来值化成净现值。

若资本成本为 10%,则各期采伐的净现值见表 3-21 所示。

表 3-21 不同年度采伐的净现值表

采伐年度	0	1	2	3	4	5
净现值(百万)	70.00	81.96	89.67	94.03	95.62	95.10

第四年采伐的净现值最大,故应在第四年开始采伐。

不难发现,在第四年之前,收入的增长率大于资本成本,投资者应继续等待。第四年后收入增长率低于资本成本,应进行采伐。如果我们认为收入的增长率是等待的边际收益率,则资本成本就是等待的边际成本,显然,最佳投资时机就是边际收益率等于边际成本之时。

(四) 资本限量决策

在资本限量决策中,待选投资项目很多,决策的任务是要从中选择若干个项目,既充分利用可供投资的资本,又不超过预定用于投资的资本限额。在这种要求下,可能会有很多不同的项目搭配方案可供选择。各被选项目净现值之和最大的方案,对公司最为有利,因而是最佳方案。所以说,评价项目搭配方案优劣的指标是净现值。

为了简化决策分析工作,应该首先找到很多方案中最好的几个方案,以便缩小选择范围。为此有必要首先将各待选项目按优劣顺序排列,以便由好到次挑选项目,确定出几个待选的项目搭配方案。因此,资本限量决策也称排列决策。在资本限量和各项投资额大小不一的情况下评价项目优劣的标准,不应该是项目的期望净现值,而应该是项目的期望获利指数,因为只有获利指数较高的项目才能保证让每一元资本带来最大的净现值。下面的例子可以说明这一点。

例 3-21 资本限额是 60 万元,有 A—H 八个产品的投资方案,各方案的净现值和获利指数如表 3-22 所示,问:在投资限额内应优先投资哪些产品?

表 3-22 不同方案的资料表 单位:元

计划方案	投资额	净现值	获利指数
A	200 000	120 000	0.60
B	120 000	54 000	0.45
C	40 000	5 000	0.13
D	90 000	22 500	0.25
E	130 000	28 600	0.22
F	360 000	64 800	0.18
G	30 000	4 200	0.14
H	50 000	57 000	0.38

我们可看出按净现值的多少排序挑选方案，结果如表 3-23 所示。

表 3-23　按净现值排序表　　单位：元

计划方案	净现值	投资额
A	120 000	200 000
F	64 800	360 000
C	500	40 000
合计	189 800	600 000

可见用净现值指标大小排序选择的结果是 A、F、C 三个项目，净现值为 189 800 元。我们再根据获利指数的大小确定优先顺序，如表 3-24 所示。

表 3-24　按获利指数排序表　　单位：元

方案	获利指数	净现值	投资额
A	0.60	120 000	200 000
B	0.45	54 000	120 000
H	0.38	57 000	150 000
D	0.25	22 500	90 000
C	0.13	5 000	40 000
合计		258 500	600 000

可见，因投资限额为 60 万元，应选择 A、B、H、D、C 五个方案。

比较两种方案选择的净现值合计数，由于 258 500 元 > 189 800 元，因此按现值指数方案选择较有利。但如果将其中的 D、C 两方案用 E 方案取代，投资额不变，则净现值可以最大，见表 3-25。

表 3-25　项目选择调整表　　单位：元

	现值指数	净现值	投资额
A	0.60	120 000	200 000
B	0.45	54 000	120 000
H	0.38	57 000	150 000
E	0.22	28 600	130 000
合计		259 600	600 000

上例说明，资本限量决策时，采用现值指数法决定优先顺序比采用净现值法优越，但是，为了选择净现值最大的方案组，使用净现值法来调整优先顺序还是有必要的。上例中就是先根据现值指数法选择出优先顺序然后用净现值法来调整，经过反复试算，最后得出净现值最大的方案组合。

八、风险投资决策方法

任何一项投资方案的分析都要以对未来若干时期现金流量的预测为基础,而未来时期公司经营环境是千变万化的,存在很多不确定因素,因此,进行投资决策往往还要考虑风险。

在投资决策中,风险被认为是决策的实际结果可能偏离它的期望结果的程度,可能的偏差越大,风险就越大;反之则风险越小。在前面我们已经介绍,衡量风险的大小可用标准离差来反映,但它是个绝对量,只能用来比较收益期望值相同的各投资项目之间的风险程度,要反映一个投资项目相对于期望值的风险程度,以及要比较期望值不同的各投资项目的风险程度,需要用标准差与期望值的比值,即标准离差率,公式如下:

$$v = \frac{\sigma(t)}{E(t)}$$

式中:v——标准离差率;

$\sigma(t)$——第 t 年标准差;

$E(t)$——第 t 年收益期望值。

上述公式的计算只涉及一个时期,但一个投资方案的现金流入往往涉及许多个时期,为了综合反映各年的风险,对具有一系列现金流入的方案,应计算方案总的标准差和综合标准离差率,计算公式如下:

$$Q = \frac{D}{\mathrm{EPV}}$$

式中:Q——综合标准离差率;

D——方案总的标准差;

EPV——现金流入预期现值。

其中,

$$D = \sqrt{\sum_{t=1}^{n} \frac{\sigma(t)^2}{(1 + r_0)^{2t}}}$$

r_0 为投资报酬率。

以上内容是了解风险型投资决策方法所需的基本知识,下面具体介绍几种风险投资决策方法。

(一)期望值法

这种方法首先要计算投资项目有效年限内每年净现金流量的期望值,并在此基础上计算净现值的期望值,然后再计算反映风险程度绝对值的指标 $\sigma(t)$ 和反映风险程度相对值的指标 v,最后计算方案总风险的绝对指标和相对指标 Q,比较各项指标,做出决策。决策的原则是:① 如果两个或多个预选方案的投资报酬率相同,或其净现值相同,就选择风险程度最小者为最优方案。② 如果风险程度相同,选择投资报酬率最大或净现值最大者为最优方案。③ 如果多个方案中,风险程度和投资报酬或净现值各异,则选择风险小报酬大的方案。下面举例说明净现值决策方法。

例 3-22　某项投资有 A、B、C 三个方案可供选择,估计今后五年的净现金流量和概率分布见表 3-26。三个方案的投资收益率均为 10%。要求选择最优投资方案。

表 3-26　净现金流量表　　单位:元

年份	A 方案		B 方案		C 方案	
	现金净流量 E_i	概率 P_i	现金净流量 E_i	概率 P_i	现金净流量 E_i	概率 P_i
第一年	5 000	0.25	4 000	0.25	3 000	0.25
	5 500	0.50	4 500	0.50	3 500	0.50
	6 000	0.25	5 000	0.25	4 000	0.25
第二年	7 000	0.20	6 000	0.20	5 000	0.20
	7 500	0.50	6 500	0.50	5 500	0.50
	8 000	0.30	7 000	0.30	6 000	0.30
第三年	8 000	0.30	9 000	0.30	8 000	0.30
	8 500	0.50	9 500	0.50	8 500	0.50
	9 000	0.20	10 000	0.20	9 000	0.20
第四年	9 000	0.25	11 000	0.25	10 000	0.25
	9 500	0.40	13 000	0.40	11 000	0.40
	10 000	0.35	15 000	0.35	12 000	0.35
第五年	10 000	0.40			12 000	0.40
	10 500	0.40			12 500	0.40
	11 000	0.20			13 000	0.20

首先,计算各方案每年现金流入的平均值,计算公式为:

$$E(t) = \sum_{i=1}^{n} E_i \cdot P_i$$

式中:$E(t)$——每年的平均值;

E_i——i 种情况下的现金流入量;

P_i——第 i 年中情况发生的概率。

计算结果如表 3-26 所示。现仅以 A 方案第一年平均值计算为例说明计算过程。

$$E(1) = 5\,000 \times 0.25 + 5\,500 \times 0.50 + 6\,000 \times 0.25 = 5\,500(\text{元})$$

第二步计算各方案每年的标准差 $\sigma(t)$。计算公式为:

$$\sigma(t) = \sqrt{\sum_{i=1}^{n} [E_i - E(t)]^2 \cdot p_i}$$

A 方案第一年的标准差为:

$$\sigma(t) = \sqrt{(5\,000-5\,500)^2 \times 0.25 + (5\,500-5\,500)^2 \times 0.50 + (6\,000-5\,500)^2 \times 0.25}$$

$$= \sqrt{125\,000} = 353.55$$

第三步计算各方案每年的标准离差率(风险程度)。根据 $v = \dfrac{\sigma(t)}{E(t)}$,计算结果如图表 3-27 所示。其中 A 方案第一年的标准离差率为:

$$v = \frac{\sigma(t)}{E(t)} = \frac{353.55}{5\,500} = 0.064$$

第四步,计算各方案总的标准差 D。

A 方案总的标准差为:

$$D = \sqrt{\frac{353.55^2}{(1+10\%)^2} + \frac{350^2}{(1+10\%)^4} + \frac{350^2}{(1+10\%)^6} + \frac{384.06^2}{(1+10\%)^8} + \frac{374.1657^2}{(1+10)^{10}}}$$

$$= 615.57$$

其余各方案的计算结果如表 3-27 所示。

表 3-27　标准率差率表

年份	方案 A			方案 B			方案 C		
	$E(t)$	$\sigma(t)$	v	$E(t)$	$\sigma(t)$	v	$E(t)$	$\sigma(t)$	v
1	5 500	353.55	0.064	4 500	353.55	0.079	3 500	353.55	0.101
2	7 550	350.00	0.046	6 550	350.00	0.053	5 500	350.00	0.063
3	8 450	350.00	0.041	9 450	350.00	0.037	8 450	350.00	0.041
4	9 550	384.06	0.040	13 200	1 536.23	0.116	11 100	768.11	0.069
5	10 400	374.17	0.036				12 400	374.17	0.030
合计	41 450			31 900			41 000		

第五步,计算各方案的预期现值 EPV,计算结果如表 3-28 所示。其中 A 方案的预期现值为:

$$\text{EPV} = \frac{5\,500}{1+10\%} + \frac{7\,550}{(1+10\%)^2} + \frac{8\,450}{(1+10\%)^3} + \frac{9\,550}{(1+10\%)^4} + \frac{10\,400}{(1+10\%)^5}$$

$$= 30\,543.70$$

最后计算各方案总的标准离差率(总风险程度)Q。计算结果如表 3-28 所

示。其中 A 方案的总标准离差率为:

$$Q = \frac{D}{\text{EPV}} = \frac{615.57}{3\,054\,370} = 0.02$$

表 3-28 各方案指标计算结果表

方案	D	EPV	Q
A	615.57	30 543.70	0.020
B	1 095.45	25 613.35	0.043
C	765.23	29 393.45	0.026

根据以上计算结果,可对 A、B、C 三个方案做出选择,A 方案的现金净流入量的现值最大,而总标准离差率(D)最小,故 A 方案为最优方案。

(二)风险调整贴现率法

采用期望值法进行风险决策时,当几个方案的预期现值与风险同时增加时,这种方法就很难评出哪个方案为优,这种情况下,就需采取其他方法,风险调整贴现率法可为选择之一。当然,风险调整贴现率法也可直接用来评价各种风险决策方案。

对于任何一项投资,投资者总希望收回来的货币大于原来投入的投资额。收回来的货币价值由两部分组成,一部分是货币的时间价值,另一部分为风险价值。前者是因为货币用于投资就失去了现在使用货币的机会,应该随时间,按利率取得报酬;后者是因为投资者在投资过程中冒了一次风险从而应得到补偿。所以,在把将来收回的货币折算成现值时,贴现率就应该包括这两部分,即一部分是预定的投资报酬率(无风险报酬率),另一部分为风险报酬率。总贴现率 r 可表示为:

$$r = i + b \cdot v$$

式中:r——风险调整贴现率;

i——无风险报酬率;

b——风险报酬斜率;

v——标准离差率。

各变量之间的关系如图 3-6 所示。

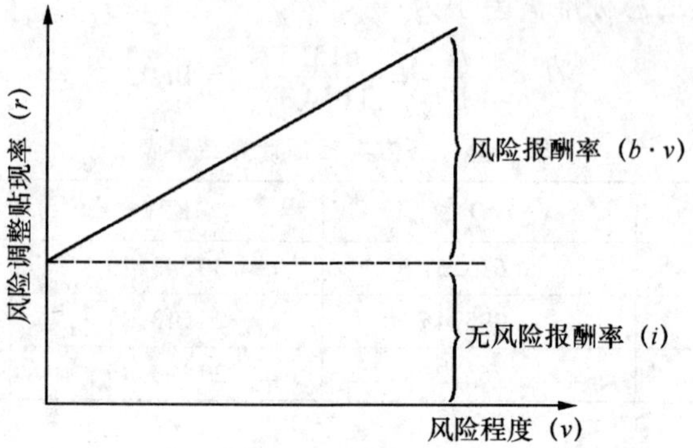

图 3-6　风险报酬示意图

计算风险调整贴现率,关键是如何确定 b,即风险报酬斜率,它的高低反映风险程度变化对风险调整贴现率的影响大小。b 值是经验数据,可根据历史资料用高低点法或直线回归法求出。

下面举例说明风险调整贴现率决策方法。

例 3-23　某投资项目有甲、乙两种方案可供选择,两方案的原始投资和各年的净现金流入量的期望值如表 3-29 所示。已知甲方案的标准离差率为 0.02,乙方案的标准离差率为 0.04 两种方案的无风险报酬率均为 10%,风险程度(标准离差率)每增加 0.01,风险报酬率增加 1%,试选择最优方案。

表 3-29　基础资料表　　单位:元

年份	甲方案		乙方案	
	原投资额	现金流入量期望值	原投资额	现金流入量期望值
	10 000		10 000	
1		6 000		4 000
2		5 000		5 000
3		35 000		6 000

用风险调整贴现率法进行决策分析时,首先要计算风险调整贴现率,然后根据风险调整贴现率对各年的期望净现金流入量进行贴现,计算净现值,比较各方案的净现值,选择净现值大的方案。

甲方案的风险调整贴现率为:

$$r = 10\% + 1 \times 0.02 = 12\% \quad \left(\frac{1\%}{0.01} = 1\right)$$

乙方案的风险调整贴现率为:

$$r = 10\% + 1 \times 0.04 = 14\%$$

甲方案的净现值为：

$$\begin{aligned} \text{NPV} &= \frac{6\,000}{1 + 12\%} + \frac{5\,000}{(1 + 12\%)^2} + \frac{3\,500}{(1 + 12\%)^3} - 1\,000 \\ &= 11\,835 - 10\,000 \\ &= 1\,835(\text{元}) \end{aligned}$$

乙方案的净现值为：

$$\begin{aligned} \text{NPV} &= \frac{4\,000}{1 + 14\%} + \frac{5\,000}{(1 + 14\%)^2} + \frac{6\,000}{(1 + 14\%)^3} - 10\,000 \\ &= 11\,403 - 10\,000 \\ &= 1\,403(\text{元}) \end{aligned}$$

从计算结果可见，甲方案的净现值大于乙方案的净现值，故选择甲方案。

风险调整贴现率法比较符合逻辑，可增加计算结果可信度，其预测精确度比净现值法和获利指数法高，但采用这种方法时，风险报酬斜率的确定比较麻烦。而且用调整后的贴现率进行贴现，意味着风险随时间的推移而加大，有时与事实不符。

除上述方法外，公司还可采用肯定量法、概率法、期望效用模型等方法来进行风险条件下的决策分析，对于序列决策，还可采用决策树法。读者可参阅有关决策理论与方法的书籍。

案　例

环宇照相机厂投资决策

环宇照相机厂是生产照相机的中型企业，该厂生产的照相机质量优良，价格合理，长期以来供不应求。为了扩大生产能力，该厂准备新建一条生产线。

王明是该厂助理会计师，主要负责筹资和投资工作。总会计师张涛要求王明搜集建设新生产线的有关资料，写出投资项目的财务评价报告，以供厂领导决策参考。

王明经过十几天的调查研究，得到以下有关资料。该生产线的初始投资是12.5万元，分两年投入。第1年初投入10万元。第2年初投入2.5万元。第2年可完成建设并正式生产。投产后每年可生产照相机1000架，每架销售价格是3000元，每年可获销售收入30万元。投资项目可使用5年，5年后残值忽略不

计。在投资项目经营期间要垫支流动资金2.5万元,这笔资金在项目结束时可如数收回。该项目生产的产品总成本的构成情况如下:

原材料费用	20万元
工资费用	3万元
管理费(扣除折旧)	2万元
折旧费	2万元

王明又对该厂和各种资金来源进行了分析研究,得出该厂加权平均的资本成本为10%。

王明根据以上资料,计算出了该投资项目的营业现金流量、现金流量、净现值(见表3-30至表3-32),并把这些数据资料提供给了全厂各方面领导参加的投资决策会议。

表3-30 投资项目的营业现金流量计算表 单位:元

项目	第1年	第2年	第3年	第4年	第5年
销售成本	300 000	300 000	300 000	300 000	300 000
付现成本	250 000	250 000	250 000	250 000	250 000
其中:原材料	200 000	200 000	200 000	200 000	200 000
工资	30 000	30 000	30 000	30 000	30 000
管理费	20 000	20 000	20 000	20 000	20 000
折旧费	20 000	20 000	20 000	20 000	20 000
税前利润	30 000	30 000	30 000	30 000	30 000
所得税(税率为50%)	15 000	15 000	15 000	15 000	15 000
税后利润	15 000	15 000	15 000	15 000	15 000
现金流量	35 000	35 000	35 000	35 000	35 000

表3-31 投资项目的现金流量计算表 单位:元

项目	第-1年	第0年	第1年	第2年	第3年	第4年	第5年
初始投资	-100 000	-25 000					
流动资金垫支		-25 000					
营业现金流量			35 000	35 000	35 000	35 000	35 000
设备残值							25 000
流动资金回收							25 000
现金流量合计	-100 000	-50 000	350 000	35 000	35 000	35 000	85 000

表 3-32　投资项目的净现值计算表　　单位:元

时间(年)	现金流量	10%的贴现系数	现值
-1	-100 000	1.000	-100 000
0	-50 000	0.9091	-45 455
1	35 000	0.8264	28 910
2	35 000	0.7513	26 296
3	35 000	0.6830	25 612
4	35 000	0.6209	23 283
5	85 000	0.5644	47 974
			净现值 = 3 353

在厂领导会议上,王明对他提供的有关数据做了必要的说明。他认为,建设新生产线有 3 353 元净现值,故这个项目是可行的。

厂领导会议对王明提供的资料进行了分析研究,认为王明在搜集资料方面做了很大努力,计算方法正确,但却忽略了物价变动问题,这便使得其提供的信息失去了客观性、准确性。

总会计师张涛认为,在项目投资和使用期间内,通货膨胀率大约为 10%。他要求各有关负责人认真研究通货膨胀对投资项目各有关方面的影响。

基建处长李志认为,由于受物价变动的影响,初始投资将增加 10%,投资项目终结后,设备残值将增加到 37 500 元。

生产处长赵媛认为,由于物价变动的影响,原材料费用每年将增加 14%,工资费用也将增加 10%。

财务处长周启认为,扣除折旧以后的管理费用每年将增加 4%,折旧费用每年仍为 20 000 元。

销售处长吴朋认为,产中销售价格预计每年可增加 10%。

厂长郑聪指出,除了考虑通货膨胀对现金流量的影响以外,还要考虑通货膨胀对货币购买力的影响。他要求王明根据以上各同志的意见,重新计算投资项目的现金流量和净现值,提交下次会议讨论。

作者点评

一个决策方案应听取各方意见,分析各种可能出现的情况,才能使决策方案达到科学,减少投资失误。根据上述资料,你如何对方案进行评价决策?

第四讲 流动资产管理

- 流动资产管理的重点是什么?
- 如何管好货币、债权和存货?

投资决策是资金运用管理的关键,资金投放后就会形成企业的资产,企业的资产有多种形态。在理财和核算中一般按资产的流动性和偿债能力将资产 分为流动资产和非流动资产。流动资产指一年内或超过一年的一个营业周期内变现或耗用的资产。流动资产相当于企业的血液,流动资产管理不好,会影响投资者的收益和企业价值。流动管理的重点是什么?如何管好流动资产?这是本讲要讨论的问题。

一、资产的含义

企业筹集到的资金投入生产经营活动后就形成了企业的资产。具体来讲,资产是指过去的交易或事项形成并由企业拥有或者控制的资源,该资源预期会给企业带来经济利益。作为企业的资产应具备三个特征:其一,资产是由企业过去的交易或事项所形成的,是过去业务的结果,至于未来的交易或事项以及未发生的交易或事项可能产生的结果,则不属于现在的资产,不得作为资产确认。其二,资产是企业拥有或控制的。一般来说,一项资源要作为企业的资产予以确认,应该拥有此项资源的所有权,可以按照自己的意愿使用或处置资产。但在某些情况下,对于以一些特殊方式形成的资产,企业虽然对其不拥有所有权,但能够实际控制的,按照实质重于形式的原则,也应该作为企业的资产,如融资租入固定资产。其三,资产预期会给企业带来经济利益,这是资产最重要的特征。所谓带来未来经济利益,是指直接或间接地增加流入企业的现金或现金等价物的潜力,这种潜力在某些情况下可以单独产生净现金流入,而某些情况下则需要与其他资产结合起来才可能在将来直接或间接地产生净现金流入。预期不能带来经济利益的,就不能作为企业的资产。某项支出如果具有未来的经济利益的全部或一部分,它就可以作为企业的资产,否则就只能作为费用或损失。同样,企业已经取得的某项资产,如果其内含的未来经济利益已经不复存在,就应该将其剔除。

按资产定义的要求,资产价值的高低取决于带来经济的大小,所以资产在期末应按照其可收回金额(可变现净值)的多少来计量,这就要求企业定期对资产进行清查,不仅要清查实物量,还要清查价值量,对其账面价值高于可收回金额的部分计提资产减值准备,核实资产的价值量。可收回金额是指资产的销售净价与持续使用期间和使用年限结束时处置中产生的预计未来现金流量的现值中的较大者。目前计提的资产减值准备主要有八项,即短期投资跌价准备、存货跌价准备、应收账款计提的坏账准备、长期投资减值准备、固定资产减值准备、在建工程减值准备、无形资产减值准备、委托贷款减值准备。资产定义同时要求待处理财产损溢在期末前必须处理完毕,固定资产的确认以及折旧等由企业根据实际情况确定。

二、流动资产的主要内容

(一)货币资金

货币资金,是可以立即用来购买物品、支付各项费用或用来偿还债务的交换媒介或支付手段,主要包括库存现金、银行存款、其他货币资金等。现金是流动资产中流动性最强的资产,可直接支用,也可以立即投入流通。拥有大量现金的企业具有较强的偿债能力和承担风险的能力。

(二)短期投资

短期投资是企业对外投资的一个组成部分,是指企业持有的有价证券,能随时变现,持有时间不超过一年,或其他的对外短期投资。

所谓有价证券是指可以给持有人定期带来一定的收益,并且可以像商品一样买卖的证券,如股票、债券等都属于有价证券。

(三)应收预付账款

应收预付账款指企业在生产经营过程中所形成的应收而未收或预先支付的款项,属于企业债权类的资产,包括应收票据、应收账款、其他应收款、预收货款、待摊费用等项目。

应收票据是指企业销售产品或提供劳务而收到的未到付款期的商业汇票。票据是用于结算的信用凭证,分为银行票据和商业票据两大类。银行票据是由申请人将款项存入银行,由银行开具的用于办理转账结算和支取现金的票据,银行票据一般见票即付,不属于应收票据。应收票据一般是指商业票据。商业票据一般分为商业本票和商业汇票两种,我国目前仅有商业汇票。商业汇票是指收款人或付款人签发,由承兑人承兑,并于到期日向收款人或被背书人支付款项的票据。商业汇票必须经过承兑,才具有法律效力。商业汇票按承兑人不同分为商业承兑和银行承兑汇票。经过承兑后的商业汇票产生了两个新功能:一个是背书流通,即商业汇票可以作为金融工具在企业之间转让流通;另一个功能是贴现,即企业将未到期商业汇票,在背书后送交银行,银行受理后,从票据到期值中扣除按贴现率计算确定的贴息,然后将余款付给持票人。

应收账款是指企业对外销售商品、提供劳务所形成的应收回而未收回的款项。

其他应收账款是指企业发生的非购销活动的应收债权,包括应收的各种赔款、罚款、出租包装物租金,应收股利,以及应向职工收取的各种垫支款项。

预付货款是指企业购买材料物资和接受劳务服务而预付的各种款项。

待摊费用也称预付费用,指企业已经耗费或开支,但不能全部计入当期损益,需要在以后各月分期摊销的各项费用。

(四) 存货

存货是指企业在生产经营过程中为了销售或耗用而储存的各种资产,包括产成品、半成品、在制品、原材料、低值易耗品、燃料、包装物等。

三、货币资金管理

企业的货币资金在财务管理中也称作现金。在货币资金管理中,除了要进行预算管理外,还应明确以下管理问题。

(一) 企业持有货币资金的动机和管理目的

1. 企业持有货币资金的动机

在生产经营实践中,大家都会感到企业必须要保持一定数量的货币资金,所以企业领导和管理人员在看本企业财务报表时,首先关注企业有无银行存款和银行存款的多少。企业为什么要保持一定数量的货币资金呢?从理论上概括,主要有三点:

(1) 交易动机

交易动机也称为支付动机,是指企业为了满足生产经营活动中的各种支付需要而保持现金的动机。这是企业持有货币资金的主要动机。企业在生产经营中,要购买原材料,支付工资等费用,许多都必须用货币资金支付。企业经营中的资金是不断循环周转的,如果企业在生产经营过程中能做到货币资金的收入与支出在时间和数量上同步,也就是说如果企业需要支付一定数量的货币资金时,正好收回相同数量的货币资金,企业为满足交易动机所需要的货币资金数量就可以减到最少。当然,这在实际生产经营中是不可能的,现金收入与支出总是存在着时间差,企业不可能不保留一部分应付交易的货币资金。但是,这给我们以启示,即企业在安排货币资金的收支时,应尽量做到收支同步,以减少交易所需要的货币资金。

(2) 预防动机

预防动机是指企业为应付意外事件而保持一定数量的货币资金的动机。企业在生产经营活动中总会遇到一些意想不到的事件,如自然灾害、人身安全事故、国家某些政策的变化、市场需求量的突然增加等,都有可能需要企业额外支付一笔资金。

(3)投机动机

投资动机是指企业为从预期的有价证券或原材料等物资的价格波动中得到好处而保持货币资金的动机。这里说的投机实际上是企业的短期投资。企业在银行的存款,仅可以获得很少的利息收入,如果企业经营者对证券市场上证券价格的波动规律有所掌握,而且能较准确地判断其价格走势,则可以投入证券市场,低价买进股票或债券,高价时卖出,从中获利。随着市场体制的建立,各种原材料物资价格,也将是经常波动的,企业也可以适时买进卖出,赚取价差。期货交易不仅可以套期保值也可以投机获利,期货市场也是企业短期投资的场所。

2. 货币资金的管理目的

货币资金的管理目的是在保证企业生产经营正常运行的情况下,把货币资金的数量控制在尽可能低的水平上,并从这部分货币资金中得到最大的利息收入。

一般来说,货币资金是一种非盈利或低盈利的资产。库存现金基本上不会产生收益,而银行存款虽然会有一定利息收入,但通常是按活期存款利率计息,利息率很低,因此过多的货币资金会降低企业的盈利水平。但是如果企业货币资金不足,也会直接影响企业生产经营的正常运行,从而影响企业的获利能力,所以企业要计算和确定合理的货币资金数量,千方百计地保证达到所需要的货币资金数量,当货币资金数量比较多时,要积极地寻找合适的短期投资的方式,使多余的货币资金得到较大的收益。

(二)最佳现金余额的确定

企业为保证日常生产经营需要,必须要持有一定数量的货币。在现金收支预算中,也不能将预算收入全部用于支出,要留有一定余地。货币资金余额太大,会影响企业的收益;货币余额过小,又会影响企业资金周转。企业持有多少现金比较合理,是理财中探讨的问题。其中一种确定现金余额的方法称作存货模式。

存货模式确定最佳现金余额的前提是企业现金不足可通过变卖有价证券获得,因此,最佳现金余额的确定,实际上是如何安排现金资产与有价证券之间的最佳分割比例。

存货模式是要求找到使现金管理总成本最低的现金量。现金余额成本主要包括两个方面。

1. 现金持有成本

现金持有成本是持有现金所放弃的报酬,是持有现金的机会成本。这种成本通常为有价证券的投资报酬率,它与现金余额大小成正比例变化。

2. 现金转换成本

现金转换即现金与有价证券互相转换所发生的费用,包括委托买卖佣金、手续费、印花税等。这种成本与交易的次数有关,进行证券交易的次数越多,相应的转换成本就越大。

如果现金余额大,则持有现金的机会成本就高,转换成本相对较少;如果现金余额小,则持有现金的机会成本低,而转换成本则要上升。最佳现金余额是两种成本之和最低时的现金余额。

设 A 为预算期现金需要总量,Q 为最佳现金余额,R 为有价证券利率或报酬率,F 为平均每次证券变现的固定费用,即转换成本,TC 为现金管理总成本,则:

$$\text{现金管理总成本} = \text{持有成本} + \text{转换成本}$$

$$\mathrm{TC} = \frac{Q}{2}R + \frac{A}{Q}\cdot F$$

现金管理总成本与持有成本、转换成本的关系如图 4-1 所示。

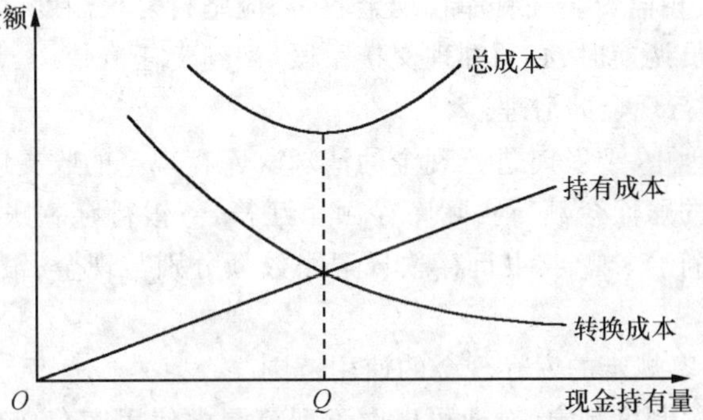

图 4-1　总成本、持有成本、转换成本的关系

从图 4-1 可以看出,现金管理总成本曲线呈凹形,通过求导,可以确定出最佳现金余额及最低现金管理总成本:

$$\text{最佳现金余额 } Q = \sqrt{\frac{2AF}{R}}$$

$$\text{证券变现次数} = \frac{A}{Q}$$

$$\text{最低现金管理总成本 TC} = \sqrt{2AFR}$$

例 4-1 某企业预计全年需要现金 800 万元,现金与有价证券的转换成本为每次 0.1 万元,有价证券的利息率为 10%,则最佳现金余额为:

$$Q = \sqrt{\frac{2 \times 800 \times 0.1}{10\%}} = 40(\text{万元})$$

$$\text{证券变现次数} = \frac{800}{40} = 20(\text{次})$$

$$\text{最低现金管理总成本 TC} = \sqrt{2 \times 800 \times 0.1 \times 10\%} = 4(\text{万元})$$

(三) 现金收支日常管理

除了要做好预算管理工作外,在日常现金收支中还应注意以下管理问题。

1. 力争现金流入与流出同步

企业如果能尽量使它的现金流入与现金流出发生的时间趋于一致,就可以使其所持有的交易性现金余额降到较低水平,这就是所谓的现金流量同步。基于这种认识,企业可以重新安排付出现金的时间,尽量使现金流入与现金流出趋于同步。

2. 实行内部牵制制度

在现金管理中,要实行管钱的不管账,管账的不管钱,使出纳人员和会计人员互相牵制,互相监督。凡有库存现金收付,应坚持复核制度,以减少差错,堵塞漏洞。出纳人员调换时,必须办理交接手段,做到责任清楚。

3. 及时进行现金的清理

在现金管理中,要及时进行现金的清理。库存现金的收支应做到日清月结,确保库存现金的账面余额与实际库存额相互符合;银行存款账面余额与银行对账单余额相互符合;现金、银行存款日记账数额分别与现金、银行存款总账数额相互符合。

4. 遵守国家规定的库存现金的使用范围

按我国有关制度规定,企业可以在下列范围内使用库存现金:① 职工工资、津贴;② 个人劳动报酬;③ 根据国家规定颁发给个人的科学技术、文化艺术、体育等各种奖金;④ 各种劳保、福利费用以及国家规定的对个人的其他支出;⑤ 向个人收购农副产品和其他物资的价款;⑥ 出差人员必须随身携带的差旅费;⑦ 结算起点以下的零星支出;⑧ 中国人民银行确定需要支付的其他支出。

5. 做好银行存款的管理

企业超过库存现金限额的现金,应存入银行,由银行统一管理。企业银行存款账户主要有四类,即基本存款账户、一般存款账户、临时存款账户和专用存款账户。一般企事业单位只能选择一家银行的一个营业机构开立一个基本存款账户,主要用于办理日常的转账结算和现金收付业务。企事业单位的工资、资金等现金的支取，只能通过该账户办理。企事业单位可以在其他银行的一个营业机构开立一个一般存款户，该账户可办理转账结算业务和存入现金，但不能支取现金。临时存款账户是存款人因临时经营活动而需要开立的账户，如企业异地产品展销、临时性采购资金等。专用存款户是企事业单位因特定用途而需要开立的账户，如基本建设项目专项资金等。企事业单位开立基本存款账户，实行开户许可证制度，必须凭中国人民银行当地分支机构核发的开户许可证办理，企事业单位不得为还贷、还债和套取现金而多头开立基本存款账户，不得出租、出借账户，不得违反规定在异地存款和贷款开立账户。任何单位和个人不得将单位的资金以个人名义开立账户存储。企业既要利用上述各类银行账户，为各类现金收支提供方便，同时还应注意账户过多会造成现金管理混乱。此外，企业要适当利用现金“浮游量”。所谓现金的浮游量，是指企业账户上现金余额与银行账户上所示的存款余额之间的差额。有时，公司账簿上的现金余额已为零或负数，而银行账簿上该公司的现金余额还有不少。这是因为有些支票公司虽已开出，但顾客还没有到银行兑现。如果能正确预测浮游量并加以利用，可节约大量资金。

6. 适当进行证券投资

企业库存现金没有利息收入，银行活期存款的利息率也比较低，因此，当企业有较多闲置不用的现金时，可投资于国库券、大额定期可转让存单、企业债券、企业股票，以获取较多的利息收入，当企业现金短缺时，再出售各种证券获取现金。这样，既能保证有较多的利息收入，又能增强企业的变现能力，因此，进行证券投资是调整企业现金余额的一种比较好的方法，但企业必须对证券投资风险有足够的认识。

四、应收账款管理

（一）应收账款管理的目的

应收账款是企业销售产品或提供劳务应收回而未收回的款项。应收账款产生的原因是企业采用赊销、分期付款等销售方式向客户提供了商业信用。这种商业信用投资是企业迫于竞争压力，为了吸引新客户和留住老客户所采取的一种非常重要的促销手段。利用这种手段，企业虽可实现拓宽销路、增加销售收入的目的，但这种投资也是有成本和风险的。因为，企业在提供赊销的同时，也不可避免地会带来大量的应收款项，增加相应的应收账款成本，如管理费用、坏账成本、资金占用成本和收账成本等。因此，搞好应收账款的管理就成为企业理财的一个重要方面，而企业对应收账款进行管理的目的，就是要对企业应收账款投资进行收益和风险的权衡以及将不同投资水平所产生的收益和所花费的成本进行比较,以选择最佳的信用政策,用较小的成本、较低的风险获取更大的收益。

(二) 应收账款的成本

1. 应收账款的机会成本

这是指因应收账款占用资金而失去的收益。应收账款的机会成本等于应收账款平均占用额乘以资金利润率。

2. 应收账款的管理成本

这是指应收款的各项管理费用,包括:

① 调查费用,是指用于调查客户的信用情况而发生的费用,这是企业提供赊销的必要费用。

② 信息费用,是收集客户的有关信息、记录应收账款情况的费用。

③ 收账费用,是回收应收账款时发生的费用,主要是追索逾期应收账款时发生的费用。

3. 坏账损失成本

坏账是指企业无法收回的应收账款。由于债务人死亡或破产,其遗产或破产财产无法清偿的债务和逾期三年尚未收回的应收账款都属于坏账。在社会信用水平低下的情况下,应收账款的坏账损失成本往往很大。

(三) 信用政策

所谓信用政策是企业在给客户提供赊销时,应遵循的原则、标准、条件、程序和对策等。企业通过制定和执行信用政策,可实现对应收账款由事后管理转向事前管理。信用政策主要包括信用标准、信用条件和收款政策等内容。

1. 信用标准

信用标准是指企业对客户的信用要求所规定的标准,通常以预期的坏账损失率作为判别标准。制定信用标准,通常是在对客户进行调查了解,并对客户进行信用评估后,再确定是否向客户提供赊销和提供多少赊销。

对客户的调查和评估通常从五个面进行,称作5C评估法。

(1) 品德

品德指客户的信誉,主要是指客户有没有按期偿还货款的诚意。市场经济是法制经济,也是信用经济,经营者不仅要受到法律的约束,同时也要受到商业道德的制约。能否遵守信义,是否认真履行自己的承诺,是商业道德的重要表现,因此品德是评价信用的首要因素。企业可以提供赊销的对象,必须是具备起码商业信誉的客户。

（2）能力

能力是指客户偿还债务的能力。企业向客户提供赊销，虽然提供的是商品，但实际上是借给客户一笔钱，是一笔短期贷款。客户能否及时付款，取决于客户自身的偿债能力。对客户的偿债能力的判断，主要是分析客户以往经营活动中的支付行为和客户的资产负债状况，看其资产负债比率、流动比率、速动比率等财务指标。

（3）资本

资本是指客户的财务实力和财务状况，主要根据客户的资本金、所有者权益以及有形资产净值的大小来判断。

（4）抵押品

抵押品是指客户拒付款项或无力付款时，能被用于抵押的资产。对于不知道底细或信用状况有争议的客户，就要考虑其是否有足够的抵押品，并将之作为决定是否提供赊销的重要条件。

（5）条件

条件是指可能影响客户付款能力的经济环境条件，主要是经济状态发生变化或一些特殊经济事件的发生，会对客户的付款能力产生什么影响。

要调查和了解客户的信用情况，需要有一定的信息渠道。调查了解客户信用状况的渠道主要有：第一，通过对与客户有经济往来的各个企业和机构的调查访问来了解客户的信用状况；第二，借助一些中介机构，如社会调查机构、信用分析评估机构来了解客户的信用状况；第三，在合法和得到许可的情况下，从客户的开户银行了解有关资料；第四，借助企业的自身积累，通过建立用户档案，随时记录反映客户的信用情况。

企业制定信用标准和具体运用包括以下三个步骤：

第一步，设定信用等级评价标准。根据对客户信用情况的调查了解，找出评价信用优劣的数量标准。可以查阅各个客户过去若干年度的信用资料，以一组有代表性、能够说明付款能力的财务状况的比率（如流动比率、速动比率、应收账款周转率、存货周转率、资产负债率等）作为信用风险指标，根据数年内最坏年景的情况，分别找出信用好和信用坏的两类客户的上述比率的平均值，依此作为比较其他客户信用状况的标准。

按照上述方法找出的信用标准如表 4-1 所示。

表 4-1　信用标准

指标	信用标准	
	信用好	信用坏
流动比率	2.3∶1	1.4∶1
速动比率	1.1∶1	0.7∶1
现金比率	0.4∶1	0.2∶1
资产负债比率	30%	75%
应收账款周转率	10 次	4 次
存货周转率	8 次	2 次
总资产息税前利润率	35%	15%
赊购付款履行情况	及时	拖欠

第二步,根据各个客户的财务报表资料,计算各个客户的指标值,与上述标准比较。

比较评价方法是:若客户的某项指标等于或低于信用坏的指标值,则该客户的坏账损失率大;当客户的某一指标值等于或高于信用好的指标值时,则该客户的这一对应指标项目无坏账款损失风险;当客户的某一指标值介于信用好与信用差的指标值之间时,则要根据客户实际指标值与信用好的指标值的差额,和对应的指标对应收账款发生坏账损失的影响程度大小,分析计算该指标的坏账损失率。将各项指标的坏账损失率累加,即得到该客户发生坏账损失的总比率。一般某项指标等于或低于信用坏的指标值,则客户的坏账损失率增加10%,介于两者之间增加5%,并以实际值与信用好和信用差的两个指标值差额的比值为权数加以计算确定,即

$$\text{介于信用好与信用坏两者之间的指标坏账损失率} = \frac{|\text{信用好的指标值} - \text{实际指标值}|}{|\text{信用好的指标值} - \text{信用差的指标值}|} \times 5\%$$

例 4-2　某客户的各项指标值及坏账损失率如表 4-2 所示。

表 4-2　某客户的有关数据

指标	指标值	坏账损失率
流动比率	2.1∶1	0
速动比率	1.02∶1	0
现金比率	0.3∶1	2.5%
资产负债比率	50%	2.2%
应收账款周转率	10.2 次	0
存货周转率	6 次	1.65%
总资产息税前利润率	30%	1.25%
赊购付款履约情况	及时	0
累计坏账损失率		7.6%

该客户的流动比率为2.1∶1,虽然低于信用好的指标值,但是处于理想的流动比率水平,因此,坏账损失率为0。同样,速动比率为1.02∶1,也处于理想状态,其坏账损失率为0。现金比率为0.3∶1,按介于两指标值之间的指标坏账损失率的计算方法,其坏账损失率为:

$$\frac{|0.4-0.3|}{|0.4-0.2|}\times 5\% = 2.5\%$$

同样,资产负债率的坏账损失率为:

$$\frac{|30\%-50\%|}{|30\%-75\%|}\times 5\% = 2.2\%$$

存货周转率的坏账损失率为1.65%,总资产息税前利润率的坏损失率为125%。应收账款周转率与赊购付款履约情况的指标高于信用好的指标值,坏账损失率为0。累计坏账损失率为7.6%。

第三步,进行风险排队,并确定各个客户的信用等级。根据分析计算的客户赊销的坏账损失率进行分组,将坏账损失率转换成风险等级系数,见表4-3。

表4-3 风险等级系数

风险等级系数	坏账损失率%	风险等级系数	坏账损失率
1	0	2	
3	超过2.5—5	4	超过0—2.5
5	超过10—15	6	超过5—10
7	超过20以上		超过15—20

累计坏账损失率为5%以内的为A级客户,5%—15%之间的为B级客户,15%以上为C级客户。对不同信用等级的客户,分别采用不同的信用对策。对信用好、风险等级小的客户,按通常的信用条件提供赊销;对信用较差、风险等级系数大的客户,则要采取较严格的信用条件,以至拒绝向其提供赊销。

对信用标准进行定量分析,有利于企业正确地做出是否提供或提供多少赊销的决策。但是由于实际情况错综复杂,同一指标往往存在较大的差异,很难按统一标准进行衡量。因此在制定信用标准和执行信用标准时,要注意运用以往的统计数据和实际经验。

2. 信用条件

这是指企业对向客户提供赊销所规定的付款条件,主要包括信用期间、折扣期间和现金折扣三个组成部分。

(1) 信用期间

信用期间是指企业为客户规定的最长付款时间。信用期间越长,客户享受的信用条件越优惠,客户可以在较长时间里无偿地占用企业的应收账款,实际上等于无代价地筹集了一部分资金,因此较长的信用期间对客户有较大的吸引力。对提供赊销的企业来说,延长信用期间,可以增加销售量,但同时增加了应收账款占用的资金,使应收账款的机会成本、管理成本增加,也增大了坏账损失风险。所以企业在确定信用期间时,要考虑延长信用期间增加的边际收入与由此增加的边际成本之间的对应关系,确定合适的信用期间。

例 4-3 某企业生产和销售某种产品,若信用期为 30 天,预计年销售量为 30 000 件,其单位产品售价为 100 元/件,变动成本为 60 元/件,固定总成本为 1 000 000 元。假设该企业生产经营能力尚未充分发挥,同时该产品基本销售趋势没有发生变化,该企业为扩大销路,决定将信用期限延长为 60 天,预计年销售量增至 39 000 件,但估计收账费用和坏账损失占赊销额的比例皆由 1% 上升到 2% 。根据上述资料,计算企业不同信用期限的成本和利润如表 4-4 所示。

表 4-4 不同信用期限的成本和利润表

项目 \ 信用期限	30 天	60 天
销售量(件)	30 000	39 000
销售收入(元)	3 000 000	3 900 000
销售成本(元)		
变动成本(元)	1 800 000	2 340 000
固定成本(元)	1 000 000	1 000 000
毛利(元)	200 000	560 000
收账费用(元)	30 000	39 000
坏账损失(元)	30 000	39 000
利润(元)	140 000	482 000

计算结果表明,如果信用期限由 30 天延长到 60 天,会使企业利润增加 342 000 元(482 000 - 140 000)。但上述计算尚未将延长信用期限所发生的多占用资金的机会成本考虑进去。

为此,我们仍根据以上资料,并假定企业增加应收账款的机会成本(等于企业的资产报酬率)为 10% ,应收账款平均占用额分别为 250 000 元和 650 000 元。则有关计算如表 4-5 所示。

表 4-5 机会成本计算表 单位:元

项目 \ 信用期限	30 天	60 天	差额
利润	140 000	482 000	342 000
机会成本额	25 000	65 000	40 000
收益—成本	115 000	417 000	302 000

表4-5的计算结果表明，信用期限由30天延长到60天，可使企业利润增加342 000元，抵消多占用资金的机会成本40 000元之后，还可由此而增加净收益302 000元。可见，信用期限60天比30天更为有利。

（2）现金折扣与折扣期间

现金折扣是企业为促使客户及时付款而给予的价格优惠。折扣期间是为客户规定的可享受现金折扣的付款时间。现金折扣是向客户提供的比较优惠的信用条件，有利于刺激销售和回款，但同时也需要付出一定的成本代价，即由于现金折扣而造成的价格损失。因此，企业在制订现金折扣方案、确定折扣期间时，必须与加速收款所得到的收益与付出的现金折扣成本结合起来考虑。如果加速收款带来的收益能够大大超过现金折扣成本，企业就可以采取现金折扣；如果加速收款的机会成本不能补偿现金折扣成本，则企业应考虑取消现金折扣。

如在上例中，企业给出"2/10，n/60"的信用条件后，有50%的客户将在第10天付款，以获取2%的现金折扣，而另50%的客户则仍将延期至第60天付款，那么我们就可以进行权衡如表4-6所示。

表4-6　不同信用条件的信用成本表

项目	金额（元）	算式
一、"2/10，n/60"信用条件	39 000	3 900 000×50%×2%
1. 现金折扣		
2. 应收账款成本		
① 第10天付款的应收账款平均余额	54 167	$\frac{3\,900\,000 \times 50\%}{36}$
② 第60天付款的应收账款平均余额	325 000	$\frac{3\,900\,000 \times 50\%}{6}$
③ 应收账款平均余额合计（①+②）	379 167	
④ 应收账款成本	37 917	379 167×10%
3. "2/10，n/60"信用条件下的信用成本	76 917	39 000+37 917
二、单一的60天付款的信用成本	65 000	650 000×10%
三、"2/10，n/60"的信用成本减单一的60天付款期的信用成本	11 917	

单从以上分析看，企业采用加速收款策略所花的成本大于60天付款期的成本，全年共多花成本11 917元，因此企业不应改变以前的信用策略。但是应注意到，上述结果是在延长期限不会使账款收不回的风险损失增加的情况下的结果。实际上，随着信用期的延长，企业的风险损失也会随之增加。在风险损失增加的情况下，再比较上述两种信用策略，将会出现另外的结果。

现仍以上面的情况为例来说明考虑存在坏账风险损失时的信用决策。设前例中三个方案的坏账风险如表 4-7 所示。

表 4-7　坏账损失表

项目	原信用策略	"$n/60$"策略	"2/10, $n/60$"策略
平均收账期	30 天	60 天	35 天*
坏账损失率	2%	5%	2.5%

注：* $\frac{10 \times 1\,950\,000 + 60 \times 1\,950\,000}{3\,900\,000} = 35$(天)

根据所掌握资料,可以得到分析比较表如表 4-8 所示。

表 4-8　不同信用策略收益分析比较表　　单位:元

项目	原信用策略	"$n/60$"策略	"2/10, $n/60$"策略
1. 全年赊销额	3 000 000	3 900 000	3 900 000
2. 应收账款周转率(次)	12	6	10.286
3. 应收账款平均余额	250 000	650 000	379 167
4. 应收账款成本(=3 × 10%)	25 000	65 000	37 917
5. 现金折扣	—	—	39 000
6. 坏账损失	600 000	195 000	97 500
7. 信用总成本(=4 +5 +6)	85 000	260 000	174 417
8. 边际贡献(=1 × 40%)	1 200 000	1 560 000	1 560 000
9. 扣除信用成本后的边际贡献	1 150 000	1 300 000	1 385 583

比较表 4-8 中的三个方案可知,在考虑坏账损失后,"2/10, $n/60$"的信用策略所获得的收益最大,它比单纯延期至 60 天的信用策略多获利 85 583 元。因此,"2/10, $n/60$"的信用策略是企业在以上三种策略中的最佳选择。

3. 收款政策

收款政策是指企业为催收过期的应收账款所应遵循的原则、程序、方法和对策等。

企业在制定收款政策时,要统计分析过去历年来拖欠账款的客户的情况,并进行分类,对不同类型的客户采用不同的对策。

企业催收过期的应收账款通常采用的程序是:当客户拖欠或拒付账款时,企业首先检查现有的信用标准及信用审批制度是否存在漏洞,然后重新对违约客户的资信等级进行调查、评价。对信用品质差的客户,将其从企业信用名单中清除,对其所拖欠的款项可以通过信函、电话以至派人进行催收,态度可以逐渐强硬,直至提出警告。当这些措施都无效时,再诉诸法院。

应收账款长期拖欠,不仅仅是客户的问题,往往与企业自身的经营管理有很大关系。如果企业的产品不适销对路,质量低劣,即使派出再多的人员去催讨货款,也不会有成效。企业要从根本上防止过期账款,必须不断地调整企业的经营观念和经营方式,使企业的产品或服务能满足用户和消费者不断发展变化的需要。

(四) 应收账款管理要点

1. 树立价值观念

树立价值观念实际上是要求管理者转变观念。应收账款增加,形成的收入也增加,最后导致利润增加,但由于应收账款增加而形成的利润并不会增加企业净现金流量。在社会信用制度有缺陷的情况下,应收账款增加不但不会增加企业价值,反而会给企业造成损失。另一方面,今年收回应收账款和以后收回应收账款其价值不同。欠款时间越长,其应收账款的价值越小。例如,今年销售并收回 100 万元货款和三年后收回 100 万元货款,同样都是 100 万元,但二者价值不同,三年后的 100 万元折算到现在就小于 100 万元,二者的差额就是应收账款的机会成本。所以,转变观念就是要求企业将利润最大化观念转变为企业价值最大化观念,重视应收账款的时间价值。

2. 建立企业内部信用管理制度,强化信用管理职能

我们处于社会主义初级阶段,实际也是市场经济的初级阶段。在市场经济中信用是金,但我国还没有建立起信用管理体系,一些企业和个人信用程度较差,不讲信誉,没认识到信誉对企业发展的重要性。小企业是经营,大企业是“做人”,企业在注重自身信誉的同时,要强化信用管理,建立和完善内部信用管理制度。

企业内部信用管理包括对客户信誉等情况的调查评估、信用额度的确定、信用标准的确定、具体赊销时的审核、批准程序与责任的明确、对应收账款的监控等内容。

企业第一要确定信用标准,使其制度化、规范化;第二要按预先确定的信用标准调查了解客户的有关资料;第三要根据信用标准的要求对客户进行评估,确定信用额度;第四要按规定的审批程序对赊销的金额、信用期限、现金折扣等进行审批;第五要对形成的应收账款进行跟踪调查,并对应收账款进行分析,反映应收账款的质量。对应收账款的跟踪调查,主要是针对那些赊销金额大,或信用品质较差的客户。要及时地了解这些客户的偿债能力的变化,以便采取有效的收款对策,保证货款的回收,同时也为企业调整赊销数量和信用条件提供依据。对应收账款进行分析,首先是定期地进行应收账款的账龄分析。对企业发生在外的应收账款按其时间长短进行排列,并计算不同账龄的应收账款占应收账款总额的比重,据以分析判断企业整体的应收账款的质量状况,并对拖期的应收账款的

原因进行调查分析,提出有针对性的收款对策。其次是要对应收账款周转时间以及每个销售人员的具体回款情况等进行统计分析。

3. 完善合同管理

对企业的销售合同,应按《合同法》的有关要求进行完善和规范。在销售合同中应体现对赊销货款的管理要求,做到应收账款管理有法可依,发生纠纷时可通过法律程序减少企业损失。

4. 落实收款责任

应收账款是企业销售产品或提供劳务后发生的,其直接的责任者是企业销售部门的销售人员,因此应收账款的收款责任必须具体地落实到销售人员身上。在应收账款的回收上,要坚持"谁销售,谁负责收款"的原则,并按回款额计发销售人员的工资和奖金。对超过规定的信用期间的应收账款,除督促销售人员及时催款、收款外,还要对销售人员有一定的奖惩措施,如对于超过信用期间的应收账款,应收账款占用资金的利息要从负责这笔销售的销售人员的工资中抵扣;应收账款发生了坏账损失的,由销售人员按比例承担损失费用。同时对应收账款回收及时、坏账损失率低于规定标准的销售人员给予适当的奖励。总之要运用各种手段,落实应收账款的收款责任。

五、存货管理

(一) 存货管理的目的

存货是企业在生产经营过程中为满足销售或生产耗用的需要而储存的各类资产。它是企业流动资产中所占比例较大的一个项目。存货基本上可分为三类:① 为生产耗用的需要而提供物资储备,主要包括原材料、燃料和低值易耗品等;② 自制半成品和尚未加工完成的在制品;③ 已产出但尚销售的产成品及外购商品。

存货既能给企业带来收益,又会给企业带来风险和成本。存货能带来收益是因为:一定量的存货有利于企业维持正常生产,正常生产需要占用一定的存货;增加原材料存货有利于排除原材料供应不稳定而对企业生产秩序的干扰;增加产成品存货有利于在市场需求上升时满足需求,扩大销售。但存货的增加,一方面需要企业追加投资,因而需要承担这部分投资的资金成本;另一方面当市场变化时也会使存货贬值的风险增加,因而要冒市场原材料价格下跌或产品需求发生变化而滞销的风险。存货经营管理的目的就是降低存货占用的成本和风险,加速资金周转,提高存货的收益能力。

（二）存货成本

企业保持一定数量的存货，就要为此支出一定的费用，存货成本有以下几项：

1. 采购成本

采购成本是由买价、运杂费等构成的。为降低采购成本，企业要研究材料供应情况，广泛收集材料供应信息，在保证质量的前提下，在价格上货比三家，努力采购质量好、价格低的材料物资。

2. 订货成本

订货成本指企业为订购材料、商品而发生的成本，包括订购过程中发生的差旅费、谈判费用、邮资、电报电话费、货物检查和验收入库费等费用。订货成本一般与每次订货的数量无关，而与订货的次数有关，因此，要降低订货成本，主要是减少订货次数。在物资年需用量一定的情况下，减少订货次数就要相应地增加每次订货的数量。

3. 储存成本

储存成本指存货在储存过程中发生的各项费用，主要包括仓储费、搬运费、保险费、存货占用资金的机会成本以及存货的变质与过失损失费用等。储存成本与存货的数量有关，储存成本等于平均存货数量与单位储存成本的乘积。企业要降低储存成本主要措施是采用小批量订货方式，增加订货次数，从而减少存货的储存数量。

4. 缺货成本

缺货成本是指由于因缺少存货而不能满足生产经营需要从而发生的损失，包括停工待料损失、延迟交货的罚款损失、企业信誉损失等。缺货成本是一种机会成本。

（三）发出存货计价对利润的影响

存货计价方法属于会计方法问题，但是存货计价方法的选择不仅仅是会计技术问题，它对企业理财也有较大的影响，尤其是在物价波动幅度较大的情况下，选择什么样的存货计价方法，对企业的资金回收、周转和利润有着不同的影响。

由于购入存货时由市场价格波动等原因，同样的存货其价格可能不同，发出存货时采用不同的计价方法转出的存货成本也不同，因而对利润也有不同的影响。发出存货按实际成本计价时有以下方法可供选择。

1. 先进先出法

该方法假定先购进的存货先发出，发出存货的计价按先购进的那批存货的实际单价计价。

2. 后进先出法

该方法假定后购进的存货先发出,发出存货是按账面上后购进的那批存货的实际单价计价。

3. 加权平均法

该方法以存货的数量为权数,于月末一次计算出该种存货的平均单价,以此作为发出存货的计价依据。

4. 移动平均法

该方法随时根据购进存货单价的变动计算出存货的加权平均单价,以此作为发出存货的计价依据。

5. 个别计价法

该方法每次购进存货时分别记录,标明单价,领用哪批货物就用哪批货物的单价。

当物价稳定时,采用上述五种方法之一,与采用其他方法之间在原材料成本上不会有很大的差别。但是当物价波动时,采用不同的计价方法,材料成本就会有差异,有时还会有较大差异。当物价上涨时,采用先进先出法计算出的成本会小于采用后进先出法计算出的成本;当物价下降时,则先进先出法计算出的成本可能高于后进先出法计算出的成本。因此企业在市场物价不稳定的时期,要认真分析和预测未来物价的发展趋势,选择好存货计价方法,以保证企业资金的回收,防止由于存货计价方法不当而造成企业资金流失。一般来说,在存在通货膨胀的情况下,企业要尽量采用后进先出法,保证计入产品成本中的存货成本接近市场原材料的价格水平,防止出现由于通货膨胀而形成原材料重置资金短缺现象。下面举例说明存货计价方法不同对利润的影响。

例 4-4 某企业材料的收入和发出情况如表 4-9 所示。

表 4-9 材料收入发出明细表 单位:元

摘要	收入			支出			结存		
	数量	单价	金额	数量	单价	金额	数量	单价	金额
期初							100	20	2 000
购入	100	22	2 200						
购入	200	25	5 000						
发出				350					
合计	300		7 500				50		

根据上表,企业要发出存货 350 件,发出存货成本的计量方法不同,发出存

货成本也不同,对利润的影响也不同。

如果按先进先出法计价,发出存货的成本为:

$$100 \times 20 + 100 \times 22 + 150 \times 25 = 6\,950(\text{元})$$

如果按后进先出法计价,发出存货的成本为:

$$200 \times 25 + 100 \times 22 + 50 \times 20 = 8\,200(\text{元})$$

比较上面两种计算结果,我们看出后进先出法计算的发生存货成本高,为8 200 元,导致利润小;先进先出法计算的发出存货成本低,为6 950 元,导致计算出的利润大。究竟哪种方法对企业有利呢? 在物价上涨的情况下,采用后进先出法对企业有利,虽然导致利润减少,但企业发生在存货上的支出可尽早收回,资产回收速度快,资金周转速度快,由于涨价而造成的损失及早得到了补偿,及早得到补偿的存货支出再投入生产经营活动,会产生更大的资金增值。

(四) 存货资金定额管理

在工业企业中,存货可以分为原材料、在产品、产成品等三类,将这三类存货占用资金分别称为储备资金、生产资金和成品资金。企业存货管理的重要内容和任务是加速存货的周转,减少存货资金的占用,从而达到提高资金利用效率的目的。为此,常采用制定存货资金定额的方法加以管理和控制。

1. 存货资金定额的测算

储备资金是存货项目中的重点项目,一般采用周转计算法详细计算。

储备资金指公司从支付现金购买各种材料物资开始,到将材料物资投入生产为止的整个过程所占用的资金。储备资金包括原材料及主要材料、辅助材料、燃料、修理用备件、低值易耗品、包装物等,各项目对生产的影响程度和所占比重不等,其中尤以原材料最为重要,因此主要以原材料为例说明资金占用额的确定方法。其计算公式如下:

$$\text{储备资金定额} = \frac{\text{原材料物资}}{\text{平均每日消耗量}} \times \text{单位价格} \times \text{原材料资金周转日数}$$

(1) 原材料平均每日耗用量

$$\text{原材料平均每日耗用量} = \frac{\text{产品产量} \times \text{原材料消耗定额}}{\text{计划期日数}}$$

(2) 原材料价格

根据需用材料品种,预计材料买价、外地运杂费、运输途中合理损耗、入库前挑选整理费用等。

(3) 原材料资金周转日数

这是指从公司支付原材料价款起到原材料出库投入生产为止占用的日数,包括在途日数、验收日数、整理准备日数、应计供应间隔日数、保险日数。用公式表示如下：

$$原材料资金周转日数 = 在途日数 + 验收日数 + 整理准备日数 + 应计供应间隔日数 + 保险日数$$

① 在途日数：指公司从支付原材料价款起，到原材料运到公司为止所需日数。在途日数的长短取决于采购地点的远近、运输条件和所采用的结算方式。

实际上任何公司所需原材料均是由几个单位供应，这时应首先计算各供应单位的在途日数，然后按季度供应量或年度供应量计算加权平均在途日数。计算公式如下：

$$加权平均在途日数 = \frac{\sum(季度供应量 \times 在途日数)}{各供应单位季度应量之和}$$

② 验收日数：指原材料运到公司后，进行拆包、开箱、计量点收、检验化验直至入库所需要的时间。

③ 整理准备日数：指材料投入生产前进行技术加工和生产准备所需要的日数，如钢材裁剪、木材烘干等。

④ 应计供应间隔日数：指由供应间隔日数和供应间隔系数所确定的日数。用公式表示：

$$应计供应间隔日 = 供应间隔日数 \times 供应间隔系数$$

其中，供应间隔日数指前后两次供应材料间隔的日数。供应间隔日数的长短，取决于供货单位的供应周期和用料单位的采购周期。在由几个单位供应材料的情况下，也应先确定各个单位的供应间隔日数，然后以季度供应量或年度供应量为权数计算加权平均的供应间隔日数。计算公式如下：

$$加权平均供应间隔日数 = \frac{\sum(季度供应量 \times 在途日数)}{各供应单位季度供应量之和}$$

供应间隔日系数，是用于压缩供应间隔日数的系数，它是各种材料平均每日库存金额与各种材料最高库存金额的比值。用公式表示如下：

$$供应间隔系数 = \frac{各种材料平均日库存金额}{各种材料最高库存金额} \times 100\%$$

之所以计算供应间隔系数以压缩供应间隔日数，主要有两个原因：其一，公司按供应间隔日数计算的材料储备量是库存周转储备的最高量。实际上，只有当一批材料刚刚入库时，才能占用到最高水平。随着生产过程的进行，材料陆续耗用，库存量逐渐减少，到下次材料入库前，储备量达到最低点，故占用资金也最少，即在整个供应间隔日数内，材料资金占用额因材料数量的经常变动而在最高点与最低点之间经常变动。这是就一种材料而言的。其二，各单位使用的原材料多达千百种，各材料不会都在同一时间到货而达到最高占用水平。当一种材料占用资金最多时，另一种材料可能占用资金最低，因此各种材料资金可以相互调剂,资金占最低的材料可暂时补充资金占用最高的材料,由此,形成平均的资金占用额一定会低于最高占用额。这样在计算原材料资金占用额时,就不能直接按照各种材料的供应间隔日数确定,而应考虑材料供应和耗用的情况,考虑资金调剂使用的可能性,给供应间隔日数打一个折扣,对供应间隔日数进行压缩,这就是所谓供应间隔系数。

可见,计算供应间隔系数的过程比较复杂,因此,实际工作中,一般根据影响供应间隔系数的因素,在一定的幅度内加以确定。一般而言,原材料品种越多,资金相互调剂使用的可能性愈大,供应间隔系数愈小;各种材料到货日期越分散,与投料日期衔接得越紧密,供应间隔系数愈小;反之供应间隔系数愈大。

⑤ 保险日数:为防止材料供应偶然中断影响生产而储备的材料数量能够继续生产的日数。并非对每种材料都应确定保险日数,建立保险储备。一般而言,企业都是按保险储备量确定保险日数的。

例 4-5 某公司生产 A 产品,每件需耗钢材 200 吨,预计产量 900 件,钢材计划单价 3 000 元,预计在途日数 4 天,验收日数 1 天,供应间隔日数 30 天,供应间隔系数 60%,整理准备日数 2 天,则:

$$\text{钢材资金占用额} = \frac{900 \times 200}{360} \times 3\,000 \times (4 + 1 + 30 \times 60\% + 2)$$

储备资金中的其他存货项目,如果占用量不大,有需要详细计算的,可采用因素分析法、比例计算法予以匡算。

2. 生产资金占用水平的测定

生产资金是指从原材料投入生产开始,到产品制成入库为止,在生产过程占用的资金,主要包括在产品、自制半成品等项目,其资金占用额的计算公式如下:

$$\begin{matrix}\text{在产品}\\\text{资金占用额}\end{matrix} = \begin{matrix}\text{在产品平均}\\\text{每日产量}\end{matrix} \times \begin{matrix}\text{产品单位}\\\text{生产成本}\end{matrix} \times \begin{matrix}\text{在产品}\\\text{成本系数}\end{matrix} \times \text{生产周期}$$

其中,在产品平均每日产量可根据成本计划产品产量除以计划期日数求得。产品单位生产成本根据成本计划中单位计划生产成本计算。在产品成本系数是在产品生产过程的平均生产费用占生产成本的比率。其作用在于按照完工进度压缩产品单位计划生产成本。确定在产品资金时,不能直接以单位计划生产成本去计算,因为生产费用在生产过程中逐渐发生,陆续增加,直到产品完工时才形成产品生产成本,这样各种在产品完工程度不同,生产费用就会不同,实际占用的资金数额也就不会相同。因此,在产品资金用额应用根据生产费用的发生进度打一个折扣,这个折扣就是在产品成本系数。用公式表示为:

$$\text{在产品成本系数} = \frac{\text{在产品平均生产费用}}{\text{产品单位计划生产成本}} \times 100\%$$

在产品成本系数可根据公司产品的生产特点分别确定：

① 生产周期短、可以确定每日生产费用发生额的产品，按以下公式计算：

$$\text{在产品成本系数} = \frac{\text{生产周期中每天累计发生生产费用合计数} \div \text{生产周期}}{\text{产品单位计划生产成本}} \times 100\%$$

例 4-6 某种产品生产周期 5 天，单位计划生产成本 800 元，生产费用发生情况见表 4-10。

表 4-10 生产费用发生表 单位：元

生产周期日数	1	2	3	4	5	合计
生产费用发生额	200	200	100	200	100	800
累计生产费用	200	400	500	700	800	2 600

② 开始生产时投入大量原材料等，以后陆续发生直接人工、管理费用等的产品，可按以下公式计算：

$$\text{在产品成本系数} = \frac{\text{生产过程一开始投入的费用} \times 100\% + \text{陆续投入的生产费用} \times 50\%}{\text{产品单位计划生产成本}} \times 100\%$$

例如，某产品计划单位生产成本 1 200 元，开始生产时，投入 50%，随后陆续投入 50%，则：

$$\text{在产品成本系数} = \frac{1200 \times 50\% 100\% + 1200 \times 500\% \times 50\%}{1200} \times 100\%$$

$$= 75\%$$

③ 生产过程比较复杂、分阶段生产的产品。首先根据本阶段生产费用发生的特点，采取前两种方法中的一种确定本阶段在产品成本系数；然后计算各阶段综合在产品成本系数。其综合在产品成本系数的计算公式如下：

$$\text{在产品成本系数} = \frac{\sum \text{各生产阶段在产品单位成本} \times \text{各生产阶段在产品成本系数} \times \text{各生产阶段生产周期} \div \text{各阶段生产周期之和}}{\text{产品单位计划生产成本}}$$

$$\times 100\%$$

例如，某产品计划年产量 720 台，生产周期 20 天，各阶段生产周期及生产费用发生情况见表 4-11。

综合在产品成本系数

$$= \frac{6\,000 \times 60\% \times 6 + 6\,000 \times 100\% \times 2 + 8\,000 \times 100\% \times 2 + 10\,000 \times 90\% \times 4 \div 20}{10\,000}$$

$$= 62\%$$

$$\text{该产品资金占用额} = \frac{720}{360} \times 10\,000 \times 62\% \times 20 = 248\,000(\text{元})$$

3. 产成品资金占用水平的确定

表 4-11 生产周期及生产费用表

生产阶段	平均日产量（台）	本阶段累计单位成本（元）	在产品成本系数（%）	生产周期（天）
铸造车间	2	6 000	60	6
毛坯库	2	6 000	100	2
机械加工车间	2	8 000	80	6
零件库	2	8 000	100	2
装配车间	2	10 000	90	4
合计	—	—	—	20

产成品资金指从产品制成验收入库开始，到销售出去取得货款或结算货款为止占用的资金，其计算公式如下：

$$产成品资金占用额=产成品平均每日产量\times 产品单位计划生产成本\times 产成品资金周转日数$$

产成品平均每日产量与产品单位计划生产成本，可从生产计划、成本计划中得到。

产成品资金周转日数，指从产品制成入库开始，到销售出去取得货款或结算货款为止的日数，包括产成品储存日数，后者指从产品制成入库开始，到产品开始向购买单位发运为止所需日数，包括组织成批发运日数、选配日数和包装日数。

$$组织成批发运日数=\frac{某种产品每批发运数量}{某种产品平均每日产量}$$

发运日数指从产品运往车站、码头、机场发运开始，到取得运输凭证为止所需日数。发运日数的长短，取决于公司距车站、码头、机场的远近，运输能力大小以及运输力量的组织情况。

结算日数指从取得运输凭证开始，直到取得货款或结算货款为止的日数。结算日数的长短主要取决于产品销售的结算方式。

例 4-7 某产品计划单位生产成本 10 000 元，计划生产 720 台，预计产品储存日数 4 天，发运日数 3 天，结算日数 1 天。

$$产成品资金占用额=\frac{720}{360}\times 10\,000\times 8=160\,000（元）$$

汇总储备资金占用额、生产资金占用额和成品资金占用额，即为存货资金占用额。

4. 存货资金定额的管理

资金定额是衡量企业各类存货资金占用情况的尺度，也是控制资金占用量、加速存货资金周转的有效工具。但是这些工具不会自动地发挥作用,还需要企业认真地贯彻推行,加强管理。具体要抓好以下几个环节:

(1) 细化与修订

资金定额的制定是一个复杂的测算过程。由于企业存货品种繁多,对占用资金大的存货,要具体到各个品种上进行测算,并征求存货管理部门的意见,了解影响存货占用资金的原因。资金定额的测算有一些估计因素,所以开始制定的资金定额不一定十分准确。因此,资金定额确定后,要定期进行分析修订,要由具体实物管理部门对实际占用情况与定额的差异进行分析,掌握影响定额完成情况的因素,修订下期资金占用定额,通过几年的反复修订,使资金定额达到科学合理的水平。

(2) 定期考核

要把资金占用控制责任具体落实到各个单位和个人,实行分级控制管理。对资金占用情况要逐月检查,逐月考核,并与奖惩挂钩,对将资金占用控制在定额以内的要给予奖励;对超定额占用资金的,要有适当的惩罚。

(五) 存货采购的经济批量、再订货点与保险储备量

1. 经济订货批量

储备存货要发生各项成本支出,要使存货总成本最低,关键在于科学地确定每次进货数量。如前所述,存货成本主要包括采购成本、订货成本、储存成本和缺货成本。但是采购成本与订货数量无关,缺货成本也由于能够预计存货的年需要量和平均耗用量,存货可随时得到补充,而不存在缺货的问题,因而可排除采购成本和缺货成本对经济订货批量的影响。储存成本的高低与采购量的多少成正比,订货成本的高低与采购量成反比,能够使一定时期订货成本和储存高低成本之和最低的采购批量即为经济订货批量。储存成本、订货成本与采购量的关系可用图 4-2 表示。

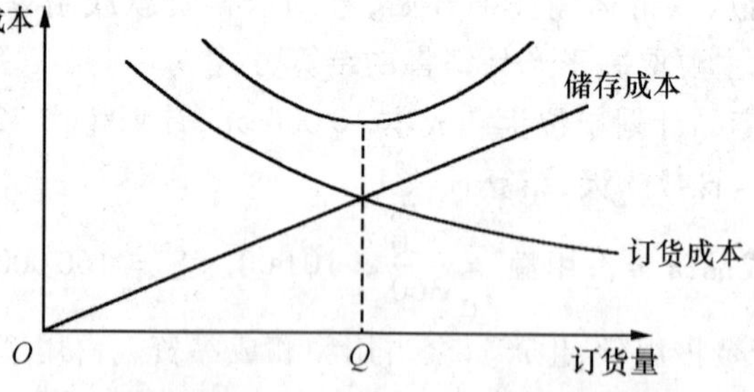

图 4-2 储存成本、订货成本与订货量的关系

从图中可见,订货批量愈大,储存成本上升,但是订货次数减少,又使订货成

本下降；反之，订货批量愈小，储存成本下降，订货成本上升。经济订货批量就是要找到两种成本合计的最低点，即图中的 Q 点。计算经济批量有两种方法，一是逐次测试法；二是公式法。

例 4-8　某公司全年需要甲材料 2 400 吨，每订货一次的订货成本的 300 元，每吨年储存成本 4 元，其经济订货批量逐次测试如表 4-12 所示。

表 4-12　经济订货批量测算表

采购次数	每次采购数量（吨）	平均储存量（吨）	年储存成本（元）	年订货成本（元）	年总成本合计（元）
-1	(2) = 2 400/(1)	(3) = (2)/2	(4) = (3) ×4	(5) = (1) ×300	(6) = (4) + (5)
1	2 400	1 200	4 800	300	5 100
2	1 200	600	2 400	600	3 000
3	800	400	1 600	900	2 500
4	600	300	1 200	1 200	2 400
5	480	240	960	1 500	2 400
6	400	200	800	1 800	2 400

从表 4-12 计算可知，每次订货 600 吨，一年采购 4 次，其年储存成本与订货成本之和是 2 400 元为最低，故每次订货 600 吨为最优订货批量。

如果公司存货品种繁多，用逐次测试法很费时间，实际工作中可采用公式法计算经济订货批量。

$$\begin{aligned}\text{订货总成本} &= \text{储存成本} + \text{订货成本}\\ &= \frac{\text{每次订货量}}{2} \times \text{单位产品年储存成本}\\ &\quad + \frac{\text{年需要量}}{\text{每次订货量}} \times \text{每次订货成本}\end{aligned}$$

用字母表示：

$$\mathrm{TC} = \frac{Q}{2} \times C + \frac{D}{Q} \times S$$

公式中，C、D、S 均为常量，TC 与 Q 为变量，欲求 TC 最低时的 Q，可求 TC 对 Q 的导数，并令其结果等于 0，即

$$\frac{\mathrm{dTC}}{\mathrm{d}Q} = \frac{\mathrm{d}}{\mathrm{d}Q}\left(\frac{Q}{2} \times C + \frac{D}{Q} \times S\right) = 0$$

$$Q^2 = \frac{2SD}{C} \quad Q = \sqrt{\frac{2SD}{C}}$$

此即为经济订货批量，再将 Q 值代入 $\mathrm{TC} = \frac{Q}{2} \times C + \frac{D}{Q} \times S$ 得：

$$\mathrm{TC} = \sqrt{2SDC}$$

将上例数字代入上述两个公式得：

$$Q = \sqrt{\frac{2 \times 2\,400 \times 300}{4}} = 600(\text{吨})$$

$$\text{TC} = \sqrt{2 \times 300 \times 2\,400 \times 4} = 2\,400(\text{元})$$

计算表明,最经济的订货批量是 600 吨,其存货总成本最低为 2 400 元。

2. 再订货点

经济订货批量的基本模型是假设公司的存货能够随着使用随时补充,实际上,任何单位都不会等到存货全部用光再去采购,而需要在耗用完之前提前订货,因此当公司再次发出订单订货时,尚存的存货量即再订货点。用公式表示为：

再订货点 = 交货时间 × 平均耗用量

其中,交货时间为订货日期至到货日期之间相隔的天数。平均耗用量是单位时间的耗用量。应当指出,交货时间的时间单位与单位时间耗用量中的单位时间,必须以同一时间单位表示,即如果交货时间是月数,则平均耗用量即为每月的耗用量;如果交货时间是天数,则平均耗用量应为每日的耗用量。

根据前例的数据,某公司的经济订货量为 600 件,一年订货 4 次,假设交货时间为一个月,每月平均耗用量为 200 吨,则再订货点为：

再订货点 = 1(月) × 200(吨) = 200 吨

即经济订货量能够满足三个月的生产消耗。公司必须在第二个月末再次订货,订货时尚有 200(吨)材料供公司在一个月内消耗,当交货时间已到,存货降至零时,600 吨订货已送达入库,因此,其再订货点为 200(吨)。再订货点可用图 4-3 表示如下：

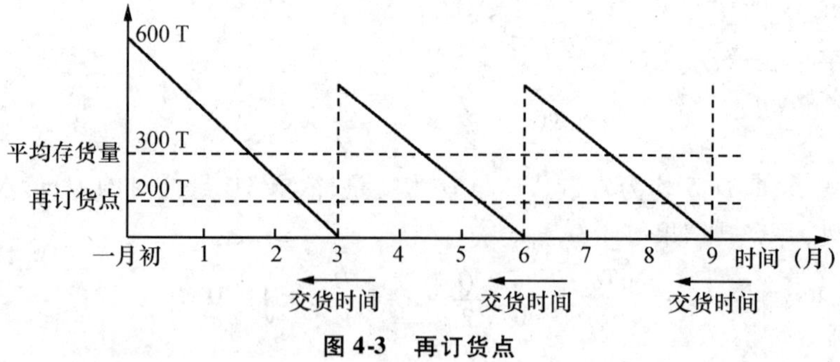

图 4-3　再订货点

再订货点对公司的经济订货批量无任何影响,它使公司订货更接近实际,要求公司在其存货达到再订货点时,就发出订单,不能等到存货用光后再去订货,从而避免了因缺货造成生产中断。

3. 保险储备量

经济订货量是在假设每日需用量(耗用量)不变,供货单位的交货时间不变,而且不存在缺货(在经济订货批量中已经排除了缺货成本对订货量的影响)的情况下计算出来的。实际上,每日耗用量与供货单位的交货时间往往因各种原因而发生变化,因此,如果公司完全按照经济订货量和再订货点采购存货,当出现耗用量增加、供货延迟的情况时,公司就会因缺货而中断生产。为防止需求和供货变化而增加的存货储备的数量即为保险储备量。保险储备量在正常生产情况下不予动用,只有消耗量增大或送货延迟时才使用。

建立保险储备虽然能够避免因缺货而增加缺货成本,但是过量储存保险储备又会增加储存费用,研究保险储备量的目的就在于确定合理的保险储备量,使缺货成本与储存成本之和最低,即寻找经济保险储备量。

一般而言,存货需求和供货时间变化愈大,保险储备量愈高;反之,存货需求和供货时间变化愈小,保险储备量愈低。然而,存货需求的变化趋势和供货时间的变化情况很难确定,因此,只能根据可能出现的缺货概率来确定保险储备的数量。不同的缺货概率需要不同的保险储备量,不同的保险储备量又使储存成本和缺货成本发生变化。

确定保险储备量可分两步:第一,假设各种不同的保险储备量,计算各种保险储备量的总成本;第二,比较各种保险储备量的总成本,其最低者即为经济保险储备量。

$$\text{保险储备总成本} = \text{缺货成本} + \text{保险储备成本}$$

$$\text{缺货成本} = \text{单位缺货成本} \times \text{一次订货的缺货量} \times \text{年订货次数}$$

$$\text{保险储备成本} = \text{保险储备量} \times \text{单位存货年储存成本}$$

$$\begin{aligned}\text{保险储备总成本} =& \text{单位缺货成本} \times \text{一次订货的缺货量} \times \text{年订货次数} \\ &+ \text{保险储备量} \times \text{单位存货年储存成本}\end{aligned}$$

根据前例数据,年需要存货量2 400 吨,每吨年储存成本 4 元,单位缺货成本 20 元,每年采购 4 次,经济订货量为 600 吨。在供应间隔期内存货需求量的概率见表 4-13。

表 4-13　需求量概率分布表

需求量(吨)	600	650	700	750
概率(%)	94	3	2	1

不同概率情况下保险储备量的计算见表 4-14。

表 4-14　保险储备量计算表

保险储备量(吨)	缺货量(吨)	缺货概率(%)	一次订货的缺货量(吨)	缺货成本(元)	储备成本(元)	总成本(元)
(1)	(2)	(3)	(4)=(2)×(3)	(5)=(4)×20×4	(6)=(1)×4	(7)=(5)+(6)
0	650—600	3	1.5	1.5×20×4=120		
	700—600	2	2	2×20×4=160		400
	750—600	1	1.5	1.5×20×4=120		
50	700—650	2	1	1×20×4=80	50×4=200	
	700—650	1	1	1×20×4=80		360
100	750—750	1	0.5	0.5×20×4=40	100×4=400	440
150	750—750	0	0	0	150×4=600	600

上述保险储备的计算表中,设定了四种保险储备量:① 当不设置保险储备量时,有94%的可能不缺货,但仍有3%的可能缺货50吨(650-600),一次订货的缺货量则为1.5吨(缺货量50×缺货概率3%),一年订货4次,单位缺货成本20元,则缺货成本为120元(缺货成本=单位缺货成本×一次订货的缺货量×年订货次数);有2%的可能缺货100吨,一次订货的缺货量为2吨,一年订货4次,单位缺货成本20元,则缺货成本160元;还有1%的可能缺货150吨。共计发生缺货成本400元。由于保险储备量为0,因而不会发生储备费用。② 当保险储备量为50吨,共需储备650吨,若耗用650吨以下,不会发生缺货,但若耗用650吨以上至700吨时,不缺货的概率为97%(94%+3%),但仍有2%的可能缺货50吨,一次订货的缺货量为1吨,缺货一次成本20元,一年采购4次,缺货成本为80元,还有1%的可能缺货100吨,一次订货的缺货量为1吨,则缺货成本为80元,缺货成本共计160元,同时50吨的保险储备的储备成本200元(保险储备成本=保险储备量×单位存货年储存成本4元,共计总成本360元),以下数据以此类推。

通过计算可知,该公司的保险储备量定在50吨为宜,能够使缺货成本与储存成本之和最小即360元。

(六)存货管理要点

结合存货管理实际工作和存货管理的理论方法,我们归纳出了存货管理的一些要点,企业在存货管理中应重点把握。

1. 定时定量

定时是指存货采购应定时,定时的目的是为在保证生产经营需要的情况下,减少存货占用资金,避免存货长期积压。如果定时呢?主要是通过科学的计划来达到定时,企业要做好采购预算、生产预算和销售预算等工作。

定时的目的是为了定量。所谓定量是指存货的储备要定量,存货的采购应定量。如何做好定量工作呢?这就需要做好前述资金定额管理、确定经济采购批量等工作。

2. 及时清查

清查是指核对账面数和实有数。清查包数量清查和价值清查。价值清查是指将存货的账面金额与可变现净值进行比较,以二者中较低者为账面价值,可变现净值小于存货账面价值的差额,作为存货跌价准备,计入当期损益获得补偿。存货的可变现净值是指企业在正常经营过程中,以预计售价减去预计完工成本及销售所必需的预计费用后的价值。

通过清查达到三个目的:

第一,通过实存数与账面数的核对,发现存货实物管理存在的问题,从而加强管理,保证存货安全完整和账务处理及时准确。

第二,确定存货期末账面价值。现行企业会计制度规定,企业应定期或每年至少一次对存货进行清查,按存货品种和期末可变现净值确定存货账面价值,核实资产价值,避免虚增利润。

第三,及时发现积压存货并进行处理。对于积压存货,不少企业采取挂账方式而不予处理,这样做表面上不会减少当期收益,但对企业是非常不利的。因为存货一旦积压滞销,损失实际已经形成,企业无论处理与否,削价损失都是客观存在的,并且拖延的时间越长,需要降价的幅度会越大,推销的难度也会越大,造成的损失实际会更多。采用挂账方式,不仅积压存货占用的资金不能及时盘活,不能投入企业资金周转增值过程,形成机会损失,而且占用的资金还需要支付利息费用,仓储和积压存货还要支付储存费用,由于存货损失不能处理,使企业利润虚增,增加企业税收,导致现金流出量增加。因此,企业要从盘活资金的角度出发,积极地处理有问题的存货。

企业各种积压的有问题的存货无论采取什么样的推销方式,一般都无法正常按市价销售出去,采取削价策略是不可避免的。在对有问题的存货进行削价处理时,要根据具体情况,分析机会损益,分别对待。

对于冷背呆滞、残损霉变的存货,其削价幅度的确定,应以能否销售出去为原则。因为这类存货几乎无销路可言,要能销售出去,削价幅度可以很大,否则,错失机会,企业将会遭受更大的损失。

对于那些过季积压或预计未来某一时间能够由滞转畅的存货,企业需要通过机会损失分析来确定有无必要降价处理,以及降价的幅度。机会损失分析的内容主要是用削价处理后的损失额减去盘活资金的再投资收益的净损失额与储存待销所增加的成本费用相比较。

削价处理的净损失额 = 削价损失 - 削价后盘活资金的再投资收益

用公式表示:

$$M = K \cdot X - K(1 - X)R \cdot D$$

式中:M——存货削价处理的净损失额;

K——存货成本;

X——削价幅度;

R——再投资的日收益率;

D——待机销售的储存天数。

待机销售的成本费用增加额 = 借款利息 + 保管费用 + 存货损耗

用公式表示:

$$N = K \cdot (L + P + S) \cdot D$$

式中:N——待机销售成本费用增加额;

L——日借款利息率;

P——日保管费用率;

S——日存货损耗率;

D——待机销售的储存天数。

当销价处理的损失额小于待机销售的成本费用增加额时,可以考虑进行削价处理,否则应当待销售。通常也可以用损益分界点来判断。所谓损益分界点,即削价处理的净损失等于待机销售的成本费用增加额时的削价率。

令 $M = N$,则

$$KX - K(1 - K)R \cdot D = K(L + P + S) \cdot D$$

整理得:

$$X = \frac{(R + L + P + S) \cdot D}{1 + R \cdot D}$$

当 $X < \frac{(R + L + R + S) \cdot D}{1 + R \cdot D}$ 时,应当削价处理;

当 $X > \frac{(R + L + R + S) \cdot D}{1 + R \cdot D}$ 时,应当继续储存以待未来销售时机。

例 4-9 某企业 1 月末某存货 100 万元已过时,要到 10 月初才能进入下一销售旺季,年借款利率 10%,年保管费用率 1.4%,年损耗率 0.6%,现有客户拟以 60 万元价格买下全部该存货,企业年平均投资收益率 18%。企业是否接受这一削价订单?

损益分界点削价率:

$$X = \frac{(18\% + 10\% + 1.4\% + 0.6\%) \div 360 \times 240}{1 + 18\% \div 360 \times 240} = 17.85\%$$

企业实际削价幅度为(100 - 60)/100 = 40%，大于损益分界点削价率，对企业不利，企业应拒绝这一削价订单。

上述分析是以存货未来能够销售出去为前提的，没有考虑可能发生的销售不出去或部分销售不出去的情况，因此在实际工作中，还要在对未来销售情况进行概率分析的基础上，对削价与否及幅度大小做出合理的判断。

3. 实行分级归口管理

存货的分级归口控制，是加强存货日常管理的一种重要方法。这一管理方法包括以下三项内容：

第一，在厂长经理的领导下，财务部门存货资金实行统一管理。企业必须加强对存货资金的集中、统一管理，促进供、产、销互相协调，实现资金使用的综合平衡，加速资金周转。财务部门统一管理主要包括如下几方面工作：① 根据国家财务制度和企业具体情况制定企业资金管理的各种制度；② 认真测算各种资金占用数额，汇总编制存货资金计划；③ 把有关计划指标进行分解，落实到有关单位和个人；④ 对各单位的资金运用情况进行检查和分析，统一考核资金的使用情况。

第二，实行资金的归口管理。根据使用资金和管理资金相结合、物资管理和资金管理相结合的原则，每项资金由哪个部门使用，就归哪个部门管理。各项资金归口管理的分工一般如下：① 原材料、燃料、包装物等占用的资金归供应部门管理；② 在产品和自制半成归生产部门管理；③ 产成品资金归销售部门管理；④ 工具用具占用的资金归工具部门管理；⑤ 修理用备件占用的资金归设备动力部门管理。

第三，实行资金的分级管理。各归口的管理部门要根据具体情况将资金计划指标进行分解，分配给所属单位或个人，层层落实，实行分级管理。具体分解过程可按如下方式进行：① 原材料资金计划指标可分配给供应计划、材料采购、仓库保管、整理准备各业务组管理；② 在产品资金计划指标可分配各车间、半成品库管理；③ 成品资金计划指标可分配给销售、仓库保管、成品发运各业务组管理。

案　例

从亏损到盈利

某企业是一家专业从事手表生产与销售的企业。该企业下设一个手表专营公司负责手表的销售，专营公司的副经理叫刘继虎。该企业主要生产销售机械表。1987 年左右,市场发生了变化,电子表畅销,机械表销售下降。该企业的产品积压严重。仅专营公司就积压了 100 多万只机械表,当时刘继虎给厂里打报告,请示处理积压产品,当时市价为 120 元一只的机械表,刘继虎准备以 25 元一只处理掉,收回的资金准备用于生产销售电子表。厂里没有批准刘继虎的报告。刘继虎又给主管局打报告,主管局也没有批示,在这种情况下,刘继虎自作主张,以 25 元/只的价格处理了积压产品。经过两三个月的努力,积压产品全部售出,收回资金 2 500 万元。刘继虎用这些资金引进香港表盘、机芯,根据市场需求,生产了多花色的产品去争取市场,到 1989 年,专营公司盈利 900 多万元。该手表厂也是个老大难企业,先后换了 10 多名厂长,刘继虎的行为让企业领导感到难堪,在 1990 年将专营公司撤销。1992 年手表厂面临破产,累计亏损 4 000 多万元,银行存款只有 4 万元,固定资产达 8 000 万元,并且有几百台进口设备,在这种情况下,刘继虎于 1992 年 4 月被任命为该厂厂长。8 个月后,该企业减亏 747 万元,1993 年全面扭亏,实现利税 574 万元。1992 年到 1996 年还清了近 1 亿元债务。

作者点评

从上以案例我们可以看到,资金只有周转起来才能增值,存货压着是死钱,死钱变活钱才能赚钱,及时处理积压存货时可能会发生一些损失,但将资金盘活后,可能增值更大。目前不少国有企业存货积压比较严重,但一些经营者又不愿意去处理积压的存货,因处理积压存货可能会造成当期亏损,影响经营者的“政绩”。从刘继虎处理滞销产品的做法中我们是否体会到了点什么?

第五讲 固定资产与无形资产管理

- 如何进行固定资产日常管理？
- 无形资产对企业有何重要作用？如何发挥？

固定资产和无形资产都属企业的长期资产。固定资产是使用年限在一年以上,单位价值在规定标准以上,可反复使用而实物形态不变的资产。固定资产管理的关键是固定资产投资决策,但投资形成固定资产后,固定资产的日常管理也很重要,它影响着固定资产效益的发挥和资金回收的快慢。本讲讨论固定资产的日常管理问题。

无形资产是企业为生产商品或提供劳务,或为管理目的而持有的没有实物形态的资产。无形资产管理在我国一些企业还很薄弱,不少企业对无形资产的认识还比较模糊。无形资产对企业有何重要作用,如何管理无形资产,是本讲探讨的另一个问题。

一、固定资产管理

(一) 固定资产的特点

1. 固定资产的确认

固定资产是使用年限在一年以上,单位价值在规定标准以上,可反复使用而实物形态不变的资产。固定资产按以下标准来确认:生产经营使用的房屋及建筑物,机器,机械运输工具以及其他与生产经营有关的设备、器具、工具等,无论单位价值大小,只要使用期限超过1年,即为固定资产。

会计制度对生产经营固定资产只规定"使用年限超过一年",而未规定其单位价值,固定资产单位价值标准由企业确定,这就存在价值标准确认高一些对企业有利还是价值标准确认低一些对企业有利的问题。确定了价值标准后,价值标准以上的作为固定资产,价值标准以下的作为流动资产中的低值易耗品,不同形态资产的购置成本得到的补偿程度也不同。

2. 固定资产的特点

与流动资产相比,固定资产一般有以下特点:

(1) 使用时间长,获得补偿的时间长

固定资产的使用年限少则几年,多则几十年,它能多次参加生产经营过程,而不改变其实物形态,其减少的价值随着固定资产的磨损,逐渐地、部分地在使用期间内以折旧的形式转化成本费用,并随着产品价值的实现转化为货币资金获得补偿,因而固定资产成本获得补偿的时间也较长。

(2) 收益高、风险大

固定资产是企业生产经营的主要劳动资料,主要包括厂房和机器设备,使用时间长,是企业创造财富的主要手段,它和无形资产共同被称为长期经营资产。固定资产的固定不仅表现为其实物形态的长期不变,还表现为它所内含的技术形态的相对固定,进而使其用途也较为固定。这些资产不易改变用途,表现为用其所生产的产品的使用价值具有相对的稳定性。由于固定资产使用期间较长,在这个较长时期内所生产的产品的使用价值也很难改变,亦即固定资产的投资具有不可逆转性,但人们对产品的需求却在不断变化,这正是固定资产投资风险较大的原因。事实上,固定资产投资的回收期限越长,市场需求的变化越大,投资的风险也就越大。此外,当固定资产所生产的产品不适合社会需求时,如果处理和变卖固定资产,其价值也因固定资产的使用功能丧失而变得低廉,导致残余价值不能得到补偿。

由于固定资产投资风险较大,相应其投资收益也应较高。主要原因在于:固定资产投资通常具有战略性。战略性会给企业带来长期收益。

总之,固定资产投资一旦成功就会取得高收益;一旦失败,就会造成很大的损失。在财务管理中必须权衡风险和收益的关系,通过强化固定资产投资的可行性论证,尽可能避免风险,实现收益。

(3) 固定资产的价值补偿和实物更新相分离

固定资产的价值补偿是以折旧的方式分次计入产品成本,分期从销售收入中收回的。而实物的更新则要在固定资产使用一定时间后,待到报废时,用累积的资金购买或建造新的固定资产。固定资产的价值补偿和实物更新的分离,要求在对固定资产进行价值管理的同时,还必须重视固定资产实物的管理,要求在价值管理中考虑资金时间价值。通过折旧收回投资是按时间顺序分期收回的,从资金时间价值的角度看,越是提前收回的货币资金,其价值越大,反之价值越小。折旧所能形成的货币资金的时间价值包括两部分:一是提前折旧收回的货币资金的时间价值;二是提前折旧收回货币资金从而延期纳税使现金暂时多余而带来的资金时间价值。考虑固定资产使用后折旧分期进行而带来的价值差异,也必须对其进行与投资初始日相同口径的价值计算,这要求企业不仅要合理选择投资的投出时间,也要通过对折旧方式的选择,合理确定折旧的时间和折旧数额。

(二) 固定资产价值

研究固定资产价值有助于管理者掌握固定资产质量,了解固定资产的收益性。固定资产有三种价值,分别阐述如下:

1．固定资产原始价值

固定资产原始价值也称固定资产价值，是取得该固定资产时的实际成本。原始价值主要反映企业固定资产的初始规模，也是企业计提固定资产折旧的依据。固定资产取得时的成本应根据具体情况分别确定：① 外购的固定资产，以实际支付的买价、包装费、运杂费、安装费和交纳的有关税金等作为原始价值。② 自建的固定资产，以建造该项资产达到预计可使用状态前发生的全部支出作为原始价值。③ 投资者投入的固定资产，以双方确认的价值作为原始价值。④ 换入的固定资产，以换出资产账面价值加相关税费作为固定资产原始价值。

2．固定资产净值

固定资产净值是固定资产原值减去累计折旧后的余额。固定资产净值可反映固定资产占用资金的状况和固定资产的新旧程度。

3．固定资产账面价值

固定资产账面价值反映固定资产在目前市场情况下和技术水平下的实际价值。

固定资产账面价值 = 固定资产原值 － 累计折旧 － 固定资产减值准备

固定资产减值准备是固定资产账面价值高于固定资产可收回金额的差额。

（三）固定资产折旧

固定资产折旧是固定资产在使用过程中由于磨损而发生的价值转移和价值补偿，是固定资产初始支出在使用期间的分摊和收回，是衡量固定资产磨损的价值尺度，也是企业更新改造资金的重要来源。固定资产折旧主要有以下几种方法：

1．使用年限法

该方法又称直线法，是按固定资产使用年限平均计提折旧的方法。按此计算方法所计算的每年的折旧额是相同的。因此，在各年使用资产情况相同时，采用直线法比较恰当。其计算公式为：

$$\text{年折旧额} = \frac{\text{折旧总额}}{\text{折旧年限}}$$

$$= \frac{\text{固定资产原值} - (\text{预计残值} - \text{预计清理费用})}{\text{预计使用年限(折旧年限)}}$$

$$= \frac{\text{固定资产原始价值} \times (1 - \text{预计净残值率})}{\text{折旧年限}}$$

$$\text{月折旧额} = \text{年折旧额} \div 12$$

或

$$\text{年折旧率} = \frac{1 - \text{预计净残值率}}{\text{折旧年限}} \times 100\%$$

$$\text{月折旧率} = \text{年折旧率} \div 12$$

$$\text{月折旧额} = \text{固定资产原值} \times \text{月折旧率}$$

例 5-1 企业某项固定资产原值为 20 000 元,规定折旧年限为 5 年,预计残值收入为 1 000 元,预计清理费用 500 元,则

$$\text{年折旧额} = \frac{20\,000 - (1\,000 - 500)}{5} = 3\,900(\text{元})$$

$$\text{月折旧额} = 3\,900 \div 12 = 325(\text{元})$$

2. 工作量法

工作量法是指以固定资产能提供的工作量为单位来计算折旧额的方法。工作量可以是汽车的总行驶里程,也可以是机器设备的总工作台班、总工作小时等。其计算公式为:

(1) 按行驶里程计算折旧:

$$\text{单位里程折旧额} = \frac{\text{固定资产原值} \times (1 - \text{预计净残值率})}{\text{总行驶里程}}$$

$$\text{各月折旧额} = \text{单位里程折旧额} \times \text{各月实际行驶里程}$$

(2) 按照工作小时计算折旧:

$$\text{每工作小时折旧额} = \frac{\text{固定资产原值} \times (1 - \text{预计净残值率})}{\text{总工作小时}}$$

$$\text{月折旧额} = \text{每工作小时折旧额} \times \text{本月工作小时}$$

(3) 按照工作台班计算折旧:

$$\text{每班折旧额} = \frac{\text{固定资产原值} \times (1 - \text{预计净残值率})}{\text{总工作台班}}$$

$$\text{各月折旧额} = \text{每台班折旧额} \times \text{各月实际工作台班}$$

工作量法主要适用于使用频率不均衡的大型设备。

3. 双倍余额递减法

双倍余额递减法是加速折旧法的一种,是指在不考虑固定资产残值的情况下,用直线折旧率的两倍作为固定资产折旧率,与固定资产在每一会计期间的期初账面价值相乘,从而确定当期折旧额的一种方法。其计算公式为:

$$\text{年折旧率} = \frac{1}{\text{折旧年限}} \times 2 \times 100\%$$

$$\text{月年折旧率} = \text{年折旧率} \div 12$$

$$\text{月折旧额} = \text{固定资产账面价值} \times \text{月折旧率}$$

实行双倍余额递减的固定资产,应当在其固定资产的折旧年限到期前两年内,将固定资产净值扣除预计净残值后的净额平均摊销。

例 5-2 某项固定资产的原始价值为 20 000 元,估计净残值为 1 000 元,折旧年限为 5 年。利用双倍余额递减法计算各年的折旧额如表 5-1 所示。

表 5-1　折旧计算表

年份	期初账面价值（元）	年折旧率	年折旧额（元）	累计折旧额（元）	期末账面价值（元）
1	20 000	40%	8 000	8 000	12 000
2	12 000	40%	4 800	12 800	7 200
3	7 200	40%	2 880	15 680	4 320
4	4 320	—	1 660*	17 340	2 660
5	2 660	—	1 660*	19 000	1 000

注：*（4 320 − 1 000）÷ 2 = 1 660（元）

4. 年数总和法

年数总和法是指固定资产原值减去残值后的净额乘以一个逐年递减的分数（折旧数）来确定折旧额的方法。其计算公式为：

$$年折旧率 = \frac{折旧年限 - 已使用年限}{折旧年限 \times（折旧年限 + 1）\div 2} \times 100\%$$

$$月折旧率 = 年折旧率 \div 12$$

$$月折旧额 =（固定资产原值 - 预计净残值）\times 月折旧率$$

例 5-3　仍用上述双倍余额递减法的例题为资料，用年数总和法计算各年的折旧额如表 5-2 所示。

表 5-2　折旧额计算表

年份	原值 − 预计净残值（元）	年折旧率	年折旧额（元）	累计折旧（元）
1	19 000	$\frac{5}{5\times(5+1)\div 2}=\frac{5}{15}$	6 333.33	6 333.33
2	19 000	$\frac{5-1}{5\times(5+1)\div 2}=\frac{4}{15}$	5 066.67	11 400.00
3	19 000	$\frac{5-2}{5\times(5+1)\div 2}=\frac{3}{15}$	3 800.00	15 200.00
4	19 000	$\frac{5-3}{5\times(5+1)\div 2}=\frac{2}{15}$	2 533.33	17 733.33
5	19 000	$\frac{5-4}{5\times(5+1)\div 2}=\frac{1}{15}$	1 266.67	19 000.00

在以上计算方法中，双倍余额递减法和年数总和法均属于加速折旧法，这是第二次世界大战后国际上广泛采用的折旧方法。

加速折旧法对于加速资金周转、改善企业财务状况，具有十分重要的意义。它可以起到推迟纳税时间和变相减税的作用，有利于企业加快资金周转，改善企业财务状况。

企业采用上述哪种折旧方法,预计净残值确定为多少,预计使用年限多长,由企业自己确定。企业应根据固定资产的性质和消耗方式,合理地确定固定资产的预计使用所限和预计净残值,并根据科技发展、环境及其他因素,选择合理的折旧方法,按照管理权限,经股东大会或董事会,或经理(厂长)会议或类似机构批准,作为计提折旧的依据。

(四)固定资产经济使用年限

固定资产利用效率不仅涉及固定资产的产出效率,而且涉及固定资产的使用年限。而固定资产的使用年限又与折旧的多少相联系,它是产出的投入成本。只有将两者结合起来,才可能全面考核固定资产的利用状况。从财务角度考虑,固定资产的使用年限,不仅是指其实物的使用年限即自然使用年限,更强调其经济使用年限。

固定资产使用年限通常包括三种使用年限:技术使用年限、经济使用年限和物质使用年限。技术使用年限是指由固定资产所包含的技术所决定的使用年限,是设备从开始使用直至因技术落后而被淘汰为止所经历的时间。经济使用年限是指由固定资产使用费用决定的使用年限,当固定资产超过这一使用年限继续使用时,就要付出高额的维持费用,在经济上就不合理了。物质使用年限是由于物质磨损的原因所决定的设备使用所限,即设备从开始投入使用,到由于磨损使设备老化、坏损、直至报废为止所经历的时间。三种使用年限中,物质使用年限的时间最长,技术使用年限时间最短,经济使用年限居中。企业在决定固定资产使用年限时,应以哪种使用年限为标准呢?对于高科技企业,尤其是技术更新速度非常快的企业,其中的关键性设备,采用技术使用年限为依据来确定使用年限,是比较适合的。但是对于大多数企业的大多数固定资产,采用技术使用年限来确定使用年限就不一定合适了。如果采用物质使用年限来确定使用年限,其折旧年限过长,资金回收太慢,并且固定资产的效率也不会高。因此相对相言,采用经济使用年限来确定固定资产的使用年限,对大多数固定资产来说更为合适。

1. 固定资产经济使用年限的含义

固定资产经济使用年限是由固定资产使用的经济效益决定的,它指使固定资产的平均成本最低时的使用年限。

固定资产年均成本由资产成本和劣势成本构成。资产成本指用于固定资产投资上的成本。在不考虑机会成本和资金时间价值的情况下,资产成本就是各年的固定资产折旧。固定资产的使用期限越长,每年所分摊的折旧额就越低,所以,资产成本与固定资产使用年限成反比。劣势成本由两部分组成:一部分是指由于固定资产使用的自然损耗,逐年降低的效率与精度和逐渐增加的原材料与能源消耗以及次品、废品损失等;另一部分是指随固定资产使用年限的增加而逐渐增加的维修费。固定资产的劣势成本与固定资产的使用年限同向变动。

正由于固定资产平均成本中资产成本随固定资产使用期的延长而递减，劣势成本随固定资产使用期的延长而递增，所以，固定资产的年均成本在固定资产的自然寿命的初期是递减的，在自然寿命期内的某一时点，年均成本达到最低，超过这一点后，便开始逐年增加。因此，年均成本最低点的时间也就是固定资产的经济寿命期或经济使用年限。

2. 固定资产经济使用年限的确定

固定资产经济使用年限的确定方法有两类：一类是考虑时间价值的方法；一类是不考虑时间价值的方法。具体方法有以下几种。

(1) 库存模式法

这是一种不考虑固定资产残值和资金时间价值的方法。

固定资产年平均成本 = 年折旧额 + 年使用费用，即

$$P = C/n + (n-1)g/2$$

式中：P——固定资产年平均成本；

C——固定资产原值；

n——固定资产使用年限；

g——每年增加的使用费用。

通过对上述公式进行数学推导，可以得到经济使用年限 n^* 和最低平均成本 P^* 的计算公式：

$$n^* = \sqrt{\frac{2c}{g}}$$

$$P^* = \sqrt{2cg} - g/2$$

例 5-4　某项固定资产原值为 2 000 000 元，设备每年增加的维持费为 4 000 元，求该设备的经济使用年限。

$$\text{经济使用年限}(n^*) = \sqrt{\frac{2 \times 2\,000\,000}{4\,000}} = 10(\text{年})$$

$$\text{最低年平均成本}(P^*) = \sqrt{2 \times 2\,000\,000 \times 4\,000} - 4\,000/2$$
$$= 40\,000 - 2\,000 = 38\,000(\text{元})$$

(2) 面值法

面值法是通过对固定资产账面统计资料的分析计算，求得固定资产经济使用的方法。它根据各年折旧额和各年维持费用计算出各年的平均成本，然后将使用年限内各年的平均成本加以比较，平均成本最低的年份就是固定资产的经济使用年限。这种方法考虑了固定资产残值，但未考虑资金时间价值。

例 5-5　企业以 30 000 元购买吉普车一辆，有关资料如表 5-3 所示，求其经

济使用年限。

表 5-3　固定资产折旧资料表　　单位:元

年限	1	2	3	4	5	6	7
残值	20 000	13 333	10 000	7 500	5 000	3 000	3 000
维持费用	6 000	7 000	8 000	9 000	10 000	12 000	15 000

根据上述资料列表 5-4。

表 5-4　年平均成本计算表　　单位:元

使用年限①	1	2	3	4	5	6	7
累计维持费用②	6 000	13 000	21 000	30 000	40 000	52 000	67 000
累计折旧③	10 000	16 667	20 000	22 500	25 000	27 000	27 000
总使用成本④ = ② + ③	16 000	29 667	41 000	52 500	65 000	97 000	94 000
年平均成本⑤ = ④ ÷ ①	16 000	14 843	13 667	13 125	13 000	13 167	13 428

从表 5-4 中可知,年平均成本最低为 13 000 元,经济使用年限为 5 年。

(3) 考虑时间价值的计算方法

各年折旧额和各年维持费用都是在不同时点上发生的,但用面值法计算的年平均成本没有考虑货币时间价值,如果考虑货币时间价值,不同时点上的金额是不能直接比较的,必须换算到同一时点上才能比较其大小。

考虑时间价值的方法较为复杂,是要把不同使用年限的固定资产投资费和使用费用之和贴现到投资初始年,即计算出现值总成本再将现值总成本用年金现值系数折算成年平均成本。其计算公式如下:

$$P = \left[C - \frac{S_n}{(1+i)^n} + \sum_{t=1}^{n} \frac{C_t}{(1+i)^t} \right] \div (P_A/A, i, n)$$

式中:P——固定资产年平均成本;

C——固定资产原值;

S_n——几年后的固定资产残值;

C_t——第 t 年的运行成本;

n——预计使用年限;

i——贴现率;

$(PA/A, i, n)$——年金现值系数。

这种方法在具体运用时,要编制表格,逐年计算残值现值、维持费用现值、现值总成本,最后根据年金现值系数计算出年平均成本,根据计算出的各使用年限的平均成本选择最低年平均成本,其对应的年限即为经济使用年限。

例 5-6　某项固定资产原值 1 400 元,运行成本逐年增加,折余价值(残值)

逐年下降,有关数据见表 5-5。

表 5-5　年均成本计算表　　单位:元

使用年限	原值 ①	残值 ②	贴现系数 ③I = 8%	残值现值 ④ = ② × ③	维持费 ⑤	维持费现值 ⑥ = ⑤ × ③	累计维持费用现值 ⑦ = Σ⑥	现值总成本 ⑧ = ① − ④ + ⑦	年金现值系数 (i = 8%)	年平均成本 ⑩ = ⑧ ÷ ⑨
1	1 400	1 000	0.926	926	200	185	185	659	0.926	712
2	1 400	760	0.857	651	220	188	373	1 122	1.783	629
3	1 400	600	0.794	476	250	198	571	1 495	2.577	580
4	1 400	460	0.735	338	290	213	784	1 846	3.312	557
5	1 400	340	0.681	231	340	231	1 015	2 184	3.993	546
6	1 400	240	0.630	151	400	252	1 267	2 516	4.623	544
7	1 400	160	0.583	93	450	262	1 529	2 836	5.206	545
8	1 400	100	0.541	54	500	270	1 799	3 145	5.749	547

从表 5-5 中可以看到最低平均成本为 544 元,对应的年限是 6 年,因此经济使用年限为 6 年。

(五) 固定资产日常管理要点

1. 落实管理责任

企业通行的管理制度是固定资产归口分级管理。企业固定资产种类复杂,数量较大,固定资产的使用涉及企业各部门、各单位,为此,应建立各职能部门、各级单位在固定资产管理方面的责任制,实行固定资产的归口分级管理制度。即在企业财务部门的统一协调下,按固定资产类别,由企业各职能部门归口管理,按各类固定资产的使用地点,由各级使用单位负责具体管理,并进一步落实到班组和个人。

固定资产归口分级管理,包括两个方面的内容:① 固定资产的归口管理。它是按照固定资产的使用性质或类别归口给有关职能部门负责管理,如房屋建筑物、用具归口给行政事务部门负责管理;运输设备归口给运输部门管理。各归口部门负责固定资产的合理使用、维护和管理,定期对固定资产的使用保管情况进行检查,并与财会部门保持密切的联系。② 固定资产的分级管理。在归口管理的基础上,按照固定资产的使用地点将各类固定资产分别交由企业内部各级单位管理,并具体落实到人,这样可以做到层层负责和物物有人管。为了进一步健全固定资产的责任制,还必须明确规定各有关方面的权、责、利关系,并加以具体化,形成相应的规章制度,做到使用有权限,管理有责任,考核有尺度,奖惩有标准。

2. 加强固定资产管理基础工作

管理基础工作是为企业实现经营目标和管理职能提供资料依据、共同准则、基本手段和前提条件的必不可少的工作。固定资产管理的基础工作具体包括编制固定资产目录、登记固定资产卡片、建立固定资产分类账簿、制定固定资产效率定额、建立健全固定资产盘点制度等。

(1) 编制固定资产目录

当企业达到一定规模时,固定资产种类多、数量大,为了便于查找企业拥有的固定资产的种类和项目,通常要按固定资产的分类标准,编制固定资产目录。固定资产目录要统一编号,固定资产管理部门和使用部门的账号与实物的编号,要与目录的编号相一致,以便管理和核对。

(2) 登记固定资产卡片

固定资产卡片是以每一项固定资产项目为对象分别设立的,卡片上登记了该项固定资产的详细情况,包括固定资产的购进、使用、修理、转移、调出、报废等情况。固定资产卡片通常一式三份,财务、管理和使用部门各一份。一般在固定资产情况变动后, 应随时登记有关的卡片,以便掌握固定资产的使用和变动情况。

(3) 制定固定资产效率定额

固定资产效率定额是衡量固定资产使用效果的尺度,也是加强固定资产管理的重要手段。固定资产效率定额包括单位产品台时消耗定额、设备故障停机率、设备计划台时利用率以及万元产值维修费等。通过这些标准定额的制定,可促使固定资产的使用部门有效地利用固定资产,提高固定资产的使用效率,降低固定资产使用成本。

(4) 建立健全固定资产盘点制度

为保证固定资产的完整无损,必须建立固定资产的定期盘点制度。固定资产的盘点主要有三项工作:一是查物点数,核对账目,深入现场对固定资产进行清点,做到账、卡、物三相符,发现盘盈、盘亏和毁损,查明原因,弄清责任。二是检查固定资产的保管、使用和维护情况,对固定资产维护保养不当的,要提出措施加以改进,对已满使用年限,不能继续使用的固定资产,或者是技术落后、消耗高、效率低的固定资产,经审批后进行处理。三是通过清查盘点,确定固定资产可收回金额,为计提固定资减值准备提供依据。

3. 做好固定资产使用维护管理

固定资产的利用效果与固定资产的使用、维护、修理工作密切相关,做好固定资产使用维护管理要做到以下几点:

(1) 合理使用固定资产,提高利用效率

合理使用固定资产,就是要根据固定资产的性能和使用要求,统一调度安排生产任务和工作负荷,保证满负荷,并制定相应的责任制度和奖惩制度,提高工人操作的技术水平和熟练程度,保证生产设备被安全有效地使用。提高固定资产利用效率主要是从两个方面努力：一是提高设备的时间利用程度。企业应充分利用设备可能的工作时间，让设备在时间上尽可能满负荷运转，如增加开工班次，提高维修质量，缩短维修时间。二是提高设备在单位时间内的生产效率，即让设备在生产能力规定的范围内满负荷，利用先进的工艺技术对现有设备进行技术改造，提高设备的生产能力，提高工人的技术水平和熟练程度。

(2) 做好固定资产的维护修理工作

固定资产的维护修理是保证固定资产正常运转，提高固定资产利用效率的重要措施。

设备的维护包括日保、一保、二保，通过设备的维护保养，及时处理设备使用过程中的不正常的技术状态，保证设备的正常运转，延长设备的正常磨损期和使用寿命。

设备的修理包括大、中、小修。通过修理和更换由于正常或不正常原因引起的零件损坏，使其物质磨损得以补偿，设备的效能得以恢复。

企业要尽力保证设备的维护和修理资金，同是要制定定额、标准和制度，控制设备的维护修理费用，减少浪费。

二、无形资产管理

(一) 无形资产的特点

无形资产有如下一些特点：

1. 没有实物形态

无形资产通常表现为某种权利、技术或获取超额利润的能力，比如土地使用权、专用技术、商誉等。它没有实物形态，却能为企业带来经济利益。

2. 可以给企业带来超额收益

无形资产包含的知识产权、专有技术，是人类科技进步的重要成果，往往可以使企业的生产效率和经济效益成倍提高。如果企业拥有某种权利，也可以让企业在较长时间内获得超过一般水平的盈利。在现代商品经济条件下，无形资产越来越成为企业宝贵的经济资源。企业拥有的无形资产的价值越高，其获利能力就可能越强。

3. 经济效益具有较大的不确定性

无形资产所提供的未来经济效益往往又具有不确定性，即有可能很大，也有可能很小。除了由于无形资产包含的知识产权、专有技术、特种权利发挥作用的范围、领域不同，从而引起的经济效益不同外，无形资产所提供的经济效益的不确定性还源于许多无形资产具有时效性。随着科学技术进步速度的加快，技术、知识的更新速度日益加快,昨天非常了不起的新技术成果,今天可能已经很快普及,原有的专利权,可能就会变得一文不值。另外,无形资产效益的大小也取决于有形资产能否充分发挥作用。无形资产在企业生产经营中发挥效能时,往往还要借助有形资产,因此,无形资产带来的收益也很难与固定资产、流动资产等有形资产分开而单独确认。这也是造成无形资产效益不确定的因素之一。

4. 无形资产可以同时有多个使用者

有形资产在特定时间内只能有一个使用者,而无形资产通过转让使用权等方式,可以同时拥有多个使用者。

(二) 无形资产的主要内容

1. 专利权

专利权指国家专利管理机构依法授予发明创造专利申请人对其发明创造在法定期限内所享有的专有权利,包括发明专利权、实用新型专利权和外观设计专利权。并不是所有的专利权都是无形资产,只有那些能给企业带来较大经济效益的专利权才能作为无形资产。专利权给企业带来的经济效益主要表现在能为持有者生产制造出别人所不能生产或超过一般企业质量水平的产品,为企业确定竞争优势,有利于企业占领市场,有利于提高产品或服务的价格,也有利于降低成本,而且当转让专利权时还可以获得一笔收入。

2. 专有技术

专有技术也称非专利技术,是指不为外界所知,在生产经营活动中已采用了的、不享有法律保护的各种技术和经验。其主要内容包括:① 工业专有技术,即在生产上已经采用,仅限于少数人知道,不享有专利权或发明权的生产、装配、修理、工艺或加工方法的技术知识和经验;② 商业专有技术,即具有保密性的市场情报、原材料价格情报以及有关用户、竞争对象的情况和知识;③ 管理专有技术,即生产组织和经营方式、管理方式、培训职工的方法等保密知识。非专利技术并不是专利法保护的对象,专有技术所有人依靠保密的方式来维护其独占权,可以用于转让和投资。

非专利技术在生产经营中表现出以下特征:① 经济性,非专利技术在生产经营中使用,能够提高企业的经济能力和生产水平,给企业带来较高的经济效益;② 机密性,非专利技术是企业通过长期研究所掌握的不愿公开的方法、特长和经验,它一经公开就失去其价值;③ 动态性,非专利技术是企业或技术人员经过长期的经验积累而形成的,而且是不断发展的。

非专利技术给企业带来的效益有时比专利权更长久,因为专利权都有法律保护期限,如《专利法》规定,发明专利的有效期为20年,实用新型专利和外观设计专利的有效期为10年。专利权到期要公开,而非专利技术只要保守住秘密,没有期限限制。典型的非专利技术是可口可乐的配方。

3. 商标权

商标是用来辨认特定的商品或劳务的标记。商标权指专门在某类指定的商品或产品上使用特定的名称或图案的权利。商标权包括独占权和禁止权两个方面。独占权指商标权享有人在商标的注册范围内独家使用其商标的权利;禁止权指商标权享有人排除和禁止他人对商标独占权进行侵犯的权利。

商标的价值在于企业有特别商标名称的优质商品,成功地取得了广大消费者的信任。取得卓著信誉的商标权的商品往往能使企业赢得大量顾客,一般来说,能以比商标不著名的产品更高的价格出售。

4. 著作权

著作权又称版权,指作者对其创作的文学、科学和艺术作品依法享有的某种特殊权利。著作权包括两方面的权利,即精神权利(人身权利)和经济权利(财产权利)。前者指作品署名、发表作品、确认作者身份、保护作品的完整性、修改已经发表的作品等项权利,包括发表权、署名权、修改权和保护作品完整权;后者指以出版、表演、广播、展览、录制唱片、摄制影片等方式使用作品以及因授权他人使用作品而获得经济利益的权利。

5. 土地使用权

土地使用权指国家准许某一企业在一定期间内对国有土地享有开发、利用、经营的权利。土地使用权在未建房屋建筑物以前作为无形资产,已建房屋建筑物后其摊余价值转入房屋建筑物成本,作为固定资产。

6. 经营特许权

经营特许权指企业在某一地区经营某种业务、销售某种特定商品的权利或是一家企业授权另一家企业使用其商标、商号、技术秘密等的权利。前者一般是由政府机构授权,准许企业在一定地区享有经营某种业务的特权,如水、天然气、烟草专卖权等;后者指企业依照签订的合同,使用另一家企业的某些权利,如连锁店分店使用总店的名称等。

7. 商誉

商誉是指一家企业由于种种原因所形成的营业状况特别好、资产报酬率超过同行业正常报酬率的能力。这些原因可能包括:企业所处的地理位置比较优越;长期以来坚守信誉,获得了顾客信任;管理水平先进,生产经营效率较高;历史悠久,积累了丰富的经验;技术上特别先进;掌握了生产经营上的某些诀窍;能带某些超额收益的其他原因。

商誉与整个企业密切相关,因而它不能单独存在,也不能与企业可辨认的各项资产分开出售。由于有助于形成商誉的个别因素不能单独计价,因此商誉的价值只有把企业作为一个整体看待时才能按总额加以确定。商誉可以是自创的,也可以是外购的。

无形资产的内容在会计核算中与财务管理中存在着一定差异。从管理角度讲,只要企业能够控制无形资产产生的经济利益,且产生的经济利益能够流入企业,则作为企业的无形资产。在会计核算中,除了满足上述两项条件外,还增加了成本能够可靠计量的条件。因而企业账面上反映的无形资产可能和企业实际拥有的无形资产并不一致,一些无形资产在企业账面上反映不出来,如自创商誉、自创名牌、专有技术等。

另外对于一些能给企业带来经济效益的因素是否作为无形资产,从财务管理角度还没有形成统一的认识。比如,企业拥有一支高素质的职工队伍,企业拥有的科技人才和管理人才的才能,企业建立起来的客户关系,企业的销售网络,企业建立起来的企业文化等,这些因素由于无法进行可靠的计量而在会计核算时不确认为无形资产,在财务管理中是否承认是无形资产呢?关键看企业能否控制这些因素产生的经济利益。

(三)无形资产的计量与摊销

1. 无形资产取得成本

(1) 外购无形资产

企业外购的无形资产以实际支付的价款作为入账价值。外购无形资产和外购固定资产一样,属于企业长期资产投资,在外购前应慎重做好可行性研究。

(2) 自行开发的无形资产

自行开发的无形资产其入账价值按依法取得时发生的注册费、律师费等费用确定;依法申请取得前发生的研究开发费用,应于发生时确认为当期费用。

(3) 投资者投入的无形资产

投资者投入的无形资产按投资各方确认的价值入账,但企业为首次发行股票而接受投资者投入的无形资产,应以该无形资产在投资方的账面价值作为入账价值。

企业还可采用其他方式取得无形资产,如通过债务重组、非货币性交易、接受捐赠等途径取得无形资产,这些途径不是主要途径,故不做详细介绍。

2. 无形资产期末计价

企业应定期检查无形资产账面价值,至少于每年末检查一次,对无形资产的可收回金额进行估计,并将该无形资产的账面价值超过可收回金额的部分确认为减值准备。

3. 无形资产摊销

无形资产摊销是指无形资产成本在使用期间的分摊和收回,将摊销金额计入各期管理费用。无形资产在其预计使用年限内平均摊销,预计使用年限超过了相关合同规定的受益年限或法律规定的有效年限的，按下列原则确定摊销年限：

① 合同规定了受益年限但法律没有规定有效年限的，摊销期限不超过受益年限。

② 合同没有规定受益年限但法律规定了有效年限的，摊销年限不应超过有效年限。

③ 合同规定了受益年限，法律也规定了有效年限的，摊销年限不应超过二者中较短者。

④ 合同没有规定受益年限，法律也没有规定有效年限的，摊销年限不应超过10年。

（四）无形资产在现代企业中的作用

1．无形资产具有较强的增值性

有形资产在使用过程中会发生有形磨损，其价值也会随之下降；而无形资产则不同，它一旦形成和投入使用，它本身会产生积累价值，使用得越频繁、越广泛，其自身的使用价值也越高。无形资产不会因使用而发生磨损（当然，无形资产因维护不当或时间迁移等原因也会形成无形损耗）。无形资产在使用过程中的这种无磨损、能增值的属性，就是有形资产与无形资产相比所没有的稳定性和增值性。正如可口可乐公司总裁所言，可口可乐公司的设备、厂房即使全部毁掉，只要有配方和商标在，仍能重建一个新的可口可乐公司。这可以形象地说明无形资产所具有的稳定性和增值性。

2．无形资产对企业发展具有加速作用

一个企业扩大经营规模，传统的做法主要是通过厂房、设备等有形资产的扩张来实现。目前，这种以有形资产低水平扩张的方式越来越受到以无形资产为主、投资软件化扩大企业规模方式的挑战。当前，主要发达国家的跨国公司在对外直接投资方式上一个显著的变化，就是减少有形资产投资，增加以技术转让为主的非股本生产合作，它们通过生产特许协议、生产许可证转让、商标转让等方式来扩大企业规模，提高市场占有率，并取得了前所未有的成效。许多跨国公司就是通过这种方式实现了生产当地化、管理当地化、科研当地化、融资当地化、销售当地化和服务当地化的。据统计，世界跨国公司的年产值相当于世界总产出的50%，掌握了国际贸易的50%，经营着70%的国际技术转让。可口可乐公司、肯德基公司就是利用配方和商标权转让在世界各地建立的跨国公司。一些高技术企业在短短的几年时间里，从几万、几十万资金起家，发展到现在销售额达数亿、数十亿元，有形资产过亿元，它们靠的就是领先的技术和创新能力，用滚雪球的方式不断发展起来的。

正是认识到了无形资产在现代企业中的重要地位和无形资产对现代企业发展的重要作用,所以世界许多大公司都非常重视对商标、专利、商业秘密、特许经营权等无形资产的经营管理。事实上,许多世界知名企业通过无形资产的经营与管理,已经取得了巨大的经济效益,更重要的是为企业规模的扩张起到了不可磨灭的作用。例如,日本企业第二次世界大战以后,从国外购买了26000项专利技术。然后通过消化、吸收和创新,从中获利5000亿美元之巨,是引进技术所花费用的50倍。世界闻名的美国麦当劳快餐店,在20世纪60年代还默默无名,80年代以后一跃成为拥有17000家店面、雇员达12万人以上的世界上最大的跨国食品企业,其成功的原因很多,例如质量、服务、卫生方面,但更重要的是它的特许经营权制度。没有特许经营权制度,它就不可能如此迅速地在全世界繁殖。可口可乐公司也是利用可口可乐商标,通过出售原浆,在世界各地投资办厂,从而成为世界第一饮料公司的。美国的IBM公司在1991年亏损额28亿美元的情况下,仍投入66亿美元进行研究开发,由此可见其对无形资产的重视程度。

目前,我国企业正逐步走向国际市场,要参与国际竞争并获得优势,在竞争中不断发展壮大,成为大集团、大公司,就不能不重视无形资产的管理,实施名牌战略,创立名牌产品,加强商标管理,重视技术开发,正确利用商标、牌号、特许经营权来发展企业,等等。如果再忽视无形资产的管理,企业失掉的就不只是巨额财富,还将会失去市场、机会,甚至会毁掉企业的前程。

(五)无形资产管理要点

1. 辨认与保护

无形资产是没有实物形态的资产,很容易流失,企业必须保护自己的无形资产。要做好无形资产保护,首先是要将企业的无形资产辨认出来。我国目前承认的无形资产主要是前述七项,而一些发达国家承认的无形资产有二十多项,因此企业普遍存在对无形资产认识不清、辨别不清的现状。企业应按无形资产带来的经济利益是否能被企业控制为标准,从实际情况出发,从理财角度出发,辨别出企业拥有的无形资产,不一定受前述七项无形资产范围的限制。

其次,要做好无形资产的保密管理。企业的专有技术等主要是靠保密来维护资产的权利的。这些资产的价值在于其独占性,如果一旦泄露出去,变成众所皆知的东西就失去了其价值。要加强企业无形资产的保密管理,企业首先要对职工进行无形资产、商业秘密和保密教育,使职工认识到无形资产、商业秘密对企业经济效益的作用。同时要制定专有技术和商业秘密的保密制度,对企业的核心技术秘密实行专人负责制度。对泄露机密的人要采取一定的惩罚措施,对有意泄露企业技术和商业秘密,从中谋求私利的,要给予经济起诉,依法要求其赔偿经济损失。

最后,要注意利用法律来保护企业的无形资产。主要是针对其他企业、单位或个人对本企业的商标权、专利权、著作权的侵犯行为,如未经允许使用本企业注册商标,对本企业拥有专利权的产品进行仿制等。对这些侵权行为,要学会利用《商标法》、《专利法》等法律手段,配合工商、行政、司法部门进行清查、制止和经济索赔,以保护企业无形资产的权益不受侵犯。

2. 培育与利用

一些无形资产都是通过长期积累而形成的,且积累的时间越长,其价值越大,企业应注意培育自己的无形资产,使其增值,比如怎样创出名牌,怎样获得商誉,怎样积累自己的专有技术,如何建立企业文化,等等。

无形资产管理的最终目的是利用无形资产创造效益。无形资产的使用包括内部使用、出租、出售与对外投资等。

(1) 出租出售

出租是指转让无形资产使用权,出售是转让无形资产的所有权。无论是转让使用权还是所有权,首先应分析资产转让后对企业产生的有利和不利的影响,企业要权衡利弊,决定是否转让和如何转让。其次,对要求向其转让专利或其他无形资产的企业或单位进行调查了解,分析这些企业或单位是否具备运用专利或其他无形资产的条件,是否能产生效益。对某些无形资产如商标权、专营权的转让,还要分析接受转让的企业和单位能否保证质量、保证不损坏商标品牌的形象。对转让无形资产使用权的,要分析接受转让单位的财务状况和信誉,判断其是否能如期交纳转让费。

(2) 无形资产投资

无形资产管理的重要内容是运用无形资产进行对外投资。随着知识经济的发展,无形资产在创造社会财富中的作用日益提高,无形资产在企业对外投资中的份额和作用越来越大。一些企业运用其无形资产投资形成连锁经营,创办"虚拟"企业,形成了新的经营方式。

对无形资产投资的管理包括确认无形资产价值、选择投资对象、签订投资协议、对投资企业的控制和投资收益的回收等环节。

签订好投资协议或合同,是无形资产投资管理的基础。协议或合同将双方拥有的权利和应履行义务明确地加以规定,可以避免今后的纠纷。由于无形资产是一些知识产权和特种权利,不如有形资产那样确定,无形资产的专利或非专利技术一旦被掌握,就没有秘密而言,会促使被投资单位不再承认这些无形资产,而拒绝支付投资收益。因此,应通过协议合同明确地规定无形资产的有效期限以及在有效期限内对投资者权益的保护的有关条文,防止出现上述现象。

无形资产的所有者在以无形资产投资时,还要注意对被投资单位的控制,要掌握对外投资转让出去的专利权、非专利技术、专营权的控制权。为此,无形资产拥有人,还要通过不断开发新的专利、专有技术来吸引被投资企业,使其遵守协议合同的规定,使投资者掌握主动权。

(3) 内部使用

企业应将现有无形资产尽快转化成现实的生产力,抓住现有无形资产的各种优势,主动开展各项业务。如利用现有无形资产的先进性积极开拓市场;利用财务上的良好信誉,优先取得银行贷款,以及利用金融机构提供的发行股票债券的方便条件,加快筹资速度,拓宽融资渠道;利用良好的商业信誉,取得合作伙伴在供应价格、货源占有、结算方式等方面的优惠待遇;利用先进的生产工艺和优良的科学管理,尽可能提高产品质量,降低生产经营成本;利用良好的商业道德及优质服务,博得顾客的充分信任,增加企业的额外利润;利用商标权、专利权等,扩大企业在社会上的影响,增强企业在生产和销售上的垄断权等。

案　例

麦当劳特许经营的成功经验

世界闻名的美国著名企业家雷蒙德·A.克罗克在1961年仅以270万美元的价格买下了麦当劳兄弟经营的快餐店牌号及整个餐馆。到20世纪80年代中后期,麦当劳便发展成为在世界上拥有17 000家店面,雇员达12万人以上的世界最大的跨国食品企业。在短短的20多年的时间,麦当劳公司为什么能取得如此辉煌的成绩呢?人们在分析其成功的原因时,关注更多的是其产品特色和服务特色,将其奉行的质量、服务和卫生作为制胜的法宝。而实际上,麦当劳快餐店之所以如此迅速地遍布世界,还有更重要的原因,即温馨的店堂气氛和特许经营制度。没有特许经营制度,麦当劳快餐店是不可能在全世界得以迅猛发展的。

第一,特许经营是麦当劳公司成功的重要法宝。麦当劳快餐店创立初期,一直是由麦当劳兄弟俩共同经营的。为了扩大企业规模和增加企业盈利,1953年麦当劳兄弟俩出售了第一个麦当劳特许店的经营权,随后以同样的方式先后批准了数十家特许加盟店,使麦当劳的规模不断扩大,名声大振,但却损害了麦当劳的形象声誉,给麦当劳的前景蒙上了一层阴影。其原因是麦当劳兄弟俩缺乏特许经营的管理经验,各个加盟店只是租用了麦当劳的名称而已,在财务和营业方面完全独立,不遵循麦当劳的经营程序,有的店甚至连基本的卫生标准都达不到。

1954年,身为推销员的克罗克成为麦当劳特许经营的代理商,并取得了在全国办理特许经营的权利，此后便很快把麦当劳发展成为世界上优秀的大公司。其具体做法是：

① 控制区域特许权的转让。当时出售区域特许权非常流行，买主一旦拥有区域特许权，便可以在一个区域内成为店主，这虽然可以为麦当劳带来可观的收入，但不容易控制特许店产品的质量和服务，容易使公司的声誉和形象蒙受损失。为此，克罗克果断决定，宁缺毋滥，每一次只出售一个特许店的经营权，费用仅为950美元。

② 慎重选择加盟者。特许店必须严格遵守总部的作业程序和服务规则。只有优秀的特许店，才能被赋予开新店的权利。对不合标准的特许店，强制其改变面貌，并且不允许它们开设新店。

③ 制定统一的管理与经营规则。要求各个特许店必须按特许协议使用统一的商号、符号、设备、店面以及提供同质的产品和服务。例如，各个特许店使用统一的“M”标志。

④ 避免向特许店强行推销营业设备和产品，使店主和加盟者之间的利益关系相互协调。由于把因集体采购所得的优惠价格，直接转让到加盟店身上，从而增强了加盟店的向心力，吸引了大量新的加盟者。克罗克把优惠让给了加盟者，加盟者把名声和财富还给克罗克。

第二，麦当劳的特许加盟制度。目前，麦当劳直接经营的连锁店销售额占销售总额的25%，而加盟特许店的营业额占69%，可见特许加盟制度已成为麦当劳“帝国大厦”的基础。

麦当劳公司在长期的经营实践中，总结出了一套严格、标准和规范的特许加盟制度，反过来，完善的特许加盟制度使麦当劳公司的规模不断得以膨胀。

① 建立分店的要求。每开一家分店时，总部都要派人选择地址，组织安排店铺的建筑、设备安装和内外部装潢。

② 特许费用的承付。特许经营者一旦与公司签订合同，就必须先付一笔特许权使用费，总额为2.25万美元，其中一半用现金支付，另一半采用特许权使用费和房产租金的形式。另外，特许经营者需每年上交公司一次特许权使用费和房产租金，前者为年销售额的3%，后者为年销售额的8.5%。

③ 合同契约的签订。特许权合同使用期为20年。公司对特许经营者承担的责任有培训员工、管理咨询、协助经营、负责广告宣传、公共关系、财务咨询、向特许店提供供货优惠。

④ 货物分销方式。公司不直接向特许店提供餐具、食物原料，而是与专业供销公司签订合同，再由它们向各个分店直接送货。

作者点评

麦当劳特许经营的成功经验给了我们一些启示:

第一,忽视特许经营权等无形资产的经营丧失的不仅是巨额财富,而且是企业成功的机会。特许经营权连同商标权、专利、非专利技术、商誉等同属企业的无形资产。它们虽没有实物形态,但却能给企业带来长期的经济收益,同有形资产(如厂房、设备等)一样也是企业的资本财富,任何一个优秀的企业在其走向成功的历程中,都是重视无形资产的经营和管理的。忽视无形资产的经营管理,丧失的不仅是巨额财富,还可能是竞争优势,甚至可能是企业成功的机会。

第二,重视和充分利用特许经营权等无形资产,不仅能给企业带有直接的经济效益,而且会对企业规模扩张起到加速作用。传统的企业规模扩张主要是靠厂房、设备等有形资产的扩张来实现的,目前,这种方式越来越受到以无形资产等软件投资方式为主的扩张战略的挑战。麦当劳公司以特许经营权转让建立起了自己的帝国,而可口可乐公司和肯德基公司则通过配方和商标使用权的转让在世界各地设立了成百上千的分店。

第三,我国企业应大力加强无形资产经营意识,充分认识无形资产在现代企业中的重要地位和作用,强化无形资产的开发利用。由于无形资产与有形资产的特征不同,也由于在长期计划经济体制下资产就是有形资产的代名词等原因,我国企业的经营者对无形资产的认识比较模糊,对如何进行无形资产的经营管理也不太熟悉,由此产生的直接后果就是无形资产流失严重,无形资产经营管理相当薄弱,有些企业在这方面甚至仍是空白。因此,强化企业对无形资产的经营管理,不仅十分必要而且十分迫切。为此,企业领导者应该:① 抓紧学习无形资产知识,进一步提高认识,不断提高无形资产的经营管理水平。② 重视无形资产评估,准确、客观、合理评估企业各项无形资产的价值量。这是防止无形资产流失的关键环节,也是无形资产经营管理的基础环节。③ 建立健全无形资产的专门经营管理机构和必要的规章制度,为强化无形资产管理提供组织上和制度上的保证。④ 重视对企业无形资产的投资。我们不仅要盘活和充分利用无形资产存量,更应有前瞻意识,不断开拓无形资产资源。

第六讲 证券投资与资本经营

◆ 什么是资本经营？如何经营资本？

◆ 如何进行证券投资和金融衍生工具投资？

资本经营是一种新的经营方式,对企业发展以及实现资本增值有重要作用,而在企业中,对什么是资本经营,资本经营与商品经营有什么关系,如何进行资本经营等问题认识不清。本讲重点讨论上述问题。另外,随着金融市场特别是证券市场的发展,证券投资和金融衍生工具投资也将是企业理财的内容,本讲对上述两类投资应考虑的问题也进行了一些讨论。

一、证券投资

证券投资是指某个行为主体买卖有价证券的行为。下述证券投资主要指企业所从事的证券投资行为。

(一) 证券投资的种类与特点

1. 证券投资的种类

证券投资的种类直接取决于有价证券的种类。有价证券按照发行主体的差异划分,主要有政府债券、金融债券、企业债券及企业股票四种基本类型。与证券的种类相对应,可将证券投资分为四种类型政府债券投资、金融债券投资、企业债券投资和股票投资。

2. 证券投资的特点

不同证券间的差异,决定了不同证券投资的特点。

(1) 政府债券与金融债券投资的特点

从严格意义上讲,政府债券与金融债券投资在风险、收益和流动性等方面是有区别的,尤其在西方国家,二者的差异比较明显。但基于我国当前银行的国有制性质,投资者基本将二者视为无差异的投资。政府债券与金融债券投资的主要特点是风险小、流动性强、抵押代用率高及可享受免税优惠等。此外,我国的政府债券与金融债券大多采用固定利率形式,并且到期一次还本付息(利息按单利形式计算)。

(2) 企业债券与企业股票的特点

相对于政府债券与金融债券,企业债券与股票的风险与收益相对要高些,尤其是股票的风险与收益一般都远远高于政府债券或金融债券。与此相对应,企业债券或股票的流动性较政府债券或金融债券要低一些,因为无论是从信用地位还是从支付能力来看,任何企业都无法与政府财政或银行相比。因此,投资于企业证券,除面临和政府债券或金融债券同样的风险外,还有来自发行企业的经营风险等。由于企业债券的风险较高,因此,其抵押代用率不及政府债券与金融债券。此外,无论是企业债券还是股票的投资收益均得不到税收减免优惠,所以其真实收益率通常低于名义收益率。

企业债券投资与股票投资之间也具有各自不同的特点。企业债券投资风险相对较小,收益相对较低。

(二)证券投资的目的

企业投资于有价证券,主要出于以下目的:

1. 盈利

无论是投资于股票还是债券,无论是长期投资还是短期投资,都具有盈利的目的,区别只在于谋求长远利益还是近期利益。企业从事短期投资的主要目的是盈利。企业在生产经营过程中,由于资金需要量的不均衡性,有时大量资金沉淀于银行,企业为了获得比临时存款利息更高的收益,使资金得到充分利用,就可能进行短期投资,当生产经营需要资金时,再将这部分短期投资变现。企业从事长期证券投资也具有盈利的目的。如果从事长期股票投资,那是为了参股、控股于被投资企业,谋求长远发展和将来的收益。如果从事长期债券投资,主要目的是获得投资收益,也可能是为将来的某种需要积聚资金,在积聚资金的同时,获得更多的收益。

2. 扩展经营范围

企业从事长期股票投资,有时是为了扩展经营范围,谋求企业长远发展。通过股票投资控股被投资企业,是一种快捷的扩展经营范围的方式。例如深宝安收购上海延中股票,最终控股上海延中就是一个典型的例子。

3. 积聚资金

企业为了求生存、谋发展,在将来某个时候可能需要一些大额支出,例如将来可能会需要进行更新改造。为了满足将来的资金需要,企业可能会逐步积聚一些资金,为了在资金积聚过程中获得资金增值,就可能从事长期债券投资。

(三)证券投资的风险

1. 证券投资风险的含义

证券投资风险是指投资者在证券投资过程中遭受损失或达不到预期收益的可能性。风险的存在提示了三个方面的意义:

① 在整个证券投资过程中,都蕴含着风险因素,一切回避风险的企图均是徒劳的。

② 风险既是对投资者进行证券投资行为的约束,同时也提供了获得较高收益的机会。所以,投资者能否树立正确的风险价值观念,合理处理风险与收益的对称关系,决定着证券投资活动的成败。

③ 不同对象的证券投资以及投资者投资战略目的、选取的投资策略和投资方式的不同,所面临风险程度的大小各不相同。因此,投资者必须密切注视风险的存在,把握有利的投资时机,并采取适宜的投资组合,提高投资收益,降低投资风险。

2. 证券投资风险的种类

从事证券投资主要面临两类的风险,即可分散风险和不可分散风险。

(1) 可分散风险

可分散风险也称非系统或公司风险,是指只与个别公司和个别投资项目相联系的风险。它由公司投资项目本身的种种不确定性所引起,不对所有公司或所有投资项目产生普遍的影响。可分散风险包括经营风险和财务风险。经营风险是指某个公司的经营条件发生的变化对该公司盈利产生的影响。经营风险产生的原因可以进一步分为内部原因和外部原因。内部原因是指由于公司本身管理不善如决策失误造成的盈利波动、产品成本上升、质量下降、职工素质不高等。外部原因是指公司外部某些因素的变化对该公司的影响,如竞争对手的壮大使该公司在竞争中的地位下降,政府产业政策的变化使公司已确定的投资方向偏离产业政策的指导,顾客购买偏好转移造成市场萎缩,等等。财务风险是指公司资本结构引起的风险。在公司全部资金来源中,借入资金比例越大,债务负担越重,公司的财务风险越高。

(2) 不可分散风险

不可分散风险也称系统风险或市场风险,是指那些最终无法消除的风险。不可分散风险是由公司外部因素变化引起的,是公司无法控制的。不可分散风险将对所有公司、所有投资产生相似的影响。这也是为什么有时所有公司的经营状况会向同一方向运动的原因,比如国有股减持政策造成股市价格大跌等。不可分散风险包括下述几种类型:

① 利率风险。公司的投资收益率的大小与市场利率密切相关。当市场利率上升时,公司的资本成本上升从而使公司盈利率下降。反之,市场利率下降会使公司的资本成本下降,盈利率提高。对股份公司来讲,其股票价格随银行利率水平变化而变化。利率上升,股票价格下跌;利率下降,股票价格上升。

② 购买力风险。购买力风险是指价格水平变化即通货膨胀对公司投资收益率的影响。当物价上升时,货币的实际购买力下降,名义盈利率与实际盈利率之间的差距拉大。

③ 经济周期风险。经济发展总是高峰与低谷相继出现,很难一直保持一个稳定的发展势头。当整个经济处于繁荣时期时,所有公司都将受益,投资者甚至会发现无论向哪里投资都有利可图。当经济处于萧条时期时,所有公司都将受损害,无论公司怎样努力,也很难完全摆脱衰退的阴影。在各种不可分散的风险

中，经济周期对公司的影响最为严重，其他两种不可分散风险往往是经济周期的产物。比如，经济过热，往往伴随着较高的通货膨胀率，为了抑制通货膨胀，阻止经济过热，需要提高市场利率。因此，分析前两类不可分分散风险时，我们必须注意它与经济周期的联系。

由于可分散风险只与个别公司或个别投资项目相联系，因此，当投资数目增加时，不同投资项目的变化相互抵消，彼此制约，从而使总投资的可分散风险减小。而不可分散风险反映了由所有投资活动构成的总的经济活动的运动状况和运动趋势，是无法通过增加投资项目数来消除的。

(四) 投资组合

投资组合是指同时投资于不同的有价证券构成的总投资。

1. 证券投资组合的目的

进行投资组合的目的是为了降低投资风险。进行投资组合只能降低非系统风险。

从图 6-1 中可以看出，两项投资的收益率变化相当频繁，幅度也较大。而两项投资的总收益率的变化范围和幅度均有所减弱。这表明，将不同的投资结合一起，可以减少总投资的风险程度。这种将不同投资结合在一起构成的总投资，

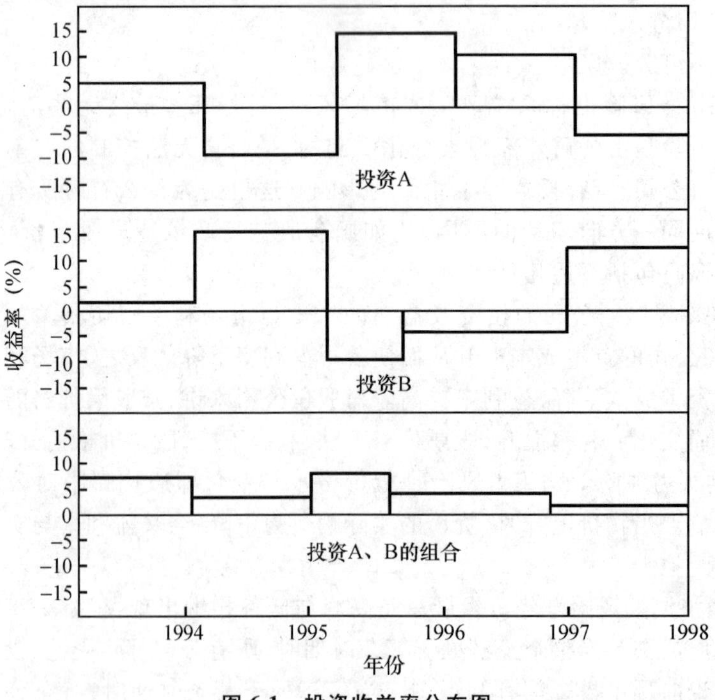

图 6-1　投资收益率分布图

称为投资组合。

2．投资组合的风险报酬

投资者进行证券组合投资与进行单项投资一样，都要求对承担的风险进行补偿，投资的风险越大，要求的报酬就越高。但是，与单项投资不同，证券组合投资要求补偿的风险只是不可分散风险，而不要求可对分散风险进行补偿。如果可分散风险的补偿存在，善于科学地进行投资组合的投资者将购买这部分股票，并抬高其价格，其最后的报酬只反映不能分散的风险。因此，证券组合的风险报酬是投资者因承担不可分散风险而要求的、超过时间价值的那部分额外报酬。可用以下公式计算：

$$R_P = \beta_p(K_m - R_F)$$

式中：R_P代表证券组合的风险报酬率；

β_p代表证券组合的β系数；

K_m代表所有股票的平均报酬率，也就是由市场上所有股票组成的证券组合的报酬率，简称市场报酬率；

R_F代表无风险报酬率，一般用国债的利息率来衡量。

（1）β系数的含义及计算

不可分散风险的程度，通常用β系数来计量。β系数有多种计算方法，实际计算过程十分复杂，β系数一般不需要投资者自己计算，由一些投资服务机构定期计算并公布。表6-1列示了美国几家著名公司的β系数。

表6-1　美国几家著名公司的β系数

公司名称	β系数
通用汽车公司	1.00
苹果电脑公司	1.25
储存科技公司	1.50
克莱斯勒汽车公司	1.35
国际商用机器公司	0.95
美国电话电报公司	0.85
杜邦公司	1.10

作为整体的证券市场的β系数为1。如果某种股票的风险情况与整个证券市场的风险情况一致，则这种股票的β系数也等于1；如果某种股票的β系数大于1，说明其风险大于整个市场的风险；如果某种股票的β系数小于1，说明其风险小于整个市场的风险。

以上说明了单种股票β系数的计算方法。证券组合的β系数怎样计算呢？证券组合的β系数是单种证券的β系数的加权平均，权数为各种股票在证券组

合中所占的比重。其计算公式是:

$$\beta_p = \sum_{i=1}^{n} x_i\beta_i$$

式中:

β_p代表证券组合的β系数;

x_i代表证券组合中第i种股票所占的比重;

β_i代表第i种股票的β系数;

n代表证券组合中股票的数量。

例 6-1 某公司持有由甲、乙、丙三种股票构成的证券组合,它们的β系数分别是2.0、1.0和0.5,它们在证券组合中所占的比重分别为60%、30%和10%,股票的市场报酬率为14%,无风险报酬率为10%,试确定这种证券组合的风险报酬率。

① 确定证券组合的β系数:

$$\beta_P = 60\% \times 2.0 + 30\% \times 1.0 + 10\% \times 0.5 = 1.55$$

② 计算该证券组合的风险报酬率:

$$R_P = \beta_P(K_m - R_F) = 1.55 \times (14\% - 10\%) = 6.2\%$$

当然,计算出风险报酬率后,便可根据投资额和风险报酬率计算出风险报酬的数额。

从以上计算可以看出,调整各种证券在证券组合中的比重可以改变证券组合的风险、风险报酬率和风险报酬额。

从以上计算中还可以看出,在其他因素不变的情况下,风险报酬取决于证券组合的β系数,β系数越大,风险收益就越大;反之亦然。

(2) 风险和报酬率的关系

在西方金融学和财务管理学中,有许多模型论述风险和报酬率的关系,其中一个重要的模型为资本资产定价模型。这一模型为:

$$K_i = R_F + \beta_i(K_m - R_F)$$

式中:K_i代表第i种股票或第i种证券组合的必要报酬率;

R_F代表无风险报酬率;

β_i代表第i种股票或第i种证券组合的β系数;

K_m代表所有股票或所有证券的平均报酬率。

例 6-2 某公司股票的β系数为2.0,无风险利率为6%,市场上所有股票的平均报酬率为10%,那么,公司股票的报酬率为:

$$K_i = R_F + \beta_i(K_m - R_F) = 6\% + 2.0 \times (10\% - 6\%) = 14\%$$

也就是说,该公司股票的报酬率达到或超过14%时,投资者方肯进行投资,如果低于14%,则投资者不会购买该公司的股票。

（五）股票投资

股票投资是有价证券投资的一种方式，具有风险大、收益高等特点，必须进行慎重的分析研究。

1. 股票投资的特点

股票投资与债券投资相比，具有如下特点：

（1）投资者享有股东权利

进行普通股投资，投资者便成为企业的股东，享有参与企业经营决策的权利、分配股利的权利和转让股权的权利等。

（2）股票投资风险较大

投资者不能要要求股票发行公司还本，股票投资者的预期收益取决于股票发行公司的经营业绩和股票市场行情。如果股票发行公司经营不佳或整个经济形势不景气，股票价格下跌，投资者可能会遭受重大损失。在企业破产时，股东的索偿权排在最后，股东可能部分或完全不能收回投资。

（3）股票投资收益较高

高风险必然要求高收益。由于股票的收益不固定，其高低取决于公司的业绩和整个经济环境的好坏，当经济景气或公司业绩颇佳时，投资者可能获得高额股利或因股票升值取得转让收益。

2. 股票投资程序

进行股票投资大致须经过开户、委托、成交和结算交收四个阶段。

（1）开户

我国上海证券交易所和深圳证券交易所都已实现无纸化交易，股票的交易都以转账的方式进行。因此，要进行股票交易，必须先开户，开户包括开设证券账户和资金账户。

① 开设证券账户。证券账户用于记载投资者所持所有证券的种类、名称、数量及相应权益和变动情况。在我国，证券账户分为个人账户和法人账户两种。年满 18 岁的中国公民凭有效身份证件（居民身份证）即可到证券登记结算机构开立个人账户。开立法人账户须提供有效法人证明文件（营业执照）和法人代表证明书及其居民身份证。一般的证券账户只能进行 A 股、债券和基金现货交易，如要进行 B 股交易和债券回购交易须另行开户和办理相关手续。每个投资者只能开设一个证券账户，不得重复开户。

② 开设资金账户。投资者要进行股票交易须在证券公司开设资金账户，用以存放买入股票所需的资金和卖出股票取得的价款。开设资金账户须持有效身份证件和一定的保证金办理。

(2) 委托

进行股票交易只能委托证券交易所的会员(即证券商)进行。投资者给证券商的委托指令必须指明买进或卖出股票的名称(或代码)、数量和价格。股票的名称,一般用四个字的简称,股票代码在上海证券交易所为6位数,在深圳证券交易所为4位数。证券交易的数量以“手”为单位,每100股为一标准手(基金以100基金单位为一标准手,债券以100元面值为一张以10张即1 000元面值为一标准手)。数量不足一标准手的股票为零股。零股可以一次性卖出。委托方式一般有柜台递单委托、电话自动委托、电脑自动委托和远程终端委托四种。

(3) 成交

证券商接到委托后将委托指令传送到证券交易所的撮合主机,经过自动检测系统检测合法无误后,即可进行交易。交易时间为每周一至周五上午9:30至11:30,下午1:00至3:00(法定公众假日除外)。交易采取集中竞价方式进行。

(4) 结算与交收

股票结算是指股票交易成交后对买卖股票双方应收或应付的股票和价款进行计算核定,并转移股票和资金的行为。股票结算包括股票的结算和资金的结算两个方面,在股票交易成交后,卖出方卖出的股票应转到买入方的账户上,同时将买入方买入股票所需要支付的资金划转到卖出方的账户上。对实物股票交易的结算,需要对股票进行清点鉴别,并在买卖双方之间交付,对记名股票所载持有人姓名还须进行更改。对无纸化股票的交易结算,由证券登记结算机构对电脑记载的有关数据资料做出更改。

由于我国上海证券交易所和深圳证券交易所都已实现完全的电子化交易,投资者只有将自己所持的证券办理托管后,才能进入上海证券交易所和深圳证券交易所的结算系统,才可在这两个交易所进行交易。

3. 股票价值估算

股票持有者持有股票所能获取的现金流量包括每期的预期现金股利和出售股票而得到的现金收入,股票的价值就是未来所得现金收入折合为现值的金额。

(1) 股票估价基本模型

对于永久持有某种股票的股东来讲,从公司获取的现金流量是永无休止的股利,故股票的价值就是这些现金股利的现值之和,即

$$P = \sum_{t=1}^{n} \frac{D_t}{(1+r)^t}$$

式中:P——股票的价格;

D_t——第t年得到的股利;

r——预期报酬率。

现实生活中,大部分投资者购入股票并不想永久持有,而是持有一段时间后

将其出售,此时现金流量包括股利和股票售价两部分。其估价模型变为:

$$P = \frac{P_n}{(1+r)^n} + \sum_{t=1}^{n} \frac{D_t}{(1+r)^t}$$

式中 P_n 为股票的售价,其他符号含义同前。

例 6-3　某企业购入一批股票,估计三年出售可得 22 000 元,每年可得现金股利 1 600 元,根据分析这笔股票投资的预期报酬为 16% 则其价格应为:

$$P = \frac{22\,000}{(1+16\%)^3} + \sum_{t=1}^{3} \frac{1\,600}{(1+16\%)^t} = 17\,685(\text{元})$$

(2) 零成长股估价模型

零成长股即公司每年发放给股东的股利相等,即预期股利增长率为零。其估价模型为:

$$P = \sum_{t=1}^{n} \frac{D}{(1+r)^t} = D \times \frac{1}{r}$$

例 6-4　某种股票预计每年股利 0.3 元,购入此种股票应获得报酬率为 10%,则该股票价格为:

$$P = 0.3/10\% = 3(\text{元})$$

(3) 固定成长股估价模型

在一些情况下,若股利按一定比例持续增长,则其估价模型为:

$$P = \sum_{t=1}^{n} \frac{D_0(1+g)^t}{(1+r)^t}$$

式中:D_0——公司最近一期支付的股利;

g——预期股利增长率。

当 g 不变时,上式可简写为:

$$P = \frac{D_0(1+r)}{r-g}$$

例 6-5　某种股票预期报酬率为 10%,最近一期股利为每股 0.8 元,估计股利每年以 5% 的速度增长,则该股票的价格为:

$$P = \frac{0.8 \times (1+10\%)}{10\% - 5\%} = 17.6(\text{元})$$

(六) 债券投资

债券是政府、企业或金融机构等对其债权人承担还本付息义务的书面凭证。债券投资即购买债券,成为债券发行者的债权人。进行债券投资要分析其收益与风险,下面分别说明。

1. 债券投资的风险

进行债券投资所面临的风险主要是利率风险。债券的价格会随着市场利率的变化而变化,当市场利率升高时,债券价格下降,反之则上升。债券持有者因市场利率变化而承担着投资风险,这种风险对债券投资的影响主要表现在以下两方面:

(1) 债券利率风险对证券价格的影响

市场利率的变化主要受货币供求关系影响。当货币供大于求时,市场利率相对下降;反之当供小于求时,市场利率就会上升。当市场利率上升时,债券的价格相应会下跌,因为债券利率是固定的,一般不受资金供求关系的影响。当市场利率超过债券票面利率时,投资者就不会再购买债券,为吸引投资者购买债券,就必须降低债券发行价格;反之,当市场利率下跌低于债券票面利率时,人们又会争相购买债券,造成债券价格上涨。当市场利率上升到高于已持有债券的票面利率时,债券持有者将蒙受损失。

(2) 债券利率风险对不同偿还期限债券收益的影响

债券利率风险对不同偿还期限债券收益的影响是不同的。利率风险对长期债券投资的影响要大于对短期债券投资的影响。当市场利率上升时,长期债券价格的下降幅度要大于短期债券价格的下降幅度。

2. 债券价值的确定

债券到期时,持券人能收回的价值包括本金和利息两部分。债券的价格就是债券面值和各期按票面利率计算的利息之和的现值,其具体计算公式如下:

$$p = \frac{M}{(1+r)^n} + \sum_{t=1}^{n} \frac{I}{(1+r)^t}$$

式中:P——债券价格;

M——债券面值;

I——每期支付的利息;

r——市场利率;

n——债券到期的期数。

例 6-6 某债券每张面值为 1 000 元,每年付息两次,票面利率为 10%,3 年到期,发行时市场利率为 8%,则发行时债券价格计算如下:

$$半年利息(I) = 10\,000 \times 10\% \times \frac{6}{12} = 500(元)$$

$$到期本金(M) = 10\,000(元)$$

$$市场利率(M) = 8\% \times \frac{6}{12} = 4\%$$

$$债券价格(P) = \frac{10\,000}{(1+4\%)^6} + \sum_{t=1}^{6} \frac{500}{(1+4\%)^t} = 10\,521(元)$$

二、资本经营

随着市场经济的发展,企业的经营方式也在逐步地变化发展,由原来的产品经营发展为商品经营,现在正由商品经营向资本经营发展。

(一) 资本经营的含义

关于资本经营的权威性定义现在还没有形成,从经济角度看,资本经营泛指以资本增值为目的活动,其内涵很丰富,商品经营也包括在资本经营的范畴中。但若从其在我国出现和使用的背景来看,资本经营则又是作为与商品经营相对应的一个概念提出并加以利用的。从这个意义上讲,目前我们所说的资本经营是个狭义的概念,是指资本经营主体通过资本运作使资本增值的经营活动。为了进一步明确这个概念,我们可以从以下四方面来理解。

1. 从事资本经营的主体

资本经营是出资人为获取资本报酬而投出资本、监管资本的运用,并对存量资本进行优化配置的经营活动。资本经营同时也是受资人通过资本市场吸纳资金、筹集资本金的过程。实际中的出资过程和经营过程如图 6-2 所示。

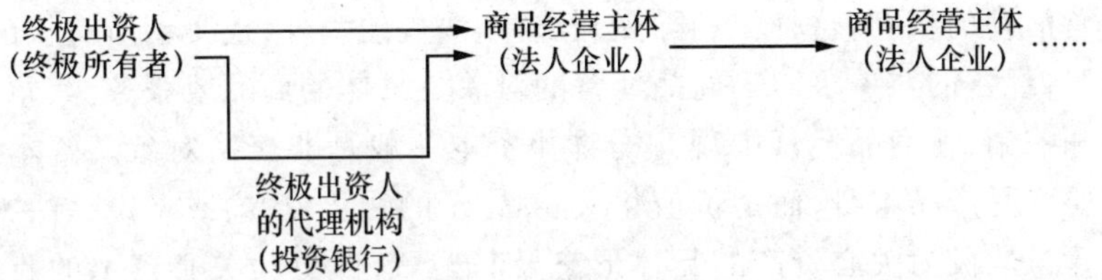

图 6-2　出资关系图

图 6-2 从左至右表现为一个出资过程和筹集资本金的过程。箭头表示出资关系。从这个过程可知,出资人分为两类,即终极出资人和中间出资人。中间出资人又分为专业投资机构(如投资银行)和从事生产经营的法人企业(在从事生产经营的同时也进行对外投资的企业)。在这个过程中,经营者分为两类,一类是商品经营者,是从事产品(或劳务)的开发、生产和销售的企业;另一类是资本经营者,即出资人本身或其代理机构。就商品经营者而言,如果它对其他企业投资,则它既是商品经营者又是资本经营者。所以从事资本经营的主体,应是出资人和受资人,体现的是出资人和受资人的经济关系,受资人是法人企业,出资人可以是法人,也可以是自然人或代理投资的专业机构。

2. 资本经营活动

资本经营活动主要是指涉及股权总额和结构变动的投资和筹资活动,即资本运作。不涉及股权的投资和筹资活动不属于本书资本经营概念定义的范畴。

3. 资本经营的目的

从事资本经营的最终目的是使资本增值。但从事资本经营的直接目的是多样化的,有的是为了参股控股,扩展经营范围;有的是为了获取投资收益,即红利和股权交易价差。

(二) 资本经营与商品经营的关系

1. 资本经营与商品经营的区别

一般来说,商品经营是以物化资本为基础,以生产和经营商品为手段,通过不断强化物化资本,提高市场资源配置效率来获取最大利润的一种经营活动。资本经营则与生产经营有所不同,它一般能跳过产品这一中介,可以直接以资本运作的方式来实现资本增值,或是以资本直接运作为先导,通过物化资本的优化组合来提高其运行效率和获利能力。所以与商品经营相比,资本经营具有以下几个特点:

第一,资本经营与资本的所有权相联系,是资本所有者从事经营活动的权利,资本所有权只受法律、法规约束。商品经营与经营权相联系,是商品经营者从事经营活动的权利,这种权利除受到法律、法规约束外,还受到所有权的约束。

第二,经营的对象不同。商品经营的对象是具体的商品或服务,其重心是商品生产和购销,在商品经营中现有的物化资本一般是非交换对象。资本经营的对象主要不是产品本身,而是价值化、证券化了的物化资本,或者说是法人资本。资本经营虽然极为关心资产的具体形态及其配置,但更为关心资本的收益和市场价值。

第三,面对的市场不同。商品经营者主要从事商品的生产销售,面对的是商品市场。资本经营者不仅面对商品市场,更重要的是要面对资本要素市场。同时,资本经营更重视未来市场,是一种战略性的经营。

第四,资本增值的方式不同。商品经营是通过产品开发、生产、销售等获取产品销售利润而使资本增值的,经营的关键是要有好的产品或商品,作为好产品的前提是市场需求,决定资本增值的主要因素是产品质量、成本和价格水平以及产品本身的技术水平。资本经营主要是通过股权交易获得资本增值。其资本增值的方式主要有两种:一是投资分红,即按持股比例分回的红利,这是商品经营的利润;二是获得股权交易利得,即股权交易价差。这种利得是将未来收益变现,这种变现价值的高低取决于对未来收益的预期。商品经营则不具有这种特点,其未来获取的收益只能在未来取得。从事资本经营的关键是选择投资、筹资项目和时机。

第五,规模和效益增长的速度不同。这一点可通过企业生命周期曲线来解释。从事商品经营时企业的生命周期曲线如图 6-3 所示:

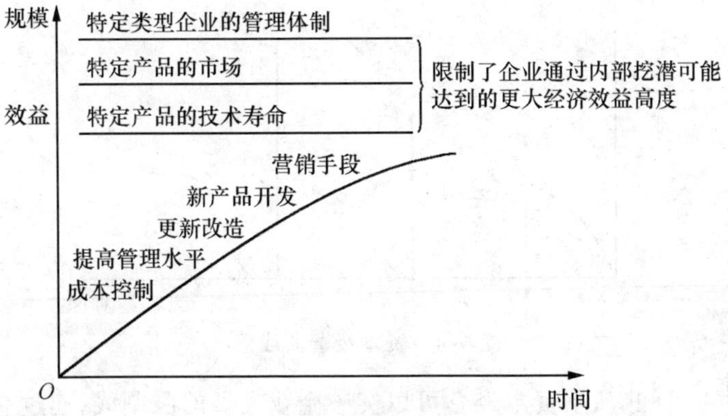

图 6-3　商品经营曲线

从图 6-3 可知,企业的发展受到三个方面的限制:一是特定产品的技术寿命。技术在不断进步,任何一项技术都有其寿命,根据某一方面技术生产的产品都会受到技术寿命的限制。二是特定产品的市场。产品都有其市场容量,产品发展到一定阶段时,市场已基本被分割完毕,再扩大销售规模是很难的。三是特定类型企业的管理体制。企业的管理体制和企业发展之间好似生产关系与生产力之间的关系,在企业成长发展过程中,管理体制易出现不适应状况,旧的管理体制会束缚企业的发展。这三个方面限制了企业通过内部挖潜可能达到的更大经济效益高度。同时,我们也看到企业的生命周期曲线是横向延伸的,规模和效益增长很慢,而且增长时效果是有限的和渐近的。也就是说,企业靠自身积累滚动发展是很慢的,而且很难长大。在企业成长发展过程中,受多种因素影响,如成本控制、产品质量、管理水平、更新改造、新品开发和营销手段等,只要一个环节搞不好,企业的寿命就会结束,因而只靠商品经营难以使企业持续稳定地发展。

从以上分析中可归纳出商品经营以下两个特点:

第一,企业生命受到三个方面的特定限制,从而使企业生命周期曲线横向延伸,说明企业规模和效益增长很慢,当增长到一定程度后很难再有发展,所以从事商品经营很难使企业成为规模很大的企业。

第二,从事商品经营的效果是有限的和渐近的,难以使企业持续稳定地发展。

从事资本经营时企业生命周期曲线如图 6-4 所示:

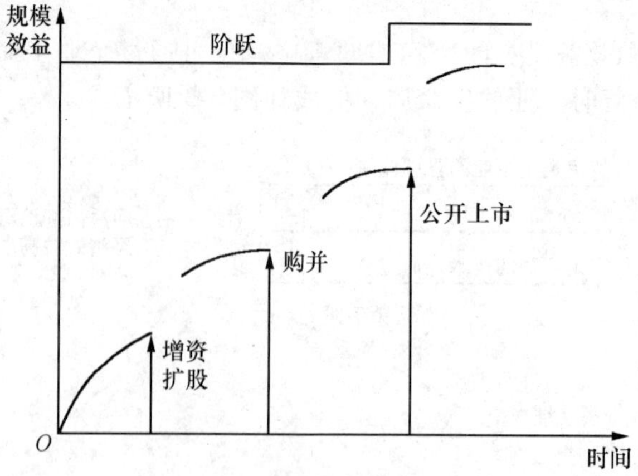

图 6-4 资本经营曲线图

从图 6-4 可知,从事资本经营可以突破企业发展的限制线,通过企业购并等活动,可以使企业很快进入新市场和获得新技术,通过资本重组可以改变原来的产权制度。产权缺席是整个管理缺席的基础,从而带来管理体制的变化,使限制线发生阶跃。同时规模效益曲线是纵向发展的,企业发展速度要快于单纯的商品经营。发展快的原因主要有两个方面:一是将预期收益即股权交易价差变现。从事商品经营时,资本收益的实现方式是通过商品的盈利来完成的,预期收益只能在未来各期中通过产品或商品销售来实现,未来的收益现在得不到。而从事资本经营时,可以通过转让股权和出售整体企业等方式,将未来的收益提前变现,因为别人购买股权或企业实质上是买未来的收益。若能将预期收益变现后投入盈利高的实体,形成良性循环后,资本增值速度会很快。二是以小钱控大钱,尽快获得规模和收益。企业扩大规模的途径有两条:其一是搞更新改造或基本建设;其二是通过控股、购并等方式进行优势互补来扩大规模。第一种方式建设周期长,而且受到资本来源的限制。第二种方式可节约时间,并且可以利用或盘活存量资产,很快形成生产能力并获得规模和收益。特别是通过控股的方式,以自己小量资本控制大量资本扩大规模,形成规模经营,并获得 1 + 1 > 2 的规模效益。

通过以上分析,可归纳出资本经营具有如下特点:可以突破商品经营受到的限制;企业规模效益增长很快,会使企业成长为巨型企业;可以无搏有,以小搏大,充分发挥资本效率。所谓以无搏有,是以无形资产作为资本经营的对象,获取资本权利的过程。整体上讲,只要企业存在无形资产,在以出资人身份从事资本经营时,就可以采取以无搏有的方式取得资本权利,由于无形资产可以反复进行投资,所以,以无搏有具有极大的放大力和扩张性。所谓以小搏大是以较小的资本份额控制较大的资产运用规模。这又有两种形式:其一是在股权分散的情况下以较小的资本份额就可以达到相对控股的目的,这里关键是扩大资本的规模并使股权分离,这样,母公司就可能控制庞大的资产数额。

2. 资本经营与商品经营的联系

现代市场经济意义上的资本经营的实质就总体而言,包括三方面的主要内容:一是资本的直接运作;二是以资本运作为先导的资产重组与优化配置;三是按照资本经营原则进行生产经营。其中,按照资本原则进行生产经营是基础,没有了这一基础,一切类似资本经营的运作都没有实际意义,也就难以取得实际成效。

讲资本经营具有其独特的效果,并不是否定商品经营。商品经营是资本经营的基础,资本经营是为商品经营服务的,因为资本经营的活动内容是参股、控股和购并等投资活动,投资的对象是商品经营或其他经营实体,这些实体业绩的好坏直接影响资本经营的效果。若这些实体业绩好,可获得丰厚的投资回报,那么转让股权时便可获得更多的股权转让价差。同时,资本经营为商品经营服务。资本经营应围绕商品经营进行,因为价值产生于商品经营,脱离商品经营,资本经营就会产生泡沫。

(三) 资本经营的方式

资本经营可以从不同的角度进行分类,形成不同的资本经营形式。

1. 按资本经营主体分

按资本经营主体分,可以分成终极出资人的资本经营、专业资本经营和兼营资本经营。在我国,专业资本经营的机构包括投资公司、国有资产经营公司、集团公司的母公司、财务公司、基金管理公司等。一般而言,国家作为终极出资人是以法律概念的形式存在的,它必须由专业资本经营机构代行出资功能。而自然人是一个具有形式上的投资行为能力的主体,他一旦具有实质上的投资行为能力时,就会自身行使出资功能;兼营资本经营是由从事商品经营的法人企业所从事的资本经营。这种企业的主要功能是从事资产的购进、生产和销售、同时也对外投资,成为法人出资人。

2. 按资本经营的目的分

按资本经营的目的分,可以分为为谋求资本利得的资本经营和谋求投资利润的资本经营。我们把资本利得定义为资本权利买卖过程中的价差,如股票卖价大于买价的差额。而投资利润则是由于取得对企业的所有权而从企业盈利中分得的资本报酬。它分为两种形式:一是股权买卖,通过股票交易的形式实现;二是企业买卖,通过收购企业的产权,并在对企业进行重组后,又将产权出售的形式实现。前一种形式只是纯粹的资本权利交易,后一种形式不仅有资本权利交易,而且伴随实际的资产重组、债务重组、管理重组和经营重组,其目的是提高企业价值,以提高产权出售价格。出资人取得对企业的资本权利是为了更好地经营其资产、谋求长期的商品经营利益,从而获得长期的投资回报时,这种行为就属于谋求投资利润的资本经营。这种资本经营完全是建立在商品经营基础上的,商品经营能否达到预期盈利目标便成为资本经营的出发点和归宿。

3. 按资本经营的形式分

按资本经营的形式分,可以分为参股、控股、兼并收购、股本置换、股票上市、企业合并与分拆、企业重组托管等。

资本经营的形式十分丰富、复杂。为达到同一目的,可以采用不同的形式。同一形式,又会有不同的运用手法、技巧和艺术,由此导致了资本经营活动的多姿多彩,在资本经营领域,也给企业财务管理者发挥才智和想象力提供了广阔的空间。

(四) 收购兼并

1. 购并的概念

所谓购并是合并与收购的合称。

企业合并是指两个或两个以上的企业,依法通过契约方式变成一个企业的行为。我国《公司法》规定,企业合并分为吸收合并和新设合并两种。所谓吸收合并,是以某个企业为主体通过有偿方式进行吸收式合并,即一个企业购买其他企业的产权,使其他企业失去法人资格的一种合并行为。吸收合并实际上就是企业兼并。所谓新设合并,是指两个或两个以上企业合并设立一个新企业,合并各方的法人实体地位都消失了,新企业接管原来各企业的全部资产、负债和业务。

企业收购是指企业用现款、债券或股票购买另一家企业的部分或全部资产或股权,以获得对该企业的控制权。在某种意义上来说,收购与合并有许多相似之处,不少学者在研究合并时通常将两者结合起来研究,统称"购并"。其实,两者的异同还是十分明显的。两者的联系在于:两者产生的基本动因大体一致。要么是为了扩大企业市场占有率,要么是为了扩大规模,实现规模经营,要么是为了拓宽企业经营范围,实现分散经营或综合化经营。一句话,都是出于目的在于增强企业实力的外部扩张策略。两者都是市场经济条件下,企业产权转让的基本方式。两者的区别在于:在合并中,被合并企业作为法人实体不复存在,而在收购中,被收购企业可仍以法人实体存在,其产权可以是部分转让。合并后,合并企业成为被合并企业的新的所有者和债权债务的承担者,是资产、债权、债务的一同转移;而在收购中,收购企业是被收购企业的新股东,只以收购出资额为限承担被收购企业的风险。合并多发生在被合并企业处于财务状况不佳、生产经营停滞或半停滞状态时,合并后,一般要对被合并企业的生产经营进行调整,对其资产进行重新组合;而收购一般发生在企业处于正常生产经营状态时,生产经营活动可以平稳进行,产权流动比较平和。

收购的具体方式有公开收购和杠杆收购。其中公开收购又分为善意收购和敌意收购。善意收购是通过收购企业和被收购企业双方之间协商进行的,能提供较好的条件,价格公道,收购后不会大量裁减员工。敌意收购是指企业先秘密地通过收购目标企业分散在外的股票等手段,不经协商,突然发出公开收购要约的方式。杠杆收购是一种高度负债的收购方式,收购方用于收购的资金一般90%以上是通过发行高息债券和银行贷款筹措的,实质上,杠杆收购就是一个企业主要通过借款来获得另一个企业的产权,然后以后者的现金流量偿还负债的收购方式。

收购投资能以比较少的投资额获得对另一家企业的控制权,加强自身的优势地位。合并投资等方式尽管也可以达到增强竞争实力、扩大企业规模的目的,但要么以取消原企业为代价,从而企业控制权终究落于谁手难以断定;要么需要付出巨额资金,在企业资金有限时只能望洋兴叹。而收购投资就不同了,它是一种投资最省的扩张方法。

2. 购并的目的

进行购并活动的直接目的是为了实现优势互补,扩大经营规模,增强竞争力。购并的目的的核心是实现优势互补。优势互补包括产品和市场的互补性、劳动手段的互补性和技术手段的互补性。产品的互补性是指通过购并可增加产品的品种和规模;市场的互补性是指通过购并可利用被购并企业的市场,从而扩大市场范围和市场占有率。劳动手段的互补性是指生产经营场地、生产设备等方面的互补,通过购并活动可获得被购并企业的经营场地和生产设备等,从而节约投资金额和投资时间。技术手段的互补性包括产品开发技术和加工工艺技术等方面的互补,通过购并可获得先进技术和优势技术。技术是企业发展的关键问题,技术优势是企业获得长期竞争优势的根本保证。在购并过程中要注意形成企业的技术核心,利用核心技术生产核心产品和最终产品。

3. 购并的形式

企业购并从不同角度可以分为不同类型,各类型又呈现出不同的特点。

(1) 按购并双方产品与产业的联系分,可分为横向并购、纵向并购、混合购并

横向购并是对生产或经营同一产品的同行业公司进行的购并,这种购并投资的目的主要是确立或巩固公司在行业内的优势地位,扩大公司规模,使公司在主要市场领域里占有垄断地位。

纵向购并是对生产工艺或经营方式上有前后关联的公司进行的购并,它是生产和销售的连续阶段中互为购买者和销售者关系的企业间的购并,即在生产

和经营上互为上下游关系的企业之间的购并,如加工制造企业购并同它有原材料、运输、贸易联系的企业。其主要目的在于组织专业化生产和实现产销一体化。纵向购并的缺点在于企业生存发展受市场因素影响较大,同时形成大企业后,可能会因管理能力不足而丧失原有的灵活性和效率。

混合购并即对无直接生产或经营联系的公司进行的购并,如钢铁公司购并石油公司,其结果是产生了多元化经营公司。采取多元化经营,能够通过分散投资降低公司风险,并达到资源互补、优化组合、扩大市场活动范围的目的。从目前我国的经济发展水平看,企业间的购并尚处于横向和纵向购并阶段,还未发展到混合购并阶段。

(2) 按购并的实现方式分,可分为承担债务式购并、购买式购并和股份交易式购并

承担债务式购并是指在被购并公司资不抵债或资产债务相等的情况下,购并方以承担被购并方全部债务为条件接收其资产的经济行为。通过这种购并,被购并方全部生产要素转入购并公司,成为购并公司生产经营要素的一部分。承担债务式购并风险较大。

购买式购并是指购并方通过对被购并方资产、负债的清理及评估,以现金为购并条件,支付产权转让费,取得对方资产的所有权及法人财产权,被购并方自动失去法人资格或失去对这部分资产的所有权益的经济行为。

股份交易式购并是指优势企业通过参股与利用股权优势来参与劣势企业的决策,并将劣势企业部分甚至全部产权控制在自己手中的经济行为。股份交易的具体形式有控股式、参股式和吸收股份式等。控股式是指一个企业通过购买目标企业的股票实现购并的经济行为。被购并企业作为经济实体仍然存在,仍具有法人资格。购并企业作为被购并企业的新股东,对被购企业的原有债务不负连带责任,其风险责任仅以控股出资的股金为限。参股式是指一家企业将本企业部分资产为股金向另一家企业入股的经济行为。将本企业部分资产作为股金投入其他企业,并不取消或改变本企业的法人地位,原企业法人地位还存在。吸收股份式是指购并企业将对方企业净资产作为股金吸收到本企业的经济行为,这样对方企业即成为企业的股东,经营权转移到本企业。

(3) 按企业购并的范围划分,可分为整体性购并和部分性购并

整体性购并的目的在于通过资本的迅速集中,增强企业实力,扩大生产规模,提高市场竞争能力。实行整体性购并有利于存量资产的配置更有效率,有利于加速资金、资源集中的过程,迅速提高要素使用的规模水平和规模效益,有利于改变要素的组合方式和结构,提高结构效益。实施整体性购并也在一定程度上限制了资金缺乏者的潜在购买行为。部分性购并是指将企业的资产和产权分割为若干部分进行交易而实现企业购并的行为。具体包括三种形式:对企业部

分实物资产进行购并;将产权划分为若干份价值等额进行产权交易;将经营权分成几个部分(如营销权、商标权、专利权等)进行产权转让。实行部分性购并的优点在于扩大了企业购并的范围,弥补了大规模整体性购并的巨额资金“缺口”,有利于企业设备更新换代,使企业可将不需要的厂房设备转让给其他购并者,更容易调整存量结构。

4. 购并成本

购并成本是指企业在购并过程中付出的代价,主要包括以下三个方面:

(1) 购并完成成本

购并完成成本是指完成购并行为所付出的代价,主要包括调查策划费用、谈判费用、资产评估和审计费用、法律鉴定和公证费用等。

(2) 整合成本

整合成本是指对被购并对象进行整体调整时所发生的支出。购并对象并入本企业系统后,就应按本企业的发展规划对被购并企业进行改组、改制、资产重组和加强管理,使其和整个企业系统融为一体。在这个过程中会发生一些支出,如安置原有人员的支出、剥离不需要资产的损失、进行人员培训和改组领导班子的支出、加强内部管理的支出以及进行一些更新改造支出等。

(3) 机会成本

购并活动的机会成本是指资金用于购并活动而不能用于其他投资项目而损失的收益。

5. 购并对象的估价

对购并对象的估价是指对购并对象做出价值判断的行为。通过一定方法计算出购并对象的价值,可为判断购并活动是否可行提供依据。

对购并对象估价取决于两个方面的要求:一是企业的发展战略。主要是解决使企业快速发展需要什么条件、选择的购并对象是否是实现企业战略的一个环节、通过购并活动而不是其他投资活动是否能更好地达到战略目标等问题。二是购并对象的具体情况。购并对象的具体情况不同,所需付出的代价会有很大的差异。

(1) 分析购并对象状况

分析购并对象状况主要从以下几个方面考虑:

① 产品状况。分析产品状况应从产品的盈利水平、市场前景和产品结构的调整三个方面进行。购并对象现有产品的盈利水平可通过比较销售毛利率确定,同时还应了解现有产品的质量水平和生产条件;市场前景分析主要分析购并对象现有产品的市场需求和市场占有率情况;产品结构的调整是指根据前述两方面的分析,确定购并后被购并对象新的产品结构,根据企业整体发展需要和购并目的,确定发展什么产品,保留什么产品,淘汰什么产品,制订出新的产品

方案。

② 负债状况。主要从债务规模和债务结构两方面来分析被购并对象的负债水平,判断债务负担对整合后企业的影响。如果被购并企业债务负担比较重,可通过协议方式或重新组建有限责任公司等方式回避债务风险。

③ 资产状况。资产状况分析主要包括债权、存货和固定资产状况等方面的分析。债权分析主要是核实可收回的债权的数额;存货分析主要是根据产品组合方案确定存货的可利用程度,了解存货积压的情况,核实可利用存货的数额,为资产计价提供依据;固定资产分析应从固定资产结构、新旧程度和技术水平等方面进行,确定现有固定资产的可利用程度,并确定所需更新改造的投资规模。

④ 人员状况。人员状况分析主要是了解职工的数量、年龄结构、职工的素质,以及退休人员的费用水平,确定购并后人员方面的支出负担和可留用职工的情况。人员素质分析的重点是考查管理人员和技术人员的素质水平。

⑤ 政策法律情况。政策法律分析重点是了解国家和地方有关购并方面的政策法规,在不违反法律的情况下用足政策法规,同时还要调查了解企业有无重大违法行为和重大未了诉讼事项,以免给购并企业造成损失。

(2) 确定购并价格

通过对购并对象的分析调查,可确定被购并对象净资产的金额,通过对产品组合方案的分析和对未来市场以及成本预测,可确定购并对象未来的收益水平,从而为确定被购并对象的价值提供了依据。对购并对象的估价主要有以下三种方法。

① 净值法。净值法是指当目标作为一个整体出售时,以目标公司的账面价值为基础,对有关项目做必要调整后,得出目标公司的净资产价值,即目标公司的价值。现实中当目标企业出现经营困难时,收购方往往以净值法评估结果作为收购价格。

② 市价比较法。市价比较法即找到若干家与目标企业类似的企业,选取一些经营指标和财务指标对比参考,以此来估算购并对象的价格。但在我国,购并活动刚刚兴起,资本市场还不完善,选择类似企业很难,故实际中一般不用这种方法。

③ 收益现值法。该法以收购方预期利用目标股权或资产所能带来的收益为基础,将其折成现值,即为目标的价值。其计算过程一般分为三步:首先估算收购后未来各期增量现金流量;其次确定一个合适的折现率;最后计算各期增量现金流量的现值并进行算术相加,即得出收购的收益现值。

以上三种方法并无绝对的优劣之分,主要依收购的动机而定,并且各种方法可以交叉使用,从多方面评估。其中,净值法可以为各种评估提供基本依据,其优点是评估的依据客观,缺点是不能从资本运动的角度来认识目标价值。市价比较法一般用于投机性收购中,这种方法的时效限制性强,较依赖于主观经验判断。相比较而言,收益现值法以投资为出发点,着眼于未来经营收益,并在测算方面形成了一套较为完整有效的科学方法,因而为各种购并价值评估广泛使用。

三、投资基金与金融衍生工具

(一) 投资基金

投资基金作为一种重要的现代金融工具,旨在利用投资组合原理,分散单个投资者的投资风险,稳定投资收益。因此,就其主要作用而言,它属于一种投资组合策略。但考虑到投资基金的一些特殊性即托管运作而非投资者直接经营,以及我国投资者对这种金融工具较陌生,本节将其作为一个单独问题加以说明。

1. 投资基金的含义

投资资金,又称共同基金或单位信托,是一种通过发行基金股份或受益凭证的方式,聚集不特定多数且具有共同投资目的的分散的社会大众资金,委托基金托管人保管,并交由专门的基金公司与专业人士进行运作的金融工具。

2. 投资基金的特点

从投资基金的定义中可以看出,投资基金是一种由投资者出资,委托管理机构保管,经由专门投资机构中的金融分析家、会计师、律师、管理者等职业专家队伍具体运作的集合式间接投资方式,因此,投资基金明显表现出两个最基本的特点:

(1) 基金资产运作权与所有权及托管权严格分离

基金投资的出资人并不直接参与实际的投资运作过程,而完全是由基金公司的专业人士对诸如投资方向的确定、投资对象的选择与组合以及投资收益的取得与分配等各项事务具体负责,从而实现了两权分离的现代企业制度原则。

从基金的运作与基金托管方面来看,基金经理人作为基金的发起人,是基金"信托契约"的委托人。他对投资者提供基金买卖服务及年(季)度报表等有关资信资料,并将筹集到的基金资产交由托管人保管,而本身仅负责基金的投资运作与管理,向托管人下达投资的买卖指令,而并不实际经手基金资产。基金管理公司在托管机构内的基金账户是独立的,既不与基金公司自身的财务活动混淆,也不属于托管机构的资产,一切基金投资收益均归属出资人。

此外,为了确保基金运作权与所有权、托管权的切实分离以及运营操作过程的规范性,基金公司与托管人的行为还必须接受证监会、基金公会、信托人及投资者大会的监督,因而是一种较为先进的经济组织形式。

(2) 集合式的间接投资方式

这种集合式的间接投资方式,除投资者不直接参与基金的具体投资运作过程外,还表现在这样两个方面:一方面较之其他直接投资方式,基金投资可以使投资者成功地避开直接投资所面对的个人财务杠杆风险(在个人直接投资情况下,投资者必须直接面对所有可能发生的投资风险,而且一旦投资失败,损失的可能不仅是投入的本金,而且往往会连带个人的其他财产,用以偿还债务或弥补损失),而将其转化成为一种由基金公司承担的公司财务杠杆风险(最大的损失限于投资者的出资额,而不负连带的无限责任);另一方面由于投资基金的风险属于一种集合性公司财务杠杆风险,因此在投资基金的方式下,必然要遵循一种风险分担、利益共享的投资基本原则。在这种投资原则下,个体投资者投资回报率的高低便主要不取决于自身的努力程度与素质水平,这无疑使投资基金能够吸引个人素质彼此差异较大的众多投资者的积极参与,使之很自然地成为一种大众型的集合式间接投资方式。

3. 投资基金的分类

投资基金的种类繁多,从不同角度有多种不同的分类:

(1) 按受益凭证是否可赎回分,可分为封闭型投资基金与开放型投资基金

① 封闭型投资基金。封闭型投资基金是指基金的资本总额及发行份数在未发行前便已确定,在发行完毕和规定的期限内,无论出现何种情况,基金的资本总额及发行份数均不能改变的投资基金,也被称为固定型投资基金。

② 开放型投资基金。开放型投资基金是指基金的资本总额及发行份数不是固定不变的,可随时根据市场供求状况追发新的份额或可被投资者赎回的投资基金,因而也叫追加型投资基金。

封闭型投资基金与开放型投资基金最主要的区别在于投资者所持基金份额是否可赎回或者基金的总资本额是否可以随时增减变动。封闭型投资基金有利于投资者进行长期投资选择,而开放型投资基金在进行短期投资或投机方面更具吸引力。

(2) 按股资的具体对象分,分为股票基金、债券基金、期货基金、期权基金、指数基金和认股权证基金等

① 股票基金。股票基金投资以追求资本利得和资本长期增值为基本目标,因而其投资对象主要是那些具有增长潜力、发展前景良好的上市普通股股票以及少量的优先股股票。

与股票高风险、高收益的特点相吻合,股票基金投资同样具有高风险、高收益的基本表现。股票基金投资的目的主要不是为了对股票发行公司进行控制或享有其经营管理权,哪种股票升值或将会升值,基金便投向哪里;反之则会随时退出。所以在证券市场上,股票基金具有较大的流动性,这无疑使股票固有的高

风险性得到了相对降低,而收益水平则获得了相应的提高。因此,股票基金比较适合于风险型投资者作为中短线投资的选择。

② 债券基金。债券基金主要以各种上市流通债券(如政府债券、金融债券、公司债券等)为基本对象进行投资。由于债券是一种收益稳定、风险较小的金融工具,因而投资于债券的基金可以保证获得稳定的收益回报。但较之股票基金,债券基金最大的缺点是基金资本的成长潜力较差,因而对于稳健型投资者比较适宜。

在我国,对于股票基金、债券基金投资的基本规定是:投资于股票、债券的比例不得低于基金公司基金资产总额的80%,其中投资于政府债券(包括金融债券)的比例应不低于基金净资产的20%,并且要求一只基金持有一家上市公司的股票不得超过该基金资产净值的10%;每年至少要以现金方式分红一次,而且分派比例不得低于基金净收益的90%;等等。

③ 期货基金。期货基金投资的主要对象是各种在证券交易所中进行标准化交易的金融期货与商品期货。受期货及其交易特点的影响,期货基金也有许多独特性。期货不仅具有套期保值功能,而且也是一种投机性较强的金融衍生工具,因此进行期货基金投资既可以带来较高的收益,但同时也伴随着极大的风险。

④ 期权基金。相对于期货基金,期权基金的投资损失被限定在权利金限度之内,投资风险较小,如果判断准确,运作得当,却能够获得可观的收益。因此,期权基金通常适合那些稳健型的投资者。

⑤ 认股权证基金。认股权证是一种高风险、高收益的金融工具,具有较强的资本增值能力,是投资者认购股份公司新发行股票的一条重要途径。但由于一方面持有者不能依此直接分享股份公司红利,另一方面未来的转换预期也存在很大的不确定性,因而如果由投资者个人持有,不仅风险大,而且占用的资金也难以及时变现和增值。为了满足投资者的需要,一些基金公司以认股权证为投资对象创设了认股权证基金。该种基金通过认股权证的组合选择与集中运作,不仅可以使基金资本稳定增长,而且能够相对分散与降低投资者个人进行投资时的风险。不过,总体而言,由于认股权证自身的风险过大,特别是出现熊市时,即便是认股权证基金也往往难以规避风险,所以该种基金的发展规模与发展速度并不理想,偶有上市的认股权证基金,其基金说明书中也必须注明"高风险"字样,以警示投资者注意。

除上述两种主要分类外,还可以按照基金公司是否向投资者收取手续费分为收费基金(一般按净资产价值的4.5%—9%加收认购费与赎回费)与非收费基金(非收费性基金没有认购费,但通常要收取小额赎回费用);按照基金公司的组织形态分为公司型投资基金(以基金公司自身发行的股份聚集基金)与契约型投资基金(以发行受益凭证聚集基金);按照投资风险与收益目标的不同分为积极成长型投资基金(以追求基金资本的最大增值为投资目标,通常很少或不分派投资收益,而是用于追加再投资)、成长型投资基金(以追求长期资本利得的增长为主要目标)、成长及收入型投资基金(基于当期收入提高与长期资本成长的双重目标)、平衡投资基金(投资目标主要有三个:确保投资者本金保值、支付当期收入、资本与收入的长期成长)和收入型投资基金等。

(二)金融衍生工具投资

1. 金融衍生工具的含义

金融衍生工具是指在股票、债券、利率、汇率等基本金融工具的基础上派出来的新的金融合约。如果单从衍生工具上讲,还有一种叫做商品衍生工具(派生于商品交易工具,如房地产衍生工具、信贷衍生工具、通货膨胀衍生工具等)。本书研究的范围仅限于金融衍生工具。

2. 金融衍生工具的种类与功能

金融衍生工具的种类很多,按照其自身的交易特点以及最常见的做法,可它们大致分为四种基本类型。

(1) 金融远期

金融远期全称金融远期合约,是指交易双方达成的在未来某一特定日期按预先商定的方式及价格(如利率、汇率、股票或债券价格等)买卖、交割特定的某种(或一揽子)金融资产的协议或合约,如远期外汇合约、远期利率协议、远期股票合约、远期债券合约等。

金融远期交易主要通过签订远期合约固定未来的交割价格,达到规避(汇率、利率、价格)风险、固定成本、稳定收益以及调剂头寸结构的目的。金融远期规避风险的机理以及实际操作都比较简单,单次的交易额大多有限,交易中不会出现一系列的违约事件,所以整体风险较小,是一种最原始的金融衍生工具。但由于金融远期合约在将来需进行实际交割,合约的"度身定制"使得其缺乏二级市场可供流通转让,即流动性较差,故交易者在规避风险的同时,无法在价格变动有利于自己时抓时机获利,这显然有悖于投资者获取最大收益的愿望,是一种较为笨拙的规避风险的方式。

(2) 金融期货

金融期货全称金融期货合约,是指买卖双方在有组织的交易所内以公开竞价的形式达成的、在将来某一特定日期交割标准数量的特定金融工具的协议,主要包括货币期货、利率期货、股票指数期货等。货币期货亦称外汇期货,它以可自由兑换货币为交易对象;利率期货以各种利率的载体作为合约的标的物,由于债券是利率的主要载体,故利率期货实际上是指附有利率的债券期货;股票指数期货则是以未来特定日期股票价格收市指数作为交易的对象。

较之金融远期,金融期货的最大特点是合约的标准化。在金融期货合约中,除了成交价格由交易所内交易各方通过竞价产生并不断波动外,对其余事项如交易对象的数量、等级、交割地点、交割月份、交割方式等都规定有标准化的条款。而在这些方面,金融远期合约交易大多没有统一的规定。

金融衍生工具,特别是金融期货市场将各个方面的投资者集中在交易所内进行公开竞价,从而使形成的价格反映了对于该金融工具(或金融商品)价格有影响的所有可获得的信息,并使不同买者在交易所汇集,大大降低了其寻找价格和交易对象的信息成本。同时,这一预期价格随时通过各种方式传播于各地,成为合理利用社会资源、制订生产经营计划的重要依据,使交易者能够更快地从远期价格预测中获益。

(3) 金融期权

金融期权也称选择权合约,是指合约双方中支付期权购买费的一方有权在合约有效期内按照敲定价格与规定数量向期权卖出方买入或卖出某种或一揽子金融工具的合约。这里的所谓选择权并不是一种义务,即选择权的购得者根据未来价格的变动可以决定行使,也可以放弃,但当行使选择权时,卖出选择权的一方却必须履约,无论价格的变动是否对自己有利。金融期权的种类主要有股票期权、债券期权、货币期权等。不同种类的金融期权,区别主要在于交易对象的差异。

金融期权在套期保值和价格发现方面的作用也比较明显,但由于期权发现的价格是以权利的形式而非预期未来价格的形式表现出来的,不如期货发现的价格直观,因此金融期权的最大功用集中在套期保值和投机两个方面。由于期权变通性强,创造力大,投资机会与投资策略多,操作程序有繁有简,因此更能适应多层次投资者的不同需求,运用起来也比期货灵活得多。期权既锁定损失风险又不放弃赢利机会的设计,不仅在运用上远远优于期货,而且也很好地迎合了人们的投机心理,为投资者提供了一种近乎完美的保值和投机手段。

(4) 金融互换

金融互换全称金融互换合约,是指两个或两个以上的交易当事人按照商定的条件,在约定的时间内交割一系列支付款项的金融交易合约。

金融互换基本上是在场外进行的,交易条件由双方商定,故其灵活性与变动性更大。同时,由于少了交易所这一中间环节,手续较为简便,所受限制更少,当然这也给寻找交易伙伴带来了不便(近年来居间银行业务发展较快)。因此,金融互换多用于债务管理上,它具有其他金融衍生工具所不具备的帮助筹措低成本资金、选择合适币种融资以及规避中长期利率和汇率风险的功能。

3. 金融衍生工具投资

前面讲述了各种金融衍生工具,下面重点介绍金融期货投资和金融期权投资。

(1) 金融期货投资

① 外汇期货投资。外汇期货投资是买卖外汇期货合同的一种投资活动,其目的是避免汇率波动风险或利用汇率波动从中获利。

外汇主要有两种形式:一种是可自由兑换的货币,如美元、日元等;另一种是以外币表示的汇票、本票等支付凭证和股票、债券等有价证券。汇率是两种货币相兑换的比率,实际上代表了外汇的价格。外汇期货投资的前提条件是外汇汇率是可以自由浮动的,而不是固定不变的。一般自由浮动的幅度越大,投资的潜力也越大,因为投资者正是由于外汇价格波动才进行投资的。

② 利率期货投资。利率期货投资是指买卖附有利率的有价证券期货合同的一种投资活动,其目的是避免证券价格波动的风险或利用证券价格波动从中获利。

附有利率的有价证券也是一种金融票据,它反映了资金借贷双方的权利义务关系。证券的利息与证券价值额之比为利率,它是由市场利率决定的。利率期货价格的计算公式为:

$$利率期货价格=\frac{年利息}{市场利率}$$

计算出期货价格之后,还应考虑证券的偿还期并对价格进行修正。一般到期日越近的证券,价格越高;到期日越远的证券,价格越低。

③ 股票指数期货投资。股票指数期货投资是买卖股票指数期货合同的一种投资活动,其目的是避免整个股票市场价格波动的风险或利用整个股票市场价格波动获利。

(2) 金融期权投资

① 期权交易。期权是指在一定时期,以指定价格买卖一定数量商品或证券的权利。这种买卖关系通常以期权合同的形式来确定,所以一般讲到期权即指期权合同,期权交易即指期权合同的交易。

期权合同是确定期权买卖关系的权利凭证。企业投资购买了这种合同,就可以在指定时期内,以合同规定的价格,向期权的卖方购买或出售指定数量的商品或证券。合同中规定的价格称为协定价格或执行价格,合同指定的期限称为到期日,期权的买者称为买进方,期权的卖者称为签注方。期权合同的保险费就是期权的价格。

② 期权投资。期权投资是指为了实现盈利的目的或避免风险而投资从事期权买卖的活动。

同期货投资一样,期权投资也有两种:一种是套头交易;另一种是投资性交易。这两种交易的基本含义与方式同期货投资也大致相同。所不同的是期权交易投资既可以在证券交易所进行,也可以在场外进行,而期货交易投资一般只能在商品交易所进行。

期权投资买卖的是一种权利,而不是一种实物或证券,因此期权买方除了要支付一定的保险费外并没有实际执行合同的义务,所以投资者的损失仅限于期权合同的保险费。

期权投资与期货投资都是有价证券投资,两者在交易投资方法、特点与作用上,有许多相似之处,特别是在某些情况下两者可以结合,形成的期货期权投资与期权期货投资。

企业可以把期权投资作为盈利的重要手段。一方面,当市场价格发生有利于企业的波动时,企业可以行使期权获利,其中包括价格结算和实物交付。另一方面,在价格波动情况下,企业期权的价格必然上涨。企业可以卖掉期权合同,从中获利。充分认识期权投资与期货投资的作用,是企业做好期货与期权投资工作的重要环节。

案　例

宝安收购延中

1993 年 9 月 30 日,人们被一个令人兴奋又不敢相信的消息惊呆了:"宝安要收购延中了!"这一消息像草原上的大火一样迅速地蔓延,让每一个人都坐立不安,中国的证券市场翻开了新的一页。许多国际企业界、金融界人士为之兴奋的事情——收购在中国股市出现了。

一、背　　景

上海延中实业股份有限公司成立于 1985 年,是上海第二家股份制企业。公司成立时注册资本 50 万元,截至 1992 年 12 月 31 日,注册资本 2 000 万元。股票面值于 1992 年 12 月 10 日拆细为每股 1 元,计 2 000 万股,其中法人股 180 万股,占总股份的 9%,个人股 1 820 万股,占总股份的 91%。

上海延中实业股份有限公司原有直属和联营企业 6 家,商业服务部数十个。公司经营范围:主营文化办公机械、塑料制品,兼营电脑磁盘、录像机、磁带、家用电器、服装鞋帽、日用百货、针棉织品、装潢材料、合成材料等。

1992 年,公司全年销售收入 1 388 万元,全年利润总额 352 万元,税后可供分配利润309万元,比1991年增加了56.3%。

1992年公司利用增资到位资金新办三家合资企业、一家联营企业,还创办一家独资企业,并参与了房地产经营,此外横向参股了豫园、申银证券等大股份制企业的法人股。

到1992年年底,延中实业股份有限公司有注册资金计人民币2000万元,计2000万股,实有资产近亿元。1992年度,公司执行送配计划,每股送红股0.5股,该公司总股本达3000万元。

根据上海延中实业股份有限公司资产负债表及上海延中实业股份有限公司利润分配表,可知延中经营规模与股本都比较大,原因在于公司股票含金量较高,年末每股资产净值3.94万元,资产净值7880.64万元。1992年主要财务分析指标如下:

① 流动比率:

流动资产/流动负债=1.36

② 速动比率:

带动资产/流动负债=1.26

③ 应收账款周转率:

主营业务收入/应收账款平均余额=4.64

④ 股东权益比率:

股东权益/资产总额=72.19%

⑤ 股东权益比率:

税后利润/股本总额=20.64%

⑥ 每股净资产:

股东权益/股本总额=5.25(元)

⑦ 存货周转率:

主营业务收入/存货平均余额=5.80

⑧ 营业净利率:

税后利润/营业收入=22%

⑨ 资产报酬率:

税后利润/资产总额=2.83%

⑩ 净值(股东权益)报酬率:

税后利润/资产净值=3.92%

⑪ 总资产周转率:

主营业务收入/总资产=0.127

从以上指标可以看出,延中实业公司的财务结构偏于保守,公司的周转性指标较差,影响了公司的盈利水平。总资产周转率、应收账款周转率和存货周转率全面偏低。公司利润总额中投资收益已超过70%,这也是周转率低的一个原因。但是,无论利润来源于哪里,从资产报酬率和净值报酬的角度看,公司的盈利水平是偏低的。

宝安实业(集团)股份有限公司的前身是宝安县联合制造投资公司。该公司成立于1983年7月,1991年6月完成股份制改造,6月25日宝安股票正式上市。该公司原始股16 503万股,1991年7月,宝安又向法人定向扩展6 000万股,截至1991年年底,总计有股份22 503万股,实收股本22 503万元。1992年增股后,总股份为26 403万股,股本26 403万元。

宝安主要经营业务项目包括房地产业、工业区开发、工业制造和"三来一补"加工业、仓储运输业、商业贸易和进出口贸易、酒店经营和服务、金融证券业等。1991年组建股份公司,对能源、交通、通信、建材等基础产业增加了投资,并拓展了电子技术、生物工程等高技术领域业务,向区域性、多元化、多层次的跨国经营的企业集团迈进。

1992年度,深圳宝安实业(集团)股份有限公司的经营业绩摘要如下:

项目	1992年	1991年
营业收入(万元)	77 336	40 283
利润总额(万元)	25 916	10 650
税项(万元)	4 875	2 636
少数股东权益(万元)	68	0
税后利润(万元)	20 937	8 014
每股税后盈利(元)	0.79	0.30

宝安各项业务均取得较大发展,抓住了国内开放向纵深发展、经济建设日益高涨的有利时机,在房地产业、高科技工业、金融证券等领域获得了较大发展。同时,商业贸易大幅增长,海外拓展奠定了基础,产业结构加速调整,集团管理日趋规范,形成了以房地产业为龙头,带动各业迅速发展的经营模式,区域性、多层次、多元化、跨国经营方面取得了不俗成绩,有力推动着集团不断向更高层次发展。

二、谋　划

孙子曰:"多算胜,少算不胜,而况于无算乎?"早在1992年年末,中国宝安实业(集团)有限公司就已开始招募谋士,计划此次行动。他们雄辩的分析与推理增强了宝安的信心。经过细致的分析挑选,上海延中实业股份有限公司最终被选中了。

主观上,宝安有足够的经济实力、管理能力和股市运作经验;客观上,延中的

"薄家底"和几年来不尽如人意的经营业绩,正给了宝安可乘之机。不仅如此,延中的许多"历史问题"正合宝安胃口。第一,延中筹建时,由于政策规定老企业不能参股,所以它没有发起人股。第二,延中股本少,仅3 000多万元,依宝安实力,收购或控股不存在资金上的问题。第三,延中的章程里没有任何反收购条款。这三个历史原因,使宝安收购延中具有了操作上的可行性。而且延中在经营性质范围上与宝安同属综合性企业,控股之后对改善延中的管理,拓展宝安上海公司的业务有很大好处。此外,延中转换经营机制早,条条框框少,所受束缚少,公司人员少,负担少,潜力大。这一系列的事实,对宝安控股后的改造企业步骤的推进,十分有利。宝安还对中国现行的证券法规进行了深入的分析,对其中的疏漏之处早已了如指掌,为其9月收购延中的行动做好了充足的准备。

三、伺　　机

宝安开始行动了。首先宝安集团下属的三家企业宝安上海公司、宝安华阳保健用品公司和深圳龙岗宝灵电子灯饰公司受命担任此次收购的主角。三家公司均小心谨慎,并严格控制消息,在此期间,宝安一直在慎重考虑,并进一步等待时机成熟。9月3日,上海开放机构上市,又为计划的实施提供了政策上的可能性,于是宝安当机立断,调集资金,准备9月中旬大规模收购延中股票。

9月14日,延中股价8.8元,这已和7月26日的8.10元构成了一条较长的上升趋势线。9月14日以后,股价每日向上走高,但每日上扬幅度不大,一般仅在几分至两角之间。延中股票的一反常态与股市整体低迷的不协调并没有引起延中的注意。而此时的宝安正大量吃进延中的股票。市场上的圈内人士开始流传关于宝安的秘密计划的消息,拉出第8根阳线时,股价已突破颈线10.47元。此时,三家主力兵团中,宝安上海公司持有股票最多,但尚未突破5%的报告线。《股票发行与交易管理暂行条例》第47条规定:"任何法人直接或者间接持有一个上市公司发行在外的普通股达5%时,应当自该事实发生起三个工作日内,向该公司、证券交易所和证监会做出书面报告并公告。法人在依照前述规定做出报告并公布之日起二个工作日内和做出报告前,不得再直接或者间接买卖该股票。"此项规定加大了收购的难度,使收购成本大大提高。宝安试图避开5%报告线,以期降低收购的难度。

四、突　　袭

9月29日,宝安上海公司已持有延中股票的4.56%,宝安华阳保健用品公司和深圳龙岗宝灵电子灯饰公司已分别持有延中股票达4.52%和1.657%,合计10.737%,早已超出5%,三家公司接受命令,将于9月30日下单扫盘,而此时延中还沉浸在一片平和之中,像被偷袭前的珍珠港,对"日军"的野心毫无防备。

9月30日，宝安计划下单扫盘，由于在此之前，宝安上海公司持有延中股票已达4.56%，再吃进15万股即超过5%。宝安在集合竞价以后的短短几小时内便购进延中股票342万股，于是宝安持有延中股票数合计已达479万余股，其中包括宝安关联企业宝安华阳保健用品公司和深圳龙岗宝灵电子灯饰公司通过上海证券交易所的股票交易系统卖给宝安上海公司的114.7万股，至此，宝安公司已拥有延中股票的15.98%。

9月30日11时15分，延中被停牌，电脑屏幕上显示出宝安的公告：本公司于本日已拥有延中实业股份有限公司发行在外的普通股5%以上，现根据国务院《股票发行与交易管理暂行条例》第四章"上市公司收购"第47条之规定，特此通告。宝安在一切都密谋已久且准备就绪的情况下正式地向延中宣战了。

位于上海昌平路的延中公司总部听此消息后如同听到晴天霹雳，正常的工作秩序被打乱了。

秦国梁总经理心里更是懊悔不已：为什么自己在学习《股票发行与交易管理暂行条例》时，竟会把第四章"跳过去"了呢？

位于上海余姚路宝安上海公司总部的宝安集团曾汉雄董事长、陈政立总经理却显得格外平静，此举此情早已在他们预料之中。在上海，他们已投入了10亿多人民币，而今也是他们进军上海的重要一役。

五、反　　击

在毫无准备的袭击面前，延中稍有慌乱，只能用国庆节的三天假期调兵遣将。酝酿反击的延中公司表示，不排除采取反收购行动的可能。同时，延中聘任了应付敌意收购很有经验的施罗德集团香港宝源投资有限公司做顾问。10月4日，宝源中国业务代表张锐先生表示："我们希望在业内朋友的帮助下，本着股市公开、公正、公平的原则为延中股东寻找一条获得最佳利益的途径，开辟出一条有中国特色的收购路子。"

几天之内，收购与反收购之战愈演愈烈，宝安、延中分别在各自智囊团的支持下，通过新闻媒介展开唇枪舌剑。

宝安再三声明：我们是想成为延中第一大股东，通过控股来参与延中的管理甚至决策。延中则提出疑问：9月29日，宝安上海公司已持有延中股票4.56%，按照5%就要申报的规定，只能再买0.5%。然而，9月30日集合竞价时，宝安一笔就购进延中342万股，如此跳过5%公告后必须2%分批购进的规定，一下子达到15.98%，是否违规？既然9月30日实际已购得479万余股，当日公告时为何只笼统讲5%以上，不具体讲明持股数？宝安注册资本只有1 000万元，这两天光买延中股票就用了6 000多万。国家明确规定，信贷资金不得买卖股票，不知你的资金来自何处?

宝安说:《股票发行与交易管理暂行条例》作为规范证券市场的一项重要法规,发挥了巨大的积极作用,但其中第47条的规定,操作起来相对比较困难。按规定,直接或间接拥有一个上市公司发行在外的普通股达到5%时应向该公司、证券交易所和证监会做书面报告,可是以没有得到全部交割资料之前如何知道究竟超过5%多少呢?这个公告又该如何发?何时发呢?万一成交量没有公告中说的那么多,在市场上却造成大起大落,会不会反而有欺骗股民造谣惑众之嫌呢?我们是努力按现有的有关规定去做的。对整个持股超过5%以上的操作过程中的规范化问题,是你的理解不同。我上海公司注册资本1000万元,经营多年为何不可多达6000万元?如果来自集团总部呢?

延中表示,很遗憾宝安没有事先与延中沟通、协商,延中需要友善资金的加入,以扩大规模,增强企业竞争力,延中不反对企业的参股和组织兼并,只要符合广大股东的利益,有利于延中发展,但是,敌意收购会引起老股东的抵触情绪,损伤管理人员的积极性,在日前发生的事件中,由于对方表现出敌意,袭击又来得突然,严重影响了延中目前的正常经营,一些项目的签约与新产品的专利申请都已拖延。

宝安则表示,无意与延中发生对立,因为那样会给广大中小股东带来不必要的损失,并且正在考虑以某种形式使中小股东避免损失,股份公司的管理说到底是为全体股东服务的,在认识上和行动上绝不能脱离广大股东的利益。

宝安进一步逼进,若延中"反收购",其在资金上势必发生负债,那么,负债由谁来偿还?这一包袱必然压在全体股东身上。延中公司"反收购",谁能保证别的公司在事件后不控股延中?而别的公司有比宝安更强的能力来提高延中的效益吗?

宝安集团总经理陈政立说:首先,宝安从没想过要全面收购延中,目标只是想做延中的第一大股东,对延中实际控股,以直接介入公司的经营决策,提高公司业绩,尽力以较大的利润回报广大投资者。其次,宝安对延中的现任领导者也是善意的。董事局早已决定,控股成功后,原则上对原有的中层干部不做较大的人事变动。他还表示,一些善意的举动得不到圆满结局的情况下,将依据有关规定采取相应措施。

在此期间,延中积极同各方人士接触,并提出了各种反击的备选方案。据延中内部人士透露,在各种备选方案中,曾筛选出一种较理想的"声东击西"法,即打算从各方面调动几千万资金,对市场上规模比延中小的个股进行围攻。购进其他股票,既可分散宝安的注意力,也可能会使聚集在延中身上的市场焦点发生转移。把水搅混就可处于进可攻退可守的境地。即使延中全部失守,对被攻击的股票来说,延中也处于有利位置。如果股价仍处在低位,延中就可进而进行实质性控股;如果价位迅速抬高,延中亦可抛出该股,手中扭亏为盈获得资金,也为以后反收购积聚了经济实力。这对市场上延中股价还有一定牵制。这种立足于经济手段的反击措施可能有效地将宝安拖在泥潭中。占用宝安大量资金的延中股票就会陷入延中"游击战"的汪洋大海里,处于既不能抛、也不能收的尴尬境地。

同时,延中还可以利用宝安在法律上的漏洞逼其就范。只需抓住一点,即宝安在《中国证券报》与《上海证券报》上的落款单位不一致,甚至送至本公司的公告落款与盖章都不吻合。连收购单位都不明确,何来收购之说?延中曾欲就此在上海某大报上发表声明,并预付了2.7万元的通栏广告费,但在当日傍晚,由于管理当局干预而撤销。但是最终,在大鱼面前,延中不是掉头过来吃小虾,而是"以硬对硬",最终失去了变被动为主动的最好机会,连宝安智囊团内的人士也为延中痛失反击机会而扼腕叹息。

延中周鑫荣董事长阐述其观点,即宝安持有延中股票的比例从4.56%一下子跳到15.98%显然有违规之处,并且宝安此次购股有联手操作的可能,他代表延中要求证券管理部门对宝安集团上海公司的购股过程进行调查并做出处理。同时他还指出宝安的收购行为是恶意的,明确表示延中将不排除通过法律诉讼程序来维持自身利益的可能性。10月7日晚7点30分,延中公司总部,几位老总都显得有些疲劳。宝安公司大搞心理战,甚至在深圳传媒上提出延中组阁名单和他们的出路,令人很气愤。可是,他们又有些无可奈何。在资金上与对手相比,延中处于明显弱势。虽然有几家兄弟企业愿意资助,但终究也只是杯水车薪。在银根收紧的情况下,资金始终是个大问题。即使反收购成功了,又如何呢?如果把投资者套住而自己得利,投资者一旦明白真相,一定会谴责这种行为,延中也不想把赚钱建立在老百姓受愚弄的基础上,跟宝安对抗是轻量级选手与重量级选手的交锋,对于延中来说用法律保护自己,阻止收购的目的也许更为可行。毕竟,宝安也有弱点。

10月9日,宝安集团董事会主席曾汉雄在深圳表示,为了顾全大局,为了中国股市蓬勃发展,也为了不损害广大投资者的利益,宝安希望能妥善解决"宝延风波"。曾汉雄还说:"我们持有延中18%的股份,出发点是为了推进转换经营机制,为了推动中国股市健康发展,从根本上说也是按中央有关加速转换企业经营机制、合理配置资源的精神。这一点大方向应肯定,不要从技术上加以否定。"延中则坚持认为宝安18%的持股中,5%以外的部分都是不合规范取得的,因此,在证监会裁决前,不考虑召开临时股东大会。

六、结　果

在调查研究的基础上,中国证监会宣布宝安上海公司所获延中股权有效,但该公司及其相关企业在买卖延中股票过程中存在违规行为。

1. 证监会的处理

经研究,证监会对宝安上海公司及其关联企业做出如下处理:

(1) 截至1993年9月30日,宝安上海公司及其关联企业合计持有公司发行在外的普通股已经达到延中公司总股本的17.07%,10月6日宝安上海公司又买入2.73%。至此,宝安上海分公司及其关联企业所持有的延中股票已占其总股本的19.8%。按照《股票发行与交易管理暂行条例》第47条的规定,宝安上海公司及其关联企业最早应当于1993年11月4日方能持有上述比例的股份。据此,宝安及其关联企业在1993年11月4日以前,均不得再行买入延中股票。

(2) 依照《证券发行与交易管理暂行条例》第38条的规定,股份有限公司的董事、监事、高级管理人员和持有公司5%以上的表决权股份的法人股东,将其所持有的公司股票在买入后6个月内卖出或者在卖出后6个月内买入,由此获利归公司所有。宝安上海公司的关联企业宝安华阳保健品公司和深圳龙岗宝灵电子灯饰公司于1993年9月30日卖给社会公众的24.60万股延中股份所获得的利润归延中公司所有。

(3) 依据《证券发行与交易管理暂行条例》第47条第1款第11项的规定,宝安上海公司因未按照规定履行对有关文件和信息的报告、公开、公布义务而被给予警告处分,罚款人民币100万元,对其关联企业宝安华阳保健品公司和深圳龙岗宝灵电子灯饰公司给予警告处分。

证监会在公布上述调查结果后指出,法人依法通过大量买入上市公司股票从而成为某公司的大股东或达到控股地位,是证券市场运作中的正常现象。上市公司的股权转换受市场机制的调节和控制,证券主管部门或证券交易所一般不干预。但是这种活动必须依照法律的规定进行。任何单位和个人在股票交易过程中如采取非法手段牟取暴利,致使投资公司利益受损,一经查实则必须依法处罚。

2. 宝安与延中的协议

就在中国证监会对"宝延风波"做出处理的同时,宝安上海公司和延中公司经过会谈达成如下协议:(1) 宝安上海公司持有的19.80%的延中股票,其收益权全部归宝安上海公司,但其表决权的55%则由延中董事长行使,宝安上海公司只享有持股数45%的表决权。(2)双方共同努力提高延中的税后利润指标。(3)宝安派两名代表进入延中董事会,分任副董事长和副总经理,但不干预延中的日常经营管理。(4)改造董事会须待一年半后本届董事会任期结束之时进行。(5)宝安增减持有延中股票须征得延中董事会同意。至此双方握手言和,共谋发展,"宝延风波"告一段落。1994年5月,宝安上海公司总经理取代延中原董事长的职位,从而宝安上海公司完成了对延中公司的控制。

作者点评

宝安收购延中的目的是要拓展其在上海的业务,而且延中的业务和宝安公司具有一定的相关性。那么宝安为什么不在上海直接投资办企业,而采用收购上市公司的方式呢?这就体现了资本经营的优点,它可以节约时间,省去很多事情。试想,如果直接投资办企业,新企业什么时候能达到延中的规模和水平?选择收购目标和时机,在收购中也是非常重要的。选择的目标要符合实现企业长远发展战略的需要,收购只是企业发展战略的一个步骤。如果时机把握得好,就可以保证收购成功,降低收购成本。收购业务也涉及我国的一些法律法规,如持股比例达5%时,要对外公布。但我国的法律法规还有一些不完善的地方。从本案例中我们也可以看到宝安是如何利用法律法规的。所以理财必须研究国家的法规政策。

第七讲 成本费用管理

- 如何加强成本费用管理?
- 成本费用管理中的关键环节是什么?

成本费用是综合反映企业工作质量的重要指标，它是企业生产经营过程中发生的各种消耗。成本费用的高低决定着企业效益的好坏。但一些企业在成本费用管理中还存在一些不足，如成本费用控制不严、成本费用控制体系不健全等。本讲主要讨论如何加强成本费用管理，成本费用管理中关键问题是什么。

一、成本费用的含义与分类

（一）成本费用的含义

费用是指企业为开展销售商品、提供劳务等日常活动所发生的经济利益的流出；成本是指企业为生产产品、提供劳务而发生的各种耗费。成本费用实质上是企业日常经营业务中发生的资产消耗。成本是能够确定归属对象的费用，对象化的费用即为成本。

（二）成本费用的分类

成本费用从不同的角度可分为不同的类型。下面主要介绍两种分类。

1. 按费用的经济用途划分

按费用的经济用途划分，费用可分为生产费用和期间费用，生产费用形成产品成本。

（1）生产费用

生产费用是指企业在生产过程中，为制造产品而发生的各种费用的总和，主要包括直接材料、直接人工和制造费用。

① 直接材料，是指企业在生产制造产品过程中实际消耗的原材料、辅助材料、备品配件、外购半成品、燃料、动力、包装物等。这些材料都是构成产品实体的，或有助于产品形成的。

② 直接人工，是指直接从事产品生产人员的工资、奖金、津贴、补贴等。

③ 制造费用，是指企业生产单位（分厂、车间）为组织和管理生产活动所发生的各项费用。制造费用包括生产单位管理人员的工资、福利费、折旧费、租赁费、修理费、机物料消耗、低值易耗品摊销、取暖费、水电费、办公费、差旅费、运输费、保险费、设计图纸费、试验检验费、劳动保护费、季节性大修理期间停工损失等。

（2）期间费用

期间费用是指与企业产品制造没有直接关系，不能计入产品成本，直接计入当期损益的各项费用,主要有管理费用、财务费用和营业费用。

① 管理费用,是指企业行政管理部门为组织和管理经营活动而发生的各项费用,包括公司经费、工会经费、职工教育经费、劳动保险费、待业保险费、医疗保险费、住房基金、董事会费、咨询费、审计费、诉讼费、排污费、绿化费、税金、土地使用费、土地损失补偿费、技术转让费、技术开发费、无形资产摊销、开办费、长期待摊费用摊销、业务招待费、坏账损失、存货盘亏、毁损和报废(减盘盈)等。

② 财务费用,是指企业为筹集资金而发生的各项费用,主要包括利息支出、汇兑净损失、金融机构手续费等。

③ 销售费用,是指企业在销售产品、自制半成品和提供劳务过程中发生的各项费用,以及专设销售机构的各项经费,包括应由企业负担的运输费、装卸费、包装费、保险费、委托代销手续费、广告费、展览费、租赁费、销售服务费、专设销售机构人员工资、职工福利费、差旅费、办公费、折旧费、修理费、物料损耗、低值易耗品摊销及其他经费。

费用按经济用途分类的结果如图 7-1 所示。

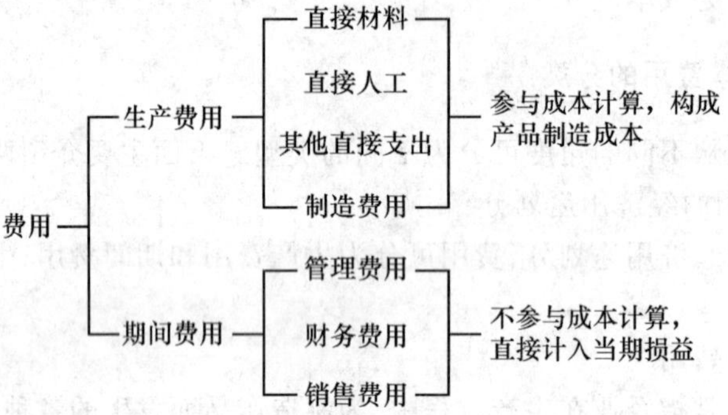

图 7-1　成本费用分类

2. 按费用与业务量之间的关系划分

按费用与业务量之间的关系,可将费用划分为固定费用和变动费用。

(1) 变动费用

凡总额与业务量的总量同比例增减变动的成本费用,叫变动费用。直接材料等都属于变动费用。但从产品的单位成本来看,则恰好相反,产品单位成本中的直接材料保持不变。

在一定范围之内,产量和成本才完全同比例变化,即二者之间存在完全的线性关系,超过了一定的范围,这种关系就不存在了。例如,当一种产品还是小批量生产时,由于生产还处于不熟练阶段,直接材料耗费可能较多,随着产量的增加,工人对生产过程逐渐熟练,单位产品的材料费用会逐渐降低。在这一阶段,变动成本不一定与产量完全成同比例变化,而是表现为小于产量增减幅度。在这以后,生产过程比较稳定,变动成本与产量成同比例变动,这一阶段的产量便是变动成本的相关范围。然而,当产量达到一定程序以后,再大幅度增产可能会出现一些新的不利因素,使成本的增长幅度大于产量的增长幅度。

(2) 固定费用

凡总额在一定时期和一定业务量范围内不受业务量增减变动影响而固定不变的费用,叫固定费用。属于固定费用的主要有折旧费、保险费、管理人员工资、办公费等。这些费用每年支出水平基本相同,产销量在一定范围内变动,但它们保持固定不变。

正是由于这些费用是固定不变的,因而随着产量的增加,它将分配给更多数量的产品,也就是说,每单位固定费用,将随产量的增加而逐渐变小。

固定费用可进一步区分为约束性固定费用和酌量性固定费用两类。

① 约束性固定费用。约束性固定费用属于企业"经营能力"费用,是企业为维持一定的业务量所必须负担的最低费用。厂房、机器设备折旧费和保险费等都属于这类费用。企业的经营能力一经形成,在短期内很难有重大改变,因而这部分费用具有很大的约束性,管理当局的决策行动不能轻易改变其数额。要想降低约束性固定费用,只能从合理利用经营能力入手。

② 酌量性固定费用。酌量性固定费用属于企业"经营方针"费用,即根据企业经营方针由管理当局确定的一定时期(通常为一年)的费用。广告费、研究与开发费、职工培训费等都属于这类费用。这些费用的支出是可以随企业经营方针的变化而变化的。一般在一个预算年度之初,管理当局便要根据企业经营方针和财务状况,斟酌这部分费用的开支情况。因此,要降低酌量性固定费用,就要在预算时精打细算,合理确定这部分费用的数额。

应当指出的是,固定费用总额只是在一定时期和业务量的一定范围内是保持不变的。这里所说的一定范围,通常为相关范围。超过了相关范围,固定费用也会发生变动。所以,固定费用必须和一定时期、一定业务量联系起来进行分析,从较长的时间来看,所有的费用都在变化,没有绝对不变的固定费用。

二、现代成本费用管理的含义

成本费用管理是企业的一个永恒的课题。传统的成本费用管理主要强调对企业成本费用的计划、控制,从而达到降低成本费用的目的,而现代成本管理的概念与传统成本管理的概念有较大的不同。

现代成本管理的概念可表述为:是为落实各部门、各单位管理者的成本责任,提高管理者的成本意识,制定成本目标,并通过一系列活动提高成本效率的管理工作。现代成本管理概念中包含了成本责任、成本意识、成本目标和成本效率等传统成本管理所没有的内容。对现代成本管理概念,应从以下几个方面进一步理解。

(一) 成本费用管理的对象

传统的成本管理认为成本管理的对象是成本费用项目。但是实际上成本费用项目在某种意义上是无法管理的,当财会人员将成本费用核算出来时,成本费用已无法管理了。因此,现代成本管理理论认为,成本管理的对象不是成本费用项目,而是管理者的成本责任。成本责任是与人相关的,只有负有成本责任的管理者认真负责地控制各种费用开支和资源消耗,企业的成本费用才能得到有效的控制。现代成本管理的核心是以"人"为中心的管理,而成本责任则体现了以"人"为中心的观念。

(二) 成本费用管理的主体

在不少企业,一谈到成本费用管理,仍然认为这是财务部门的事,成本管理的主体是财务会计人员。这种认识具有相当的普遍性。成本费用确实是财务会计人员算出来的,但不是财务会计人员形成的。成本费用是在生产经营过程中消耗各种有形无形资源形成的,因此现代成本管理理论认为企业成本管理的主体是企业的各级管理者,包括厂长、经理、车间主任、科长、工段长以及班组长等。

(三) 成本费用管理的手段

现代成本管理的手段是制定目标成本,落实成本责任。所谓目标成本是指企业未来一定时期产品成本预期达到的水平。制定目标成本是目标管理在成本管理方面的应用。

目标成本一般是企业的目标总成本。为保证目标成本的实现,要按权利对等原则,将目标成本分解落实到各责任单位,形成各单位的成本责任。

(四) 成本费用管理的直接目的

现代成本管理的目的是完成成本责任,提高成本效率。各个责任单位完成了自己承担的成本责任,全厂的目标成本就可以保证实现,因此各级管理者进行成本管理活动的直接目标是完成承担的成本责任。

传统的成本管理强调是降低成本费用,而现代成本管理强调的则是提高成本效率。成本效率是一种比值关系,是收益与其相关的成本费用之间的比值:

$$成本效率 = 收益/成本$$

成本效率的引入,为企业成本费用管理拓宽了思路。企业要达到提高成本效率的目的,有五种途径:① 收益不变,成本下降;② 收益提高,成本不变;③ 收益提高,成本下降;④ 收益大提高,成本小提高;⑤ 收益小下降,成本大下降。在上述五种途径中,其中有三种是成本下降,但有一种是成本不下降,还有一种成本要上升。在现代经济条件下,有时为了取得更大的收益,往往要求成本费用相应地提高。在科技高度发展的今天,高科技才能产生高价值,同样高科技也需要高投入,高投入才能有高产出。

(五) 成本费用管理的核心

现代成本管理的核心是管理者的成本意识。企业成本管理的好坏,关键不在于成本管理的方法措施,而在于管理者的观念、意识。管理者只有具有了强烈的成本意识,才能自觉地承担成本责任,认真地控制成本费用开支,主动地探求提高成本效率的有效途径和方法。

传统的成本管理所说的成本意识主要强调要时时、处处、事事都考虑成本费用,努力降低成本费用。现代成本管理中的成本意识,包括了更深的含义,是指能自觉地形成将生产经营活动与成本费用、收益进行挂钩考虑的习惯,具有比较准确地判断成本效率的能力和较强提高成本效率积极性。这里包含三层意思:第一层是思考习惯,即将成本费用与生产经营活动挂钩考虑,与传统的成本意识的时时、事事、处处考虑成本费用的表述相似;第二层是判断成本效率的能力,要求管理者要心中有数,对每一产品或每一项工作的收益与相关的成本费用的比率有较准确的把握和判断;第三层意思是要有提高成本效率的积极性,没有这种积极性,思考习惯和判断能力都没有用,有了这种积极性,思考习惯和判断能力才能发挥出作用,因此,提高成本效率的积极性是成本意识的核心。

在实践对成本意识的理解还应注意三个问题:

1. 成本意识是一种问题意识和改进意识

成本意识要求管理者对自己担任的工作能自觉地反思以往的做法,找出问题,努力探求降低成本的方法。

企业生产经营中存在的各种问题都会影响到成本费用,工艺技术问题、质量问题、生产现场的问题都会增加成本费用。管理者的任务就是要解决问题,自觉主动地发现和解决工作中的问题,这是管理者的责任,也是管理者具有成本意识的表现。

管理者的成本意识还表现在主动地改进现行工作,探求降低成本的方法。有些时候,现行的工作或作业没有很大的问题,但是存在着改进的空间,管理者要不断地采用先进的技术、工艺、管理方法,提高工作效率,从而达到降低成本费用的目的。

2. 成本意识是一种高度的责任感

成本意识不仅是成本知识、成本管理方法,而且是从管理者目标出发的高度责任感。

影响成本费用的各种问题,为什么有人能很快地发现,并积极地采取改进措施,而有人却视而不见?两种态度和做法的根本原因在于有没有责任感。成本费用管理控制的好坏,主要不取决于管理者是否具备成本费用知识和是否掌握了成本管理的方法,而主要取决于管理者本身的责任感。责任感是一种觉悟,一种认识,一种从根本利益出发的自觉性。人们的责任感的养成,不能单纯靠教育,也不能单纯靠制度,而要从企业的体制和机制入手,建立有利于人们树立责任心的利益体系,同时加强教育、训练,辅之以规章制度,形成一个人人尽职尽责的氛围。

3. 成本意识的关键是要找到提高成本效率的有效途径

提倡成本意识,首先是要树立节约意识。节约是相对浪费而言的,这是因为在我国企业中普遍的存在着浪费现象。我国经济增长方式要实行两个根本转变,其中之一就是要求企业必须精打细算,充分发挥资源的效应。日本人说,集约式经营就是节约式经营。在企业中,使全体职工,尤其是经营管理者树立起节约意识,可以大大地降低现有成本费用。

成本意识绝不是单纯的节约意识,企业科技和管理达到一定的水平后,单纯的节约并不能使企业保持永久的成本优势,只有不断地运用现代化科技和管理手段,提高成本效率,才能使企业获得更大的效益。

(六)成本责任

成本责任是指在一定范围内选择和消费资源的权利,也就为了提高成本效率而给予管理者在选择和管理成本费用方面的责任。

对成本责任可以从以下三个方面进一步理解。

1. 成本责任是与管理权利相对应

也就是说,只有具备选择和消费资源的权利,才应承担成本责任。所谓选择和消费资源的权利是指对消耗什么资源、不消耗什么资源、消耗的数量,有一定的选择权和决定权,而拥有这种权利的主要是各级管理者。

成本责任与管理权利相对应,是在企业内部划分成本责任的依据和基础。是否将某种成本责任分解给某个部门或单位,主要看这个部门或单位有无选择和消耗这方面资源的权利。权责对等,才能保证分解后的成本责任真正得到落实。

2. 成本责任是负有成本责任的管理者的个人责任,而不是集体的共同责任

这里强调的是,成本责任必须落实到具体人。成本责任分解到各部门各单位还不行,还不算真正到位,必须落实到责任者即管理者个人头上。也就是说,如果全厂的目标成本没有完成就要追究厂长的责任;车间的成本责任没有完成

就要追究车间主任的个人责任;工段、班组的消耗高了,成本超了,要追究工段长、班组长的个人责任。惩罚要针对责任者个人,而不是集体,只有责任到人,奖惩也到人,才能保证成本责任的落实。

3. 成本责任是一种财务会计责任

西方企业中的会计分为财务会计和管理会计两类。管理会计是对内会计,他所提供的报表、数据一般不对外公开;而财务会计是对外会计,财务会计提供的数据和编制的报表要对外公开。成本责任是一种财务会计责任的意思是,成本责任者有报告支配使用情况和资金运用情况的责任。这里的报告,并不是说要厂长、车间主任亲自编制的表,而是说当财会人员编制了财务报表和财务报告后,厂长、车间主任要认真审阅,并在报表或报告上签字,表示对报表和报告提供的资料数据承担责任。这就要求成本责任者必须懂成本费用,懂财务报表反映的问题和现状,懂得财务数据的真实含义,只有这样才能对自己签字上报或公开的财务报表和报告承担责任。

三、目标成本管理

(一) 目标成本管理的含义

目标成本管理是目标管理方法在成本费用管理中的具体应用。目标管理方法包括目标的确定、目标的分解落实、目标实现过程中的控制以及分析考核等内容。目标成本管理是根据企业总体经营目标的要求制定目标成本,并按权责对应原则将目标成本按产品品种和工艺过程等进行分解落实到责任单位和责任人,采取措施保证目标成本完成的管理工作。

(二) 目标成本管理的主要环节

1. 制定目标成本

目标成本的测算是指企业对未来一定时期应以何种成本水平为适宜目标所做的预测。它依据成本行为各因素变动与成本变动的因果关系,全面分析这些因素对成本的影响方向和程度,从而对未来一定时期的成本变动趋势和水平做出规定。现就确定目标成本的主要方法加以介绍。

(1) 倒扣确定法

倒扣确定法是在确定销售价格和目标利润的基础上倒求出目标成本的一种方法,是确定目标成本的最常见的方法。其基本公式是:

全部产品目标成本 = 预计销售收入 - 预计销售税金 - 目标利润

单位产品目标成本 = 预计单位产品销售价格 - 预计单位产品销售税金

－预计单位产品目标利润

单位产品目标成本 = 预计单位产品销售价格 ×(1 － 产品销售税率)

－目标利润 / 预计产销量

在运用倒扣法确定目标利润时,应注意以下几个问题:

① 要合理预测产品销售价格。主要是根据产品质量、同类产品的比价情况、国家物价政策等合理确定销售价格。

② 要合理预测销售量。在市场调查的基础上进行市场分析,考虑影响销售量的有关因素,合理确定销售量。

③ 正确确定销售税金。主要根据国家税法的有关规定合理确定。

④ 正确确定目标利润。目标利润是指未来一定期间内预计实现的利润总额。在确定时,要把需要和可能相结合,合理确定,可采用销售利润率计算,也可采用资金利润率计算。

(2) 先进成本比较法

先进成本比较法是指选择某一先进的成本作为目标成本,以促进成本降低的一种方法。这里所说的先进成本通常包括以下几类:

① 按先进定额制定的定额成本或标准成本;

② 同行业、同类产品的先进成本水平;

③ 本企业历史上的最好成本水平。

这种方法比较简单,但要注意可行性。如果条件不可比或情况有变化,就不能硬行搬用,而应做必要的调整。

(3) 降低率确定法

根据上年实际平均单位成本和预计成本降低率确定目标成本的方法叫降低率确定法。其计算公式为:

单位产品目标成本 = 上年实际平均单位成本 ×(1 － 计划期成本降低率)

上式中的成本降低率一般根据上级下达的成本降低率来确定,有时也可根据企业内外条件,经过分析研究以后合理地加以确定。

2. 落实成本责任

为了便于对目标成本进行有效的管理和控制,分清各部门的责任界限,在企业的总目标确定以后,还应按一定的原则把它分解成若干小指标,并将这些指标落实到有关部门和个人。分解后的目标成本就是各部门的成本控制标准和额度。

目标成本的分解应遵循费用可控原则和权利相结合的原则。在分解过程中,要正确处理目标成本责任指标体系与目标成本管理过程的关系以及成本核算有关环节的关系。分解后还应进行试算平衡,看能否保证总目标成本的实现,如未达到,则需采取新的措施重新分解。目标成本的分解落实是一项细致复杂的工作，需要各部门的密切配合。落实成本责任的程序是：

(1) 首先确定企业内部的责任单位

确定企业内部的责任成本单位，是分解目标成本必须具备的条件，因为只有确定了各级各部门的责任成本单位，才知道成本可按多少个责任单位来分解。

所谓责任单位，是指根据其管理权限承担不定期的经济责任，并能反映其经济责任履行情况的企业内部单位，也称责任中心。判断企业内部的某一部门是否能作为一个责任单位，一是能否划清责任界限，二是能否单独核算。作为一个责任单位，所应负的责任必须能与其他部门的责任划清界限，而要划清责任界限，就必须能单独核算。所以，只有既能划清责任又能进行单独核算的企业内部单位，才能作为责任成本单位。企业可以按照分厂（分公司）——车间（各部门）——班组等形式根据具体情况划分。

企业的各项成本，对某一责任单位来说，有些是可控的，有些则是不可控的。显然，一个责任单位只应也只能对其可以控制的成本负责。这种可控成本是指能被某个部门（或个人）的行为所制约的成本。一般来讲，可控成本应同时符合以下三个条件：一是责任单位能够通过一定的方式了解将要发生的成本；二是责任单位能够对成本进行计量；三是责任单位能够通过自己的行为对成本加以调节和控制。

(2) 目标成本分解

目标成本分解是将成本费用项目按产品、生产组织或工艺过程，分解落实到各责任单位和责任人，这是目标成本管理的重要内容。一般而言，目标成本分解得越细，责任落得越实，成本费用管理的效果越明显。目标成本制定得再好，只要责任落实不到人，成本费用管理就发挥不出应有的作用，所以，落实成本责任是成本费用管理的关键环节。

3. 进行分析考核

成本责任落实后，要定期分析和考核。通过分析，发现实际水平与目标的差异，寻找产生差异的原因，并采取措施，努力达到目标要求。同时，分析也为考核提供了依据。考核就是要求企业建立一套与成本费用挂钩的奖惩制度。奖惩制度对调整和引导职工的行为具有很大的作用。与成本费用挂钩的奖惩制度就是实行节约有奖、浪费有罚，实行成本否决制。

（三）目标成本管理的特点

1. 目标成本管理是全过程的管理

成本费用管理是生产经营全过程的管理。生产经营的全过程也就是成本费用形成的全过程。企业从市场调查、产品设计、试验、工艺装备、物资供应、生产、销售以至为用户服务的全过程都发生成本费用。全过程管理就是要求在整个经营全过程中自始至终按目标规定的消耗水平和费用开支水平进行工作。目标成本既是成本费用管理的奋斗目标,也是衡量企业各种资源消耗水平的尺度。但目标不会自动起作用,企业必须建立健全一套有效的管理制度,包括计量、统计、奖惩等制度。只有坚持做到开支有控制,消耗有计量考核,节约有奖,浪费有罚,才能使目标在企业经营中发挥作用。

2. 目标成本管理是全员的管理

成本费用是生产经营全过程中形成的,与每个部门和每个职工都有着直接或间接的关系,所以降低成本费用和进行目标成本管理,单靠企业管理者是不可能的,必须要发动企业全体职工参与,只有企业全体职工都参与控制才能实现全过程的管理。这也是成本费用管理最难的一点。实际上在企业中,资源的消耗是由企业全体职工共同参与的,只有使每一个职工都自觉地控制消耗从而控制成本费用,才能使成本费用真正地降下来。而要使全员参加不是一件容易的事情,企业管理者应为之做出很大的努力。一般来说,参与程度越深,成本费用控制越有效。

要使企业全体员工参与成本费用管理需要一些条件。一是要调动大家的积极性,解决干不干的问题,这就要求企业必须建立一套与成本费用挂钩的激励约束机制。靠思想政治工作,靠觉悟工作,在短时期内起作用,时间长了就不起作用了,要调动大家积极性,经济还是基础。企业要分高层、中层、职工等针对各自的需求,建立一套有效的激励约束机制。二是企业主要领导要有坚定决心和信心。成本费用管理涉及企业每个人切身的利益,阻力大,矛盾也多,如果领导不一条心抓成本费用,职工就不可能去认真控制成本费用。领导对降低成本费用是否有信心,是否认识到企业成本费用降低的潜力,具有重要意义,职工在成本费用管理方面的热情和干劲有时和领导的信心是成正比的。有效的机制和领导的决心是成本费用管理的关键。

3. 目标成本管理要求发挥每个人的主观能动性

目标分解落实到各责任部门和责任人后,如何实现目标,就需要自己去想办法,发挥个人的主观能动性。每个人从事的具体工作不同,所处的环境条件也不同,如何降低成本费用,完成自身的成本目标,别人没有自身清楚。管理者也不可能对每个人的具体工作都了如指掌,教你办法,所以完成目标只能靠自己。这就要求个人充分发挥自身的主观能动性,想方设法去达到目标。

4. 目标成本管理有助于加强管理基础工作

加强管理,管理的基础工作很重要。成本费用管理的基础工作具体包括定额工作、计量工作、规章制度等内容。目标成本管理要求各个责任部门和个人必须记录、计量各自的资源消耗情况,也要求企业必须完善核算制度、物资清理盘点制度,购置必要的计量器具等,准确反映资源的消耗情况。目标成本每年都要重新制定，对降低成本费用提出更高要求，当成本费用降不下去的时候，分解的目标成本指标可以作为消耗定额。以这种方式形成消耗定额比直接制定或修改定额的方法更有效。因为直接去修改定额是组织企业管理部门、技术部门、财务部门和其他相关部门的人员去干的，定额工作是一项“笨”工作，费时费力，定额修改好后管理上台阶，这种成绩并不一定体现在具体修改定额的人员身上，所以人们一般不愿意去干这种工作。而且，组织起来的人员对企业各个岗位降低成本的潜力并不一定十分了解，因而制定出的定额也不一定先进合理，并不一定能把握各个岗位的消耗底线，降低成本费用和定额工作和每个人的切身利益有关，工作中遇到的阻力也较大。而目标成本管理落实成本责任后，成本责任承担者应充分发挥主观能动性，努力实现目标，因为自己对自己的岗位最熟悉，经过几年的努力，科学合理的定额就一定能出来。

四、标准成本管理

所谓标准成本管理，就是建立标准成本制度，将成本计算与成本控制结合在一起，形成一个包括制定标准成本、计算和分析成本差异和处理成本差异三个环节的完整的管理系统。标准成本是经过认真调查、分析和技术测定而制定的，是在有效经营条件下应发生的，因而是可作为控制成本开支、评价实际成本、衡量工作效率的依据和尺度的一种目标成本。

（一）标准成本的制定

制定标准成本是项费时费力的工作，需要企业各有关部门的人员参与。标准成本使用一段时期后，由于内外条件变化，还必须对标准成本进行修改。标准成本具体包括直接材料标准成本、直接人工标准成本和制造费用标准成本，其计算公式如下：

直接材料标准成本 = 标准单价 × 标准消耗量

直接人工标准成本 = 标准工资率 × 工时标准

制造费用标准成本 = 标准费用分配率 × 工时标准

从标准成本的构成看，要制定出标准成本，必须要做好以下几项工作：

1. 确定标准单价

应从供应部门取得初始资料，根据分析后确定标准单价，并根据市场环境的变化及时调整，避免由于市场价格变化造成成本差异太大。

2. 确定标准消耗量

科学准确地确定标准消耗量比较困难，需要企业技术部门、工艺部门、生产部门等各有关部门的人员参加，形成专门的标准制定小组来完成。制定消耗标准过程中需要充分分析和挖掘降低消耗的潜力,进行质量成本分析、功能成本分析等,使消耗标准尽量达到科学合理,并随着技术和工艺的变化进行修改。这是一项费时费力的工作。松下彩管公司采用如下方法确定标准消耗量:

$$\text{标准消耗量} = \text{正味量} \times \text{劳斯系数} \div \text{材料利用率}$$

正味量是产品中某种材料的净重;劳斯系数计算如下:

$$\text{劳斯系数} = \frac{1}{1 - \text{废品率}}$$

只要测算出材料利用率和废品率,以及产品中材料的净重,就可确定标准消耗量。在实际工作中,只要控制住废品率和材料利用率,就能达到标准消耗量。

3. 确定工时标准

工时标准是指直接人工工时标准或称工时定额,一般由企业劳资部门、技术部门、生产部门和工艺部门等协调配合共同制定。

4. 标准制造费用总额

标准制造费用总额一般按预算的方式确定,一般由生产单位和财务部门共同编制,将其除以标准总工时,便可得到标准费用分配率。

5. 标准工资率

标准工资率由企业在计划期内的直接人工工资总额除以标准总工时计算而得。工资总额根据企业的工资制度确定。

(二) 成本差异分析

成本差异是指实际成本与标准成本之间的差额。标准成本是一种成本目标、成本标准,是预先制定的,在实际执行过程中难免因各种主客观因素的变化,而导致实际成本与标准成本不一致,从而形成成本差异。实际成本超过标准成本所形成的差异叫做不利差异、逆差或超支;实际成本低于标准成本所形成的差异,叫做有利差异、顺差或节约。

按照标准成本的划分,相应地,成本差异也包括直接材料成本差异、直接人工成本差异和制造费用成本差异。制造费用成本差异按照责任部门的归属,又可以分为变动制造费用成本差异和固定制造费用成本差异。

1. 直接材料成本差异

直接材料成本差异是直接材料实际成本与直接材料标准成本的差额。

$$\begin{aligned}\text{直接材料成本差异} &= \text{直接材料实际成本} - \text{直接材料标准成本}\\ &= (\text{实际价格} - \text{标准价格}) \times \text{实际用量}\\ &\quad + (\text{实际用量} - \text{标准用量}) \times \text{标准价格}\\ &= \text{价格差异} + \text{用量差异}\end{aligned}$$

下面举例说明直接材料成本差异的计算。

例 7-1　某企业生产 A 产品所用的原材料的标准价格为 20 元/公斤,其用量标准为 2 公斤/个。本期购进该原材料 10 000 公斤,实际价格为 23 元/公斤。本期实际生产了 A 产品 4 000 个,耗用原材料 8 200 公斤,试对直接材料的成本差异进行分析。

计算过程如下:

$$\begin{aligned}\text{标准用量} &= \text{单位产品材料耗用标准} \times \text{实际产量}\\ &= 2 \times 4\,000 = 8\,000(\text{公斤})\end{aligned}$$

$$\begin{aligned}\text{直接材料价格差异} &= \text{实际价格} \times \text{实际用量} - \text{标准价格} \times \text{实际用量}\\ &= (\text{实际价格} - \text{标准价格}) \times \text{实际用量}\\ &= (23 - 20) \times 8\,200 = 24\,600(\text{元})\end{aligned}$$

$$\begin{aligned}\text{直接材料用量差异} &= \text{标准价格} \times \text{实际用量} - \text{标准价格} \times \text{标准用量}\\ &= (\text{实际用量} - \text{标准用量}) \times \text{标准价格}\\ &= (8\,200 - 8\,000) \times 20 = 4\,000(\text{元})\end{aligned}$$

$$\text{直接材料成本差异} = 24\,600 + 4\,000 = 28\,600(\text{元})$$

或者也可以直接计算:

$$\begin{aligned}\text{直接材料成本差异} &= \text{直接材料实际成本} - \text{直接材料标准成本}\\ &= 23 \times 8\,200 - 20 \times 8\,000 = 28\,600(\text{元})\end{aligned}$$

材料价格差异主要应由材料的采购部门负责。但是,决定材料价格的因素是多方面的,有些引起材料价格变动的因素会超出采购部门的控制范围。例如,供货厂商的变动、运输方式的变动就是采购部门所不能控制的。这些就不应由采购部门负责,而应由造成这种情况的有关部门负责。

直接材料的用量差异一般应由控制用料的生产部门负责。材料损耗的大小,生产部门大体上是可以控制的。但是,影响材料耗用量的因素也是多方面的。除生产部门有关人员的原因(如是否注意合理用料、是否遵守操作规程、技术的熟练程度等)会对材料用量差异的形成产生影响外,其他部门的原因也可能对材料用量差异的形成产生影响。例如,因材料质量问题引起的超标准用料,就应该由采购部门或仓库保管人员负责。

总之,由影响直接材料价格差异和用量差异的因素的多样性所决定,在进行直接材料成本差异分析时,应从实际出发,认真分析产生差异的具体原因,以便有针对性地采取改进措施。

2. 直接人工成本差异

直接人工成本差异是直接人工实际成本与直接人工标准成本的差额。

$$\begin{aligned}\text{直接人工成本差异} &= \text{直接人工实际成本} - \text{直接人工标准成本}\\ &= (\text{实际工资率} - \text{标准工资率}) \times \text{实际工时}\\ &\quad + (\text{实际工时} - \text{标准工时}) \times \text{标准工资率}\end{aligned}$$

= 工资率差异 + 效率差异

下面举例说明直接人工成本差异的计算

例 7-2 某企业生产甲产品 500 件,实际耗用工时 5 000 小时,实际工资总额 10 000 元,标准工资率为 3 元,单位产品的工时标准为 8 小时,对直接人工的成本差异进行分析。

计算过程如下:

实际工资率 = 实际工资 ÷ 实际工时 = 10 000 ÷ 5 000 = 2(元)

标准工时 = 单位产品工时耗用标准 × 实际产量 = 8 × 500 = 4 000(小时)

直接人工工资率差异 = 实际工资率 × 实际工时 - 标准工资率 × 实际工时

= (实际工资率 - 标准工资率) × 实际工时

= (2 - 3) × 500 = - 5 000(元)

直接人工效率差异 = 标准工资率 × 实际工时 - 标准工资率 × 标准工时

= (实际工时 - 标准工时) × 标准工资率

= (5 000 - 4 000) × 3 = 3 000(元)

直接人工成本差异 = - 5 000 + 3 000 = - 2 000(元)

或者也可以直接计算:

直接人工成本差异 = 直接人工实际成本 - 直接人工标准成本

= 2 × 5 000 - 3 × 4 000 = - 2 000(元)

工资率差异的形成原因主要有工资制度的变化、出勤率的变化等。其成因较为复杂,但责任一般应由劳动人事部门来承担。

人工效率差异形成的原因主要有工人技术的熟练程度和责任感、加工设备的完好程度、作业计划安排是否周密、工作环境是否良好、动力供应情况等。人工效率差异的责任基本上应由生产部门负责,但也可能有一部分应由其他部门负责,例如,因材料质量不好而影响生产效率,从而产生的人工效率差异,就应该由供应部门负责。

3. 变动制造费用成本差异

变动制造费用差异是指一定产品产量的实际变动制造费用与标准变动制造费用之间的差额。

变动制造费用差异 = 实际变动制造费用 - 标准变动制造费用

= (实际分配率 - 标准分配率) × 实际工时

+ (实际工时 - 标准工时) × 标准分配率

= 开支差异 + 效率差异

下面举例说明变动制造费用差异的计算。

例 7-3 某企业生产甲产品 500 件,实际耗用工时 5 000 小时,实际变动制造费用 15 000 元,单位产品的工时标准为 8 小时,变动制造费用标准分配率为 2

元/小时。对变动制造费用的差异进行分析计算过程如下：

$$\begin{aligned}
\text{实际分配率} &= \text{实际变动制造费用} \div \text{实际工时} \\
&= 15\,000 \div 5\,000 = 3(\text{元}) \\
\text{标准工时} &= \text{单位产品工时标准} \times \text{实际产量} \\
&= 8 \times 500 = 4\,000(\text{小时}) \\
\text{变动制造费用开支差异} &= \text{实际分配率} \times \text{实际工时} - \text{标准分配率} \times \text{实际工时} \\
&= (\text{实际分配率} - \text{标准分配率}) \times \text{实际工时} \\
&= (3 - 2) \times 5\,000 = 5\,000(\text{元}) \\
\text{变动制造费用效率差异} &= \text{标准分配率} \times \text{实际工时} - \text{标准分配率} \times \text{标准工时} \\
&= (\text{实际工时} - \text{标准工时}) \times \text{标准分配率} \\
&= (5\,000 - 4\,000) \times 2 = 2\,000(\text{元}) \\
\text{变动制造费用差异} &= 5\,000 + 2\,000 = 7\,000(\text{元})
\end{aligned}$$

或者也可以直接计算：

$$\begin{aligned}
\text{变动制造费用差异} &= \text{实际变动制造费用} - \text{标准变动制造费用} \\
&= 3 \times 5\,000 - 2 \times 4\,000 = 7\,000(\text{元})
\end{aligned}$$

变动制造费用开支差异通常是变动制造费用开支额或小时变动制造费用发生额出现变动的情况下出现的成本差异，其责任往往在相关费用责任部门的领导。

变动制造费用效率差异实际上反映的是产品制造过程中的工时利用效率问题，主要由生产部门负责。

4. 固定制造费用差异

固定制造费用差异是指一定期间的实际固定制造费用与标准固定制造费用的差额。

$$\begin{aligned}
\text{固定制造费用差异} &= \text{实际固定制造费用} - \text{标准固定制造费用} \\
&= (\text{实际固定制造费用} - \text{预算固定制造费用}) \\
&\quad + \text{标准分配率} \times (\text{预算工时} - \text{实际工时}) \\
&\quad + \text{标准分配率} \times (\text{实际工时} - \text{标准工时}) \\
&= \text{开支差异} + \text{能力差异} + \text{效率差异}
\end{aligned}$$

这里的预算工时可以看做企业的计划目标，实际工时没有达到预算工时造成的差异，就成为没有充分发挥企业能力的差异。

下面举例说明固定制造费用差异的计算。

例 7-4 某企业生产甲产品 500 件，实际耗用工时 5 000 小时，实际发生固定制造费用 45 000 元，预算固定制造费用 60 000 元，预算工时为 6 000 小时，单位产品的工时标准 8 小时。对固定制造费用的差异进行分析。

计算过程如下：

$$
\begin{aligned}
\text{实际分配率} &= \text{实际固定制造费用} \div \text{实际工时} \\
&= 45\,000 \div 5\,000 = 9(\text{元}) \\
\text{标准分配率} &= \text{预算固定制造费用} \div \text{预算工时} \\
&= 60\,000 \div 6\,000 = 10(\text{元}) \\
\text{标准工时} &= \text{单位产品工时标准} \times \text{实际产量} \\
&= 8 \times 500 = 4\,000(\text{小时}) \\
\text{固定制造费用开支差异} &= \text{实际分配率} \times \text{实际工时} - \text{标准分配率} \times \text{预算工时} \\
&= \text{实际固定制造费用} - \text{预算固定制造费用} \\
&= 45\,000 - 60\,000 = -15\,000(\text{元}) \\
\text{固定制造费用能力差异} &= \text{标准分配率} \times \text{预算工时} - \text{标准分配率} \times \text{实际工时} \\
&= \text{标准分配率} \times (\text{预算工时} - \text{实际工时}) \\
&= 10 \times (6\,000 - 5\,000) = 10\,000(\text{元}) \\
\text{固定制造费用效率差异} &= \text{标准分配率} \times \text{实际工时} - \text{标准分配率} \times \text{标准工时} \\
&= \text{标准分配率} \times (\text{实际工时} - \text{标准工时}) \\
&= 10 \times (5\,000 - 4\,000) = 10\,000(\text{元}) \\
\text{固定制造费用差异} &= -15\,000 + 10\,000 + 10\,000 = 5\,000(\text{元})
\end{aligned}
$$

或者也可以直接计算：

$$
\begin{aligned}
\text{固定制造费用差异} &= \text{实际固定制造费用} - \text{标准固定制造费用} \\
&= 9 \times 5\,000 - 10 \times 4\,000 = 5\,000(\text{元})
\end{aligned}
$$

固定制造费用也是一个综合性的费用项目,因此,为了较为准确地查明差异产生的原因,必须将固定制造费用各项目的预算数与其实际数进行对比,以便逐项分析原因和责任。

固定制造费用开支差异的出现有外部原因,但大多数是内部原因,如临时购置固定资产,研究开发费、培训费的增减等都会引起开支差异的变动。

能力差异出现主要是由于产销数量引起的,如经济萧条、原料不足造成生产能力利用不充分等。

形成固定制造费用效率差异的原因与直接人工效率差异的形成原因相同,主要应由人事部门和人工管理部门负责。

(三) 成本差异的处理

经过上面的步骤之后,在每一会计期末,都应将成本差异进行适当的处理,以明确责任,并计算出实际生产成本。

总的来说,差异应按照责任单位来计算,各成本责任单位只应计算本身工作形成的差异。不是某一具体责任单位的成本差异,应由会计部门直接计入各完工产品。关于成本差异的结转方法,应根据企业的生产特点、组织结构和管理水

平等具体情况的不同来考虑。一般来说,可以按照下面的方法进行:

① 能够直接按产品划分的,可以由各成本责任单位在会计期末直接结转成本差异。

② 不能直接按产品划分的,则由各责任单位在平时的账务处理中,分别计算标准成本和成本差异,在期末将差异结转到厂部的会计部门,由会计部门按照一定的方法分配。

③ 将日常账务中的标准成本与结转分配后的成本差异相加减,就可以得到实际生产成本。

通过这样的处理,既可以在日常生产中控制成本,不断与标准成本对比,发现差距、找出问题、明确责任,又可以提高生产部门的日常账务处理水平;而通过期末的差异结转分配,还能得到产品的实际成本。

(四) 标准成本管理的特点

标准成本法主要有如下几方面的特点:

1. 标准成本的制定较复杂

制定标准成本的核心是确定消耗定额和工时定额。这两项工作的质量直接影响标准成本管理的成效。而做好这两项工作需要参与的部门和人员较多,费时费力,且标准成本不是一次两次修改就能达到先进合理的。当企业工序多、产品品种多、材料品种多时,制定标准成本是一项非常复杂的工作。

2. 标准成本管理对管理基础工作要求较高

搞标准成本管理,必须先制定出各项消耗定额或标准,基础工作是否扎实,将直接影响成本管理的效果。

3. 标准成本管理可与会计核算相结合,简化成本核算

采用标准成本对产品成本进行计价,可以简化成本核算的账务处理工作,也有利于推行责任会计。标准成本不仅是编制成本预算的依据,也是分析、考核责任中心成本、控制业绩的依据。

(五) 目标成本管理与标准成本管理比较

目标成本管理与标准成本管理都是现代成本费用管理的方法。但这两种方法各有异同,实际应用时的适用情况也不同,下面将这两种方法的主要异同进行一些比较。

1. 管理的基本思路相同

两种方法都要确定消耗标准与目标,借以确定衡量消耗的尺度。目标成本管理以目标成本为尺度,标准成本管理是以标准成本为尺度。

两种方法都要落实成本责任。目标成本管理要求将成本费用指标分解落实

到各责任单位和责任人。标准成本管理要求通过加强管理的基础工作将成本责任落实到单位和个人。

2. 成本目标的确定方法不同

目标成本管理中,目标成本是通过比较分析由财务部门确定的。标准成本法确定目标成本是以标准成本为依据计算的。

3. 对管理基础工作的要求不同

进行标准成本管理,必须事先制定好工时标准和材料消耗标准,而这两项工作是非常费时费力的,需要企业各相关部门参与。工时消耗标准与材料消耗标准的制定是否科学合理,直接影响成本费用管理的成效。一般而言,将这两项工作做好很难。而目标成本管理可以事先不做这两项基础工作,由财务部门通过对比分析确定。降到不能再降时的目标成本就可作为标准成本。

4. 管理机制和具体方法不同

成本费用管理是企业生产经营全过程的管理,也是全员的管理,要求各级管理者和全体职工都要参与到成本费用管理中。这就需要建立一套行之有效的激励和约束机制调动全员参与管理的积极性。

对于目标成本管理,确定了目标成本后,要由成本责任承担者自己想办法完成目标,完成目标后给予精神和物资的奖励,完不成目标则给予精神和物资的惩罚,充分调动成本责任承担者的主观能动性和降低成本费用的积极性。邯钢的经验就是充分的证明。

标准成本管理是事先定好消耗标准,标准成本责任承担者照着标准去做,达到标准就给予奖励,达不到标准则予以惩罚。在这个过程中,没有充分发挥个人的主观能动性,而且事先定的消耗标准也很难科学合理。不调动全员的主观能动性和积极性,消耗标准的底线很难确定出来,所以这种方法降低成本费用的效果一般不是很明显。

这两种方法一个是从上到下的过程,另一个是从下到上的过程。目标成本管理是先定出目标,然后分解落实到各责任单位和个人,由各责任单位和个人想方设法去完成目标。标准成本是先根据生产过程中基础单位的情况从基础做起,测算标准成本,各个责任单位的标准成本汇总到企业后,形成总的目标成本。

5. 成本核算方法不同

采用标准成本管理法时,成本按标准成本核算,最后分摊差异确定实际成本,所以必须核算实际消耗才能确定成本差异,如果只是为了反映成本费用信息,这种方法确实简化了核算,但有时反映的信息较粗,影响成本责任的落实和考核。比如企业的材料品种较多时,使用这种方法就不可能反映出每种材料消耗的实际成本,无法计算每种材料的差异,从而就会影响成本责任的落实和考核。

目标成本管理法并不要求成本费用一定按标准成本核算,也可以按实际成本核算,它实际成本和目标成本加以对比从而确定目标是否完成。相对来说,使用这种方法时,成本责任落实较细。

五、降低成本费用的作用和途径

(一) 降低成本费用的作用

进行成本费用管理、降低产品成本的作用主要表现在以下几个方面:

1. 降低成本可以增加企业盈利

在产品价格和其他条件不变的情况下,企业的盈利水平决定于产品成本的高低。成本降低了,企业盈利就增加,从而可为企业积累更多的发展资金。

2. 降低成本为参与价格竞争提供了可能

产品成本是产品价格中需得到补偿的价值,是产品价格的主要组成部分,是确定产品价格的重要依据。当生产同种产品的大多数企业的成本都降低,产品的社会平均成本下降时,产品价格才有可能降低。

3. 降低成本可以促进企业经营管理水平的提高

产品成本是一项综合性的经济指标,它能全面地反映企业的生产、技术、经营活动的现状。产品成本水平在一定程度上反映出了企业的生产经营管理水平。加强成本管理,一方面要求企业各职能部门都要履行职责,认真贯彻增产节约的原则,处处精打细算,不断提高生产经营管理效率;另一方面要通过经常检查和分析产品成本升降的原因,揭示企业在生产、技术、经营管理上的成绩和存在的问题,推动企业全面改善生产经营管理,以提高管理水平。

(二) 加强成本费用控制,降低成本费用

企业成本费用控制的内容很多,但归纳起来主要有两个大方面。

1. 控制各项费用开支

企业的一切费用都是从支出开始的,当然并不是所有的支出都马上转化为成本费用,比如购买固定资产的支出、购买无形资产的支出,都不能马上转化成本费用,需要在以后的有效使用期限内,分期摊销进入成本费用。同样,有些成本费用也不需要当期有现金支出,如非付现成本、折旧、无形资产摊销等,它们实际上是先期的现金支出,在本期转化为成本费用。尽管存在着这样那样的情况,追根寻源,成本费用都是从支出开始的,因此,要控制成本费用,首先要从支出上把关,通过控制各项费用的开支,来控制成本费用。

(1) 对非直接生产性开支要严加控制

非直接生产性开支主要是用于企业间接人员和行政管理的费用。这些开支对企业的产品制造没有直接作用,其中有些对企业的生产经营活动来说是必要的,但是相当数量的费用并不是必须的。比如过多间接人员的工资、差旅费、办公费,存货盘亏,报废损失,坏账损失等,就不是必须的,也不是必要的。即使是一些必要的费用如修理费、业务招待费、利息支出等经过努力也是可以减少的。由于间接费用往往与各级管理者有直接联系,所以对这些费用的控制存在着一些人为因素方面的难度,不少企业这些费用存在着不断扩张的倾向。因此,企业领导者必须清醒地认识到这一点,下决心对非直接生产性开支严加控制。在企业编制现金收支预算时,对这部分费用要从严审核,可花可不花的钱,尽量不花。

(2) 不仅控制支出数额,而且控制支出时间

控制费用开支首先是要控制支出数额,花较少的钱办较多的事,是成本费用管理的基本思路。但是仅仅考虑支出数额的大小还是不够的,还要考虑现金支出时间对成本费用的影响。支出时间之所以对成本费用会有影响,原因是多方面的,首先表现在机会成本上。一笔资金用于某一方面的支出以后,就不能同时用于其他方面的支出了,而已支出的资金如果不能及时地发挥效应或取得的收益较低,而当企业有效益高又能及时地发挥效应的资金支出项目时,又没有资金可支付时,机会成本问题就出现了。资金支出时间对成本的影响还表现在对企业进货折扣的影响,及时地支付购进货物的货款,往往可以得到有利的现金折扣,对降低存货成本有直接的作用。除此以外,资金支出时间对税收也会产生影响,从而间接地影响企业的收益,因此企业在支出资金时,要充分考虑支出时间对企业成本费用的正反两个方面的影响,选择对企业最有利的支出时间。一般来说,从降低成本费用的角度,能晚开支的不要早开支;能采用分期付款和延期付款且延期付款的利率低于企业资金利润率的,就尽量采用延期付款和分期付款;能用商业汇票进行结算的,就要积极地采用商业汇票进行结算,降低企业资金的占用比例,降低流通费用。

(3) 重点控制采购支出

采购支出是企业费用支出中比重最大的支出,也是容易出现漏洞的支出,控制采购支出是企业支出管理的重点。

控制采购支出的关键是控制采购的数量、质量和价格。采购数量对采购支出的影响很大,控制采购数量的方法就是严格按计划采购。物资供应部门要按生产计划的要求逐月编制采购数量计划。采购数量计划是按生产量、材料消耗定额以及期初期末库存量等标准和数据编制的。要坚持拒绝超计划采购,防止库存积压。

控制采购支出还要注意控制采购质量。要求采购的物资必须符合产品设计

和制造的质量标准要求，严把进货质量关，严格执行进厂材料化验检验制度，质量不合格的原材料，价格再低也不能要。不符合技术要求的原材料的价格低，表面看来对降低成本有利，但最终会造成废品损失和产品质量问题，反而会大大提高企业成本费用。

控制采购支出的重点在价格。价格是采购支出中最容易出现漏洞的地方。社会上普遍地存在着采购人员吃回扣的现象，就是因为大多数企业在控制采购价格上缺乏有力措施，让一些人钻了空子。由于企业所需要的原材料物资的种类很多，而且市场价格也是经常变动的，单靠人力无法及时地收集各种物资的价格信息，但是随着计算机网络的广泛应用，绝大多数物资价格都可以从网络中查找到，这为企业控制采购价格提供了有力的工具。另外，企业可以采用招标采购，比价采购、最低价采购等方法降采购成本，堵塞采购中的漏洞。

有些时候采购价格与原材料等物资的质量存在着对立关系，质量好的其价格往往较高，而质量低的其价格也低。怎样才能采购到质量好、价格低的物资呢？这就要求企业在采购时坚持货比三家、从中选优的原则。

对采购人员收取回扣、以次充好、从中渔利、坑害企业的现象，企业必须采取坚决果断的措施，发现一个查处一个，决不手软。

2. 控制各种资源的消耗

企业的支出并不一定都马上计入成本费用和当期投益，而企业各种资源的消耗大多是直接计入当期的成本费用的，因此成本费用控制的主要内容就是控制各种资源的消耗。企业生产经营中消耗的资源种类很多，但归纳起来主要是物资资源和人力资源两大类。

(1) 物资资源消耗的控制

物资资源指由原材料、能源等物质资料构成的生产要素。物资资源消耗构成企业成本的主要内容，一般占制造成本的50%—70%。因此，控制物资资源的消耗水平是成本控制的主要方面。由于企业技术落后，管理水平低，我国不少企业物耗水平远远高于国际先进企业的水平，物耗浪费现象惊人。资源的浪费现象是坏事，但反过来，又为企业降低成本提供了一个广阔的空间。

控制物耗的工作是一项系统工程，必须抓好以下几个环节。

① 制定先进的物资消耗定额。物资消耗定额是衡量物资消耗的尺度，也是控制物资消耗的有力工具。企业凡是有物资消耗的地方都要制定出消耗定额。企业物资发放、物资消耗过程中，都要坚持定额标准，准确地判断物资消耗高低的状况，发现物资消耗存在的问题。

② 建立完善物资消耗的计量工作。计量工作是运用科学的手段和方法对企业生产经营活动中量与质的数值进行掌握和管理的工作。计量是企业各种数据的来源，没有计量就没有数据。企业如果只制定出了物资消耗定额，但是没有

健全的计量工作,物资消耗定额就无法发挥衡量物资消耗水平高低的作用,也就无法判断物资消耗是节约,还是浪费。只有通过完善物耗过程中的计量工作,对每一个物耗环节都加以计量,才能发现哪些环节超定额消耗造成了物耗浪费,哪些环节低于定额水平节约了物资。在此基础之上,才能分清经济责任。

③ 加强物耗的统计工作。物资消耗的统计工作包括三个方面内容:原始记录、统计台账和统计报表。物资消耗的原始记录是用数字或文字对物耗过程的最初的、直接的记录,是在对物耗过程进行计量的基础上所进行的记录。物耗过程原始记录不仅是物耗统计工作的基础,而且是成本核算的基础。全面系统的物耗原始记录为成本核算提供了准确真实的物耗数据。物资消耗的原始记录经过汇总、分类、登记形成物资消耗的统计台账,对统计台账进行进一步加工整理形成物资消耗的统计报表。物资消耗的统计台账和统计报表可以使企业各级管理者及时地了解物资消耗的情况,发现物耗中存在的问题,及时采取纠正措施,还可以为企业推行物资消耗的奖惩制度提供资料依据。

④ 建立健全物资消耗的奖惩制度。经济活动是以利益为核心的,物资消耗的控制工作如果不和利益挂钩,是不会有成效的。对物资消耗的控制如果没有一套健全的奖惩制度,上面所提到的消耗定额、计量工作和统计工作是不可能坚持下去的。通过定额和计量衡量出的单位及个人物耗的水平,通过统计反映节约和浪费的具体数据,必须落实到奖惩上:节约了有奖,浪费了有罚,才能使职工感到他们在生产经营过程中为降低消耗所做的各种努力是具有意义的,从而形成降耗的积极性和自觉性。

(2) 人力资源消耗的控制

企业生产经营的消耗还包括人的劳动消耗,即除了物化劳动的消耗外还有活劳动的消耗。随着科技水平的提高,人力资源在企业生产经营中的作用越来越大,用于人力资源的开支在成本费用中的比重也不断提高。

对人力资源消耗的控制实际涉及两个问题:一个是充分发挥人力资源的作用,使人力资源创造出最大的效益;另一个是控制人力资源的浪费现象。做到上述两点要注意以下几个环节:

① 建立企业内部的竞争机制和激励机制。人需要激励,人是企业生产要素中最具活力、最具创造性的资源,但人并不完全等于资源,管理者需要运用竞争机制和激励机制来激发人们的工作热情、责任心和创新精神,才能使人转化为人才和人力资源。企业要建立一套能把职工最大限度地转换成人力资源的制度。要通过建立明确的岗位责任制,实行竞争上岗、双向选择的用人制度,工资奖金与岗位责任的大小和完成责任的好坏挂钩的分配制度,实现“企业在市场上竞争,人才在企业中竞争”,把人力资源的潜能充分发挥出来。

② 合理定员定编,减少人力资源的浪费。企业人力资源的浪费突出地表现

在二线、三线等间接人员过多。企业往往具有自我繁殖间接人员的倾向,柏金森定律指出,即使生产线上的任务相同,但不直接从事生产作业的间接人员每年也以5.75%的比率增加。所以企业控制人力资源消耗时,要特别注意对间接人员的控制,坚持一人多岗,一人多职,下决心减少对生产经营效益没有作用的过剩人员。

③ 制定先进的劳动定额。劳动定额是完成单位产品或劳务所必需的劳动消耗的数量标准。对一线生产工人来说,劳动定额是评价和考核其劳动贡献大小的尺度。先进的劳动定额是挖掘职工劳动潜力的基础条件,也是降低人力资源消耗的有力工具。

(三) 加强质量管理,降低废品损失

废品损失是不少企业物耗水平偏高的重要原因。废品不仅消耗了原材料、能源,而且还消耗了大量的人力。废品到了用户手中,不仅会破坏企业的信誉,而且会给用户造成经济损失。从经济的角度看,废品损失是多重的浪费。企业要下大力气抓好产品质量,首先要下决心降低废品率。有些企业的产品虽然不能说是废品,但是质量水平低,是次品、差品,给社会和企业造成的浪费也是相当可观的。因此,加强质量管理,降低废品、次品损失,也是降低成本的有效途径。

(四) 改进产品设计,提高工艺水平和设备利用率

从长远的观点看,企业降低物资消耗的根本出路在依靠科学技术。运用先进的科学技术,不断改进产品设计,不断提高工艺水平,对物资消耗的降低有乘数作用。高科技产品的特点之一就是物资构成少,而科技含量高,其价值更多地取决于科技含量而不是物质实体。对于传统行业的传统产品,改进工艺,对降低物耗也是很有作用的,采用无加工、少加工、标准化、通用化等措施,都可以起到减少物耗、降低成本的作用。其中有效的方法是进行产品功能价值分析和工艺成本分析,以及提高设备利用率来降低产品成本。

1. 进行产品功能价值分析

产品功能价值分析是指以提高价值为目的、以功能分析为核心,对产品的功能、成本和价值所进行的分析,它要求降低成本不能以减少产品功能、降低产品的使用价值为前提,而要在保证产品使用价值不断提高的基础上降低成本。通过价值功能分析来降低成本,不是通过一般性措施如减少一些材料费、人工费、管理费等来降低成本,而是通过对功能的系统分析,找出存在的问题,提出更好的方法来实现功能,从而达到降低成本的目的。例如,通过分析去掉产品的无用功能和多余功能以及排除不合理的生产组织和管理方法来降低成本;在保持相同功能和性能的条件下,分析研究采用不同的零部件、不同的工艺方法、不同的

材料的可能性,以达到降低成本的目的。

产品价值可用公式表示如下:

$$价值 = \frac{产品功能}{产品成本}$$

从公式中可以看出,提高价值的途径在于提高产品功能相对于产品成本的比率。

2. 进行工艺成本分析

产品设计方案确定后,如果该新产品的生产有多种工艺方案,应进行比较,从中选择出技术先进和经济合理的最优方案。在经济上要比较哪个工艺方案的成本最低。

现对判断两种工艺方案优劣的分析方法做如下说明:

设某工艺方案的年固定成本总额为 F,单位变动产品为 V,年产量为 X,总成本为 C,则:

$$C = F + V \cdot X$$

将两种不同的工艺方案的产品成本进行比较时,

① 如果甲方案和乙方案的 F 和 X 相同,那么 V 小的方案,其总成本最低;反之,总成本就高。

② 如果甲方案和乙方案的 V 和 X 相同,那么 F 小的方案,其总成本最低。

③ 如果甲方案和乙方案的 F 和 V 都不同,在产量一定的情况下,F 和 V 都较小的方案是最优方案。

④ 如果两个方案进行比较,如果出现 $F_{甲} < F_{乙}$,但 $V_{甲} > V_{乙}$,在这种情况下,会出现产量为 X_0 时,$C_{甲} = C_{乙}$,即

$$F_{甲} + V_{甲} \cdot X_0 = F_{乙} + V_{乙} \cdot X_0$$

可得出:

$$X_0 = \frac{F_{乙} - F_{甲}}{V_{甲} - V_{乙}}$$

当年产量为 X_0 时,两个工艺方案的总成本是相等的,无论选择哪一种方案都是可行的。当 $X < X_0$ 时,应选择甲方案;当 $X > X_0$ 时,则应选择乙方案。

例 7-5 假设生产某种产品有两种工艺方案,方案甲:固定成本总额为 100 万元,单位变动成本为 1 200 元;方案乙:固定成本总额为 150 万元,单位变动成本为 1 000 元,则:

$$X_0 = \frac{1\,500\,000 - 1\,000\,000}{1\,200 - 1\,000} = 2\,500(件)$$

即当产量为 2 500 件时,选择哪一个方案都可以;当产量小于 2 500 件时,应选择甲方案;当产量大于 2 500 件时,应选择乙方案。

3. 改进设备工装,提高设备的利用率

提高设备利用率可以降低单位产品应负担的折旧费、修理费和其他的固定费用。企业提高设备利用率的主要措施有:

① 合理选购或建造技术先进、性能优良的设备,并及时地对原有设备进行技术改造,提高各种新老设备的实际使用效能。

② 改善劳动组织,消除不合理的停工时间,增加设备的实际工作时间,制定并执行设备的利用定额。

③ 建立健全设备管理责任制,制定和执行设备的保养维修制度。

案　例

邯钢模拟市场核算,实行成本否决

邯钢全名为邯郸钢铁集团有限责任公司,这个厂在1958年开始建设,是河北省的省属地方钢铁企业。它原来是一个比较小的炼铁厂,经过几十年革新改造、挖潜、扩建,现已发展成为特大型钢铁联合企业,有职工28 000多人,1998年集团产钢344万吨,铁301万吨,商品钢材和商品钢坯222万吨。因为是地方企业,整体装备水平比较低,所以,生产的钢材品种比较单一,售价也很低,1吨钢材的平均价不到1 900元(不含税)。

邯钢钢材的品种主要有四大类:一类是6—25毫米的中厚板;一类是线材(盘条);一类是棒材圆钢、螺纹钢系列;一类是型材,如角钢、矿用工字钢、槽钢等,大部分是建筑材料,且以普通钢为主。作为一个钢铁生产企业,按传统工艺,生产过程从矿山开始,到厂内烧结、焦化,生产烧结矿(或球团)和冶金焦,然后通过炼铁、炼钢、开坯、轧材生产出产品。邯钢由于没有自己的矿山,矿石全部是外购,以当地为主,另有一部分来自海南和南非,一年大概从南非进口130万吨左右;煤是由河北、山东、山西三省供应。

从生产工艺的特点讲,钢铁企业是多步骤连续加工生产的企业,各个生产环节之间连续性非常强、非常紧密,任一个环节如果出现问题,都可能影响到整个冶炼和轧制过程。

根据这样的特点,一般来说,钢铁联合企业管理上是高度集中的,生产经营大权基本上都集中在上边,计划、采购、销售、资金(包括资金的调配、银行贷款)、投资决策、利润分配等比较大的生产经营权,都集中在公司总部。下面的二级厂,主要是管生产。

一、转换经营机制,主动走向市场

首先回顾一下邯钢推行模拟市场核算,实行成本否决这一经营机制的背景。邯钢为什么要推行这一机制?当时邯钢处在一个什么样的历史背景下呢?

1990年,我国国民经济正处于治理整顿阶段。这是因为1988年上半年由于经济过热,物价涨得非常快,通货膨胀以后曾经出现过抢购风,所以,下半年就着手实行治理整顿。治理整顿主要就是砍项目,紧缩固定资产投资,很多项目不管上没上都下马了。结果,以生产建筑材料为主的钢铁企业可以说是首当其冲,钢材不好卖,市场疲软了,原来是"皇帝女儿不愁嫁"的卖方市场一下子变成买方市场。钢材卖不掉不说,价格还猛跌,市场产品销售价格从每吨原来2 000多元很快就掉到1 500—1 600元。

另一方面,煤、电、油、矿石、矿粉、耐火料、铁合金料等上游产产品价格仍然在不断上涨。这一部分产品价格上涨的因素每一年大概对成本造成的影响超过1亿元。所以,企业面临着一涨一跌的双面夹击,经济效益很快下滑。

1987年,邯钢的利润水平是一年1个亿,从1988年开始,1989年、1990年直线下滑。1990年,曾经连续几个月出现亏损局面,全年一共才赢利100万元。按照当时3万名员工来算,平均每个人就只赚30多元钱,企业的生产经营已经到了非常困难的境地。

效益为什么会这么差?当时,各个冶金企业所处的环境都是相同的,客观情况都差不多。为什么有的企业效益好,有的企业效益不好呢?这就要从主观上去找原因。邯钢效益下滑的主观原因就是管理问题。管理差,表现在各项指标落后,最终导致了成本高,而且成本比一些先进企业要高得多。要解决效益不好的问题,关键是怎样进一步降低成本。

现在看来,在降低成本方面,邯钢过去的方法不太得当,效果也不明显。过去一般是采取行政手段,要求某个厂在上一年实际成本的基础上,下一年要降多少,提出一个成本降低率的指标。这个指标刚一提出来,分厂的厂长就带一批人来总厂算账了,提出完不成指标的种种客观理由和不利因素。分厂的心态跟上面不一样,它们怕当先进吃亏,怕鞭打快牛。所以,它们希望指标定得越松越好,这样完成起来就不费劲了。但是,上面不是这么想,因为效益下滑得很厉害,很多产品是亏损的,所以,希望下面的成本降得越多越好。上下想不到一起,说不到一块儿,要真算账,上面算不过下面,因为上面掌握的情况没有下面具体。

但是,这个问题又得解决,怎么解决呢?最后只好来了个妥协,各做若干让步后,才把这个指标定下来。用这种办法核定的成本指标,一来缺乏科学根据,二来不能从根本上解决效益差的问题。用这个办法,效果不明显。

实践使邯钢领导认识到,成本是企业生产经营的一项综合性指标,各项工作的质量,最终通过成本来体现。成本同每一个单位、每一个部门,甚至每一个职工所从事的每一项生产经营活动都是息息相关的。也就是说,成本是大伙儿的事,绝不是财务部门少数人说了算的。因此,要降低成本,就应该想办法让大家都来关心,都来参与,调动全厂职工降低成本的积极性。要做到这一点,单纯靠行政办法是做不到的。所以,当时邯钢领导意识到,要有一个能把外部的市场压力变成内部降低成本的动力这样一个机制,从而使大家感到,如果不降低成本,我们这个单位的生存发展就要受到威胁,这样,就会产生危机感和紧迫感。在市场经济体制下,企业是实质上的市场竞争主体和法人实体,企业只能到市场上去拼搏,靠自己的本事,靠物美价廉的产品在市场上与别人竞争。竞争不过人家,就要被淘汰,企业就要关门,就要倒闭。也就是说,优胜劣汰的竞争机制起着决定作用。所以,每一个经营者都在考虑怎样革新技术、革新工艺、革新材料、革新装备,尽量使产品质量更好、价格更低。这就是社会生产力迅猛发展的强大推动力。不这样做,企业就要被淘汰。这就给每个企业经营者以强大的压力,这个压力是生死存亡的压力。

当时,邯钢有没有这个压力呢?不能说一点儿没有,少数领导人确实感到压力很重,但是,广大职工、下面的分厂和每一个职能部门却没有这样的压力感。在没有压力感的情况下,要调动广大职工降低成本的积极性,这岂不是一句空话吗?为什么会出现这样一种局面?我们又进一步分析,发现当时的核算体系有一定的弊端。邯钢实行二级核算,分厂这级叫内部核算,它也算成本,也算内部利润,成本是根据公司(总厂)确定的内部计划价格而来的。在当时双轨制的情况下,价格分为两大类:一类是国家调拨价,也叫平价;另一类是随行就市的市场价,也叫自销价格。比如,1 吨普通钢材,国家调拨价大概为 800 元,但是,市场价则高达 2 000 多元;当时,1 吨生铁国家调拨价不到 300 元,市场价已经到 750—800 元,市场价和调拨价之间相差两三倍。那么,制定内部计划价格时,到底是以调拨价还是市场价为准?邯钢是从计划经济体制沿袭下来的,历来都是用国家调拨价作为内部计划价格,如果企业指令性计划比重很大,这种价格还是适用的(像邯钢这样的企业,原来指令性计划比重较大),但是,生产规模不断扩大以后,自销的比重越来越大(因为指令性计划的绝对数没变)。在这种情况下,如果仍然采取以调拨价作为核算参数,核算的结果必然与市场情况脱节。

对分厂原来下的指标比较松,分厂在完成成本指标之后,奖金工资照发不误,没感到压力。当时,人们把这种现象叫做“分厂报喜,总厂报忧”。这就是说,内部计划价格不合理,造成了下面没有压力感,因为背离了市场,市场的信息和它不能连通。旧的内部计划价格好比一堵墙,由于这堵墙的阻隔,使市场和企业内部的二级厂隔绝了。墙外是波涛汹涌的市场海洋,风大浪也大,市场的价格、信息随时在变化,在冲击着人们。但是,墙里面是另外一番世界,鸟语花香。

当时,有人这样形容,邯钢好比一条大船,这条大船停泊在海港城市防浪堤外面,风吹浪打,把这船吹得摇摇晃晃,日子非常难过,而二级厂的同志,却是在防浪堤里面,过着风平浪静的日子,手上端的是铁饭碗,吃的是大锅饭。

邯钢领导认识到,要解决这个问题,唯一的出路是拆墙。当时提出了四个字"推墙入海",将市场与二级厂之间相隔绝的那堵墙推倒拆掉,把二级生产单位、各个职能部门以至每个职工都推到市场的海洋中,去拼搏求生。但"入海"不能理解为把二级单位变成独立法人,让它们在市场上自主经营、自负盈亏。因为,钢铁联合企业是高度集中、统一管理的,下面二级单位不具有独立法人的资格。这个前提不能改变,企业内部分厂与分厂之间发生的种种关系、经济往来,分厂与总厂发生的经济关系、经济往来,不是买卖关系,因为不涉及物权的转移,而只是企业内部的分工协作关系,这个前提也不能改变。

所谓"入海",实际上是通过模拟的办法,在企业内部构建一个模拟的市场,把原来不是买卖关系的那种经济关系,按照买卖关系来运作,把本来不是独立法人的二级单位看成是独立法人。比如,对炼钢厂来说,从炼铁厂转过来的生铁,应把它看做是从市场上买的;炼钢厂生产出来的钢锭转到轧钢厂,则把它看做卖到市场上去了。中间半成品的转移、劳务的相互供应以及领料等,这些经济往来统统按照市场关系处理,随行就市。

市场价格就好比一把公平的秤,用来检验二级厂的经营业绩和经营成本,一目了然。如果这个二级厂管理得好,那么各项指标就都会比较先进,成本也就比较低,就肯定会赚钱,否则,就要出现亏损。一旦出现亏损,首先职工的奖金要停发,再亏损,还要扣工资,连续不断地越亏越多,那么就不仅仅是扣工资的问题了,而是要考虑这个分厂有没有存在的必要了,进一步就要实施限产、停产,以至关闭的措施。这样,这个单位就会感觉到生存发展受到了直接威胁了。邯钢领导就是用这种办法,把市场压力传递给了二级厂,不但传递到二级厂的领导,而且还传递到每个职工身上。当时邯钢领导考虑的转换机制,主要在这方面,就是用这种模拟市场的办法,使企业内部从二级厂一直到全体职工都能感受到市场压力。有了这个压力之后,就要开始考虑怎样改进管理、怎样降低成本、怎样改善各项指标等。

二、模拟市场核算,实行成本否决

从1991年开始,邯钢在整个公司全面推行新的经营管理机制。现将这套模拟市场核算、实行成本否决的机制的基本内容、基本做法和基本要点介绍如下。

1. 改革内部价格体系,用市场价格取代国家调拨价

市场价随时在变化,但企业的价格目录定出来后,不可能随着市场价经常变动,企业核算要求相对稳定,一般每半年调整一次价格,二级厂就以调整之后的

价格目录作为核算参数来算账。企业的内部计划价格虽然是以市场价为依据，但是不可能与市场价完全一致，只能是其近似反映，实际的市场价格和内部计划价格之间还会有一定差异，但是这个差异很小。这样一来，原来它是一堵墙，现在拆掉了，市场的信息就可以源源不断地传递到企业内部，就可以使二级厂做到以市场需求为导向，按照市场需求来配置它的资源，根据市场的需要来组织它的生产。所以，这一改革的意义就在于此，它解决了与市场接轨的问题。

2. 重新核定目标成本，从市场价格倒推市场成本

按照市场价格算账，28 种主要产品中有 26 种是亏损的，现在的目的是要让这些产品不亏损，或者说是有一定的赢利，这样才能扭转整个公司的被动局面，所以降低成本是关键，而不是仅仅在价格上做数字游戏。

重新核定目标成本的原则是，通过降低成本，使亏损产品不再亏损，赢利产品更多赢利。这个原则被作为核定目标成本的依据。

为了适应市场，成本必须低于市场价格。对个别企业来说，价格和成本的关系是倒过来的。不是成本决定价格，而是市场价格决定成本，这样，成本就变成市场的一个函数了。所以，核定目标成本的参照物就是市场价格。这样，目标成本必须从市场价格倒推出来。

降低成本，不是靠抓个别工序就能完成的，而是要从最后一道工序开始，看看每道工序能降低多少成本，每道工序中影响成本的主要指标还有多大潜力。怎样知道还有没有潜力呢？通过和先进指标对比，即拿现在实际的指标和本单位的历史最高水平比，和同行业、同类型企业的先进指标比，还可以同国外比。这样一比，就可以找出指标的差距，这个差距就是潜力所在。

在钢铁企业，邯钢和宝钢比，宝钢的装备水平和管理水平应当是最先进的；邯钢和同类企业比，如在地方企业里面，在类型、装备、管理各方面差不多。如果同类企业，别人能做到的，应当说，邯钢也能做到，因为条件很接近。但是，与同行业的先进水平比，那就不一定，人家的装备水平、管理水平、工人的操作水平和其他各方面素质都很高，若想一步到位，向别人看齐，不大现实。邯钢领导提出，核定指标应按照先进合理的原则，既要向先进看齐，又要从实际出发，实事求是。就是说，通过采取措施以后，这个指标可以提高到什么水平，就把它核定在那个水平上，即“蹦一蹦，够得着”。

比如共有 5 道工序，最后一道工序，在降低 30 元的指标里解决 10 元，还有 20 元靠前面 4 道工序去消化，一直到原材料采购成本。最后，各道工序挖潜的成本降低总额能够达到 30 元甚至更多，那么就完成任务了。邯钢对所有产品，都是这样一个一个进行核定的。这样核定出来的目标成本，是从市场价格倒推出来的，实际上意味着它是市场上价格信息在企业内部的延伸，这叫做市场信息内伸化。要适应市场，就一定要把成本降到这个水平，所以，这是一个刚性的指

标,没有讨价还价的余地。

由于这种核定有一定的科学依据,不像过去那样可以讨价还价,所以,目标一定出来,分厂的厂长就感觉到,过去算账你算不过我,现在算账我算不过你。他们虽然嘴上说不出完不成的理由,但心里感到压力很大,毕竟比过去那种定成本指标的办法要严格多了。

比如,邯钢有个二炼钢厂,当时的年产钢量是66万吨,要求每吨钢成本降低30元,总成本降低额就是近2 000万元。这样的成本降低任务,对该厂来说,是从来没有过的,所以他们感到受不了,觉得无法完成,三番五次要求总厂给它调整指标,总厂就是不答应。有些分厂干脆向总厂施加压力,说这样搞,他们干不了了,任务完不成,谁有能耐谁来吧。总经理斩钉截铁地回答,你们哪一个分厂觉得这个任务不能接受,就回去赶紧写辞职报告,你们下台别干了,我总厂另请高明,你什么时候打报告,我什么时候给你批。这件事情,对一个分厂来讲,确实也不是小事。分厂厂长回去后与班子成员商量,到底下不下台。商量来商量去,觉得这样下台,确实很不光彩。这不就跟打仗一样吗?枪声还没有响,就做了逃兵,缴械投降了。最后,大家商量的结果是不能这样下台,怎么样也要咬咬牙把任务接下来。最后,没有一个分厂厂长打辞职报告,都把任务领回去了。

3. 成本指标细化分解,落实到人

成本指标分解,本来也是成本管理的一个重要环节,过去也做了,只是成本分解很粗糙,也没有和奖惩考核挂钩,所以不起什么作用。现在不一样了,任务这样重,分厂的领导感到身上的压力非常大。他们要完成任务,必须把压力传递到分厂内部各个责任层次,让大家来共同挑担子,正所谓:“千斤重担众人挑,人人肩上有指标。”

各分厂把总厂下达的目标成本指标在分厂内部认认真真地进行“纵向到底,横向到边”的细化分解。所谓“纵向到底”,就是从分厂到车间工段,再到班组、岗位,最后到人;“横向到边”,就是从分厂各个管理部门如生产科、供应科、机动科、劳资科等,再到科室下面的专业管理组,一直到每个专业管理人员。

但是,不是所有指标都能到人。凡是能够到人的指标,尽量到人,而对群体操作的岗位,只能到某一个岗位或某一个班组。指标在哪一个责任层次上得到落实,有人负责,就落实到哪个层次上。经过“纵向到底,横向到边”细化分解之后,总厂的整个经营目标,通过经济责任制的指标体系分解下去了。当时全厂分解了10万多个指标,总厂这一级到各个分厂、二级厂和处室有1 050个左右,再往下,指标就越来越多。这样就形成了一个金字塔形的指标网络体系,上面小,下面大,一层一层从下面往上面保,从上面往下分。每个责任层次所承担的责任指标实际上也是根据市场价格一步一步推出来的,因为核定目标成本包括最终产品的目标成本、中间产品的目标成本。它们是从市场价格中推出来的,再细化分解到下面，实际上，还是从市场价格一步一步推出来的，所以，仍然是市场价格信息在企业内部的延伸。每一个责任层次承担一定的指标，就意味着它承受着一定的市场压力。他们知道，如果我这个指标完不成，就要影响上一个管理层次指标的完成。就是说，我个人指标完不成，要影响我的岗位指标完不成；岗位指标完不成，就会影响到班组；最终一直影响到分厂，影响到总厂的生产经营目标的完成。这样，就把个人所承担的指标和整个市场联系起来了，小到占吨钢成本一两分钱的办公费、印刷费，大到每吨800多元钱的铁水，都分解落实下去了。每一个责任层次在这个指标网络里面，可以说是找到了明确的定位，看得见，摸得着，很具体。

这种形式实际上体现了职工当家理财的思想。通过这种指标的分解，每一个人肩上都有了压力，都有了指标。一部分生产资料的管理权、使用权被根据干什么、管什么、算什么的原则交给了每个职工去行使。

如果叫一个职工去当家，去当全厂的家，他当得了吗？他受他工作能力的局限，不一定能当好，但是，他可以当他自己分内的那个家。比如说，一名钳工，负责管某个生产区域内设备的维护，保证设备的正常运行，为了维护好这些设备，他每个月需要消耗一定的材料和备品备件。假定，给他的定额是一个月5 000元，那就是说，工厂把这5 000元的家让他去当，让他把这个家当好。他可以在他可控的范围内，把这5 000元钱管好。这样，每个人管自己分内的事，每个人就有了行使当家理财的权利，在承受一定市场压力的同时，又行使了一定的当家理财的权利。

有权也有责，权责是对等的。是什么责呢？这就是他要对那5 000元的指标负责，要千方百计节约，不能浪费，不能超支。这是他的责任。完成完不成，应当有个说法，和奖惩挂钩，超支要受罚，节约可得奖。这就把责、权、利三者密切结合起来了，真正做到有家可当，有财可理，有责可负，有利可得。

通过这种方式，可使职工能够在经济上发扬民主，实现全员的成本管理。实际上，这就是办企业的群众路线。这样一来，职工当家理财的积极性被极大程度地调动起来了，全厂的局面，可以说是蓬勃向上。

举一个小例子。轧辊工段的一个质量检验员负责用油漆在轧辊上涂刷标记和编号。过去，他一个月要消耗十几公斤油漆。定指标之后，一个月给他的定额是3公斤油漆和一支画笔。当时，他感到，要完成这3公斤定额很难，后来一琢磨，觉得这里面有很多漏洞可以堵。比如，头一天下班到第二天上班，中间隔了一夜，油漆桶中的油漆上面会结一层皮，这皮是要扔掉的。于是他想了一个办法，下班的时候倒点水把漆盖住，第二天上班时再把水倒掉，就不结皮了。为了防止油漆丢失，他把细沙子兑到油漆桶里，别人也就不再拿了。最后，他完成了3公斤油漆、一支画笔总共24元5角钱的定额，节省了13元，省了一半还多。工人就是这么一点一点来当家的,潜力很大。

这样的例子很多,可以说举不胜举。工人的主人翁行动确实非常感人。为了巩固和扩大战果,邯钢领导重点宣传了一些当家理财的典型事例,在一个分厂一个分厂让工人上台自己去讲。他们的语言很朴实,怎么做的,就怎么讲。后来,公司党委还组织他们在全厂巡回讲演,一共讲了960场。

4. 严格成本考核,实行成本否决

前面讲到,重新核定目标成本,细化分解指标,接下来就要有严格的考核跟上去,否则,前面的工作几乎等于白做。邯钢的成本考核制度,就是成本否决制度。该制定规定,所有二级单位,当月不管其指标完成得多好,只要成本指标没完成,当月奖金全部扣除。邯钢执行成本否决制度有“四不”的规定:不迁就、不照顾、不讲客观、不搞下不为例。为了防止二级单位产生消极情绪,邯钢还定有一个事实上的补救方法,即当月如被否决了,以后继续努力,到某个月,若把前面的超支额补回来了,奖金仍可以补发。比如说,有个分厂1月份成本超支了10万元,那个月拿不到奖金了,通过努力以后,2月份、3月份成本的节约额等于或大于10万元,也就是把前面的成本超支额补回来了,到3月底,连1月份的奖金都补发给那个厂。这就是说,侧重考核的是累计完成情况。但是,全部奖金中的成本奖,还是要扣下来,因为1月份成本指标没完成。成本奖占整个综合奖的20%左右。为什么只否决奖金,而不否决工资呢?邯钢领导是这样考虑的:根据邯钢的情况,职工的总收入中,大概有40%—45%是奖金,比重比较大,工资部分是生活费,原则上是不动的,如果完不成成本指标,就否决全部奖金。在40%—45%的奖金中,其中月奖占一大半,还有40%左右的年终效益奖。

另一条规定是:连续3个月完不成指标的单位,遇到全厂调资升级,升级资格要被取消。到什么时候可以调呢?什么时候累计成本指标完成了,就从之后的那个月开始调,但以前的不补,这也是一种惩罚。完成成本指标,就可以拿综合奖中20%左右的成本奖,实际成本相对于指标再降低,降低部分再拿成本降低奖。在考核时,不是一个成本一个成本地分别考核,而是按总成本来考核。这样,可以防止个别单位在个别的品种上人为地调节成本,钻空子。

成本否决的制度的否决是层层否决,从公司否决到分厂,再往下否决到车间、工段和科室、班组,一直否决到个人。

一开始,人们想不通,因为过去主要是考虑怎样超产,怎样多拿超产奖,人们脑袋里想的是速度、数量和产量,成本被放在很次要的位置。现在是产量完成再多,如果成本没完成,还是白搭,一分钱奖金都拿不到。对这个问题,总厂领导做了大量的说服解释工作,特别是对分厂的领导。分厂的领导过去想的也是速度和超产,现在一下子变成要抓消耗、抓成本,不知如何做,真是睡不好觉。确实,抓降低消耗、降低成本比抓产量要难得多。他们在抓工作的指导思想上起了很大的变化,将过去以速度和产量为中心转到了以效益为中心。

成本否决制度在邯钢已经推行多年,总体上说是很顺利的,没有遇到什么阻力。每年都有几个单位被否决;有的还是连续几次被否决,其中又有相当部分的单位后来通过努力补上了,奖金也补发了。

三、深化和完善"模拟市场核算机制"的措施

几年来,邯钢对"模拟市场核算"机制不断加以深化和完善,并采取了以下措施。

1. 全面推行全班组群众核算

过去搞班组核算很费劲,工人把它当做负担,是"要我算"。现在不一样了,工人的劳动成果和报酬挂钩,你不让他算他自己也要算,变成了"我要算"。总厂领导因势利导,设置了统一的台账、表格,制定了统一核算制度,并把它规范化了,所有能开展核算的工段班组,统统都把核算搞起来了。现在推行的是日核算、旬分析、月总结的制度。

2. 中间半成品在各工序之间的转移,以质论价

比如说,铁水转到炼钢厂,炼钢厂的钢锭转到轧钢厂,都要根据质量好坏,实行加价或减价。以质论价,就是优质要加价,劣质要减价。这是考虑到降低成本不能以牺牲质量为代价,在降低成本的同时,还必须十分重视保证质量。通过这个方法,可使上一道工序为下一道创造条件,对质量起到保证作用。

3. 坚持每个月的物料平衡和定期的财务检查

所谓物料平衡,在钢铁企业中主要是指金属料的平衡。投进去的投入品中含铁量多少,出来的产成品中含铁量多少,这之间应当平衡,除了天上跑掉的、地上流掉的等这些自然合理的损耗之外。比如,把铁水装到转炉里面去炼钢,装进去的铁水,含有多少铁元素,那炼出来的钢锭,应当有多少铁元素,这之间应当平衡。每个工序之间,投入、产出都要进行物料平衡。这样,就可以从根本上杜绝由于物料不平衡造成的一部分原材料的流失,造成消耗偏高、失控。物料平衡的关键就是每个月要进行大宗物料的盘点。盘点制度非常关键。要根据盘点数据来定消耗。根据盘点数据倒推,月初库存加本月进料,减掉月末盘存,就是当月消耗。以这个消耗数据作为平衡依据,作为各个厂的核算依据和计奖依据,可从根本上防止出现以多报少、多吃少报这样一些弊端。另外,就是防止下面二级厂成本核算核算失实,弄虚作假。因为成本是否决指标,大家肯定很重视,就怕有些厂长琢磨歪点子,明明成本完不成,而让财务想办法算到完成,以不影响奖金。所以,总厂规定一般是一个季度进行一次财务物资大检查,主要看下面执行成本制度有没有走样,是不是按规定来摊提费用,有没有不合理的待摊挂账等,如果发现这些问题,就要严肃处理。

4. 开展指标上台阶、创一流活动

降低成本最根本的措施,就是让指标不断上台阶。指标上去了,消耗才能下来,成本才能下降。所以,1993年以后,邯钢就坚持开展“邯钢学全国,指标上台阶、创一流”活动。因为当时国家经贸委在邯钢召开了现场会,提出要学习邯钢经验。但是,邯钢领导感到邯钢在管理上还有很多不足之处,需要向全国各个兄弟企业、先进企业学习。所有企业一些好的管理方式、做法,都是自己学习的榜样。而学全国,更集中地表现在在指标上学赶先进。因此邯钢规定,所有二级厂都要瞄准一两个指标比自己先进的企业作为学赶的目标和对象,做到知己知彼。每隔半年,二级厂的厂长就要带一批人到学赶的对象单位去,进行指标的剖析交流,回来后制定学赶措施,使指标尽快地上台阶。通过这项活动,各项指标的进步都比较快,44项全国可比的技术经济指标中有2/3以上进入了前三名。邯钢的目标是,所有的指标都进入全国前三名。虽然现在看来还有一定的差距,但邯钢正向这个目标迈进。

5. 把模拟市场核算机制拓展到基建、技改

把模拟市场核算机制拓展到固定资产投资领域,以及生活、后勤、培训等方面,就是说,对这些部门也有指标的要求,都要和奖惩密切挂钩,特别是基建、技改。

6. 进一步突出财务管理的地位

推行模拟市场核算以后,各项工作实际上都围绕着提高经济效益这个中心来开展,都是先算后干,不像过去先干再算。所以,财务管理在企业管理中的地位就更加突出了,显示了它在企业管理中的中心地位,各级领导,包括各个部门普遍都比较重视财务工作。1995年以后,所有的财务人员都集中到上面来,总厂实行财务人员的集中统一管理,下面二级单位的财务被看做派驻机构,在人事上不归下面管,全部由上面管。在资金管理方面,也是全部集中,下面原则上不设账户,如果设账户,也是辅助性的。比如,销售科的财务,它有账户,但是只收不支;原料采购部门的账户是只支不收,其他一些经费、差旅费等统统到公司总部报销。这样,便于资金集中统一管理,统一调配,同时便于坚持一支笔审批制度,总会计师一支笔审批,集中财权。

通过推行模拟市场核算机制,邯钢的面貌确实发生了很大的变化,人们的观念更新了,指标不断改善,管理不断加强,企业的生产方式由粗放型向集约型转变,经济效益不断提高。以下几个数字是最好的例证:利润,1990年是100万元,1994年以后达到7亿元,1994年、1995年、1996年这几年都是在7亿元以上。1997年,主要还是受价格因素影响比较大,利润下降到50 300万元。利润是下降了,但邯钢在整个冶金行业的位置还是排到了前面,上升到了第二位。邯钢的产量占整个行业的2.3%左右,收入占全行业的1.9%,但是,利润却占全行

业的21%。经济效益表现在利润上升、成本下降，成本按可比口径每一年大概都降5%左右，每一年通过推行模拟市场核算消化的不利因素都有1亿—2亿元。从1991年到1998年，这8年是邯钢建厂以来发展最快的8年，这8年一共实现利润38.5亿元，相当于建厂41年利润总和的85%。由于企业的经营规模发展得比较快，资产负债率下降了，从原来的70%下降到了45%左右，国有资产迅速增值。

作者点评

邯钢实行目标成本管理取得了很好的成效。邯钢成本管理案例可以给我们以下几点启示：

1. 邯钢经验的实质是市场经济对那些粗放型、高消耗、低效益的生产经营活动的否决

在市场经济条件下，企业必须生产出能满足用户和消费者的需要且用户和消费者愿意购买的产品。如果产品不能满足用户和消费者的需要，消费者和用户不购买，则生产的产品越多，效益越低，必然给企业带来损失，这个损失应由责任者来承担，即要对企业经营者和管理人员以及全体员工进行经济制裁，邯钢的制裁方式就是成本否决。怎样才能使企业的产品满足用户和消费者的需要且令其愿意购买呢？影响因素很多，但关键的因素有两个：第一是产品的质量好，不仅外观质量和内在质量好，而且能满足用户的潜在要求；第二是价格低，比同质量的其他企业产品价格低，用户和消费者就认为购买的产品从价值上是最合算的。企业要拥有价格优势，主要还是要拥有成本优势，即生产的产品或服务的成本比其他企业低。所以企业在外部市场已从卖方市场向买方市场转化的前提下，必须实行奖惩政策的根本转变，要从以奖励超额为主转变到以奖励节约和质量为主。

市场竞争必然出现价格竞争，邯钢的压力来源于价格竞争，即所谓的“倒推”。参与价格竞争必然要求降低成本费用，成本费用是价格竞争的基础，但成本费用的降低是有限度的，不可能无限降下去。在成本费用降不下去的时候，又如何去参与竞争呢？关键是要提高产品的技术含量。如今的邯钢也开始了更新改造，力图生产一些技术含量高、产品档次高的产品。

从邯钢经验中我们也可以体会到关系企业生存发展的三个关键因素：第一是质量，第二是价格，第三是技术含量。质量在上述三个因素中最重要的。如果企业同时具有这三方面的优势，那么企业将可以战无不胜。

2. 建立起激励约束机制是邯钢经验的核心

在降低成本费用时，选择正确的成本费用管理方法很重要，但核心是要建立

起一套激励和约束机制,没有机制再好的方法也不会起作用。邯钢的激励约束机制就是成本否决。对于一般职工,完不成成本目标要否决奖金;对于中层干部,如果连续6个月完不成目标除否决奖金外还要就地免职。

3. 邯钢经验的关键是一把手的决心和责任感

成本费用管理是全员管理,涉及的经济利益和经济关系多,遇到的阻力也大,如果领导不狠下一条心坚持不懈地抓成本费用管理,这项工作很容易无疾而终。邯钢领导者刘汉章的决心来源于其责任感和事业心,其本人的奖金并不高,能顶着压力,克服困难将成本费用管理搞下去,动力主要是本人的责任感和事业心,这正是邯钢经验难能可贵的地方。

4. 通过成本费用管理加强了管理的基础工作

由于有一套机制、制度和方法,经过几年的努力,邯钢管理的基础工作也加强了,有班有组核算,计量手段比较完善,定期进行物质盘点,成本指标进一步细化等,实现了管理由粗放型向精细化的转变。

第八讲 利润及利润分配

- 影响利润的因素有哪些?
- 如何进行利润分配?

利润是企业一定期间内取得的经营成果,也就是收入和费用配比后相抵的差额。利润是衡量企业经营管理水平的重要综合性指标。企业理财的目标是要实现企业价值最大化,真实准确的利润是决定企业价值的基础。如何增加企业利润?不同的利润分配方案对企业有什么影响?这是本讲主要讨论的问题。

一、利润的种类与构成

利润是一个应用十分广泛的概念,在不同情况下,含义也不完全一致,下面介绍几种利润的概念与构成。

(一)利润总额

企业利润一般由营业利润、投资净收益和营业外收支净额构成。从数量上讲,企业利润为企业全部收入抵补全部支出后的余额。如果企业在一定期间的全部收入不足以抵补全部支出,就表示存在亏损。企业利润总额可用下述公式计算:

企业利润总额 = 营业利润 + 投资净收益 + 营业外收入 - 营业外支出

1. 营业利润

企业的营业利润是企业在一定期间从事生产经营活动所取得的利润,集中反映企业生产经营的财务成果。企业营业利润是企业提供的社会剩余产品价值的货币表现,是企业利润总额的主体。企业营业利润由主营业务利润加其他业务利润再减去当期的管理费用、销售费用和财务费用得出的,其计算如下:

营业利润 = 主营业务利润 + 其他业务利润 - 管理费用 - 财务费用 - 销售费用

① 企业主营业务利润是企业从事基本生产经营活动取得的利润,是营业利润的主要组成部分。其计算如下:

企业主营业务利润 = 主营业务收入 - 主营业务成本 - 主营业务税金及附加

其中:主营业务收入反映企业经营主要业务所取得收入总额。主营业务成本反映企业经营主要业务发生的实际成本。主营业务税金及附加反映企业经营主要业务应负担的营业税、消费税、城市维护建设税、资源税、土地增值税和教育费附加等。销售费用反映企业在销售商品和商品流通企业在购入商品等过程中发生的费用。管理费用指企业行政管理部门为管理和组织经营活动而发生的费用。财务费用是企业为筹集资金发生的费用。

② 其他业务利润是指企业从事基本生产经营活动以外的其他经营活动所取得的利润,如材料销售、固定资产出租、无形资产转让等。其他业务利润计算

如下：

其他业务利润 = 其他业务收入 - 其他业务成本 - 其他业务税金及附加

其他业务税金及附加指其他业务收入所交纳的消费税、营业税、城市维护建设税以及教育费用附加。

2. 企业投资净收益

企业投资净收益是指企业对外投资取得的收益减去对外投资损失后的余额，由企业的股票收益、债券收益、联营收益及其他投资的净收益组成。

3. 营业外收入

营业外收入是指与生产经营活动无直接联系的各项收入，如固定资产的盘盈和出售净收益、罚没收入、教育费附加返还款等。

4. 营业外支出

营业外支出是指与生产经营活动无直接联系的各种支出，如固定资产盘亏、报废、毁损和出售的净损失，非季节性、非大修理期间的停工损失，违约金，公益性捐赠，职工子弟学校经费和技工学校经费等。

企业利润总额可由图 8-1 表示。

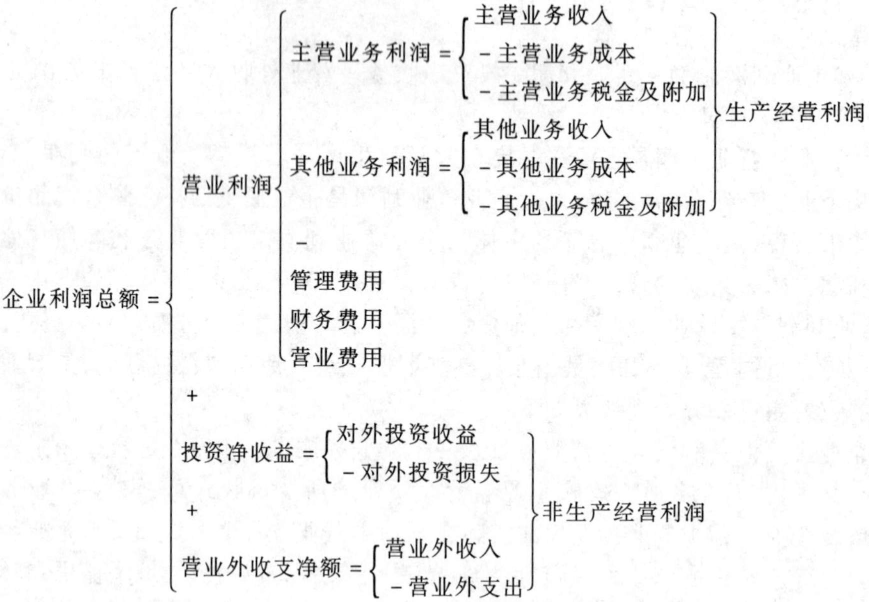

图 8-1 企业利润总额示意图

(二) 毛利

毛利是主营业务收入减去主营业务成本后的净额，即

毛利 = 主营业务收入 - 主营业务成本

毛利反映了产品售价和产品成本之间的关系。如果这一差距比较大,说明企业盈利能力比较强;如果这一差距小,表明企业盈利能力弱。毛利在一定程度上反映产品本身的获利能力。

(三) 息前税前利润

息前税前利润又称息前税前盈余或税息前利润,是指扣除利息费用和所得税之前的利润,也就是毛利与不包括利息的期间费用之差,即

息前税前利润 = 毛利润 - 不包括利息的期间费用

= 税后利润 + 所得税 + 利息费用

息前税前利润能比较好地反映企业的盈利水平。由于它不受企业资金结构、所得税税率及其他有关因素的影响,能比较好地反映企业的经营管理水平,因此在企业财务管理中应予以特别关注。

(四) 税前利润

企业的利润总额扣除规定可以抵减的项目后即为企业的税前利润,也就是息前税前利润扣除利息费用后的余额,即

税前利润 = 息前税前利润 - 利息费用

税前利润是一个重要概念,它确定了企业交纳所得税的纳税基数。

(五) 税后利润

税后利润又叫净利润或净利,是税前利润减去所得税后的余额。即

税后利润 = 税前利润 - 所得税

税后利润是归企业所有者的利润,在股份制企业中,就是归股东所有的利润,对实现所有者财富或股东财富最大化目标具有十分重要的意义。

二、目标利润的确定

所谓目标利润是指企业在一定时间内争取达到的利润目标,是反映一定时间财务、经营状况的好坏和经济效益高低的预期经营目标,也是制定目标成本的依据。它要求企业通过科学方法确定企业在一定时期所要实现的目标利润额,并根据目标利润的要求测定为完成目标利润额的各项经营收支的目标,并列出日程,归口分级进行分解、落实,有效实施日常控制,严格考评,确保目标利润额的实现。

(一) 目标利润的制定程序

目标利润一般是在考虑企业发展战略、市场需求状况、同行业有关企业平均利润水平、本企业未来发展对利润的特定要求的前提下,经过一系列的分析、计量之后予以确定的。一般来说,目标利润的制定过程,大体包括下列步骤:

1. 考察上期利润计划的完成情况,分析下期利润影响因素的变动

通过对上期的计划利润与实际利润进行比较,弄清该期利润计划完成情况的好坏和盈利水平的高低,并尽可能把握以前年份,尤其是上年的经营情况对下期利润的影响。还要根据市场调查、销售预测的有关资料,测定和分析影响利润的诸因素对未来目标利润的影响方向和程度。

2. 确定初步的利润目标

初步的利润目标是通过目标利润预测工作来完成的。在工作中,一般利用目标利润的预测值,参照过去企业利润增长的实际情况或同行的平均实际利润水平,并分析预测将来的利润需要和用途,确定一个基础性的利润数据,再按可预测的其他条件进行粗略的修正,作为初步利润目标定下来。

3. 通过综合平衡,决策出最终的利润目标

最终利润目标是建立在综合考虑各因素基础上的目标,要考虑各种环境条件的变化、市场对商品的需求、各种改革的可能、可能出现的各种风险,以及必要的对策。要区别可控因素和不可控因素。决策目标利润首先应考虑处理可控因素,在计算其对目标利润的影响之后,再考虑不可控的外部因素,经过全面评价和综合平衡,得出最终的利润目标。

以上是对目标利润制定业务程序的说明,实践中,还必须明确目标利润制定的组织程序,即企业各部门、各级组织在制定目标利润的过程中如何相互协调配合以制定出科学合理的目标利润。目标利润对企业未来的经营活动起指导作用,是具有较强综合性的指标。目标利润的实现需要包括采购、生产、销售以及财务等企业各部门的通力合作、积极参与。因此制定目标利润时也需要有上述部门的参加,否则,目标利润就成了制定部门的一厢情愿,而在执行过程中得不到其他部门的有力支持,最终无法得以实现。一般来说,目标利润制定的组织程序可简单概括为:① 各利润中心制定目标利润并上报目标利润制定部门。② 目标利润制定部门审核、汇总各部门上报的目标利润额,这部分工作通常由企业财务部门或计划部门来完成。③ 目标利润制定部门向企业决策部门上报汇总后的目标利润,由决策部门决定最终的利润目标。决策部门往往是企业最高管理当局,如公司的董事会或企业的厂长等。经过决策后目标利润即可用以层层分解,下达到各个利润中心。值得说明的是,目标利润并非可以一蹴而就的,而是需要仔细斟酌、反复磋商,往往经过从上到下、从下到上的多次循环才得以最终

制定出的，也就是在目标利润制定的过程中使企业上下能够了解企业目标利润，使目标利润的分解到最终的实现得以顺利进行。

（二）目标利润的制定方法

测算目标利润的方法很多，其中最基本、最常见的方法为以下两种：

第一，通过确定资产收益率和资产占用规模确定目标利润，用公式表示为：

$$目标利润 = 资产收益率 \times 资产占用规模$$

因此，目标利润的确定，应从目标资产收益率和目标投资规模两方面的规划入手。① 企业在确定资产收益率时，首先，要以市场（社会或行业）资产的平均收益率为基准，使资产收益率的目标值至少不低于市场的平均水平。只有这样，才能保证企业在市场竞争中的必要地位，并最终实现所有者的期望报酬率。其次，要以市场（社会或行业）的先进水平作为确定目标资产收益率的参照依据。这样可以激励企业不断向上，发展壮大。② 企业目标投资收益率下的投资规模即为最佳投资规模。当然，企业应当根据自身条件和外部环境来最终确定目标投资规模。企业在确定目标资产利润率和目标投资规模之后，就可以确定目标利润了。

第二，通过确定目标资本利润率和权益资本规模从而确定目标利润，用公式表示为：

$$目标利润 = 资本利润率 \times 权益资本$$

一般情况下，企业的权益资本不会有太大变化，因此用这种方法来确定目标利润的关键是确定目标资本利润率。这里的资本利润率指的是税后利润率。企业资本利润率的确定应参照资本市场的平均报酬率或行业的平均水平，至少不应低于资本市场上无风险国债利率，否则，投资者宁愿把钱投资国债获得稳定的收益。在确定了目标资本利润率之后，就可以用公式计算出目标利润。从企业经营理财的最终目标来讲，销售利润的实现、资产增值的取得、资本结构的安排以及税收筹划等的实施，归根结底还是为了保证资本保值与增值目标即期望资本报酬率的实现。因此，以期望资本报酬率为目标确定目标利润对企业具有很强的约束力。

实际经济活动中，通常利用上述原理和方法，采用上加法的方式来确定目标利润。

上加法是指企业根据自我发展和自我积累、改善集体福利、增加投资分红等需要，匡算企业税后利润，倒算利润总额。

$$目标可分配利润 = 未分配利润 + 利润分红$$

$$目标税后利润 = \frac{目标可分配利润}{1 - 公积金与公益金提取率}$$

$$目标利润(税前) = \frac{预计税后利润}{1 - 所得税税率}$$

三、提高获利水平的途径与对策

(一) 影响利润的因素分析

企业生产某种产品的税前利润一般与下列因素有关:变动成本,即随生产数量变动而同比例变动的成本,如原材料费等;固定成本,即在一定生产规模内不随产量变动的成本,如折旧、管理费等;产品售价;销售量。

以上因素有如下基本关系式:

税前利润 = 销售量 × 单位产品售价 − 固定成本 − 销售量 × 单位产品变动成本

从上述基本关系中可看出,单位变动成本、固定成本、产品单位、销售量四个因素任何一个因素变化,都可导致企业税前利润发生变化。但各种因素的变化对利润的影响程度是不相同的。

1. 增加产品销售量

例 8-1 某企业上年实现利润 12 000 元,产品售价 20 元,单位变动成本 10 元,销售税率 5%,固定成本总额 25 000 元,计划年度的目标利润为上年的 1.2 倍。企业为实现目标利润,在其他条件不变的情况下,销售量应达到多少?

$$目标销售量 = \frac{固定成本 + 目标利润}{单位边际贡献}$$

$$单位产品边际贡献 = 单价 - 单位变动成本$$

$$目标销售量 = \frac{25\,000 + 12\,000 \times (1 + 20\%)}{20 \times (1 - 5\%) - 10} = 4\,378(件)$$

也就是说,企业要想实现目标利润 14 400 元,产品的销售量应达到 4 378 件。而企业上年实现利润的销售量为$\left(\frac{25\,000 + 12\,000}{20 \times (1 - 5\%) - 10}\right) = 4\,111$ 件。

2. 降低单位变动成本

在其他条件不变时,单位产品成本的降低,必会有助于目标利润的实现。

根据例 8-1 的资料,假设为实现计划年度目标利润,在其他条件不变时,单位产品变动成本应降低多少?

$$12\,000 \times (1 + 20\%)$$
$$= 4\,111 \times 20 \times (1 - 5\%) - 4\,111 \times 单位产品变动成本 - 25\,000$$

$$单位产品变动成本 = 9.41(元)$$

故,单位产品变动成本降低 0.59 元(10 − 9.41)时,可实现 14 400 元的目标利润。

3．提高产品价格

在其他条件不变时，提高产品单价有助于目标利润的实现。但在销售收入增加的同时，在税率不变的情况下也会引起销售税金的增加，这对实现目标利润是不利的，因此，在采用提高产品售价来实现目标利润时应具体分析。

根据例8-1的资料，假定产品价格可提高，那么价格提高到何种水平可以实现目标利润？

$$12\,000\times(1+20\%)$$
$$=4\,111\times 单位产品售价\times(1-5\%)-4\,111\times 10-25\,000$$
$$单位产品售价=20.61(元)$$

结果表明，产品售价由20元提高到20.61元时，可实现目标利润。

4．降低固定成本总额

依据例8-1的资料计算固定成本降到什么水平时可实现目标利润。

$$12\,000\times(1+20\%)$$
$$=4\,111\times 单位产品售价\times(1-5\%)-4\,111\times 10-固定成本$$
$$固定成本=22\,599(元)$$

即固定成本降到22 599元时，可实现目标利润14 400元。

5．调整产品结构

企业生产多种产品时，由于每种产品的边际贡献不同，在销售收入不变的情况下，增大边际利润率大的产品的销售比重会导致利润增加，有助于目标利润的实现。

例8-2　某企业销售甲、乙产品，下年目标利润为2万元。相关资料如表8-1所示。

表8-1　产品相关资料表　　单位：元

产品	销售收入	销售税金	变动成本	边际贡献	固定成本
甲	60 000	3 000	45 000	12 000	10 000
乙	40 000	1 600	22 400	16 000	
Σ	100 000	4 600	67 400	28 000	10 000

在销售收入总额保持在100 000元的情况下，通过调整甲、乙产品的比重来实现目标利润。

首先，计算甲、乙产品的销售比重和边际贡献率。

甲产品：销售比重 $=(60\,000/100\,000)\times 100\%=60\%$

边际贡献率 $=(12\,000/60\,000)\times 100\%=20\%$

乙产品：销售比重 $=(40\,000/100\,000)\times 100\%=40\%$

边际利贡献 $=(16\,000/40\,000)\times 100\%=40\%$

其次,为实现目标利润应有的综合边际贡献率为:

$$综合边际贡献率 = 边际贡献总额 / 销售收入总额$$

$$= \frac{固定成本总额 + 目标利润总额}{销售收入总额}$$

$$= \frac{10\,000 + 20\,000}{100\,000} \times 100\% = 30\%$$

最后确定产品销售结构。在例 8-2 中,应调增乙产品的销售比重才能在销售收入总额不变的情况下,实现 2 万元目标利润。设乙产品的比重调增 X,则:

$$(60\% - X) \times 20\% + (40\% + X) \times 40\% = 30\%$$

$$X = 10\%$$

即乙产品的销售比重应为 40% +10% =50%。

通过以上分析我们可看出,单价、销量、变动成本、固定成本等对利润的影响各有不同,这些因素中哪个因素变动对利润的影响大,哪个因素变动对利润影响不明显,通过这些分析,可以揭示提高企业利润的最佳途径,这种分析称作利润敏感性分析。

例 8-3 某企业有关资料如表 8-2 所示。

表 8-2 利润敏感性分析表

指标	变动前	销量增加 10%	单价上升 10%	变动成本减少 10%	固定成本减少 10%
销售收入(元)	2 250 000	2 475 000	2 475 000	2 250 000	2 250 000
变动成本(元)	1 350 000	1 485 000	1 350 000	1 215 000	1 350 000
边际贡献(元)	900 000	990 000	1 125 000	1 035 000	900 000
固定成本(元)	50 000	500 000	500 000	500 000	450 000
利润(元)	400 000	490 000	625 000	535 000	450 000
利润变动	0	22.5%	56.25%	33.75%	12.5%

该企业产品销量为 9 000 件,销售单价为 25 元,单位变动成本为 15 元,固定成本总额为 500 000 元。

从表 8-2 可以看出,各因素都变动 10%,利润变动幅度却各不相同,其中:价格变动引起利润变动幅度最大,然后依次是变动成本、销售量和固定成本。所以要提高利润首先应提高售价,但一般商品提高售价会导致滞销,只有有一定特色的产品才能提高售价,比如技术含量高的产品、质量过硬的产品、名牌产品等。同样,降价会大幅度降低利润,从这里我们也可以看出价格竞争的残酷性。其次是要降低变动成本,企业最大的变动成本是材料费或外购商品成本,所以控制材料消耗和采购价格,对降低成本和提高利润都很有效。现在一些企业采取的比价采购方法、招标采购方法和最低阶采购方法等对降低变动成本作用都很明显。

再次是提高销售量。最后是降低固定成本。固定成本中最大的是折旧费用、期间费用和计时工资制下的工资费用,这些费用中有些能降,有些不能降,如折旧费用降低后对企业无利。降低固定成本对提高利润效果不明显。

(二) 提高获利能力的几种对策

提高经营获利能力的途径很多,除包括实现目标利润的各种对策外,在生产经营过程中做出一系列正确的决策,更是提高经营获利能力的有效途径。

1. 出现亏损产品情况下的正确决策

由于某些原因,企业的某种产品发生了亏损,那么是不是应立即停止亏损产品的生产呢？这要根据具体情况做出正确判断。这要运用量本利分析法来分析亏损产品是否会提供边际贡献。如果亏损产品提供的边际贡献是正值,该亏损产品就应继续生产;如果其边际贡献是负值,则应立即停止生产。因为,亏损产品虽不能获利,但还提供边际贡献,即能弥补一定的固定成本支出,如果停止生产亏损产品,将丧失一定量的边际贡献,而固定成本并未因此而减少,因而,不应停止生产亏损产品。

当然,如果亏损产品停产后,其生产能力可以用于其他方面,并且能提供比生产亏损产品更多的边际贡献,那就应停止生产亏损产品;否则,就应继续生产。

例 8-4　某公司生产甲、乙、丙三种产品,其销售量、成本利润等有关资料如表 8-3、表 8-4 所示。

表 8-3　基本资料表

	甲	乙	丙
销售量(件)	100	200	50
售 价(元)	50	15	40
单位变动成本(元)	30	10	30
固定成本总额(元)	3 000(按产品销售收入的比重进行分配)		

表 8-4　利润计算表　　单位:元

	甲	乙	丙	合计
销售收入	5 000	3 000	2 000	10 000
变动成本	3 000	2 000	1 500	6 500
边际贡献	2 000	1 000	500	3 500
固定成本	3 000 × 5/10 = 1 500	3 000 × 3/10 = 900	3 000 × 2/10 = 600	3 000
利润(+) 亏损(-)	500	100	- 100	500

从上面的资料中可以看出,丙产品亏损 100 元,但如果不生产丙产品,企业的多余生产能力就要闲置起来,问是否应停止生产丙产品。

从表 8-4 中看到,丙产品虽然不能获利,但还提供着 500 元的边际贡献,能弥补一定的固定成本支出。如果停止生产,将丧失 500 元的边际贡献,而固定成本并不减少,因而,不应停产丙产品。下面用总量决策法(总量决策法是指当两个备选方案具有不同的预期收入和预期成本时,根据比较不同方案间的总量收入和总量成本后求得的总量损益来分析选择最优方案的方法)来验证,见表 8-5。

表 8-5 利润计算表 单位:元

	甲	乙	合计
销售收入	5 000	3 000	8 000
变动成本	3 000	2 000	5 000
边际贡献	2 000	1 000	3 000
固定成本	3 000 × 5/8 = 1 875	3 000 × 3/8 = 1 125	3 000
利润(+) 亏损(-)	125	-125	0

把表 8-4 和表 8-5 进行对比可以证明,停止丙产品的生产会使企业的利润由 500 元降到零,因而,不能停止丙产品的生产。

当然,如果丙产品停产后生产能力可以用于其他方面,那就要看其提供的边际贡献能否超过丙产品的边际贡献,只有当其边际贡献超过丙产品的边际贡献时,才能停止生产丙产品,否则就应继续生产丙产品。

2. 是自制还是外购零配件的决策

在专业化协作迅猛发展的现代企业,一般来讲,企业不可能也没有必要将所有零配件都由自己生产。对于企业既可自制、又可以外购的零配件,企业面临的决策是:是外购还是自制?

例 8-5 某企业每年需要甲零件 1 000 个,如果外购的话,每个零件的价格是 15 元;如由企业自己生产,可利用企业多余的生产能力,与其他产品一起分摊企业固定成本,否则多余生产能力也不能做其他使用。假设自制甲零件的单位变动成本为 13 元/个,单位固定成本为 3 元/个。问:甲零件是自制还是外购,也就是哪一种方式更有利于提高企业的经营获利能力?

现在利用差量决策法做一简要分析:

自制甲零件的成本 = 1 000 × 13 = 13 000(元)

外购甲零件的成本 = 1 000 × 15 = 15 000(元)

显然,外购的成本要大于自制的成本,成本高,当然利润就减少,结论是甲零件应自制。

值得注意的是,自制甲零件的成本计算过程中,为什么没有考虑固定成本问题?原因是由于自制是企业利用多余的生产能力。

3．特殊情况下的定价决策

这里所说的特殊情况主要是指企业有多余生产能力没有被充分利用,市场需求发生特殊变化,企业遇到强劲的竞争对手等三种情况。研究这些特殊情况下的定价问题,对企业来说是十分重要的。

三种特殊情况下的定价决策是:如果企业有多余生产能力,暂时又不能作其他利用,此时临时的订货价格,只要高于单位变动成本,就能给企业带来利益。因为,在固定成本没有变化的情况下增加边际贡献,也就等于增加了利润。如果市场上某产品需求突然减少,销售量被迫下降,那么价格只要略高于变动成本就能补偿一部分固定成本,比完全停产损失小些;如果企业遇到较强的对手,为了提高产品的竞争能力,也可以以变动成本为基础把价格暂定在全部成本以下,只要价格略高于变动成本就能补偿一部分固定成本,比完全停产的损失要小些。现举例说明如下。

例 8-6　大华工厂生产甲产品,现在年销售量为 100 件,但企业的生产能力为 150 件,闲置 50 件的生产能力。企业甲产品的正常售价为 20 元,单位变动成本为 12 元,固定成本总额为 400 元,单位固定成本为 4 元,单位成本为 16 元。现在有客户前来洽谈业务,要以 15 元/件的价格采购 40 件产品,问是否接受这笔业务。

从例题的资料中得知,这笔订货的价格比变动成本高 3 元,因此,能给企业带来边际贡献 120 元(3×40)。在不增加固定成本的情况下增加边际贡献,也就等于增加了利润,故应接受这笔订货。如果按传统方法来分析,接受这笔订货会减少企业利润,因为价格低于单位成本 1 元(15－16),40 件共亏 40 元,利润减少 40 元。这是错误的。下面用总量分析法加以证明。

根据量本利分析中的利润模型可知,接受这笔订货前的利润是:

$$P_1 = (20 - 12) \times 100 - 400 = 400(\text{元})$$

而接受这笔订货后的利润是:

$$P_2 = (20 - 12) \times 100 + (15 - 12) \times 40 - 400 = 520(\text{元})$$

也就是说,接受这笔订货能增加 120 元的利润,因此应接受这笔订货。

四、经营杠杆与总杠杆

(一)经营杠杆的概念

在其他条件不变的情况下,产销量的增加虽然一般不会改变固定成本总额,但会降低单位固定成本从而提高单位利润,使息税前利润的增长率大于产销量的增长率。反之,产销量的减少会提高单位固定成本,降低单位利润,使息税前利润下降率也大于产销量下降率。如果不存在固定成本,所有成本都是变动的;那么边际贡献就是息税前利润,这时息税前利润变动率就同产销量变动率完全一致。这种由于存在固定成本而造成的息税前利润变动率大于产销量变动率的现象,叫经营杠杆。

(二)经营风险

经营风险是指与企业经营相关的风险,尤其是指利用经营杠杆而导致息税前利润变动的风险。由于经营杠杆的作用,当销售额下降时,息税前利润下降得更快,从而给企业带来经营风险。经营风险影响着企业的筹资能力和盈利能力。

(三)经营杠杆系数

从上述情况可知,只要企业存在固定成本,就存在经营杠杆的作用。但不同的企业,经营杠杆作用的程度是不完全一致的,为此,需要对经营杠杆进行计量。对经营杠杆进行计量最常用的指标是经营杠杆系数。所谓经营杠杆系数,是指息税前利润变动率相对于产销额变动率的倍数。其计算公式为:

$$\text{经营杠杆系数}=\frac{\text{息税利润变动率}}{\text{销售额变动率}}$$

在销售价格和单位变动成本不变的情况下,上式还可推出如下结果:

$$\text{经营杠杆系数}=\frac{\text{边际贡献}}{\text{息税前利润}}=\frac{\text{边际贡献}}{\text{边际贡献}-\text{固定成本}}$$

例 8-7 若固定成本总额为 80 万元,变动成本率为 60%,在销售额为 400 万元时,息税前利润为 80 万元,经营杠杆系数为:

$$\frac{400-400\times 60\%}{400-400\times 60\%-80}=2$$

经营杠杆系数的意义在于:当企业销售增长 1% 时,息税前利润将增长 2%;反之,当企业销售下降 1% 时,息税前利润将下降 2%。息税前利润变动幅度是销售额变动幅度的 2 倍。

引起企业经营风险的主要原因是市场需求和成本等因素的不确定性，经营杠杆本身并不是利润不稳定的来源。但是，产销量增加时，息税前利润将以经营杠杆系数倍的幅度增加；而产销量减少时，息税前利润又将以经营杠杆系数倍的幅度减少。可见，经营杠杆扩大了市场和生产等不确定因素对利润变动的影响，而且经营杠杆系数越高，利润变动越激烈，企业的经营风险就越大。于是，企业经营风险的大小和经营杠杆有重要关系。一般来说，在其他因素不变的情况下，固定成本越高，经营杠杆系数越大，经营风险越大。

（四）总杠杆系数

1．总杠杆的含义

如前所述，由于存在固定的生产经营成本，从而会产生经营杠杆作用，使息税前利润的变动率大于业务量的变动率；同样，由于存在固定的财务成本，从而会产生财务杠杆作用，使企业每股收益的变动率大于息税前利润的变动率。

从企业利润产生到利润分配的整个过程来看，既存在固定的生产经营成本，又存在固定的财务成本，这便使得每股收益的变动率远远大于业务量的变动率，通常把这种现象叫总杠杆。

2．总杠杆系数

从以上分析中可知，只要企业同时存在固定的生产经营成本和固定的利息费用等财务支出，就会存在总杠杆的作用。但不同企业总杠杆作用的程度是不完全一致的，为此，需要对总杠杆作用的程度进行计量。对总杠杆进行计量的最常用指标是总杠杆系数。所谓总杠杆系数，是指每股收益变动率相对于业务量变动率的倍数。其计算公式为：

$$总杠杆系数=\frac{每股收益变动率}{销售额的变动率}$$

总杠杆系数实质是财务杠杆系数与经营杠杆系数的乘积，即

$$\begin{aligned}总杠杆系数&=财务杠杆系数\times经营杠杆系数\\&=\frac{边际贡献}{边际贡献-固定成本-利息}\\&=\frac{边际贡献}{息税前利润-利息}\end{aligned}$$

例 8-8　某企业销售额为 1 000 万元，变动成本总额为 400 万元，固定成本总额为 400 万元，利息费用为 80 万元，则总杠杆系数为：

$$总杠杆系数=\frac{1000-400}{1000-400-400-80}=5$$

这就是说，在本例中，企业的业务量每增减 1%，每股收益增减 5%，因此，业

务量有一个比较小的增长,每股收益便会大幅度增长。

3. 总杠杆与企业风险

从以上分析可看到,在总杠杆的作用下,当企业销售上升时,每股收益会大幅度上升;当企业销售下降时,每股收益会大幅度下降。企业总杠杆系数越大,每股收益的波动幅度越大。由总杠杆作用使每股收益大幅度波动而造成的风险,称为总风险。在其他因素不变的情况下,总杠杆系数越大,总风险越大,总杠杆系数越小,总风险越小。

在实际中,企业对经营杠杆和财务杠杆的运用,可以有各种不同的组合。有时即使两者组合不同,但却能产生相同的总杠杆系数。这就需要企业综合考虑有关因素后做出具体的选择。

五、利润分配

(一) 利润分配的原则

利润分配的本质是对利润的所有权和占有权进行划分,以保证其归属与运用过程的合理性。作为分配基础的企业利润有两个层次的含义:一是企业利润额;二是企业所得税后利润。企业财务管理研究的主要是所得税后利润的分配。

一般企业税后利润分配所体现的经济关系主要是资产所有者(包括国家、其他投资者)和企业法人之间的经济关系,这种利润关系的处理与国家的财经法规制度相联系。正确组织企业利润分配,必须遵守国家的财经法规,兼顾国家、所有者和企业各方面的利益,使利润分配机制发挥利益激励与约束功能及对生产的调节功能,充分调动各方面的积极性。为此,企业利润分配必须遵循以下原则:

1. 合法性原则

合法性原则要求利润分配必须遵守国家的财经法规,在企业利润分配中表现在两个方面:一是企业在进行利润分配时,首先应按国家税法的规定正确确定应纳税所得额,依法交纳所得税,然后才能进行税后利润的分配;二是企业税后利润必须遵守国家有关法规的规定,合理确定税后利润分配的项目、顺序及比例。

2. 企业价值最大化原则

使企业价值最大化是企业财务管理的目标,也是利润分配中应遵循的原则。企业价值最大化原则在利润分配中的表现为:利润分配要有利于增强公司的发展能力。因此,利润分配中要贯彻积累优先原则,先提取公积金、公益金,后分配投资者利润,当年无利润或以前年度亏损弥补之前,不得向投资者分配利润。提取公积金、公益金后,向投资者分配利润时应制定科学合理的股利政策,应留有余地,未分配利润可以留待下一年度分配。积累优先原则是尊重市场竞争规律的要求,也是提高企业抗风险能力的有效手段。

3. 兼顾各方利益原则

利润分配必须兼顾企业所有者、经营者和员工的利益,合理确定提取盈余公积金、公益金和分给投资者利润的数额。

企业在利润分配中应遵守公开、公平、公正的"三公"原则,企业的投资者在企业中只按其股权比例享有合法权益,不得在企业中谋取私利。企业的经营获利情况应当向所有投资者及时公开,利润的分配方案应交股东大会讨论,并充分尊重中小股东的意见,利润分配的方式应在所有股东之间一视同仁。

在保障投资者利益的前提下,如何确保经营者和员工的利益,通过分配的激励行为提高其主人翁意识,调动其积极性,一直是现代管理面临的重要而有特别意义的课题。

我国现行法规规定,在税后利润中应当提取公益金,用于职工集体福利设施的购建开支。在西方不少企业用税后可供分配的利润对具有一定年资或做出较大贡献的员工让送红股,使员工也成为企业的主人参与企业利润的分配。这部分红股虽然在转让、继承等方面有一定的限制,但对提高职工的归属感和参与意识无疑具有积极意义。我国的股份有限公司设立的"内部职工股"也是在这方面进行的积极探索。

(二)利润分配项目

企业实现的利润总额,要在国家、投资者和企业法人之间进行分配,形成国家所得税收入、投资者利润和企业留用利润(包括盈余公积金、公益金和未分配利润)。利润分配程序就是依照国家财税制度和企业章程将利润总额划分为上述各项目的步骤和阶段。

1. 利润总额的调整

企业利润总额是根据会计制度规定核算的会计利润,它与税法要求确定的计税利润之间,由于计算口径与方法不同而存在着差异。在交纳所得税时,企业利润总额应按国家税法规定进行相应的调整,才能作为依法交纳所得税的依据,即

$$计税利润 = 会计利润 \pm 调整项目$$

其中需要调整的项目主要有:

(1) 企业亏损的弥补

企业的经营收入不足以抵补经营支出时即发生了亏损。亏损按性质可分为政策性亏损和经营性亏损。

政策性亏损是企业为完成政府规定的社会公益目标,生产或经营特定产品时,由于国家限价等原因而产生的亏损,一般可由财政部门审核批准后予以弥补。通常由企业按月在规定日期内向财政部门或上级单位办理拨款弥补的手续。目前,企业的政策性亏损经财政部门批准,可以采用实际定额补贴或亏损包干办法。随着价格体制的改革,政策性亏损补贴将逐步取消。

经营性亏损是由于企业经营管理不善而造成的亏损。这类亏损原则上由企业自行解决。按照我国税法的规定,经营性亏损的弥补办法是:企业发生年度亏损,可用下一年的税前利润弥补,下一年利润不足弥补的,可以在5年内延续弥补(股份公司可在3年内延续弥补),5年内不足弥补的,用税后利润弥补。在没有其他调整项目的情况下,计税利润=会计利润-补亏数额。

例8-9 某企业从2005年开始税前利润补亏如表8-6,假设无其他调整项目,则计税利润分别为:

表8-6 利润补亏表 单位:元

年份	2005年	2006年	2007年	2008年	2009年
利润	-35 000	+100 000	+100 000	+10 000	+10 000

2006年 计税利润=0

2007年 计税利润=0

2008年 计税利润=0

2009年 计税利润=-35 000+10 000+10 000+10 000+10 000=5 000(元)

(2) 投资收益中已纳税项目或需要补交所得税的项目

① 企业投出货币、实物、无形资产等分回的利润额,采取“先税后分”办法的,分回的利润已交纳过所得税,为避免重复纳税,投资企业的计税利润中应将该部分投资收益扣除。如果被投资企业的所得税税率低于投资企业所得税税率,投资企业应补交其所得税差额。

例8-10 甲企业在某特区投资100万元,2009年分回利润24万元,被投资企业已按当地15%的所得税税率交纳了所得税,甲企业的所得税税率为33%,应补交18%的所得税,计算如下:

$$\text{税前利润} = \text{分回的税后利润}/(1-15\%) = \frac{24}{0.85} = 28.24(\text{万元})$$

$$\text{应补交所得税的差额} = 28.24 \times 18\% = 5.08(\text{万元})$$

② 企业购买股票的股利收入。根据我国目前税法的规定,由于被投资企业已交纳过所得税,投资企业应将该投资收益从利润总额中扣除。如果投资企业与被投资企业所得税税率不一致,投资企业应补交其差额。

③ 企业购买债券的利息收入。除购买国债的利息收入可从利润总额中扣除外,购买其他债券的利息收入不能从公司利润总额中扣除,应按照规定交纳所

得税。

（3）其他调整项目

企业超过国家规定在所得税前列支的费用中列支的罚款、罚金、滞纳金等，根据我国税法规定，需要进行纳税前调整。其项目主要有：

① 向非金融机构借入资金其利率高于同期金融机构借款利率的部分；

② 企业工资水平高于税法规定的计税工资额部分；

③ 公益、救济性捐赠支出，高于税法规定的年应纳税所得额3%的部分；

④ 税法规定可以采用加速折旧法的企业，未经税务部门批准而计提的固定资产折旧额，接受捐赠固定资产、无形资产的折旧和摊销，以及外购商誉的摊销。

⑤ 超过规定标准在费用中列支的业务招待费；

⑥ 贿赂等非法支出，因违反法律法规而交付的罚款、滞纳金等；

⑦ 除应收账款以外的资产减值准备，以及应收账款坏账超过应收账余额5‰的部分。

⑧ 企业为对外投资借入资金而发生的借款费用；

⑨ 企业从关联方取得的借款金额超过其注册资本50%的，超过部分的利息支出。

⑩ 为购建购固定资产而发生的专门借款的利息计入财务费用的部分。

⑪ 广告费和宣传费超过税法规定标准的部分；

⑫ 支付给个人的佣金超过服务金额5%的部分；

⑬ 为投资者或雇员个人向商业保险机构投保的人寿保险或财产保险，以及在基本保障以外为雇员投保的补充保险。

企业的会计利润按上述情况调整后，即为计税利润，计税利润乘以适用税率就等于应纳税额。所得税一般按年计征，按月、季预交，年终决算，并按属地原则征缴。

本期累计应纳所得税 = 本期累计计税利润 × 适用税率

本期应纳所得税 = 本期累计应纳所得税 − 上期累计已交所得税

2. 税后利润分配

按现行制度的规定，企业税后利润分配的顺序为：

（1）抵补被没收的财务损失，支付各项滞纳金和罚款

此项是指企业因违反有关规定而被没收的财物损失，以及因违反税收征管条例而被税务部门处以的滞纳金和罚款，必须在税后利润中列支，以免损害国家利益，失去惩处的作用。

（2）弥补以前年度亏损

企业以前年度的亏损如果未能在5年之内弥补完，从第六年开始必须用税后利润弥补，以体现企业作为自负盈亏的经济实体所应承担的经济责任。

(3) 提取法定盈余公积金

法定盈余公积金是各种不同性质的企业,从税后利润中减除被没收的财物损失、支付的违反税法规定的各项滞纳金与罚款和弥补超过税前补亏年限的亏损两项之后,按国家规定比例10%计算提取,即

法定盈余公积 =(税后利润 - 前两项扣除额)×10%

当法定盈余公积金已达注册资本的50%时,企业可不再提取盈余公积金。

企业盈余公积金由法定盈余公积金和任意盈余公积组成。企业盈余公积金可用于:① 弥补亏损;② 转增资本金,但企业盈余公积金转增资本金后,法定盈余公积金的余额不得低于注册资本的25%;③ 股份公司分配股利,股份有限公司当年无利润时,原则上不得分配股利,但在用盈余公积金弥补亏损后,经股东大会特别会议,可按不超过股票面值6%的比率用盈余公积金分配股利,在分配股利后,企业法定盈余公积金余额不得低于注册资本25%。

(4) 提取公益金

公益金是企业从税后利润中提取的用于企业员工集体福利设施的资金。其提取比例由法律规定为税后利润的5%—10%,公益金提取在法定盈余公积金之后,但在任意盈余公积金之前。

公益金 =(税后利润 - 前两项扣除项目)× 规定比例

公益金性质上属于所有者权益,不能发给员工用于个人消费,员工对福利设施只有使用权,所有权属于企业的所有者。职工福利设施包括职工宿舍、食堂、浴室、医务室等。

企业在提取公益金后,可视盈利状况,经股东大会批准提取任意盈余公积金。任意盈余公积金的提取是企业为满足经营管理的需要,控制向投资者分配利润水平,以及调整各年度利润分配的波动而对利润分配所采取的限制。任意盈余公积金提取顺序在向投资分配利润之前,股份有限公司中任意盈余公积金的提取必须在分配优先股股利之后,分配普通股股利之前。

(5) 向投资者分配利润

分配给投资者的利润是投资者从企业获得的投资回报,这是利润分配的最后一个阶段。根据规定,如果企业当年无利润,一般不向投资者分配利润,用盈余公积补亏后,经股东大会特别决议,可向股东分配一部分利润。如果企业有以前年度的未分配利润,亦可并入当年利润一起分配。对于股份有限公司,向投资者分配利润应遵循以下顺序:

① 向优先股股东分配优先股股利;

② 按公司章程或股东会议决议提取任意盈余公积金;

③ 根据公司股利政策向普通股股东支付股利:每股股利 = 股票面额 × 约定的股利率。

六、股利政策

分配给股东的利润就是股利。股利政策是关于公司是否发放、发放多少、何时发放股利等方面的方针和策略,它的核心是如何确定可分配利润中股利分配和企业留存收益间的比例,它关系到股东的现金收益和企业今后的发展。多数企业为了今后的发展和与同行竞争,都需要保留一部分留存收益即未分配利润用于新的投资。由于支付股利和作为追加投资的未分配利润是相矛盾的,所以企业的股利政策必须是在不损害现有股东利益的前提下,充分考虑企业未来发展的需要而做出合理的选择。合理的股利政策,不仅有利于企业筹资,而且对维持企业良好的财务状况,保持股价的稳定上涨,吸引更多的潜在投资者,都具有十分重要的意义。所以,股份公司应重视对股利政策的研究。

股利政策基本内容概括起来有以下几点:股利支付比率的确定;确定如何支付现金股利;如何用分配利润购回部分企业已发行的股票来改变资本结构,增加剩余股东的投资收益;如何发放股票股利,保证企业现金实力,增加企业发行股票的吸引力;股利分派程度;等等。

(一) 影响股利政策的因素

股利政策有多种类型,是因为公司制定政策时必须考虑诸多相关因素。这些因素主要有:

1. 法律因素

西方许多发达国家对股利支付制定了大量法规。我国《证券法》、《公司法》等有关法规对企业股利分配也做了限制,主要有:

(1) 资本限制

公司股利的支付不能侵蚀资本,即公司不能因支付股利而引起资本减少。其目的是确保企业有充足的权益资本,以保护债权人的利益。任何导致资本减少的股利发放都是非法的。

(2) 无力偿付债务的限制

无力偿付债务包括两个方面的含义:一是公司由于经营不善,出现大量亏损,致使债务超过资产,即资不抵债;二是尽管公司目前没有形成大量亏损而导致资不抵债,但由于企业资产的流动性差,公司已陷于财务困难而无力偿付到期的债务。如果一个公司已无力偿付债务或因支付股利将失去偿债能力的话,则该公司不应支付现金股利,否则属违法行为。

(3) 留存盈利的限制

公司股利只能从当期的利润和过去累积的留存盈利中支付。也就是说,公司股利的支付不能超过当期与过去的留存盈利之和。但它并不限制公司股利的支付额大于当期利润。这一条款要求企业确有盈利才能支付股利,绝不允许将投入资本以股利的形式发还给股东,以免损害债权人的利益。

2. 企业内部因素

企业应将利润中的多大比例用于支付股利,还要考虑企业内部的经营情况和财务情况,具体包括:

(1) 盈余的稳定性

企业能否获得长期稳定的盈余,是决定其股利政策的主要因素。盈余相对稳定的企业支付的盈利可能高于盈余不稳定的企业。对于盈余不稳定的企业来讲,低股利政策可以减少因盈余下降而造成的股利无法支付、股价急剧下降的风险,还可将更多的盈余转作再投资,以提高企业权益资本比重,减少财务风险。

(2) 变现能力

企业现金流量是影响股利的重要因素。一个企业的资产流动性强,现金充裕,其支付股利的能力就强。在企业的正常经营中,财务人员要设法保持一定数量的现金和变现能力较强的有价证券,以应付各种突然发生的情况。所以在确定股利政策时,要注意企业本身的资产流动能力,不要因支付股利而危及企业的支付能力。

(3) 筹资能力

企业若具有很强的外部筹资能力,能随时筹集到经营所需的资金,则它就有较强的、稳定的股利支付能力。反之,企业则多采用限制股利支付、大量保留盈余作为企业重要的筹资方式。另外,从财务管理的角度分析,一方面发放大量现金股利,另一方面通过支付一定的代价筹集经营所需资金,彼此是相互矛盾的,决策者决定是采用外部筹资还是采用内部筹资时,必须将支付股利与筹资所获得的利益加以比较,权衡得失之后再做决策。

(4) 投资机会

股利政策的确定在很大程度上还要受企业投资机会的影响。一般来讲,企业有较多的有利可图的投资机会时,会经常采用支付低股利的政策;反之,企业的投资机会较少时,就可采用支付高股利的政策。所以,那些扩张发展中的公司,因为投资机会多,故多采用低股利的政策;而那些经营饱和、趋于萎缩的企业则可能采用高股利或全部发放股利的政策。

(5) 资本成本

资本成本的高低是企业选择筹资渠道的基本依据,与发行新股或筹借债务相比,留用利润的成本低,是一条比较经济的筹资渠道。所以,从资本成本考虑,企业如果有扩大投资的需要,也应采取低股利政策。

3. 股东因素

股东投资于股票,是为了获取经济利益。但不同的股东购买股票的具体目的又不同,因而对股利政策的影响也不同。

(1) 以获取稳定的股利收入为目的的股东

此类股东如退休基金组织、保险公司等投资单位和依靠股利谋生或补贴生活费用支出的大量小股东等,他们希望获得稳定的股利收入。因此,此类股东将投资于股利支付率较高和较稳定的企业。

(2) 以获取最大的资本收益为目的股东

此类股东主要是指一些大股东。由于他们拥有的股票数量较多,因此只要有较低的股利支付率就可以满足其日常开支,多余股利的出路只有再投资。由于股利收入的所得税税率比资本收益所得税税率高,因此这些股东偏好低股利支付政策,从而既可获得更多的资本利得收入,又能实现少纳所得税的目的。股利的支付导致公司留存收益减少,一方面使股票的内含价值下降,会引起股票的市场价格上升缓慢,影响股东的资本收益;另一方面使公司增加发行普通股票来筹集企业发展资金的可能性增大,而发行新股票意味着原有股东对企业控制权的丧失或所有权的稀释。基于上述三个方面的原因,以获取最大资本收益为目的的大股东倾向于少支付股利。

(3) 以获取适当的股利收入和资本收益为目的股东

这类股东既比大股东更需要股利收入来满足其需要,又比小股东对股利收入的依赖小,他们期望能在满足本期需要的前提下追求资本收益。这类股东将投资于股利支付率中等的公司。

4. 其他因素

(1) 债务性契约

企业的债务性契约,特别是涉及企业的长期债务时,往往限制企业现金股利的支付。这些限制条款主要表现为,除非公司的盈利达到某一水平,否则不得发放现金股利;股利发放额限制在某一盈利额或盈利的百分比上。确定这些契约性限制条款限制企业股利支付,目的在于促使企业把利润的一部分按有关条款的要求以某种形式进行再投资,以增强企业的经济实力,从而保障债务如期偿还,维护债权人的利益。

(2) 通货膨胀

在通货膨胀条件下,货币购买力下降,企业投资时需要资金量大,企业的股利政策可能偏紧。

以上各种因素对股利政策的影响,在不同企业是不同的。要视企业自身的实际情况,权衡各因素的利弊得失,制定出较为理想的股利政策。股利政策也不是一成不变的,在执行过程中应视具体情况做相应的调整。

(二) 股利支付程序

股份公司向股东支付股利,一般按以下程序进行:

1. 股利公告日

股利公告日即公司的董事会决定发放股利和宣布发放通知的日期。公告中将宣布每股支付的股利、股权登记期限和股利支付日期。

例如,某公司董事会研究决定,于 2009 年 11 月 15 日宣布发放股利。董事会公告规定,截止 12 月 15 日登记的持股人,发放每股 0.5 元的股利,支付日期为 2010 年 1 月 2 日。

2. 股权登记日

股权登记日即公司规定的登记投资者姓名的日期,又称除权日。因为企业发行的股票可在证券市场上自由转让,因此发放股利前,要规定一个日期,即只有在股权登记日前在公司股东名册上有名的股东,才有权分享此次股利。

上例中,公司规定 2009 年 12 月 15 日为股权登记日,如在 12 月 15 日前该公司得到股票销售或转让通知,那么新股东可得到此次股利。如果在 12 月 15 日以后该公司得到股票销售或转让通知,则原有股东享受此次股利。

3. 除息日

除息日指领取此次股利的权利与股票相互分离的日期。在除息日前,此次股利权从属于持有股票者,即享有领取此次股利的权利;除息之后,此次股利与股票相分离,新购入股票的人不能分享此次股利。一般除息日为股权登记日的前四个经营日。这是因为股票买者交割过户需要一定时间,如果股票交易日与股权登记日太近,公司将无法在股权登记日得到更换股东的信息,只能以原股东为股利支付对象。自此日起,公司股票的交易称为无息交易,其股票称为无息股。一个股东要想取得本期股利,必须在股权登记日的四天之前购买股票,否则即使持有股票也无权领取股利。

4. 股利支付日

股利支付日指公司给股东发放股利的日期,前例中 2010 年 1 月 2 日就是股利支付日。

(三) 股利政策的类型

1. 按股利支付的稳定程度分

(1) 稳定的股利政策

实施此种政策的公司,规定了每股的年股利额,然后在一个较长时期内保持不变。不论经济情况如何,也不论公司经营好坏,绝对不能降低年度股利的发放额。公司管理当局只有确定未来公司收益可以维持新的更高股利时,才会增加每股固定的年盈利额。

① 稳定增长的股利政策的优点:第一,有利于吸引投资者,在公司利润减少时,公司都不削减每股股利,会使更多投资者相信公司经营状况稳定,这将有利于增加投资者购买公司股票的信心,有利于吸引投资者。第二,许多依靠固定股利收入满足其现金收入需要的股东更喜欢稳定的股利支付方式,如以股利为生的小股东和诸如退休基金组织、保险公司等单位。第三,由于以上两点的作用,当公司支付固定股利时,就有更多的投资者愿意购买该类公司的股票,从而使股票价格上升,促使股东财富最大化目标的实现。

② 稳定增长股利政策的缺点。由于股利支付不能和盈余情况结合,盈余降低时也固定不变地支付股利,从而可能会导致资金短缺,财务状况恶化,从而影响公司的发展。

(2) 正常股利加额外股利政策

这种股利政策的特点是公司首先将每年支付的股利固定在一个较低的水平上,这个较低的水平的股利称为正常股利;然后,视公司盈利水平的高低支付额外股利。

这种股利政策的优点在于,对公司来说,它为公司的股利支付提供了较大的灵活性,当公司盈利状况不佳或需要多留存盈利时,公司不必支付额外股利,减轻了公司负担;另外,对投资者来说,由于这种股利政策是向股东发放固定股利,其获利风险低,从而可以增加股东对公司的信心,因而使不少投资者乐于购买采用这种股利政策的股票,从而使公司股票价格维持在一个较高的水平上,有助于股东财富最大化目标的实现。

一般来讲,当公司的盈余及现金流量变动较大时,采用这种股利政策不失为一种最佳选择。

(3) 梯度上升股利政策

这种股利政策的基本内容是股利逐年有所上升。其优点是可形成企业稳定增长的市场形象,会使企业股票市值不断上升。但这种办法的前提是企业必须有较多的并不断增加的盈利做后盾,只适用于稳定发展的大中型企业采用。

(4) 变动股利政策

企业不确立定额股利,股利的多少和发放时间均视企业盈利状况而定,有的发放股利是不定期的,有的股利率有高有低。实行这种股利政策的企业既可能是因为业务经营不稳定,获利水平不高且波动较大,致使发放股利的能力不稳定;也可能是因为采取了十分灵活的股利政策,如有的企业将股利率与市场利率挂钩,使其高于市场利率一定的百分比,由于市场利率变化不定,故企业股利率也是不稳定的。

(5) 剩余股利政策

这种股利政策的基本特点是:企业如果有盈余,优先考虑投资的需要,如果满足投资需要后还有剩余,就用来放发股利,否则就不发放股利。所以,剩余股利政策实际上是变动股利政策的某种特殊形式。

这一政策基于"如果企业重新投资的收益率高于投资者在同样风险的其他投资中所能得到的收益率的话,大多数投资者宁愿企业将收益保留并重新投资而不是支付股利"的假设,"剩余"意味着只能用收益的"多余"部分来支付股利。

企业采用剩余股利政策时,应遵循下列步骤来决定股利支付率:① 选择最佳投资方案,确定投资额;② 确定投资方案的最佳资本结构;③ 尽可能地利用保留盈余来融通投资方案中所需的权益资本;④ 当投资方案所要的权益资本得到满足后仍有剩余时,公司才能将这些剩余作为股利发给股东。

例 8-11 某公司 2009 年税后利润为 600 万元,公司 2010 年需从事 700 万元的投资活动,且其目标资本结构(最佳资本结构)为:负债占 40%,权益占 60%。假设其普通股为 100 万股,700 万元资金应如何筹集?股利如何发放?

为维持公司的目标资本结构,则 2010 年投资额 700 万元盈余的 60% 即 420 万元(700 × 60%)由内部融资解决,另外的 280 万元(700 × 40%)资金由外部融资解决。2009 年内部盈余保留 420 万元后,还剩 180(600 - 420 = 180)万元可用来发放股利。每股股利为 1.8 元(180/100)。

如果例 8-11 中,2009 年的盈余 600 万元全部作为再投资用,另外 100 万元再从外部筹集,此时公司需要向外部筹资的金额最少,但不符合目标资本结构,将导致总的资本成本上升。

剩余股利政策是完全市场股利理论进一步发展,它是该理论与最佳资本结构相结合而形成的。其特点是股利发放额每年随投资机会和盈利水平的波动而波动。在盈利水平不变的前提下,股利发放额与投资机会的多少呈反方向变动,在投资机会维持不变的情况下,股利发放额将与公司每股盈余同方向变动。

2. 按股利发放的具体形式分类

(1) 现金形式

即股利是用货币资金支付的。这是最常见最普通的股利形式。这种形式满足了大多数投资者希望得到一定数额的现金这种实在投资收益的需求,但势必增加企业支付货币资金的压力,有悖于保留货币资金以备购置固定资产或再投资的发展要求。

(2) 财产形式

即用现金以外的资产分配股利,具体有:① 实物股利。发给股东实物资产或实物产品,多用于额外股利的股利形式。这种方式不增加货币资金支出,多用于现金支付能力不足的情况,减少公司的资产净值。这种形式不经常采用。

② 证券股利。最常见的财产股利是以其他公司的证券代替货币资金发放给股东的股息。由于证券的流动性及安全性均较好,仅次于货币资金,投资者(股东)也愿意接受。对企业来说,以证券代替货币资金发放给股东,既发放了股利,又实际保留了对其他的公司的控制权,可谓一举两得。

(3) 股票股利

即公司以增发股票的方式代替货币资金,按股东持股比例分发给股东作为股息。具体情况为:① 在本公司注册资本尚未足额时,以其未认购的股票作为股利支付。② 以新发行的股票支付股利。一种做法是在公司增资发行新股时,预先扣除当年应分配的股息和红利,减价配售给老股东,也有发行股票时进行无偿增资的做法,即股东不需要缴纳任何现金和实物,无代价地取得公司发行的股票。由此,股票股利的具体办法有红利送股和配股两种。送股是指公司将红利和公积金转为股本,按增加的股票比例派送给股东,如 4% 的股票股利是指持 100 股的股东可无偿分到 4 股。公司虽未收到现金,但公司资本仍然增加,相应地减少公司的公积金(或盈利)。送股具体又有两种:一种是以红利送股,即红股,处于成长阶段的上市公司需要大量资金开拓新产品、新市场,扩大经营规模,因而它会保留上一年的可分配利润,将红利以面值折算成红股派送给股东。这种方式对股东而言实际是一种再投资。股东可不交股利所得,还可通过市场获得资本收益。另一种送股是以公积金送股,这种方式的实质就是把净资产拆细,送股的资本来源于股东权益本身。就财务意义而言,这种送股并不直接增加股东收益和权益。不属利润分配,就不属于股东回报。在分红过程中,股份公司动用企业的盈余公积金进行送股,企业的股本虽然扩大了,但盈余公积金却相应地减少了,而企业的净资产并未得到丝毫的增加,上市公司的资金实力也未增加,未来年份的盈利水平也不会因为所谓的送股而受到什么影响。但是,公司送股之后,每股资产净值降低且股本总量增大,在未筹得新增资本的前提下,过多送红股,肯定会增加每股的创利难度,难以维持因送红股而过快增长的股本总量所要求的新增利润,出现送股过多而效益降低的情况。配股是指公司在增发股票时,以一定比例按优惠价格配给老股东。配股和送股的区别在于:① 配股是有偿的,送股是无偿的;② 配股成功会使公司现金增加;③ 配股实质上是给予老股东的补偿,是一种优惠购买股票的权利。这种做法的目的之一在于保护原有股东对公司的控制权。

所以股票股利只是在形式上分到股票,而实际尚未收到股利,股票股利的目的是为了筹措资金。但是,股票股利牵涉到企业和投资者之间的利益关系,具有特殊作用与经济意义。举例说明如下:设某公司发行股票股利前资本结构如表 8-7 所示。

表 8-7 股票的发放前所有者权益 单位:元

普通股(面值 5 元,已发行 100 000 股)	500 000
资本公积	200 000
留存盈利	1 000 000
普通股权益合计	1 700 000

现假定该公司决定发放 10% 的股票股利,而当时股票的公平市价为每股 20 元,每持 10 股股票就能收到 1 股增发的股票,即增发 10 000 股的普通股。随着股票股利的发放,留存盈利中有 200 000 元(10% ×100 000 股 ×20 元)的资金要转移到普通股和资本公积金账户上去,由于面额不变,因此,增发 10 000 股普通股,普通股账户仅增加 50 000 元(5 元 ×10 000 股),其余 150 000 元(200 000 元 - 50 000 元)则转移到资本公积金账户上去,而该公司的股东权益总额不变。发行股票股利后的公司资本结构如表 8-8 所示。

表 8-8 股票股利发放后所有者权益 单位:元

普通股(面值 5 元,已发行 110 000 股)	550 000
资本公积	350 000
留存盈利	800 000
股东权益合计	1 700 000

从表 8-7 中可以看出,10% 的股票股利支付后,普通股总权益并没有发生任何变化,仍为 1 700 000 元,不同的只是三种普通股权益资金的量发生了变化。

就股东而言,股票股利除了增加其所持股票外,几乎没有任何价值。由于公司的盈利不变,其所持的股份比例不变,因此,每位股东所持有股票的市场价值总额也保持不变。或者说,股票股利并不能增加股东财富。

既然如此,那么发放股票股利有什么意义呢?实际上,它会给公司和股东带来许多好处。

第一,对股东的意义。如果公司盈余不增加,股票股利就不会增加股东财富。但在如下几种情况下,股票股利对股东重要意义:

① 如果在发放股票股利之后,仍维持现金股利的发放,则对股东有好处。假设某公司每股现金股利为 1 元,对于拥有 1 000 股股票的股东来说,可得到股利 1 000 元,如果加发 20% 股票的股票股利,同时现金股利照发,则可得到现金股利 1 200 元。

② 有时发放股票股利后,股价并不同比例下降,这样便增加了股东的财富。股票股利通常由成长中的公司所采用,投资者可能会认为,公司的盈余会大幅度增长,并能抵消增发股票所带来的消极影响,从而使股价稳定不变或略有上升。

第二，对公司的意义。发放股票股利能达到节约现金的目的。因为公司根本没有支付现金或其他任何有价值的东西，公司的经营资金毫无减少，从而可以将更多的现金留存下来，用于再投资，有利于企业长期健康、稳定地发展。

发放股票股利有助于提高投资者的投资兴趣。在盈利和现金股利预期不会增加的情况下，股票股利的发放可以有效地降低每股价格，由此可提高投资者的投资热情。

发放股票股利有助于公司把股票市场价格维持在希望范围内。有此公司不希望股票每股价格过高，因为这可能会使一部分投资者失去购买能力，因此利用股票股利的办法把股票价格维持在希望的范围内。

另外，股本总额增大后，有利于企业下一次配股获得更多资金。

（四）股票回购与分割

1．股票回购

股票回购是企业在证券市场上重新购买自己的股票。企业收回了部分普通股，发行在外的普通股股数就相应减少，每股收益势必提高，从而导致企业股票市价上涨，由股价上涨所得的资本收益就可以代替股利收入，所以股票回购也就被认为是支付股利的方式之一。其结果同股票股利的形式相反。

股票回购的原因有：公司认为其股票价格偏低，从而回购股票以减少公司流通在外的股票数量，以提高每股收益和股票价格；反收购和反控制是一个重要的回购动机，回购可以消除潜在被控制的威胁；为了改变企业资本结构，提高资产负债比率得到节约税负的好处，并降低企业综合资本成本。但是股票回购将导致企业收缩资金规模，丧失投资机会，并影响经济增长，使企业声誉和股利都受到不利影响。

2．股票分割

股票分割是指通过按比例减少股票的面值来增加股数。例如，两股换一股的股票分割，就是两股新股换一股旧股。现假定某公司股票分割前的资本结构如表 8-9 所示。

表 8-9　股票分割前所有者权益　　单位：元

普通股(5 000 000 股，每股面值 10 元)	50 000 000
资本公积	20 000 000
留存盈利	80 000 000
股东权益合计	150 000 000

按比例 1∶2 的比例减少股票面值和增加股数后的资本结构如表 8-10 所示。

表 8-10　股票分割后所有者权益　单位:元

普通股(10 000 000 股,每股面值 5 元)	50 000 000
资本公积	20 000 000
留存盈利	80 000 000
股东权益合计	150 000 000

从表 8-9 可以看出,股票分割只引起股数增加,每股面值减少,而并不对权益资金各账户的余额发生影响。这是股票分割与股票股利的不同之处。股票股利不减少股票面值,但调整权益资金各账户的余额。股票分割与股票股利的共同之处是增加了流通在外的股票数量,降低了每股的票面价值和内含价值,最终使股票的市场价格下跌。

就公司管理当局而言,实行股票分割的主要目的和动机在于:

第一,降低股票市价。股票价格太高,不利于股票交易活动,往往使小额投资者望而止步,从而影响交易量。如果将这种价格过高的股票分割,降低股票价格,就能吸引更多的投资者。另外,通过股票分割降低股价,使公司股票更为广泛地分散到投资者手中,可防止少数小集团的股东通过委托代理权,实施控制企业的企图。

第二,有利于发行新股。在企业发行新股时,股票价格过高不利于新股票的发行。在发行新股票之前,利用股票分割降低股票价格,可以有效地提高股票的市场性,增加投资者对股票的兴趣,促进新发行股票的畅销。

第三,有助于公司兼并、合并政策的实施。当一个公司兼并或合并另一个公司时,如果先将自己的股票加以分割,则有助于增加对被兼并方股东的吸引力。例如,假定甲公司准备通过股票交换实施对乙公司的兼并。设甲、乙两公司目前的股票市场价格分别为 60 元和 5 元,根据对双方企业价值的分析,甲公司认为 1∶12 的交换比率(即 1 股甲公司股票换 12 股乙公司的股票),对于双方股东似乎是公平合理的。但 1∶12 的比率可能会使乙公司股东在心理上难以接受。为此,甲公司决定先按 6 股换 1 股对本公司的股票进行分割,然后再按 1∶2 的交换比率实施对乙公司的兼并。尽管实质并未改变,但易于为乙公司的股东接受,有助于兼并的顺利完成。

第四,有时公司认为自己的股票价格太低以至影响了公司的声誉,因此可能为提高股票的市场价格而采取反分割措施。反分割,又称股票合并,是指通过将数股旧股合并为一股新股并相应地增加新股票每股的面值的行为。反分割通常被认为是公司承认自己处于财务困境的标志,因此在实际中很少被采用。

案　例

明星公司股利政策

明星公司主要从事加工生产广播元器件和生产各种型号的广播外壳,现有资本1 000万元,最优资本结构为负债35%,权益65%;发行100万股普通股票,面值为1元,上年度每股股息为0.8元,并以现金股利支付给全体股东,付息比为40%。企业面临市场渐趋饱和和进口产品竞争日益激烈的双重压力,收益明显下降,预计全年可分配利润比上年下降四成。企业面临着重要的发展战略选择和股利分配方案的安排。

董事会将决定第二年的具体发展战略,要求财务总监提出配套的股利分配方案。

可供董事会讨论的第二年发展战略有三个草案:

(1) 在维持现状的基础上,加强市场的细分战略,具体细分方案由营销部做出,预算为:进一步投资120万元,其短期内可望获得25%的净收益率,暂时扭转盈利下降的势头。

(2) 放弃广播器材产品中各型号外壳生产,只抓住几种主要的尚热销的元器件生产,以较短的时间退出此行业,收回投资,缩小规模,等进一步发展的时机。

(3) 以目前的生产作为过渡性生产,立刻投入新型的电脑元器件的开发。预计需筹集480万元资本重点投入。如进展顺利,此项目第二年年底将获得回报,整个项目投资收益率为20%以上。

为制定更合理的股利政策,财务总监又详细调查和分析了各种今后的筹资渠道的资本成本情况,有关资料如下:

(1) 若运用负债筹资,根据企业所处行业,债权人更注重负债比率。平均债务利率如表8-11所示。

表8-11　平均债务利率

负债比率	可能的利率期望(%)	负债比率	可能的利率期望(%)
0—0.20	10	0.36—0.40	14
0.21—0.35	12	大于等于0.41	17

(2) 若用普通股筹资,当前股东投资回报期望不低于18.33%。进一步分析可了解到,30%的股东偏好股票的资本收益,20%的股东偏好现金股利收益,另外50%的股东对现金股利或资本收益无明显偏好。但现有股东出于风险考

虑,仅愿意以企业目前的每股收益为最大投资界域,要等企业有转机之后,才愿进一步追加新投资。

(3) 若企业从新的股东处筹资,就目前市场状况而言,每股发行价格在5.5元至6.0元之间,且需支付发行价4%的筹资费用。目前本行业的市盈率偏低,仅5倍,但估计调整产业结构的本行业第二年下半年可望达到7.5倍左右。本行业所得税税率为33%,无任何减免优势。

在财务总监授权做股利政策决策时,已有的约束条件如下:

(1) 因为是转产时期的特殊阶段,一方面要维持既有的资本结构,另一方面必须保持资本结构的弹性,以应付可能出现的新财务风险。

(2) 因年初已对股东做过年度股利支付水平不变的承诺,为维护企业形象,要保证兑现既定承诺,每股派发不少于0.80元的现金或其他形式的股息。

(3) 在股息分配中,无论采用哪种或怎样的组合分配形式,要尽可能兼顾各类股利偏好的股东的利益,解决各方矛盾,使公司价值趋于增长或达到最大。

(4) 在股息分配中,要保证现有股东的控股权,不可分散过度,否则,董事会难于通过。

(5) 在原有负债协议中,有限制股东现金股利超标准发放的相关条款,而税务局因面临财政资金周转的困难,正对各企业非现金形式的各种股利措施倍加关注。

作者点评

制定股利政策要考虑的因素较多,如企业筹资的可能性、资产的流动性、资本结构、资本成本等。根据上述案例资料,你认为财务总监会设计出哪几种股利分配方案?

第九讲 全面预算管理

- 企业需要预算管理吗?
- 应如何进行预算管理?

一些人认为预算管理是“计划赶不上变化”，在管理中的作用不大。但预算管理恰恰是企业应对环境变化、协调各部门工作和规范管理的有效工具。预算管理究竟有什么作用？企业应如何搞好预算管理，这是本讲要探讨的主要问题。

一、全面预算概述

经营管理者在理财中首先要处理好重大理财事项，主要是投资决策和筹建决策，因为重大财务事项如果出现失误，企业将满盘皆输。但是企业经营管理者不是天天去投资或筹资，投资，尤其是重大投资，终归属于例外事项。

经营管理者要处理的是大量的生产经营中的问题，以及由这些问题引发的财务问题，要抓好企业日常的财务管理，从哪里入手呢？国内外成功企业的经验证明，要从预算管理入手，预算管理是经营管理者理财的金钥匙。

（一）什么是预算

预算简单来说是用货币或数字表示的各类计划。企业的各类计划如销售计划、投资计划等用货币和数字的形式表示出来就是预算。预算的实质就是计划，但是预算又不同于计划，计划中的方法步骤有相当部分要用文字说明，而预算是强调数字和计算，而且这个计算不是事后的计算，而是事前的计算，通过预算可把企业生产经营活动各环节用货币数字衔接起来，形成一个数字体系。

（二）什么是全面预算

全面预算是由一系列预算构成的体系，它从确定目标利润或者将企业战略发展规划确定的年度目标进行分解开始，涉及企业生产经营全部内容，将企业的经营目标具体化、细分化，是指导企业生产经营活动的全面纲领。

全面预算的全面主要体现在两个方面：

第一是内容全面，即预算所涉及的内容全面，不仅有销售预算、生产预算、成本预算，而且有资本预算、现金预算，涵盖了生产经营的所有方面。

第二是人员全面，即参与预算编制和执行的人员要全面，不仅财会人员要参与，企业中凡是涉及资金、成本、费用、收入的各个部门都要参与。预算绝不单单是财会部门和财会人员的事情，而是企业所有管理者共同的事情。

（三）全面预算的功能

全面预算在企业经营管理和财务管理中能发挥什么作用呢？概括起来，主要有以下几个方面。

1. 明确目标

从目标管理的角度看,企业的生产经营活动是实现企业经营目标的过程。经营目标是企业经营活动预期达到的成果,包括收入、成本、费用、利润等价值成果指标,也包括产量、质量、市场占有率、社会贡献率、职工工资增长率等非价值指标。经营目标是企业在一定的经营期间的奋斗方向。

编制预算的过程是动员全体职工充分分析企业所处的市场环境,预测市场需求的发展变化趋向,并根据企业现有的生产能力和经营能力,确定企业经营目标的过程。在产品计划经济时期,企业的经济指标由政府下达,随着市场经济的发展、政企分开,政府不再给企业下达经济指标,而由企业根据市场需求和企业自身条件,自主地确定经营目标。许多人认为企业自主确定经营目标,就是由企业经营者总经理、副总经理们确定就可以了,不少企业也确实是这样做的。这样做也不是完全错误的,当企业生产经营规模小,而且生产经营过程比较简单时,这样做法也许还很实际。但是当企业生产经营规模不断扩大,经营过程也逐渐复杂,管理层次增多,职工人数也达到一定数量时,那种由经营管理者少数人确定企业经营目标的方法的弊端就日益显现出来了。领导者确定的目标往往要很长时间下达到基层;基层的管理者和职工也不是十分理解高层管理者确定的经营目标的意义;规模大、管理层次多的企业,高层管理者在确定经营目标时,不免会出现脱离实际的情况。

要克服由企业高层管理者们单独确定企业经营目标而出现的弊端,重要的方法就是动员全体管理人员以及职工,共同参与预算的编制,通过由上而下,再由下而上的反复过程,确定企业的总体经营目标,以及为实现企业总体经营目标的各部门、各单位的分目标。通过上下结合确定的经营目标,才更具现实性和可操作性,才能成为企业全体员工认同的奋斗目标。

2. 配置资源

企业编制预算的过程,同时也是企业配置资源的过程。合理地配置资源,是企业经营管理的重要内容,预算就是合理地配置资源的主要手段。这就要求将企业确定的经营目标分部门、分阶段落实,并根据总目标及各子目标的实际需要,合理地安排人力、物力和财力,做到市场需求与企业内部能力的平衡、产销平衡、生产与供应平衡、生产与设备能源和人力资源的平衡,这些平衡最终用货币表示就是资金的平衡。理论推导和实践经验都证明,当企业的各个方面处于平衡状态时,企业资源利用程度最好,生产经营效率最高。因此,预算被认为是使企业的资源获得最佳生产率和最大获利能力的一种方法。

3. 考核标准

通过编制预算,将企业的各项目标分解成为各个部门的责任和指标,这些细分的责任和指标,就成为衡量企业各部门工作业绩的具体标准。

编制预算的过程也是目标分解的过程。通常企业先将预计的总的经营目标分解到各个部门、单位,各部门、单位再把自己承担的目标和指标,分解到下属更小的单位,层层分解,直到每个职工个人。每个单位和个人,再根据实际的经营状况,分析承担指标完成的可能性和存在的问题,然后层层反馈到企业高管层。高管层再组织人员根据各部门各单位反馈回来的信息,进行综合平衡,最后确定公司的总体经营目标以及企业各层次的具体目标和指标,作为企业的正式预算指标。只要企业各个单位和个人完成预算规定的指标,企业的总体经营目标就能实现。因此,预算规定的各部门各单位以及个人的责任和指标就成为企业的考核标准,用它来衡量和考核企业各部门、各单位的工作状况和经营业绩,既科学合理,又具有可操作性,还能保证企业总体经营目标的完成。

4. 控制依据

企业经营目标,在经营活动开始之前仅仅是一种美好的设想。经营目标通过预算,分解落实到各个部门、单位和计划期的各个阶段,就有了实现的可能性。但是在实际经营过程中,会出现很多偏离目标和预算的现象,因此,在经营过程中,需要进行大量的控制工作。企业的控制工作依据什么进行?不能依据管理者个人的好恶,也不能完全依据管理当局的各种临时性指标,主要应依据预算规定的各项指标和标准。运用预算确定的各项具体指标,对企业生产经营活动进行监督、检查、比较分析,才能及时发现各种偏差,即偏离预算确定的指标、标准的现象,对出现的偏差,判断利害,分析原因,针对影响经营目标实现的不利偏差,制定措施,加以纠正,从而使经营活动在预算和计划规定的范围内进行。没有预算就没有管理,没有预算就无法对企业经营活动进行有效的控制。

(四) 预算管理达到的目标

预算管理作为企业财务管理,实际上也是企业经营管理的重要方法,它不是万能的,不能把它的作用说得过头,企业不要希望仅仅通过预算管理就能解决企业所有的管理问题。如果把对预算管理作用的期望值定得太高,实际上又不可能实现这一期望目标,就会使企业认为预算管理没有什么用处,反而放弃这种有效的管理方法。而且预算管理本身还需要其他管理工作的配合,尤其是企业管理基础工作的配合。企业管理基础工作薄弱,预算的编制和执行就很难达到理想状态。在实践中,我们也经常遇到因为对预算的作用期望过大而最终放弃预算管理的现象。所以,我们对预算管理要确定一个合理的期望目标,企业通过预算管理能实现这些目标,预算管理就应该算是成功有效的。

1. 统一思想行为

通过预算管理,可使企业各部门和全体职工明确企业的经营目标和实现目标的具体措施,从而发挥统一全体员工的思想和行动的作用。

实际上,有不少企业过去也编制过预算,这些企业往往把预算看成是一种专业技术方法,所以基本由财会部门编制,领导看一看,就算通过了。这种预算最大的问题就是没有企业各方面管理人员的参加,更没有全体职工的参与。正确的预算管理,应该把预算编制过程作为一个动员职工的过程,要有全体职工的参与,其中最重要的是要有企业各管理部门的参与。编制预算的过程是企业各部门围绕着总体经营目标上下协商讨论的过程,通过由上而下、由下而上的反复讨论、协商、计算、平衡,最后确定经营总目标和各部门的目标。在这一过程中,全体职工对企业经营活动要达到什么目标,怎样才能达到目标,有了充分了解,这就为统一企业全体职工的思想认识和行动打下了坚实的基础。

2. 规范生产经营管理

通过预算管理使企业各部门及其职工按照预算规定的时间、进度和各项指标要求,有序地开展工作,有利于企业建立良好的生产经营秩序。

预算通过事前的算计,将企业各环节在不同时间阶段的内在联系用数字表示出来,各部门各单位在规定的时间段内完成各自应完成的指标,企业的生产经营就可以顺利进行。一些管理水平高、管理基础好的企业,预算编制得非常细,甚至对每种零部件在各工序的停留时间、加工时间、转移时间都做出了规定。企业要严格按照预算规定来组织生产经营,这样企业的生产经营效率才是最高的。对于我国大多数企业而言,不可能一下子使预算达到那么高的水平。但是,编制预算,哪怕比较简单的预算,只提出对一些关键指标在较长时段的要求,也比那种干一天说一天,走到哪里就算哪里的小生产的经验管理方法好得多。如果企业能不断地改进和完善预算编制的方法,建立和完善企业的管理基础工作,如标准化工作、定额工作、信息工作,企业预算管理水平就会不断提高,从而必然会使企业的生产经营活动更加规范化、科学化。

3. 提高资金利用效果

通过预算管理,可使企业各部门在遵循资金运动规律的基础上,合理地安排和使用资金,使企业有限的资金发挥出最大的效用。

资金是企业各项资源的货币表现,通过编制预算,将计划期从事的各项工作所要支出的资金进行综合平衡,合理安排,规定出支出的金额、支出的时间,并在资金支出过程中严格控制,没有预算不开支,这样就可以使企业有限的资金得到有效的使用。那些没有编制预算的企业在花钱时往往是由经营管理者临时拍板。当企业规模较小、运作的资金数量也不多时,这种由经营管理者根据企业的需要现场做出花钱的决定的做法,应该说,也是有道理的,资金利用效果也未必不好,但是,当企业规模做大了,运作的资金数额达到几千万元以至上亿元时,再采用事到临头由领导现场拍板,决定花不花钱、花多少钱的做法,恐怕很难将企业资金运用好。

4. 除低成本费用

通过预算管理,可使企业各级管理者形成先算账后花钱、精打细算的习惯,能够有效地降低成本费用。

企业不管干什么事都要花钱,通过预算管理,要求企业各部门在花钱之前算账,编制出现金支出和费用支出的预算,而且要求预算的编制要精打细算,力求节约,并在实际支出时,要严格按照预算开支,就可以有效地控制成本费用。

5. 较好地应对市场的变化

通过预算管理,可促使企业各级管理人养成预见性工作的能力和习惯。由于预算是对未来的经营活动所做出的,因此企业在编制预算时,必须要求各级管理人员认真分析研究未来市场需求和资源供给的变化,提前思考未来生产经营活动可能出现的问题,制定应对措施,从而使企业能主动地应付市场变化。

编制预算的过程也是对企业未来的经营活动进行预测的过程。任何预测都不能说百分之百地准确,但是,通过预测会促使企业的管理者思考未来经营会出现的各种情况,并事先做出一定的安排和准备,这样就可以使未来经营活动更主动,更有秩序。而且,当未来经营活动出现问题时,也有一些预备措施,可以应对出现的问题,避免陷入被动局面。编制预算的过程同时也可提高管理人员的预测分析能力,使各级管理者逐渐养成预见性工作的习惯和能力,使企业主动地应对市场的变化,而不至于在市场发生变化时手足无措。

(五)全面预算的内容

不同的企业在不同的发展阶段,全面预算内容不是完全一致的,预算管理总体要服务于企业生产经营管理的需要。在西方国家,管理历史悠久,因此它们在预算管理中逐渐形成了一套体系,这套体系将预算分为两大部分,即业务预算和财务预算。

业务预算主要包括销售预算、生产预算、成本预算和费用预算。这些预算内容与企业生产经营活动是直接相关的。

财务预算主要包括资本预算、现金预算、预计资产负债表、预计利润表、预计现金流量表。

全面预算管理的内容及其相互间的联系,见图 9-1。

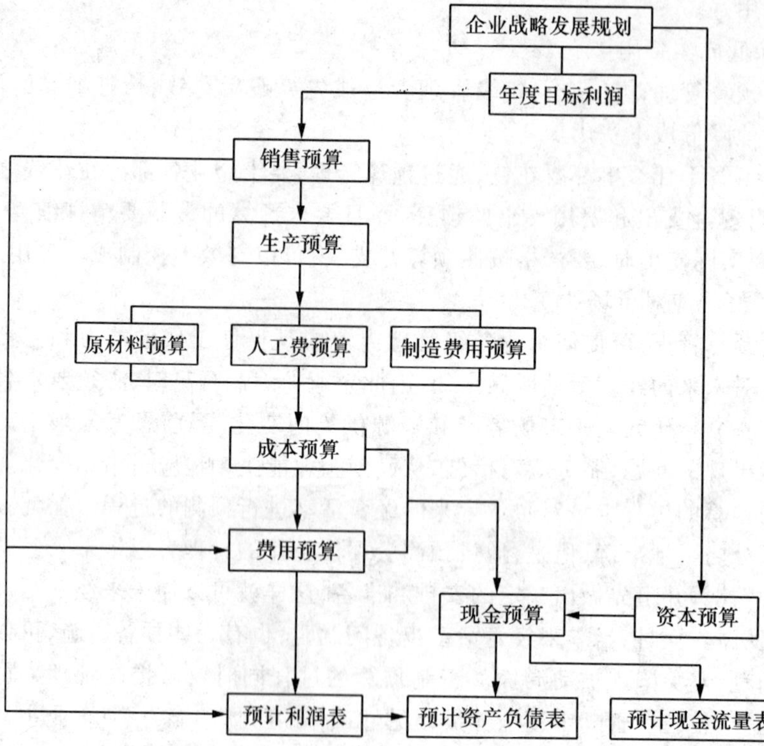

图 9-1　全面预算的内容

西方企业的预算体系理论上很完善，但是在实际编制过程中存在相当大的难度——不仅仅是编制预算时对未来的预测和把握的难度，还在于有些预算在技术上就存在很大的难度，比如预计资产负债表和预计现金流量表。不少企业在会计年度期末编制上述报表时还经常出错，在没有现实的数据而要靠预测的数据的情况下，编制未来预计的资产负债表和现金流量表，其准确性就更难以保证。而且，即使编制出了预计资产负债表和预计现金流量表，这两个预计报表对日常的生产经营活动和财务活动有多大的指导作用，又是一个问题。因此，从我国大多数企业目前的管理水平和管理状况来看，企业不一定要完全按西方的预算体系来编制预算，尤其是在一开始编制预算、推行预算管理时，应尽量做得相对简单一些，实用一些。

实践中，一些企业在编制预算时，通常把预算按时间划分为年度预算和月度预算。这种划分有利于企业预算的编制和管理。

年度预算也称总预算或年度经营计划，它是一个年度经营目标的指标体系，规定了年度经营活动应达到的目标，并把经营目标具体化为各项指标，然后将这些指标在各部门各单位进行分解，同时在时间上进行分解，使之成为季度或月度指标。

月度预算也称月度计划,包括销售预算、月度生产预算、成本预算、费用预算、现金收支预算,用以具体指导月度生产经营活动。

(六) 全面预算的组织领导

为搞好企业全面预算,企业要有一套组织系统,来领导和组织预算的编制和执行工作。

规模较大的企业一般可以成立预算委员会和预算工作小组两个专业化组织,规模较小的企业,设立一个预算领导小组即可。

1. 预算委员会

预算委员会是全面负责预算编制和执行的领导机构。预算委员会组成如下:预算委员会主任,由总经理担任;副主任,由总会计师或主持日常工作的副总经理担任;委员,由公司其他副总经理以及财务部门、人力资源部门、销售部门、生产部门、技术部门负责人组成。

预算委员会的职能如下:

① 审核决定预算管理的总体方案;

② 审核预算管理制度;

③ 领导组织公司预算的编制;

④ 审核公司预算的主要指标;

⑤ 组织公司预算指标在各子公司和各事业部的分解;

⑥ 听取各子公司、事业部关于公司预算指标讨论的反馈意见;

⑦ 领导组织公司预算的综合平衡;

⑧ 组织对预算执行情况的检查考核工作。

2. 预算工作小组

预算工作小组在预算委员会的领导下,负责预算编制执行的具体事务性工作。人员组成如下:组长由预算委员会副主任担任;副组长由财务部或计划部经理担任;组员由财务部、计划部、人力资源部抽调。

预算工作小组的职能如下:

① 提出预算管理的总体方案;

② 制定公司预算管理的制度;

③ 进行公司预算指标的测算工作;

④ 组织公司预算指标的可行性论证;

⑤ 进行公司预算指标在各分公司各部门的分解工作;

⑥ 收集各分公司各部门对预算指标讨论的反馈意见;

⑦ 进行预算指标的试算平衡工作;

⑧ 预算编制过程中的各种数据资料的收集、传输和保管工作；

⑨ 预算委员会交办的其他工作。

二、总预算

(一) 总预算及其主要指标

总预算,也称年度预算,是企业年度经营计划的指标体系。是根据年度经营目标确定的企业年度经营活动必须实现的各项指标,并将这些指标分解到企业各个部门形成的指标体系。

总预算确定的企业年度指标体系,是对企业在计划年度从事生产经营活动的总体要求和总的奋斗纲领。企业在生产经营活动中,对年度预算规定的收入、利润、现金净流量等收益指标,要完成并超过;对成本、费用等损耗指标,要努力控制并降低。这样,企业就可以获得较好的经济效益。

总预算指标主要由财务性指标构成,也包括一些非财务性指标。财务性指标主要有:① 销售收入(营业收入)指标;② 现金回款(现金净流量)指标;③ 主营业务成本指标;④ 期间费用指标;⑤ 应收账款周转率指标;⑥ 存货周转率指标;⑦ 利润总额指标;⑧ 净利润指标。非财务性指标主要有:① 产量指标;② 质量指标;③ 安全指标;④ 市场占有率指标;⑤ 新产品开发指标。

(二) 总预算的编制方法和程序

1. 由上到下编制流程

企业编制年度总预算,一般是从确定年度目标利润开始。因为利润是企业经营成果的综合反映,目标利润确定了,就可以确定企业的销售收入和成本费用指标,进而确定产量、销售量、现金收款等各项指标。一些编制了企业战略发展规划或长期经营计划的企业可以根据其战略发展规划确定的计划年度应达到的各项经营指标来编制年度总预算。由于战略发展规划往往与计划年度的实际情况存在差异,因此,即使有了战略发展规划也需要根据计划年度的情况进行调整,重新确定计划年度的目标利润。由上到下编制流程如图 9-2 所示。其主要步骤如下:

① 公司董事会根据企业发展战略和对预算期经济形势的初步预测,在决策的基础上,提出下一年度企业预算目标。

② 由预算管理委员会组织有关部门和人员对董事会提出的目标进行可行性论证。

③ 制定预算编制大纲。

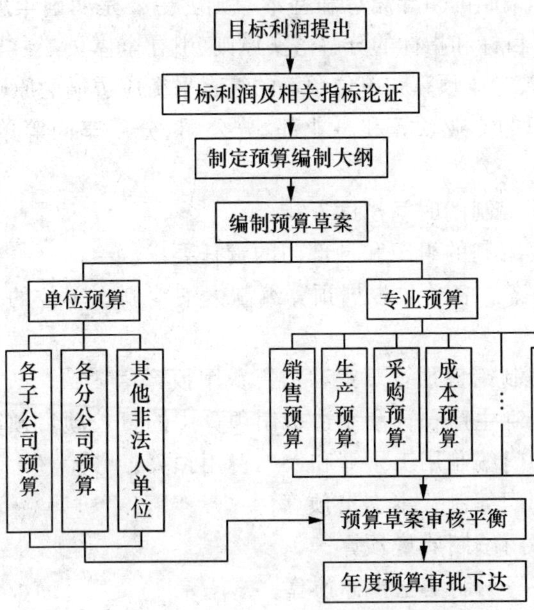

图 9-2　由上到下编制流程示意图

预算编制大纲是指导企业全面开展预算编制的计划书。它的主要内容包括:

第一,对市场的预测。

A. 对市场需求趋势的预测;

B. 对竞争对手的经营方式、经营策略的分析;

C. 国家经济政策、财政金融环境对企业的影响分析;

D. 国际市场、国际金融形势变化对市场的影响分析。

第二,对企业生产经营条件和竞争力的分析。

A. 企业原材料、能源供需情况分析;

B. 企业生产能力分析;

C. 企业竞争优劣势分析;

D. 预算期企业生产经营主要困难和障碍分析。

第三,预算年度企业经营方针和预期目标。

A. 企业预算年度经营指导思想和经营方针;

B. 企业预算年度总体经营目标,包括利润目标、销售目标、成本目标、市场占有率目标、技术进步目标等。

第四,预算年度企业重大事项和重点工作,即围绕提高企业核心竞争力和实现预算期经营目标,企业在预算年度的重大经营活动事项和措施。

第五，年度预算编制的指导思想和基本原则。主要是明确年度经营目标和指标的标准水平，预算目标和指标的分解落实原则，引导全体员工参与预算编制的操作原则，以及总预算、专业预算和单位预算的综合平衡应遵循的原则和指导思想。

第六，职能部门的专业预算和事业部、分公司、分厂车间等单位预算编制的内容和要求。

第七，年度预算编制的时间进度安排。

第八，年度预算编制的组织和各部门的责任要求。

④ 编制预算草案。各单位根据预算编制大纲编制本单位的专业预算，专业预算包括：

A. 销售部门编制销售预算草案和销售费用预算草案；

B. 生产部门编制生产预算和制造费用预算中的可控项目预算；

C. 人力资源部门编制用工预算和人工费用预算；

D. 投资管理部门编制资本支出预算；

E. 质量管理部门编制质量预算；

F. 安全管理部门编制安全指标预算；

G. 开发部门编制技术和新品开发预算；

H. 各部门编制本部门可控费用预算；

I. 采购部门编制采购预算；

J. 财务部门编制财务费用预算、汇总编制期间费用预算、生产成本预算、现金收支预算。

⑤ 预算草案的审核平衡。由预算管理委员会对各单位、各部门上报的专业预算进行审核与平衡。

⑥ 年度预算审批下达。审核与平衡后的预算下达各单位、各部门执行。

2. 由下到上编制流程

由下到上编制流程即由下属各单位、各部门编制预算报总部汇总平衡后再作为全公司预算，如图 9-3 所示。

3. 上下结合编制流程

上下结合编制流程是指总部和下属各单位、各部门同时测算预算指标，由预算管理委员会确定指标，以预算大纲的形式下达到各单位、各部门，下属各单位、各部门再进行可行性论证，将意见反馈到总部，预算管理委员会进行分析平衡后确定最终指标，报公司董事会批准后下达正式预算。具体步骤如下：

(1) 年度经营预算编制

① 公司董事会根据企业发展战略和对预算期经济形势的初步预测，在决策的基础上，于每年 9 月底以前提出下一年度企业预算目标，包括收入目标、成本费用目标、利润目标和现金流量目标等，并确定预算编制的政策。

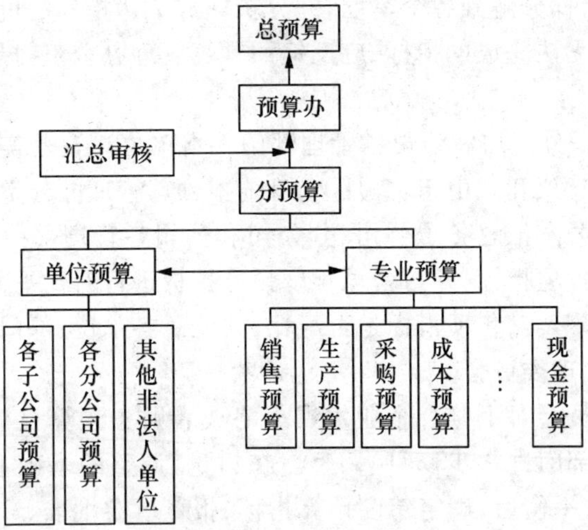

图 9-3　由下到上编制流程示意图

② 每年 10 月初，由公司预算管理委员会组织召开下年度预算编制动员会，参加人员为子公司、分公司负责人和公司总部中层及以上管理人员。主要议程如下：

A. 明确预算年度企业重大事项和重点工作。

B. 明确预算年度企业经营方针和预期目标。

C. 明确年度预算编制的指导思想和基本原则。

D. 年度预算编制的组织和各部门的责任要求。

E. 要求总部各职能部门、子公司和分公司按要求格式分析测算各自的经营指标。预算管理办公室测算公司总体经营指标。

F. 明确总部各职能部门、子公司和分公司测算指标的上报时间（10 月 20 日前）。

③ 预算管理办公室汇总子公司和分公司以及各职能部门的经营指标，进行综合平衡，并与本部门测算的公司总体经营指标对比，进行差异分析。召开预算管理例会，根据预算管理委员会的要求，进一步分析、测算、平衡各项预算指标，提出修改意见，于 10 月底前报预算管理委员会。

④ 预算管理委员会根据公司长远发展规划、本年度经营的实际状况以及对计划期年度经营活动的预测分析，提出公司在预算年度的目标利润等经营指标，并确定预算编制大纲。

⑤ 预算管理办公室于 11 月 10 日前将预算编制大纲和经营指标下发到子公司和分公司以及各职能部门。

⑥ 各子公司、分公司及公司各管理部门对下达给本单位本部门的年度经营指标要在本单位进一步细分，落实到各个责任部门，并根据历年经营情况及其体

现的规律性,将指标分解到各个季度,并分析完成下达指标的可行性。对经过深入分析认为确实无法完成的指标,应反馈回预算管理办公室,提出调整指标的建议和理由。

⑦ 各子公司、分公司和公司各管理部门将本单位讨论落实的年度预算指标以及调整指标的建议和理由于12月10日前报预算管理办公室。

预算管理办公室汇总各子公司、分公司和公司各管理部门上报的落实公司年度经营预算的各项指标,并与公司年度预算指标进行对比平衡,检查是否有缺口,指标是否全部落实,各项指标是否配比,并汇总各单位、部门调整指标的建议和理由,报预算管理委员会。

预算管理委员会对不符合企业发展战略或者财务预算目标的事项,应当责成有关预算执行部门进一步修订、调整。在讨论、调整的基础上,预算管理委员会进行综合分析、平衡后,确定年度预算指标,报董事会批准。

⑧ 预算管理办公室于12月20日前将董事会批准的年度预算作为年度经营指标下发。

⑨ 各子公司、分公司及公司各管理部门要组织本单位下属有关部门认真讨论公司下达的各项指标,找出实现指标过程中可能出现的问题,针对问题制定出有效措施,并将各项指标分解落实到具体负责人,并于12月31日前报最后的年度预算表。

(2) 年度资本支出预算编制

各分公司、子公司和总部有关投资、资产管理部门在编制本单位、部门经营预算的同时,编制资本支出预算。

(3) 年度财务预算编制

总公司财务部除编制本部门管理费用预算和财务费用预算外,还需编制以下年度财务预算:

① 预计损益表。预计损益表反映了预算期内企业的经营成果。编制程序如下:

A. 每年10月初,根据年度预算编制委员会的要求,初步测算营业收入、营业成本、营业税金及附加、期间费用、利润、经营活动现金流量净额等指标。

B. 10月20日收集、合并各单位、部门预算草案,编制合并预计损益表草案。

C. 将合并预计损益表草案中的主要指标与本部门测算的指标进行对比分析,说明差异原因,提出增收节支建议,并测算净资产收益率报预算管理办公室[净资产收益率=预计净利润/(年初净资产+预计净利润÷2)]。

D. 根据预算管理例会的意见,修改合并预计损益表草案,报预算管理办公室。

E. 根据预算管理委员会的要求修改合并预计损益表,报预算管理办公室。

② 筹资预算。筹资预算是企业在预算期内需要新借入的长短期借款,经批准发行的债券以及对原有借款、债券还本付息的预算,主要依据企业有关资金需

求决策资料、发行债券审批文件、期初借款余额及利率等编制。筹资预算要与现金收支预算平衡。

③ 现金收支预算。现金收支预算是反映预算期内现金流转状况的预算，是企业全部经济活动有关现金收支方面的汇总反映。现金预算包括现金收入、现金支出、现金余缺三项内容。

现金收入包括预算期初现金余额和预算期内发生的现金收入，如主营业务收入收现、应收账款收回、票据贴现等。

现金支出包括预算期内发生的各项现金支出，如支付材料采购款、支付工资、支付销售及管理费用、上缴税金、支付股利、进行资本性支出等。

现金余缺是指预算期内每一期可动用现金数与现金支出数的差额，根据现金余缺情况可采用适当的融资方式来调节现金余缺。

现金收支预算编制程序如下：

A. 初步测算经营活动现金流量净额。

B. 10 月 20 日收集、合并各单位、部门预算草案，编制现金收支预算草案，报预算管理办公室。

C. 对经营活动现金流量净额进行差异分析，并说明差异原因，改进经营活动现金流量净额测算。

D. 根据预算管理例会的意见，修改现金收支预算，报预算管理办公室。

E. 根据预算管理委员会的要求修改现金收支预算，报预算管理办公室。

④ 预计资产负债表。由于预计资产负债表编制较为困难，对实际工作的指导意义不大，根据成本效益原则，我们认为可以不进行预计资产负债表的编制。

上下结合编制流程如图 9-4 所示。

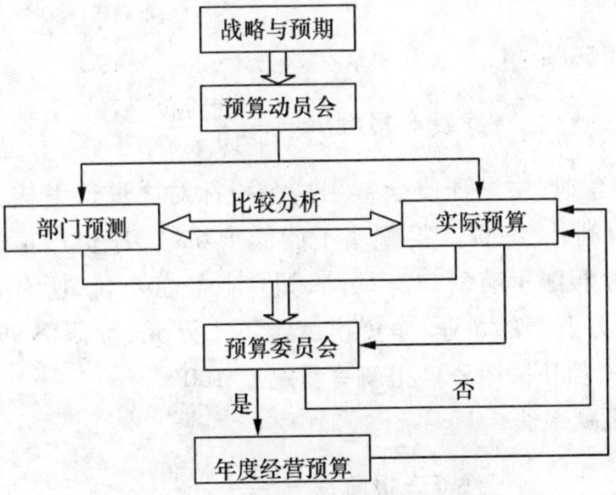

图 9-4 上下结合编制流程示意图

(三)确定目标利润

1. 目标利润的提出

公司计划年度的目标利润,通常由公司董事会提出。董事会根据公司战略发展规划、本年度经营实际状况,以及对计划年度经营活动的预测分析,提出公司计划年度的目标利润。目标利润也可以由公司总经理组织公司高管层进行讨论后提出,上报董事会。

确定目标利润的方法通常有:

(1) 增长百分比法

该方法在上一年度利润水平基础上增长一定的百分比,这种方法是不少企业常用的方法,如当年首钢公司,该公司要求利润每年递增20%。这种方法的优点是简单,缺点也是简单,没有考虑经济活动和企业经营的波动性。

$$计划期目标利润 = 上年度利润总额 \times (1 + 增长率)$$

(2) 量本利分析法

该方法在预计销售量或销售收入增长一定的百分比,固定成本或单位变动成本降低一定的百分比的基础上,确定目标利润的方法。

这种方法对于运用变动成本法核算成本的企业比较适用。我国企业成本核算实行的是制造成本法,会计核算无法直接提供固定成本和变动成本的数据资料,要运用一些技术方法把现有的会计成本数据进行分解从而得到固定成本和变动成本的数据。

(3) 资产报酬率法

该方法是根据资产报酬率应达到的水平确定目标利润的方法,通常又可细分为两种方法。

① 净资产报酬率法。

$$净资产报酬率 = \frac{净利润}{平均净资产}$$

企业发行股票时,中国证监会常用这个指标对之进行考核,新股上市,除要求近三年连续盈利外,净资产报酬率不能低于6%。净资产报酬率也就是所有权益报酬率,这个报酬率有时也有缺陷,如企业经营不善,所有者权益很少。可举例如下,1 000 万资产的企业,净资产就剩下 1 万元,负债率 99.9%,则当企业获得 1 万元的净利润时,净资产报酬率就高达 100%。

② 总资产报酬率法。

$$总资产报酬率 = \frac{净利润}{平均总资产}$$

这个指标反映投入企业全部资产所获得的净利润的多少。用这个指标衡量企业的经营获利能力，比净资产报酬率更全面、更有效。这个指标最低不能低于银行存款利率，如果企业总资产报酬率低于银行存款利率，企业就缺乏投资价值，还不如把钱存入银行。总资产报酬率一般应等于和高于银行贷款利率，只有这样企业的资产收益才高于资本成本，企业才能形成积累资金，才有不断扩大再生产的能力。因此，用总资产报酬率作为依据确定目标利润不仅理性，而且也符合市场经济对企业的要求。

(4) 战略目标分析法

战略目标分析法是根据公司战略发展规划所规定的各年利润水平或增长幅度，以及对计划年度经营活动的预测来确定计划年度目标利润的方法。

2. 目标利润的可行性论证

对由董事会或总经理提出的目标利润，要通过分析测算，进行可行性论证，这项工作通常由预算委员会领导预算工作小组进行。

虽然在提出目标利润时，采用一些测算技术分析了未来的经营情况和市场情况，但是这些分析还是较粗浅的。所以，有必要对董事会或总经理提出的目标利润进行更深入的论证。

(1) 目标利润相关指标的测算

① 测算实现目标利润的销售额(销售量)；

② 测算实现目标利润的主营业务成本和期间费用。

(2) 目标利润的可行性分析

主要从以下几个方面展开论证分析：

① 与企业历史数据进行对比，判断目标利润及其相关指标增长幅度实现的可能性。

② 与同行业的水平比较，判断目标利润及相关指标实现的可能性。

③ 与公司销售部门人员座谈，讨论完成实现目标利润所需的预计销售额和销售量的可能性。

④ 与公司生产部门、物资采购供应部门人员座谈，讨论完成实现目标利润所需的产量、保证原材料供应以及落实产品成本的可能性。

⑤ 与影响企业经济效益的其他管理部门人员座谈，判断实现目标利润及其相关指标的可能性。

3. 目标利润的论证反馈、修改和确认

经过对目标利润的可行性分析，认为目标利润和相关指标能够实现，则由预算委员会正式确定为计划期的目标利润，上报董事会。

(四) 确定总预算的各项指标

目标利润经预算委员会组织论证，正式确认，并经董事会批准后，就进入年度总预算编制的第二个阶段,确定总预算的各项指标。

1. 确定销售额、销售量指标

确定计划期销售额、销售量指标,通常是编制年度预算中比较困难的一项工作。因为未来一年的销售量、销售收入不是根据数学公式计算就可以确定的,它需要考虑市场需求、价格、推销能力等多种因素。但是,企业在编制年度预算的销售额、销售量指标时,一般又不能离开计算,通常是由预算委员会及其工作小组根据确定的目标利润来推算销售额和销售量,在此基础上,再经过销售部门人员的讨论和分析,最后予以确定。

(1) 销售额、销售量的测算

测算方法有以下几种:

① 量本利分析法。

$$实现目标利润的销售额 = \frac{固定成本 + 目标利润}{1 - 变动成本率}$$

$$实现目标利润的销售量 = \frac{固定成本 + 目标利润}{单价 - 单变}$$

② 销售利润率法。根据企业历史资料先测算出计划期预计销售利润率,再根据计划期目标利润计算出销售额。

$$预计销售利润率 = \frac{利润总额}{销售收入总额}$$

$$实现目标利润的销售收入总额 = \frac{目标利润}{预计销售利润率}$$

分析历年来不同产品销售收入占销售收入总额的比例,预测计划期产品比重的变化,测算各种产品的预计销售额。

$$某种产品的预计销售额 = 实际目标利润的销售收入 \times \frac{某产品年销售额}{年销售收入总额}$$

③ 销售毛利率法。

$$销售毛利率 = \frac{毛利}{销售收入总额}$$

$$实现目标利润的销售收入总额 = \frac{期间费用 + 目标利润}{销售毛利率}$$

再根据各种产品历年的销售收入占销售收入总额的比重来确定计划期预计销售量。

(2) 销售部门的讨论论证

对运用各种方法计算出来的实现目标利润的销售额、销售量指标,还要召集销售部门人员进行分析讨论。由销售人员根据他们对市场需求的了解以及历年销售情况的变化趋势来预测判断可能达到的销售收入和销售量,并将之与通过数学模型测算出来的销售收入和销售量对照,看看差别有多大,经过努力是否能达到。如果差距很大,要深入分析原因,判断哪种方法的数据更准确、更合理。如果确实由于目标利润定得太高,而企业实际销售很难达到目标利润要求的销售收入,则需要反过来再修正目标利润。如果判断还有市场潜力,则要进一步讨论怎样挖掘市场潜力,以提高销售收入。

在确定总预算的销售收入和销售量指标时,销售部门的销售人员的参与是至关重要的。通过讨论可以使销售人员了解全公司的销售目标,清楚实现销售目标的困难和问题,面对挑战,承担应承担的责任。同时,经过讨论还可以拓宽销售人员的思路。在深入讨论的基础上要求各个销售人员提出个人的预计销售的数据,并经地区销售经理汇总,逐级上报到公司销售部门,销售总经理在汇总各个销售人员和各地区销售经理的数据时,可以发现问题,挖掘潜力。

2. 确定主营业务成本指标和期间费用指标

(1) 成本、费用指标的测算

即根据目标利润或企业历史资料来测算计划期的成本、费用指标。主要方法有:

① 倒推法。

$$目标成本费用 = 预计销售收入 - 目标利润 - 税金$$

确定出总的目标成本费用之后,再根据历史成本费用资料,测算出主营业务成本及各项期间费用之间的比重,再具体测算出主营业务成本和期间费用各项目。

② 成本费用利润率法。

$$上年实际成本费用利润率 = \frac{上年利润总额}{上年成本费用总额}$$

$$计划期预计成本费用率 = 上年实际成本费用利润率 \times (1 \pm 变动率)$$

$$目标成本费用 = \frac{计划期目标利润}{计划期预计成本费用利润率}$$

(2) 生产等经营管理部门的讨论论证

根据历史成本费用资料和数学模型计算出的成本费用的各项指标,看起来很科学,但实践中存在很大的缺陷。因此,需要企业所有发生成本费用的部门根据生产经营的实际情况进行分析调整,使之成为更加符合企业实际情况的指标。

生产部门要分析产品品种的变化、固定资产维修、职工变动等对生产成本的影响;物资采购部门要分析原材料市场价格的波动以及采购保管费用变动对材料成本的影响;人力资源部门要分析工资福利、社保资金、职工培训变动对人工成本的影响;销售部门要分析广告推销费用的变动情况;其他管理部门要分析可能发生的重大费用开支。研究在此基础上测算的成本费用与目标成本费用存在的差异及其原因,并寻找控制成本费用的应对措施。

经过各个部门充分讨论之后,将影响目标成本费用实现的关键问题排列出来,汇总到预算委员会。预算委员会组织进一步的研究分析,对确实需要调整指标的,要进行指标调整、修改,对能解决的问题要责令有关单位进行深入研究,制定措施,最终确定目标成本费用指标。

3. 确定现金回款指标

现金回款指标在年度预算指标中的重要性实际上还要高于目标利润指标。没有现金流的利润往往是虚假利润。对于企业来讲,资金和利润谁更重要?当然是资金更重要。亏损的企业不一定倒闭,但是没有资金的企业必然倒闭。

(1) 现金回款指标的测算

主要用销售回款百分比法:

$$\text{销售回款百分比} = \frac{\text{销售商品提供劳务收到的现金}}{\text{销售总额}}$$

$$\text{现金回款额} = \text{预计销售收入} \times \text{销售回款百分比}$$

赊销比重较大,应收账款过多,或存货数量较大的企业,不仅要确定当年现金回款指标,还要规定应收账款周转率和存货周转率指标以及应收账款占用额和存货占用额指标。

(2) 现金回款指标的论证

主要由销售部门讨论论证,财务部门协助论证。销售部门要把现金回款作为硬指标,认真地分析影响现金回款的原因,采取积极对策,必要时修订信用政策。财务部门要进行应收账款状况分析,并将结果提供给销售部门,对拖期的应收账款由销售部门制定收款措施;同时分析存货占用情况,要求相关部门制定出减少存货的措施。

预算委员会收集听取对总预算各项指标的修改意见,经过综合平衡,正式确定年总预算的主要指标。

(五) 总预算指标的分解落实

预算委员会批准通过年总预算的各项主要指标后,要将指标在公司内部分解落实。

1. 分解指标

根据公司年度预算指标以及公司内部的经济责任关系,将指标分解到各管理部门和生产单位。

2. 各部门细化讨论分解指标

公司各管理部门和生产单位,应对分解落实到本部门、本单位的年度预算指标展开进一步的分析测算,将承担的指标再细化,同时组织本部门的人员进行讨论,分析完成下达指标的可能性及存在的问题。对影响指标完成的重大问题,本部门、本单位确实无法解决的,要提交到公司预算工作小组。对本部门、本单位可以解决的问题要制定出相应的措施。

3. 收集听取讨论意见

预算工作小组收集各部门各单位落实指标的讨论意见,汇总后向预算委员会汇报。

4. 各部门上报落实的指标

各部门各单位经过讨论后将本部门、本单位指标落实情况以书面表格形式上报预算委员会。

预算指标的分解落实过程是一个上上下下、反复讨论协商的过程,也是统一思想认识的过程。上级要允许下级充分发表意见,下级也要从保证公司总体目标实现出发,千方百计地挖掘潜力。

(六) 年度总预算的综合平衡

企业内部各管理部门、生产单位在分解落实年度预算指标的过程中会提出一些新的问题和一些新的情况,因此年度预算指标需要做最后的综合平衡。

预算委员会对反馈意见和问题,进行分析评价,提出解决意见,或对指标做相应修改。

预算工作小组根据各部门和各单位上报的指标落实情况进行综合平衡,包括横纵两方面的平衡。纵向平衡,是公司及各部门、各单位的收入、成本、费用、利润之间的平衡。横向平衡,是指同一指标在各部门、各单位之间是否平衡,如各部门的费用相加是否等于公司总的费用。

经过综合平衡后,预算委员会编制出正式年度总预算上报董事会,经董事会批准下发执行。

总预算的参考格式见表9-1。

表9-1 公司年度总预算

部门	项目	全年指标		分季度指标				备注
		上年实际	本年计划	一季度	二季度	三季度	四季度	
公司	销售收入							
	现金收入							
	主营业务成本							
	期间费用							
	利润总额							
	净利润							
	应收账款占用							

(续表)

部门	项目	全年指标		分季度指标				备注
		上年实际	本年计划	一季度	二季度	三季度	四季度	
销售部门	销售收入							
	现金收入							
	销售费用							
	毛利率							
	应收账款占用							
生产	产量							
	主营业务成本							
	其中直接材料							
	直接人工							
	制造费用							
	交货期							
	安全							
财务部门	—							
	—							
	—							
	—							
×子公司	销售收入							
	现金收入							
	主营业务成本							
	期间费用							
	利润总额							
	净利润							
×子公司								

(七)总预算的执行和修改

1. 预算的执行

企业总预算编制完经董事会批准后要认真执行。公司年度预算指标是对总经理经营管理业绩考核的主要标准,总经理在组织生产经营活动的过程中,必须按预算规定的要求进行,努力完成预算确定的各项指标。由于总预算是一个指标体系,而且是年度的指标体系,不可能具体操作执行,因此,总预算的执行实际上要通过月度预算的编制和执行来实现,用月度预算来具体指导日常的生产经营活动,最终保证总预算指标的完成。

2. 总预算的修改调整

为保证预算的权威性,企业的年度总预算的修改调整需要遵循一定的程序规范,不能随意修改。

总预算的修改调整一般有两种情况:

(1) 定期修改调整

定期修改通常是指半年修改调整,总预算执行半年时,要全面检查分析预算执行的情况,并辅之以年中绩效考评。半年检查时,若实际经营情况与预算偏离较大,原因又不是主观不努力,确实存在难以克服的客观原因或者预算编制本身不合理,要对预算做适当修改调整。一般应由总经理或董事长提出修改建议,董事会讨论批准后才能修改。

(2) 例外修改调整

例外修改也叫不定期修改,通常是在半年之后由于发生不可抗因素而造成的预算指标不能实现,可以对预算指标提出修改调整。例外修改调整,也须经董事会批准方能生效。

三、月度预算

我们在前面已经谈到,年度预算的执行,实际上是通过月度预算的编制和执行来实现的,因为年度预算是一个较长时间段的指标体系,它不可能编制得很细:首先,在上一年度末或计划年度初,不可能将一年的情况都考虑和预见到;其次未来总是变动的,总会出现一些意想不到的新情况、新问题,过细的年度预算往往会将人们束缚住,使之无法适应客观情况的变化。对于年度预算不能过细的缺陷,解决的方法之一就是编制月度预算。

月度预算是落实年度总预算的重要工具,也是指导企业日常生产经营活动的纲领。月度预算一般是从销售预算的编制开始的。

(一) 月度销售预算的编制

1. 收集信息资料

公司销售部门于每月中旬开始考虑编制下月销售预算,收集编制预算的信息资料,主要有:

① 年度预算规定的销售指标;

② 预计下月销售量和销售额;

③ 已签订的下月的订货单或合同;

④ 销售人员对市场需求的预测;

⑤ 产成品库存状况;

⑥ 产品报价单及市场价格水平调查汇总。

2．预测销售量、销售额

销售部经理根据上述资料，预计计划期可能达到的销售量、销售额，向总经理汇报，总经理或总经理办公室听取销售部经理汇报后，初步确定月度销售量和销售额指标。

3．进行销售指标的分解落实

销售部经理根据初步确定的销售量和销售额指标，组织销售部门进行分解，确定计划月度的销售品种、销售量、销售额和交货期，并落实到各销售小组及业务员，各销售小组及业务员对销售任务进行讨论，对确有困难和问题的指标，提出调整意见，由销售部门经理平衡，做出裁定。

4．编制销售预算表

销售部经理组织填写月度销售预算表，销售部经理核准报公司负责销售的副总经理批准后，报送公司计财部。公司计财部对销售预算做初步审核后转交生产管理部门。生产管理部门据此编制生产预算，同时对销售预算中的产品品种、产量、交货期进行分析，对生产条件技术有问题、生产不能保证按期交货的产品提出修改销售预算的建议，反馈到销售部门，进行协调，最后确定月度销售预算。

月度销售预算的参考格式如表 9-2 所示。

表 9-2　销售预算

年　月

序号	产品名称	产品编号	计划销售量	销售单价	销售收入	交货日期	回款日期	备注
小计								

填表人：　　　　　　　　　　　　　　　　　　审批人：

（二）月度生产预算的编制

1．生产部门根据销售预算组织编制生产预算

生产预算主要是确定各种产品的产量、完工日期。编制月度生产预算的资料依据主要有：

① 设备生产能力；

② 劳动总工时；

③ 产品定额工时；

④ 期末期初成产品库存；

⑤ 合格品率；

⑥ 其他。

2. 确定计划产量

生产部门根据销售预算确定的销售品种、销售量计算计划产量。

某种产品计划产量 = 某种产品预计销售量 ÷ 合格品率 - 期初产成品库存 + 期末产成品库存

3. 确定完工日期

某种产品完工日期 = 该种产品的交货日期 - 完工提前期

生产预算的参考格式见表 9-3。

表 9-3　生产预算

年　月　　　　　　单位：

序号	产品名称	产品编号	计划产量	合格品率	完工日期	备注
小计						

填表人：　　　　　　审批人：

要落实生产预算，还要由生产部门进一步编制生产作业计划。

（三）月度采购预算编制

月度采购预算需要编制两个报表即材料消耗量计算表和材料采购预算表。

1. 材料消耗量计算表

材料采购供应部门根据生产预算确定的产品品种和产量及技术部门编写的物料清单编制产品材料消耗量计算表。物料清单是根据产品的零件树制定的，包括构成产品的零部件，以及所需消耗的原材料的名称、规格、消耗定额等，是企业重要的基础资料。

材料消耗量计算表参考格式见表 9-4。

表 9-4 材料消耗量计算表

序号	材料名称	材料编号	产品名称	消耗定额	产量	消耗数量	备注
小计							

填表人：　　　　　　　　　　　　　　　　　　　　　　　审批人：

2. 材料采购预算表

材料采购供应部门根据材料消耗量计算表编制材料采购预算。

计划采购量 = 计划期消耗量 - (现库存量 + 未入库数量 - 未领料数量) + 安全库存量

现库存量是指编制预算时盘点的该种材料的库存量；未入库数量是指已订货且在月末前将入库的材料的数量；未领料数量是指月末前生产部门将领用的材料数量；安全库存量是指为防止材料延期到货而储备的材料数量。材料采购预算表参考格式见表 9-5。

表 9-5 材料采购预算表

年　月　　　　　　　　　　　　　　单位：元

序号	材料名称	材料编号	计划期消耗量	期初库存	期末库存	计划采购量	单价	采购金额	备注
小计									

填表人：　　　　　　　　　　　　　　　　　　　　　　　审批人：

其中，

期初库存 = 现库存量 + 未入库数量 - 未领料数量

期末库存 = 安全库存

（四）月度制造费用预算的编制

1. 制造费用预算编制要求

① 各生产单位和生产辅助部门根据年度经营计划确定的制造费用指标和分解指标,以及上一计划期制造费用实际发生情况,编制月度制造费用预算。

② 制造费用预算按照制造费用的具体项目编制,在保证制造费用及其各项目不突破年度经营计划规定的指标的情况下,按上月实际发生数据进行分析调整,确定各项目金额。

③ 企业定额工作健全的,制造费用尽可能按定额计算。动力费(水电气)按能源消耗定额计算;办公费按人均办公费定额计算;修理费按万元产值设备修理费用率计算。

④ 各单位将对本单位计划期的制造费用分析测算与年度经营计划规定的指标进行对照,对差异较大的要说明理由,并向主管领导和财务部门反映。

2. 制造费用的汇总平衡

财务部门汇总各生产单位及辅助生产单位的制造费用预算,进行综合平衡,发现不合理或与年度经营计划规定指标差异较大的,要及时了解原因,并报告总经理或财务总监。

由财务部门汇总并编制制造费用预算表。制造费用预算表参考格式见表9-6。

表9-6　制造费用预算表

年　月　　　　　　单位:元

序号	项目	上期实际	本期计划	备注
1	工资			
2	福利费			
3	折旧费			
4	修理费			
5	水电费			
6	租赁费			
7	办公费			
8	差旅费			
9	运输费			
10	机物料消耗			
11	低值易耗品摊销			
12	劳动保护费			
13	其他			
小计				

填表人:　　　　　　　　　　审批人:

(五) 生产成本预算的编制

1. 生产成本预算的资料依据

生产成本预算编制依据的资料主要有:

① 生产预算;

② 材料消耗量计算表;

③ 制造费用预算:

④ 月度生产工人工资总额:

⑤ 物料清单;

⑥ 材料价格清单。

2. 各生产单位编制本单位的产品生产成本

主要是编制直接材料部分和直接人工部分,制造费用部分生产单位可控制的,由生产单位编制。

3. 财务部汇总编表

财务部门将各生产单位编制的产品生产成本汇总,将制造费用分配到各个产品成本中。生产成本预算表的参考格式见表9-7。

表9-7 生产成本预算表

年 月 单位:元

序号	产品名称	产品编号	产量	直接材料	直接人工	制造费用	合计	备注

填表人: 审批人:

(六) 期间费用预算编制

期间费用由各责任部门和财务部门共同编制。

1. 期间费用预算的资料依据

各管理部门根据计划期预计的工作事项确定的期间费用各项目的金额,编制本部门计划期的费用预算。编制依据主要有：

① 年度经营计划分解指标；

② 上期期间费用实际发生金额；

③ 计划期必须开展的工作事项。

2. 期间费用预算编制要求

期间费用按费用项目具体编制，在保证各项费用不突破全年和季度指标的情况下，按上月实际发生额进行调整编制。非经常性的费用，要按零基预算的方法编制。

3. 期间费用预算的汇总审批

各管理部门将编制的预算上报财务部门进行汇总，对费用支出异常或与年度经营计划差异较大的，财务部门应要求其写明理由，并报请总经理审批。

期间费用预算表参考格式见表 9-8。

表 9-8　期间费用预算表

年　月　　　　　　　　　　单位：元

项目	序号	明细项目	责任部门	上期实际	本期计划	备注
销售费用		运输费				
		装卸费				
		包装费				
		保险费				
		广告费				
		展览费				
		销售服务费				
		销售人员工资				
		差旅费				
		其他				
管理费用		公司经费				
		其中：工资				
		福利费				
		差旅费				
		折旧费				
		工会经费				
		职工教育经费				
		其他				
财务费用		利息净支出				
		汇总净损失				
		手续费				
合计						

四、现金收支预算

现金收支预算,也称现金预算,是全面预算的一个重要组成部分,而且它在整个预算系统中起着承上启下、综合平衡的作用。企业的销售收入和成本费用的变动引起企业现金的流入和流出,而现金的流动又引起企业资产、负债和利润的变化。现金收支状况综合地反映了企业生产经营和财务的状况。根据我国企业的实际情况,如果企业编制了年度总预算,在日常生产经营活动中,只要认真做好现金收支预算,预算管理就能在企业发挥较大的作用。因此,我们在这里重点介绍一下现金收支预算。

(一)现金收支在企业财务中的作用

一些企业在推行预算管理时,大多是从现金收支预算做起的。现金收支在企业财务活动中是非常重要的,其作用主要表现在两方面:

1. 现金收支状况决定和影响企业资金周转状况

企业的资金周转都是从现金支出开始的,我们在前面讲到过工业企业的资金周转过程:用货币购买原材料——将原材料投入生产——加工成产成品——卖出产成品——形成应收账款——回收应收账款——货币。商业企业周转比较简单:货币——商品——货币。不同企业资金周转各有差异,但是都是从货币开始到货币结束。当然,我们上面讲的资金周转是指流动资产周转,企业还有固定资产、无形资产,它们在通过支出货币购置后,再以折旧或分期摊销的方式进入生产经营过程,最后通过产品的生产和销售收回货币。

从中我们可以看到,企业资金周转都是从货币支出开始的,所以现金支出的方向对不对,好不好,直接决定资金周转得好不好。企业如果资金支出方向错误,投资失误,将会造成资金极大的损失,导致资金周转无法正常维持。近几年来,一些企业投资失败的例子充分说明了这一点。企业资金短缺,往往是投资失误造成的。现金支出状况对企业资金周转状况起着决定性作用。

2. 现金收支状况决定和影响企业成本费用的高低

企业的成本费用,追根溯源都是从现金支出开始的。当然,企业的现金支出不一定都马上计入成本费用,如企业花 50 万元购置了一台设备,这 50 万元是不能计入当期成本费用的,它需要在今后较长时间内通过折旧的方式逐渐计入成本费用。即使购买原材料的一些费用,也不一定马上进入成本费用,如购买的原材料没有投入生产,而在仓库中存储着,购买这些材料的支出也不能马上进入成本,只有原材料投入生产经营后,购买原材料的支出才能进入成本。但是,企业的现金支出或迟或早都要进入成本费用。因此,企业要想控制成本费用,非常重要的一点，就是要从支出上把关，严格控制各项费用的支出。

总之，现金收支就像企业资金周转的总节门、总枢纽，现金收支控制好了，才能有效地控制住成本费用和资金周转。所以，企业抓预算管理，首先要抓好现金预算管理。

（二）现金收支预算管理的基本原则

企业的实践证明，企业要搞好现金收支预算，必须坚持一些原则，其中最重要的是如下两条原则。

1. 收支两条线原则

所谓收支两条线就是指收入一条线，支出一条线。这两条线要分开，不能混在一起。怎样做到收支两条线呢？具体来说，就是企业各部门各单位，凡是有现金收入的，必须交回财务部门，任何部门和单位皆不得截留现金收入，这就是收入一条线。企业各部门各单位，凡是有现金支出的，必须按照预算规定的项目、金额和时间，由财务部门划拨执行，这就是支出一条线。

为什么要强调收支两条线呢？这是因为如果下属各部门各单位可以坐支现金，收回钱装在自己腰包里，然后从中开支，那么企业各部门各单位的现金收支就不可能得到有效控制，预算也就无法发挥它的作用。

收支两条线是有一定范围的，一般是在一个会计主体内部。所谓会计主体是指拥有自己的资产、负债、所有者权益，并能自主计算盈亏的经济实体，即独立法人。如果范围扩大了，往往就不可行了。如一个很大的集团公司，下属有不少子公司，而子公司规模也很大，且都是独立法人，集团公司就不一定要求下属的子公司与集团公司实行收支两条线。当然即使下属部门很大，但如果不是独立的经济实体，也必须坚持收支两条线原则。

2. 硬预算原则

所谓硬预算是要让预算具有较强的刚性、较小的弹性。怎样才做到硬预算呢？这就要求将企业全部的现金收支纳入预算的控制范围，并赋予其一定的效力，即平衡好的预算要报企业权力机构批准，经批准后的预算任何人包括总经理在内都不得随意修改，并且在预算执行过程中，坚持没有预算不开支，杜绝一切超预算开支的行为。

为什么要强调硬预算？这是因为如果对企业的预算，谁想修改就修改，谁想超支就超支，预算就形同虚设，没有任何意义。预算硬，才有权威，才能执行下去。我们有些企业过去也编制过预算，但是往往没有发挥什么作用便在中途失败了，重要的原因就是预算太软。

一些咨询公司在帮助企业做预算管理时，首先与企业领导，尤其是与总经理一把手谈：你们能不能坚持上面提到的两条原则？如果不能坚持，就不要搞现金收支预算。因为不能坚持这两条原则,预算是不可能发挥作用的,即使预算编制得再细、再好,也等于白干。

还有不少的企业在做现金收支预算时,将这项工作完全放到财务部门,总经理不参与,各个管理部门也不参与,而且认为现金收支预算只是财务部门的事情。结果,财务部门费了很大的力气编制出预算,总经理不满意,各部门也有意见,财务部门两头受气,处境十分尴尬。原因何在?就是因为现金收支预算绝不仅仅是财务部门的事情,而是企业各部门共同的事情,仅靠财务部门是不可能搞好现金收支预算管理的。企业的现金流入和现金流出,虽然都要经过财务部门的手,但是真正支出现金的,真正组织现金收入的,并不是财务部门,而是销售、生产、物资供应等各个部门。所以,现金收支预算必须要求企业各个部门人员共同参与,尤其是企业一把手总经理和领导班子共同参与。现金收支预算管理的两条基本原则,光靠财务部门坚持是无法得到贯彻的,只有总经理等企业高管层达成共识,给予坚决的支持,这两个原则才能在现金收支预算中得到不折不扣的贯彻执行。

(三)月度现金收支预算管理步骤

现金收支预算管理一般包括以下六个步骤:

1. 现金支出预算的编制

各部门各单位在制订生产经营计划和工作计划的同时,编制出现金支出预算,报财务部门。

做好这一步工作必须明确以下三个问题:

第一,由谁编制支出预算?支出预算不是由财务部门编制,而是谁花钱谁编预算,由各部门各单位编制。在生产经营计划和工作计划制订完成后,各部门各单位应干什么事就清楚了,但还要知道需要花多少钱。什么事该花钱,要花多少钱,只有具体工作人员最清楚。

第二,支出预算由谁负责?负什么责?支出预算应由部门负责人负责。主要是对支出的有效性、支出的项目、金额和时间负责。

第三,如何编制支出预算?支出预算要按有关标准、定额逐项核算编制。支出预算编制的关键是支出项目的细化,力求做到精打细算,支出预算不细起不到控制作用。

2. 现金收入预算的编制

财务部门会同销售部门根据销售计划或销售预测编制现金收入预算。现金收支预算是按收付实现制原则编制的,因此对销售部门,不仅应要求其完成销售收入目标,还必须做到及时回收货款。通过编制现金收入预算将销售回款额和应收账款的收回额明确地落实到销售部门及销售人员身上,同时制定对销售人员货款回收的奖惩分配制度。现金收入预算是现金收支预算的基础。预算的重要原则是量入为出。而现金收入在很多时候并不能由企业控制，在当前市场经济不规范、信用水平比较低的情况下，销售回款的难度很大，因此，在编制现金收入预算时要注意打一定的折扣。

3. 现金收支预算方案的编制

由厂长、经理主持，财务部门牵头，各有关方面负责人参加，编制全厂（全公司）的现金收支预算方案。这里所说的由厂长、经理主持，并不是说厂长、经理象征性地主持会议，而是要求厂长、经理提出预算编制的总体思路，明确支出重点、支出原则、支出方向，指导财务部门进行收支的综合平衡。不平衡的预算要返回去重编，直到平衡为止。

4. 现金收支预算方案的审批

经平衡的预算报企业权力机构讨论，获得批准后交财务部门控制执行。在公司制企业，年度预算由股东会或股东大会通过，季度、月度预算一般由董事会通过。国有企业由厂长经理办公会批准预算。预算批准通过后任何人不能随意修改，包括厂长经理也要放下“一支笔”。“一支笔”实际上是小生产的传统经验的管理方法，当企业规模小时，业务相对简单，个人头脑中能装下一些事，“一支笔”不易出错。当企业规模扩大后，业务数量和复杂性增加，一个人的能力毕竟有限，很容易出错，“一支笔”的做法很容易批出漏洞，采用预算管理办法可避免这些缺陷。

5. 现金收支预算的执行

各部门各单位凡是有现金支出的，必须按预算规定的项目、金额、时间进行开支。对没有列入预算的项目，财务部门有权拒绝开支。各部门各单位的现金支出，由部门负责人签字后生效。做好这一步工作要注意几个问题：一是财务部门支出时要和部门预算核对。二是对没有列入预算的意外性支出项目，要按规定编制追加预算，并按规定的程序进行审批。三是对于资本性支出，即使列入预算，也要经过审批。

6. 现金收支预算的分析考核

计划期末对预算执行情况进行考核，各部门各单位要在分析预算执行情况的基础上，写出财务分析报告，对超预算开支的，要追究当事者的责任。对执行预算过程中影响企业经营活动的，也要进行考核。对于子公司的预算，有时要进行必要的审计。

案 例

现金收支预算管理制度

制定本制度的目的是:保证资金正常运转,现金流入与现金流出平衡匹配,在现金收入不断增加的基础上,控制各项支出,减少资金占用,降低成本费用,最大限度地提高企业资金利用效率。

一、现金收支预算的编制

1. 集团公司下属各单位、各部门,凡是有现金收入的,要在每月25日前,根据年度经营计划分解的季度、月度现金收入指标以及对现金收入的预测,编制本单位、本部门的现金收入预算,报到财务部门。

2. 各单位、各部门在编制现金收入预算时,要尽量做到深入挖潜、广开财路,同时又要考虑到收入的不确定性,做到积极稳妥。现金收入预算要按收入项目、收入金额逐项填写。

3. 各单位、各部门凡是有现金支出的,要根据年度经营计划分解的季度、月度的费用支出指标,以及本单位、本部门实际工作的需要,编制现金支出预算,要精打细算,力求节约,采购支出要货比三家。

4. 各单位、各部门编制现金支出预算时要努力细化,支出项目要细分到计量、计价的基础项目,价格数量都必须清晰,要逐项核算编制。

5. 各单位、各部门的现金收入预算和现金支出预算要由负责人主持编制,涉及现金收入和支出的业务部门的管理人员都要参与编制,努力做到"谁花钱,谁算账;先算账,后花钱"。财务部门要协助各业务部门,提供会计资料、核算方法,指导业务部门编制预算,填写预算报表。

6. 各单位、各部门财务部门负责本单位、本部门的现金收支预算的汇总和初步审核,审核收入是否达到预定的要求、支出项目是否细化、支出是否必要、价格是否合理、金额是否正确、支出时间是否恰当。对预算编制不符合要求的,财务部门有权要求调整,重新编制。

7. 各单位、各部门负责人对财务部门汇总的本单位、本部门的现金收入预算和现金支出预算进行审核,并在预算表上签字,然后上报上一级财务部门。

8. 集团财务部(以及独立核算单位的财务部门)在每月28日前,将下属单位、部门的现金收入预算和现金支出预算进行汇总,并进行综合平衡。当支出大于收入时,要根据支出的重要程度,确定应保留的支出和应削减推迟的支出,为总经理办公会审核收支预算方案提供建议。

9. 每月30日前，总经理主持经理办公会，讨论集团(独立核算单位)的现金收支预算方案，对预算进一步综合平衡，对经过经理办公会讨论通过的预算方案，由总经理签署，正式下达。

二、现金收支预算的执行

1. 各单位、各部门要按预算的要求，将指标分解落实到各具体责任人。

2. 负责组织现金收入的部门，要克服困难、广开门路，千方百计地保证现金收入指标的完成。

3. 各单位、各部门凡是有现金支出的，必须按照预算规定的项目、金额和时间，由财务部门划拨执行。对没有列入预算支出的项目，财务部门有权拒绝开支。

4. 预算内的各项支出，由单位、部门负责人负责控制。属于经常性支出，一般由单位、部门负责人签字，谁签字，谁负责。

5. 由于外部原因或特殊情况造成的意外性支出，报请主管领导同意，编制临时性预算。临时性预算也要做到项目详细，金额准确，经总经理批准后再列入预算，由财务部门控制执行。

6. 企业重大支出项目，如购置固定资产、无形资产，进行重大对外投资，要经可行性研究批准后，方能列入预算。在执行预算时，总经理要审查签字。

三、现金收支预算的考核

1. 总经理要组织计划、财务、审计部门对现金收支预算的编制、执行情况进行检查考核。

2. 考核各单位、各部门预算的编制情况，部门领导编制预算是否认真，对预算编制不认真、差错率超过10%以上的，要进行批评。

3. 考核各单位、各部门预算的执行情况，现金收入预算完成率和现金支出超支率。现金收入与现金支出指标通常可以按季度考核。

4. 考核方法。每月末各部门写出预算执行情况分析报告，重点分析实际与预算偏差较大的原因。财务部门汇总各部门的预算执行情况报告，报总经理。总经理召开总经理办公会对各部门预算编制、执行情况进行考核、评价、打分，并与对各部门负责人的奖惩挂钩。

作者点评

预算管理是制度化、规范化的管理方法。预算管理的关键之一是要培养各级管理人员的工作习惯和对环境变化的预见性；预算管理的关键之二是要强化管理的基础工作。习惯就是文化,是企业的核心竞争力之一。而管理的基础工作是需要日积月累的,与工作习惯很有关系。如果管理基础工作不完善、不扎实,预算管理的作用就会受到很大的制约。

思考题

1. 预算管理在企业管理中起什么作用?
2. 什么预算是编制月度预算的基础?
3. 在全面预算管理中,什么预算是预算管理的重点?
4. 搞好预算管理的关键在哪里?

后　　记

这套工商管理培训系列教程第一版出版至今已有八年,其间经过多次重印、修订和再版,受到广大读者和培训者的欢迎和厚爱,并获得了北京市2004年度高等教育教学成果教材类一等奖。应读者要求和市场之需,丛书编委会和北京大学出版社决定进行补充完善修订,出版第三版。

八年来,我国社会主义市场经济体制在改革中不断完善,国家在经济管理方面出台了许多新的法律、法规,企业的治理结构和管理制度在不断变革,企业的经营环境也发生了众多变化,出现了许多企业管理的新方法和新经验。本次再版就是在这种情况下进行的,因此吸收了许多新的政策法规和企业案例。

自本教程第一版出版以来,编委会成员发生了很大的变化。这次再版调整了编委会成员,吸收了一些长期工作在培训一线的同志。编委会认真研究了再版的相关事宜,使教材的编写和编辑水平在上一版的基础上有了很大的提高。

这套教材的作者主要是北京市经济管理职业学院的骨干教师,他们有的是全国或北京市教学名师,有的是学院专业创新团队的负责人或重要成员。长期以来,他们承担着全国企业高层领导和管理人员的培训教学工作,研究了大量企业经营管理和改革的案例,并把其吸收到教材之中,使教材更具针对性和实用性。

再版中,北京市经济管理职业学院常务副院长周景勤研究员担任这套系列教程的主编,做了大量的组织和审定稿件工作,倾注了大量心血,使教材更加完善。我们对他表示由衷的敬意。

北京大学出版社的领导和编辑同志为本书的再版提出了很好的建议和意见,为编辑和出版做了大量的工作,使再版能够顺利进行,我们谨向他们表示衷心的感谢。

我们期望本教程的再版将为我国企业培训和企业管理理论研究作出新的贡献,更期待着读者的批评指正和宝贵意见。

《工商管理培训系列教程》编委会

2009年12月

教师反馈及教辅申请表

北京大学出版社以“教材优先、学术为本、创建一流”为目标，主要为广大高等院校师生服务。为更有针对性地为广大教师服务，提升教学质量，在您确认将本书作为指定教材后，请您填好以下表格并经系主任签字盖章后寄回，我们将免费向您提供相应教辅资料。

<table>
<tr><td>书号/书名/作者</td><td colspan="4"></td></tr>
<tr><td>您的姓名</td><td colspan="4"></td></tr>
<tr><td>校/院/系</td><td colspan="4"></td></tr>
<tr><td>您所讲授的课程名称</td><td colspan="4"></td></tr>
<tr><td>每学期学生人数</td><td colspan="2">______ 人　　______年级</td><td>学时</td><td></td></tr>
<tr><td>您准备何时用此书授课</td><td colspan="4"></td></tr>
<tr><td>您的联系地址</td><td colspan="4"></td></tr>
<tr><td>邮政编码</td><td></td><td>联系电话
（必填）</td><td colspan="2"></td></tr>
<tr><td>E-mail（必填）</td><td colspan="4"></td></tr>
<tr><td colspan="3">您对本书的建议：</td><td colspan="2">系主任签字

盖章</td></tr>
</table>

我们的联系方式：

北京大学出版社经济与管理图书事业部

北京市海淀区成府路 205 号，100871

联 系 人：徐　冰

电　　话：010-62767312 / 62752926

传　　真：010-62556201

电子邮件：xubingjn@yahoo.com.cn　em@pup.pku.edu.cn

网　　址：http://www.pup.cn